普通高等教育经济管理类专业基础课系列教材

企 业 管 理

——原理·方法·绿色实践

主编 万 玺

副主编 尹文专 胡宪君
吕奇光 李嫄源

科 学 出 版 社
北 京

内 容 简 介

本书基于国内外企业管理理论与绿色实践的最新发展及学生的需求编写。本书包括基础篇、职能篇、实践篇三篇，共十三章。基础篇包括企业管理概述、企业战略管理、企业组织管理及企业伦理与社会责任四章；职能篇包括企业人力资源管理、企业财务管理、企业设备管理、企业信息管理、企业物流与供应链管理、企业生产管理、企业营销管理及企业危机管理八章；实践篇则介绍了企业绿色管理在企业中的应用，即绿色饭店。

本书既可作为高校非企业管理专业"企业管理学"课程的教学用书，也可作为企业管理者和相关从业人员的参考用书。

图书在版编目（CIP）数据

企业管理：原理·方法·绿色实践/万玺主编. —北京：科学出版社，2017

（普通高等教育经济管理类专业基础课系列教材）

ISBN 978-7-03-053990-8

Ⅰ. ①企… Ⅱ. ①万… Ⅲ. ①企业管理-高等学校-教材 Ⅳ. ①F272

中国版本图书馆 CIP 数据核字（2017）第 173732 号

责任编辑：任锋娟 王一茜 / 责任校对：陶丽荣
责任印制：吕春珉/ 封面设计：东方人华平面设计部

科 学 出 版 社 出版
北京东黄城根北街 16 号
邮政编码：100717
http://www.sciencep.com

北京中科印刷有限公司 印刷
科学出版社发行 各地新华书店经销

*

2017 年 10 月第 一 版 开本：787×1092 1/16
2023 年 8 月修 订 版 印张：24
2023 年 8 月第六次印刷 字数：570 000
定价：58.00 元
（如有印装质量问题，我社负责调换〈中科〉）
销售部电话 010-62136230 编辑部电话 010-62135397-2015

前　言

　　企业管理学是管理学的重要分支，企业管理（business management）是企业组织的管理者，通过有效利用人、财、物、信息等资源，通过决策与计划、组织、领导、控制和创新等职能，协调他人活动，实现企业目标的过程。由于企业在经济发展中的重要作用，以及大部分大学毕业生要到企业中从事相关工作，因此学习企业管理的相关知识就显得非常重要。目前国内高校大多开设了企业管理方面的相关课程。但是，这些课程的主要载体——教材的内容更新相对比较滞后，其主要表现在管理者对企业绿色管理的忽视。

　　现代企业管理可以简单划分为生态与经济相脱离和生态与经济相统一两个阶段。从实践上看，随着社会经济的不断发展，绿色消费市场不断扩大，顺应绿色消费、实施绿色管理已经成为当代企业实现绿色转型、寻求新的经济增长点和提高国际市场占有率的必经之路，传统的管理模式必然会被创新型的生态与经济相统一的绿色管理逐步取代。目前，学者们从经济学、组织理论、战略管理、公共政策、组织行为及运营管理等多个方面来研究企业绿色管理，在绿色管理模式、对绿色管理的认知、绿色管理活动的范围、解决方案与参与绿色管理的组织等方面，人们的认识在不断深入。

　　虽然企业管理学科在理论与实践两个方面取得了长足的发展，但是，将企业绿色管理的实践与研究的内容系统纳入教材的尚不多见，教材理论与实践脱节现象仍然十分严重。因此，有必要对课程内容进行升级重构。

　　2013 年，由万玺教授领衔，重庆科技学院组建了"企业绿色管理"课程团队。该团队在梳理中外相关文献成果的基础上，对企业绿色管理的相关理论进行了系统梳理、理论重构，开发出了重庆市首门校本 MOOC 课程——企业绿色管理，进而重构升级转变为 SPOC 课程。2015 年 5 月，该团队成功地进行了基于 SPOC 的翻转课堂实验，"企业绿色管理" MOOC 及课程团队建设获批 2015 年教育部产学综合改革项目。团队阶段性成果获得首届全国教师微课视频制作技术大赛一等奖、重庆市首届微课教学比赛一等奖等二十余项奖项。2016 年 5 月，该教学成果获得了由教育部工商管理类专业教学指导委员会主任与利物浦大学副校长共同颁发的 2016 年度西浦全国大学教学创新大赛唯一创新奖，被新华网等媒体多次报道，并进入《中国教育报》第四届全国教育改革创新典型案例推选活动候选名单。

　　为了及时总结重庆科技学院"企业绿色管理"课程团队的研究成果，惠及更多的学子，服务青年学生成长的需要，编者将管理学的基本原理、企业管理及企业绿色管理理论与实践的最新成果融合在一起编写了本书，并形成以下三个特色：

　　第一，把立德树人作为中心环节，坚持为党育人、为国育才。编者将绿色发展理念体现在知识点、案例、习题及讨论中，力图达到潜移默化地培养学生绿色人文素养的目的。绿色发展和可持续发展是当今世界的时代潮流，"企业绿色管理"是目前全球管理学的研究前沿热点，是适应经济发展生态化而产生的一种新兴管理理念。"绿水青山就是金山银山"，坚持绿色发展，关系人民福祉，关乎民族未来。经济发展的基本细胞是企业，企业的绿色管理对实现经济可持续发展至关重要，企业既是生产的主体，也是环境保护的主体，通过积极培养作为企业就业主体的大学生的绿色管理素养，推进企业绿色转型，符合世界潮流与国家战略，影响深远。

第二，兼顾一般与前沿，系统整合，兼容并包。本书是"企业管理学"课程的升级与重构，不仅能够使学生对一般企业管理的知识点有清晰的把握，还可以使学生了解企业绿色管理资源要素和核心业务流程基础知识及其在代表性企业中的实践，使学生认识到实施企业绿色管理是企业实现可持续发展，提高核心竞争力，进而实现社会效益、经济效益与生态效益三者和谐发展的有效途径，从而使学生主动适应未来企业低碳绿色发展的需求。

第三，内容精要适用，体例形式创新。在内容方面，紧跟企业管理理论与实践的发展，吸收企业绿色管理的最新研究成果。在形式方面，从传统教材过渡到适应信息化教学与学生个性化需求的新型立体化教材，通过二维码实现部分外延教学内容如案例、讨论视频的直接关联，使教材生动活泼，满足信息化教学的需要。在案例方面，在世界500强的同类案例中，优先选择中国企业案例。编者以学生为中心，从用户需求的视角考虑不同类型不同专业学生学习的要求，凸显适用标准，不贪多，力求务实精要，对企业创新管理等稍显艰深的内容没有涉及。希望学生在短期内即可窥全貌，抓重点。

本书由重庆科技学院万玺担任主编，负责制订编写大纲、确定编写体例、协调组织编写及最后统稿。具体的编写分工如下：万玺编写第一、二（部分章节）、五（部分章节）章；重庆科技学院胡宪君编写第二（部分章节）、三章；重庆科技学院康晓卿编写第四、五（部分章节）章；重庆科技学院陈文涛、计方编写第六章；重庆科技学院罗慧英编写第七章；哈尔滨学院赵毓婷编写第八章；重庆科技学院罗军编写第九章；重庆科技学院吕奇光编写第十章；重庆科技学院尹文专编写第十一章；重庆科技学院龚秀兰编写第十二章；重庆科技学院唐恩富编写第十三章。重庆科技学院刘竟成、张丽平、尹立孟等参与了配套视频的制作。重庆邮电大学李媛源审定了书中全部案例，并对部分章节进行了完善和整理。

教师授课时，既可以采用传统的讲授型授课方式，也可以充分利用本书的配套企业绿色管理概论 MOOC 资源，尝试结合翻转课堂等多种方式进行教学，适合 32~48 学时的"企业管理""企业管理学""企业管理前沿""企业绿色管理"课程的教学。

编者在编写本书的过程中，参考了很多国内外学者的论著及大量的网络资料，已将这些文献及资料的出处列于书后，在此向相关作者表示衷心的感谢。本书的出版还得到了科学出版社及重庆科技学院"企业绿色管理"课程团队的大力支持，在此表示衷心的感谢。

由于编写者水平及时间有限，书中难免存在不妥之处，敬请广大读者批评指正。

目 录

基 础 篇

实　践　篇

基础篇

第一章

企业管理概述

知识目标

1. 熟悉企业的概念与分类。
2. 熟悉管理的概念与职能。
3. 了解管理的二重性。
4. 熟悉管理者的概念、分类以及管理者的不同角色与技能。
5. 了解管理学的概念。
6. 熟悉企业管理的概念。
7. 了解企业管理的原理与方法。
8. 了解企业绿色管理的思想演变。
9. 了解企业绿色管理的内在动因与现实背景。
10. 掌握企业绿色管理的内涵、原则、内容与评估方法。

能力目标

1. 运用明茨伯格的管理者角色理论对管理者角色特征进行实际分析。
2. 理解企业绿色管理与一般管理的区别与联系。
3. 运用企业绿色管理的5R原则，对企业如何实施绿色管理提出建议。

关 键 词

企业　企业理论　企业分类　管理　管理职能　管理者　管理者角色　管理技能
管理学　企业管理　企业绿色管理

导入案例

中国著名的"失败者"——史玉柱

从巨人汉卡到巨人大厦，从脑白金到黄金搭档，从创业青年到全国排名第八的亿万富豪，再到因管理不善，公司破产负债两亿多元的"全国最穷的人"，再到身家数十亿元的资本家，24年跌宕起伏，人生呈现"N"形转折，被誉为当代中国企业界的传奇人物的史玉柱曾说他是中国著名的失败者。"中国没有乔布斯，美国没有史玉柱"，史玉柱给中国管理界带来了很多经典案例。

史玉柱，1962年9月15日生于安徽省蚌埠市怀远县，商人、企业家。1984年从浙江大学数学系本科毕业，分配至安徽省统计局工作。1989年在深圳大学软件科学系（数学系）研究生毕业后，随即下海创业。1992年在广东省珠海市创办珠海巨人高科技集团。1994年投资保健品，第一个产品是"脑黄金"，1995年被《福布斯》列为内地富豪第八位。1997年在江苏等地推出保健品"脑白金"，大获成功并迅速推广至全国。2009年3月12日，《福布斯》全球富豪排行榜，史玉柱以15亿美元位居第468位，在大陆位居14位。2012年，在《财富》中国最具影响力的50位商界领袖排行榜中排名第22位。2016年1月重新回归巨人网络。

史玉柱的创业史可以分为上下两个半场——1997年之前的巨人和1997年之后的巨人。1997年之前是天不怕地不怕，高呼口号"要做中国的IBM"，横冲直撞，后来因为投资巨人大厦导致资金链断裂而几乎破产，欠债2.5亿元人民币。留下一栋荒草肆虐的烂尾楼，外加几亿元巨债。遭遇惨败后，史玉柱如履薄冰，小心翼翼，卖脑白金，投资银行股，进军网络游戏"征途"，在一片废墟上，创造了超过500亿元的财富。尽管已经过去多年，今天的史玉柱仍经常反思那场"著名的失败"，他说："我人生中最宝贵的财富就是那段永远刻骨铭心的经历。"他还说："成功经验的总结多数是扭曲的，失败教训的总结才是正确的。"毫无疑问，"死过一次"的经历，也一定在史玉柱的心里深处留下了无法磨灭的印记。与当年修建70层中国第一高楼的巨人大厦的雄心壮志相比，"修房子不敢修高了，修矮的，只有3层。"可以想见，他获得了怎样痛心的领悟。他在《史玉柱自述：我的营销心得》中总结出自己企业管理的十大心得，即第一，一把手抓细节。第二，责任、权利、义务配套。第三，现款现货，防止烂账。第四，赏罚分明，评十佳也评十差。第五，量化干部激励。第六，充分授权。第七，艰苦奋斗。第八，严己宽人。第九，敢担责任。第十，说到做到，不认苦劳，只认功劳。

（资料来源：http://finance.sina.com.cn/roll/20090825/10016660544.shtml.）

思考：史玉柱是否是成功的企业家？

第一节 企 业

一、企业的概念及特征

1. 企业的概念

被誉为"组织理论之父"的马克斯·韦伯（Max Weber）认为企业组织是"一种通过规则对外来者的加入既封闭又限制的社会关系，就其秩序而言，为特定个体的行动所支配，这个特定个体的功能通常是作为一个领导或'头领'，有时也可以是一个管理团体"。

美国《现代经济词典》（1973）对企业的定义是，企业（establishment）是美国普查局使用的统计概念，它包括设在一定地点拥有一个或一个以上雇员的工厂、商店或办事机构。

《中国企业管理百科全书》（1984）对企业的定义是，企业（enterprise）是从事生产、流通等经济活动，为满足社会需要并获取盈利，进行自主经营、实行独立经济核算，有法人资格的基本经济单位。

现代汉语中"企业"一词源自日语。与其他一些社会科学领域常用的基本词汇一样，它是在日本明治维新后，大规模引进西方文化与制度的过程中翻译而来的汉字词汇，而戊戌变法之后，这些汉字词汇由日语被大量引进现代汉语。

在中国计划经济时期，"企业"是与"事业单位"平行使用的常用词语。1978 年版的《辞海》中，对"企业"的解释为"从事生产、流通或服务活动的独立核算经济单位"，对"事业单位"的解释为"受国家机关领导，不实行经济核算的单位"。

根据多位学者的研究，本书对企业做如下定义：企业是从事生产、流通、服务等经济活动，为满足社会需要和获取盈利，依照法定程序成立的具有法人资格，进行自主经营，独立享受权利和承担义务的经济组织。其概念包括以下几个要点：①企业是在社会化大生产条件下存在的，是商品生产与商品交换的产物；②企业是从事生产、流通与服务等基本经济活动的经济组织；③就企业的本质而言，它属于追求盈利的营利性组织。

2. 企业的本质与特征

企业是集合生产要素，并在利润动机和承担风险条件下，为社会提供产品和服务的单位。企业的本质指的是企业作为一种经济制度区别于其他经济制度的特殊性，是企业之所以存在的规定性。

1937 年，科斯（Coase）在美国《经济学》杂志上发表了《企业的本质》一文，正式提出了"企业为什么要存在"的经济学命题。科斯指出，交易费用是决定企业存在、企业和市场分界的唯一变数。企业本质上是"一种资源配置的机制"，其能够实现整个社会经济资源的优化配置，降低整个社会的"交易成本"。其他主要经济学派的观点如表 1-1 所示。

表 1-1　企业本质理论的演进

学术流派	代表人物	主要观点
西方古典经济学	亚当·斯密（Adam Smith，1776）	分工基础上的经济性
	马歇尔（Marshall，1890）	专业化生产，基于效率的类似生物竞争的有机过程
马克思主义经济学	卡尔·马克思（Karl Marx，1867）	生产力的发展产生了分工，企业是协作劳动的组织形式：生产价值和剩余价值的场所
新古典经济学	瓦尔拉斯、阿罗、德布鲁（Walras, Arrow, Debreu，1874～1959），萨缪尔森（Samuelson，1948）	以追求股东利益最大化为目标的专业化生产者
熊彼特学派	熊彼特（Schumpeter，1911，1934）	实现创新的生产要素组织

续表

学术流派	代表人物	主要观点
新制度经济学派	科斯（1937），威廉姆森（Williamson，1975），张五常（1983）	节约交易费用的契约形式
	阿尔钦、德姆塞茨（Alchian，Demsetz，1972）	团队生产组织
新兴古典经济学	杨小凯（1988，1999）	专业化与分工生产的组织形式
钱德勒学派	钱德勒（Chandler，1977，1990）	基于速度经济的，行政协调对市场协调的替代生产
演化经济学与企业的资源、能力与知识理论	纳尔逊、温特（Nelson，Wendt，1982，2002），彭罗斯（Penrose，1959，1997），普拉哈拉德、哈默（Prahalad，Hammer，1990），格兰特（Grant，1996），野田裕次郎（1996）	基于惯例、资源、能力、知识的生产可能性集合

经过几十年的企业理论的不断发展，现在一般认为企业具有六个方面的基本特征：①企业是一个专业化的生产组织，其生产的目的是市场交易；②企业内部存在着分工，这使它不同于个人的生产；③企业运营依靠权威的协调管理；④企业是一个生产团队；⑤企业内部采取层级制的组织结构；⑥企业是一种特殊的契约关系。

3．企业的产生与发展

企业发展过程可以分为三个阶段：早期企业、近代企业、现代企业。

（1）早期企业的形态

在中世纪的欧洲、地中海沿岸国家商业发达，出现了一些家族企业。海运的发展也促成了企业的形成。

（2）近代企业的兴起

随着荷兰和英国的航海贸易及经济的迅速发展，在荷兰和英国产生了特许贸易公司的组织形式。合资贸易组织逐渐向特许公司过渡。近代企业的兴起主要分为两个时期：一个是从 15 世纪后期的合资贸易组织到 17 世纪的特许公司；另一个就是从 18 世纪的合股公司到 19 世纪中期公司制的确立。荷兰东印度公司是世界上第一个永久性公司，已经具备了近代公司制度的基本特征。

（3）现代企业的成长

现代企业的成长，一是企业规模的扩张过程；二是资本所有者与管理权的分离过程。现代企业是通过两种途径完成大量生产和大量分配的结合的：一是纵向结合，即企业直接建立自己的销售网络和采购渠道；二是横向结合，通过收购或兼并小企业来实现生产延伸。现代企业的成长源于铁路企业的兴起，通过资本集中聚敛了修建铁路所需的大量资金。

二、企业理论研究

企业理论始于 20 世纪 30 年代。企业理论是研究企业的本质、边界和企业内部的激励制度。1937 年，美国经济学家科斯发表了《企业的本质》一文，第一次对企业产生的原因、边界和本质特征进行了系统分析和考察。经过几十年的不断发展完善，关于企业理论的研究日益活跃，现代企业理论的研究逐渐产生出几大学派，目前已经成为现代微观经济学中发展较迅速、研究较活跃的领域之一。

1．新古典学派企业理论

学术上通常把微观经济学中对企业的观点称为新古典企业理论。在新古典微观经济学中，无论是"局部均衡理论"，还是"一般均衡理论"，都是研究市场交易的理论，围绕价格机制进行探讨。该理论把企业看作一只"黑箱"，认为企业是一个消耗各种生产要素的生产集，并且这个生产集由一个对生产计划、各生产要素边际产出都具有完全信息的管理者指挥，以此企业将投入转化成产出，实现在可支配资源条件下的利润最大化。该理论以业主—企业家模型作为分析的起点，它是一种权归一体、政出一门的企业模型。

新古典企业理论有这样一些极其重要的假定：①企业生产的商品是无差异的；②投入、产出的购销是在现场完成的；③技术被假定是外生的。以这些假定条件为前提，把企业看作一个生产函数，从外部研究企业的投入产出关系，论证了通过市场竞争可以实现稀缺资源的合理配置和一般均衡，但该理论没有深入研究企业的内部组织结构、运行机制及制度安排等与生产和效率密切相关的因素。在新古典企业理论里，价格机制起着独一无二的作用，企业只是一个"黑箱"，生产要素的配置和产出的分配在其中无摩擦地按照企业已明确规定好了的法规进行。

从 20 世纪 70 年代发展起来的委托—代理理论承袭新古典企业理论，把企业看作一个追求利润最大化的生产集，但是，企业的管理者与所有者已经分离，企业生产决策由职业经理做出，而由于存在信息不对称和观察成本，职业经理的行为不被所有者完全地、直接地观察，或者职业经理掌握所有者所不了解的有关企业经营绩效的真实信息。该理论通过引入信息不对称和观察成本，解释了企业内各参与者间的利益冲突。该理论把所有者看作委托人，把管理者看作代理人，委托人与代理人构成委托—代理关系。

1933 年伯利（Berle）和米恩斯（Means）在其著作《现代公司和私有财产》中，第一次系统地对大公司制度进行了统计方面的分析，论证了现代公司的一个显著特征：管理权与财产所有权分离，认为现代大公司是准公有制，管理人员的行政权远比股东的私人财产所有权重要。钱德勒在其著作《看得见的手》中，也系统地研究了资本主义社会（主要是 1880 年以后）四种历史性的典型形态：个人企业形式（业主制和合伙制）、企业家式或家族式企业、金融资本主义式企业、经理式企业。钱德勒重点研究后三种企业的产生及其发展的历史特征。

2．新制度学派企业理论

科斯运用交易费用进行了开创性的研究，为西方微观经济学的发展开创了一个全新的领域，后经阿尔钦和德姆塞茨、威廉姆森、克莱因（Klein）、詹森（Jensen）和梅克林

（Meckling）、张五常、格里兹曼（Griezmann）和哈特（Hart）及穆尔（Moore）、霍姆斯特龙（Holmstrom）等学者的开发性研究，这个将企业视为"一系列契约的联结"的理论，对企业存在的原因、企业的边界和企业的所有权结构等方面进行了广泛的研究。

（1）科斯的交易费用理论

科斯于 1937 年发表于《经济学》（11 月号）上的论文《企业的性质》一般被认为是新制度学派研究企业理论的起点。科斯提出，利用价格机制是有成本的，企业内也存在着组织管理成本，因而他将交易费用概念引入经济分析。

他认为企业的存在基于以下几点：①一系列的市场契约被一个契约所替代；②若干个较短期的契约被一个较长期的契约所替代；③不确定性的存在；④政府或其他机构的市场管制，并因此减少了价格机制条件下的交易成本。

对"什么是企业"这一基本问题，科斯认为，企业是通过权威、管理来协调经济活动的一种形式，市场的活动是通过契约来协调的，企业的出现是一种协调机制对另一种协调机制的替代。市场机制被替代是由于市场交易的成本，企业没有无限扩张成一个大企业是由于企业组织也有成本。市场与企业的界限是由以下原则决定的：当一个企业扩张到如此规模，以至于再多组织一项交易所引起的成本既等于别的企业组织这项交易成本，也等于市场机制组织这项交易的成本时，静态均衡就实现了，企业与市场的界限也就划定了。科斯认为，与市场通过契约形式完成交易不同，企业依靠权威在其内部完成交易。企业形成的原因，是为了减少市场交易费用，而把交易转移到企业内部。

（2）张五常的研究

张五常对科斯的企业理论进行了补充和发展。他于 1983 年发表于《法律和经济学》杂志上的《企业的契约性质》一文，是他在企业理论方面的代表作。他认为，企业是一种相对市场来说具有比较优势的契约形式。企业之内是"看得见的手"而不是价格机制行使协调和指挥职能，企业与市场的不同点只是一个程度问题，是契约安排的两种不同形式而已。企业并非为取代市场而设立，而仅仅是用要素市场取代产品市场，即"一种合约取代另一种合约"。市场交易的对象是产品或商品，而企业交易的对象则是生产要素，企业的本质是用要素市场取代产品市场。

（3）威廉姆森的资产专用性理论

威廉姆森在科斯研究的基础上，形成了企业理论的体系，对企业（或组织）的一体化特别是纵向一体化，各种规制结构的特点等进行了详细的分析。他提出了"契约人"的概念，并将它作为研究经济组织的出发点。这一概念的要点在于其行为的两个基本假定：有限理性和机会主义。他还提出了交易的三个维度，即资产专用性、交易的不确定性和交易发生的频率。

遵循比较制度分析方法，他认为市场与企业内部组织的区别有三个：①市场可以产生高能刺激，而且能比内部组织更有效地限制官僚性扭曲；②市场有时可以将需求力加总到有利可图的水平，从而实现规模经济和范围经济；③内部组织掌握着多种有区别的治理手段。

在他看来，企业效率边界的扩张与收缩都是服务于最大限度节约成本的目的，一项交易所涉及的资产专用性水平是决定它应该在市场中进行还是在企业中进行的主要因素。

（4）阿尔钦和德姆塞茨的团队理论

1972 年，阿尔钦和德姆塞茨在《美国经济评论》（6 月号）发表的论文《生产、信息费用与经济组织》现在已经成为企业问题研究方面的经典文献。他们提出团队生产理论，主要包括团队生产中的计量问题、组织安排、契约类型、信息结构和报酬支付，以及权利安排、报酬制度等问题。而对团队生产理论的进一步拓展，集中在霍姆斯特龙 1982 年发表于《贝尔经济学》杂志上的《团队中的道德风险》。在这篇文章里他讨论了多个代理人情形下的道德风险问题。他认为，在企业这样的组织或团队中，有两个问题，即"免费搭车"问题和竞争问题，这两个问题值得特别关注。他还提出了确定和不确定环境下团队激励及委托人的作用问题，他证明：纳什均衡与帕累托最优的冲突来自"预算平衡约束"（即总产出必须在所有成员之间分配完）。在他看来，委托人的作用是打破"预算平衡约束"，从而使得"群体激励"起作用，使得群体收益完全内部化。阿尔钦和德姆塞茨将企业看作一个团队生产。团队之所以能够产生，就在于它的总产出大于它的分投入的产出之和。然而，阿尔钦和德姆塞茨主要分析的是团队内部的监督机制。由于团队生产不可避免会产生队员"偷懒"或"搭便车"现象，这就需要监督。但监督是有成本的，最好的办法是设置专职的监督者，将企业剩余索取权交给监督者，也就是使他成为企业的所有者，这个问题就可以解决。

3．马克思的企业理论

马克思的企业理论揭示了特定社会的生产关系对企业内部财产权安排的决定性作用，和西方现代企业理论有本质上的不同。马克思理论的基本框架是，在分工合作的过程中会产生多方面的巨大的利益，但在此过程中也会产生流通费用，劳动力成为商品和资本是利用这种好处的前提，追求最大剩余价值是资本主义企业的目的。在马克思的著作《资本论》中，他首先从历史的角度分析了企业和家庭经济的本质区别，提出了企业的本质是两重规定性的统一；其次，他从逻辑的角度在提出分工经济条件下两类分工（工场手工业分工和社会分工）的基础上，把企业和市场看作两种不同的社会资源配置机制；最后，马克思通过对组织契约形成过程的分析，提出资本主义企业的所有权安排——资本雇佣劳动根源于资本主义生产关系，并从效率的角度描述了企业在两重规定性矛盾运动中发展演进的过程。

三、企业的分类

企业类型的确定一般有两个标准，即学理标准和法定标准。学理标准是研究企业和企业法的学者们根据企业的客观情况对企业类型所做的理论上的解释与分类。这种分类没有法律上的约束力和强制性，但学理上的解释对企业法的制定与实施有着指导和参考作用。法定标准是根据企业法的规定所确认和划分的企业类型。法定的企业类型具有法律的约束力和强制性。但因企业的类型不同，法律对不同类型企业规定的具体内容与程序上的要求也有很大区别。

1. 企业的法定分类

企业法定分类标准是根据企业的资本构成、企业的责任形式和企业在法律上的地位确定的。根据已颁布的《中华人民共和国公司法》《中华人民共和国合伙企业法》和《中华人民共和国独资企业法》，我国企业法定分类主要有独资企业、合伙企业、公司。

2. 企业的经济类型分类

此外，还可以按照经济类型对企业进行分类。根据宪法和有关法律规定，中国目前有国有经济、集体所有制经济、私营经济、联营经济、股份制经济、涉外经济（包括外商投资、中外合资及我国港、澳、台投资经济）等经济类型，相应中国企业立法的模式也按经济类型来安排，从而形成了按经济类型来确定企业法定类型的特殊情况。

（1）国有企业

国有企业是指企业的全部财产属于国家，由国家出资兴办的企业。国有企业的范围包括中央和地方各级国家机关、事业单位和社会团体使用国有资产投资建立的企业，也包括实行企业化经营、国家不再核拨经费或核发部分经费的事业单位及从事生产经营性活动的社会团体，还包括上述企业、事业单位、社会团体使用国有资产投资建立的企业。

（2）集体所有制企业

集体所有制企业是指一定范围内的劳动群众出资建立的企业。它包括城乡劳动者使用集体资本投资兴办的企业，以及部分个人通过集资自愿放弃所有权并依法经工商行政管理机关认定为集体所有制的企业。

（3）私营企业

私营企业是指企业的资产属于私人所有，有法定数额以上雇工的营利性经济组织。在中国这类企业由公民个人出资兴办并由其所有和支配，而且其生产经营方式以雇佣劳动为基础，雇工数额应在8人以上。这类企业原以经营第三产业为主，现已涉足第一、第二产业，向科技型、生产型、外向型方向发展。

（4）联营企业

联营企业是指企业之间或者企业、事业单位之间联营，组成新的经济实体。具备法人条件的联营企业，独立承担民事责任；不具备法人条件的，由联营各方按照出资比例或者协议的约定，以各自所有的或者经营管理的财产承担民事责任的企业。如果按照法律规定或者协议的约定负连带责任的，则要承担连带责任。

（5）股份制企业

股份制企业是指企业的财产由两个或两个以上的出资者共同出资，并以股份形式而构成的企业。中国的股份制企业主要是指股份有限公司和有限责任公司（包括国有独资公司）两种组织形式。某些国有、集体、私营等经济组织虽以股份制形式经营，但未按公司法有关规定改制规范的，未以股份有限责任公司或有限责任公司登记注册的，仍按原所有制经济性质划归其经济类型。

（6）外商投资企业

外商投资企业包括中外合营者在中国境内经过中国政府批准成立的，中外合营者共同投资、共同经营、共享利润、共担风险的中外合资经营企业；也包括由外国企业、其他经济组织按照平等互利的原则，按法律以合作协议约定双方权利和义务，经中国有关机关批准而设立的中外合作经营企业；还包括依照中国法律在中国境内设立的，全部资本由外国企业、其他经济组织或个人单独投资、独立经营、自负盈亏的外资企业。

（7）我国港、澳、台企业

我国港、澳、台企业是指港、澳、台投资者依照中华人民共和国有关涉外经济法律、法规的规定，以合资、合作或独资形式在大陆举办的企业。在法律适用上，均以中华人民共和国涉外经济法律、法规为依据，在经济类型上它是不同于涉外投资的经济类型。

（8）股份合作企业

股份合作企业是一种以资本联合和劳动联合相结合作为其成立、运作基础的经济组织，它把资本与劳动力这两个生产力的基本要素有效地结合起来，是具有股份制企业与合作制企业优点的新兴的企业组织形式。

3．企业的规模分类

按规模，企业可以分为大型企业、中型企业、小型企业、微型企业，《国家统计局关于印发统计上大中小微型企业划分办法的通知（国统字〔2011〕75 号）》依据从业人员、营业收入、资产总额等指标或替代指标，将企业划分为大型、中型、小型、微型四种类型。具体划分标准如表 1-2 所示。

表 1-2　大中小微型企业划分标准

行业名称	指标名称	计量单位	大型	中型	小型	微型
农、林、牧、渔业	营业收入（Y）	万元	$Y \geq 20\,000$	$500 \leq Y < 20\,000$	$50 \leq Y < 500$	$Y < 50$
工业*	从业人员（X）	人	$X \geq 1000$	$300 \leq X < 1000$	$20 \leq X < 300$	$X < 20$
	营业收入（Y）	万元	$Y \geq 40\,000$	$2\,000 \leq Y < 40\,000$	$300 \leq Y < 2000$	$Y < 300$
建筑业	营业收入（Y）	万元	$Y \geq 80\,000$	$6000 \leq Y < 80\,000$	$300 \leq Y < 6000$	$Y < 300$
	资产总额（Z）	万元	$Z \geq 80\,000$	$5000 \leq Z < 80\,000$	$300 \leq Z < 5000$	$Z < 300$
批发业	从业人员（X）	人	$X \geq 200$	$20 \leq X < 200$	$5 \leq X < 20$	$X < 5$
	营业收入（Y）	万元	$Y \geq 40\,000$	$5000 \leq Y < 40\,000$	$1000 \leq Y < 5000$	$Y < 1000$
零售业	从业人员（X）	人	$X \geq 300$	$50 \leq X < 300$	$10 \leq X < 50$	$X < 10$
	营业收入（Y）	万元	$Y \geq 20\,000$	$500 \leq Y < 20\,000$	$100 \leq Y < 500$	$Y < 100$
交通运输业*	从业人员（X）	人	$X \geq 1000$	$300 \leq X < 1000$	$20 \leq X < 300$	$X < 20$
	营业收入（Y）	万元	$Y \geq 30\,000$	$3000 \leq Y < 30\,000$	$200 \leq Y < 3000$	$Y < 200$
仓储业	从业人员（X）	人	$X \geq 200$	$100 \leq X < 200$	$20 \leq X < 100$	$X < 20$
	营业收入（Y）	万元	$Y \geq 30\,000$	$1000 \leq Y < 30\,000$	$100 \leq Y < 1000$	$Y < 100$
邮政业	从业人员（X）	人	$X \geq 1000$	$300 \leq X < 1000$	$20 \leq X < 300$	$X < 20$
	营业收入（Y）	万元	$Y \geq 30\,000$	$2000 \leq Y < 30\,000$	$100 \leq Y < 2000$	$Y < 100$
住宿业	从业人员（X）	人	$X \geq 300$	$100 \leq X < 300$	$10 \leq X < 100$	$X < 10$
	营业收入（Y）	万元	$Y \geq 10\,000$	$2000 \leq Y < 10\,000$	$100 \leq Y < 2000$	$Y < 100$

续表

行业名称	指标名称	计量单位	大型	中型	小型	微型
餐饮业	从业人员（X）	人	$X \geqslant 300$	$100 \leqslant X < 300$	$10 \leqslant X < 100$	$X < 10$
	营业收入（Y）	万元	$Y \geqslant 10\,000$	$2000 \leqslant Y < 10\,000$	$100 \leqslant Y < 2000$	$Y < 100$
信息传输业*	从业人员（X）	人	$X \geqslant 2000$	$100 \leqslant X < 2000$	$10 \leqslant X < 100$	$X < 10$
	营业收入（Y）	万元	$Y \geqslant 100\,000$	$1000 \leqslant Y < 100\,000$	$100 \leqslant Y < 1000$	$Y < 100$
软件和信息技术服务业	从业人员（X）	人	$X \geqslant 300$	$100 \leqslant X < 300$	$10 \leqslant X < 100$	$X < 10$
	营业收入（Y）	万元	$Y \geqslant 10\,000$	$1000 \leqslant Y < 10\,000$	$50 \leqslant Y < 1000$	$Y < 50$
房地产开发经营	营业收入（Y）	万元	$Y \geqslant 200\,000$	$1000 \leqslant Y < 200\,000$	$100 \leqslant Y < 1000$	$Y < 100$
	资产总额（Z）	万元	$Z \geqslant 10\,000$	$5000 \leqslant Z < 10\,000$	$2000 \leqslant Z < 5000$	$Z < 2000$
物业管理	从业人员（X）	人	$X \geqslant 1000$	$300 \leqslant X < 1000$	$100 \leqslant X < 300$	$X < 100$
	营业收入（Y）	万元	$Y \geqslant 5000$	$1000 \leqslant Y < 5000$	$500 \leqslant Y < 1000$	$Y < 500$
租赁和商务服务业	从业人员（X）	人	$X \geqslant 300$	$100 \leqslant X < 300$	$10 \leqslant X < 100$	$X < 10$
	资产总额（Z）	万元	$Z \geqslant 120\,000$	$8000 \leqslant Z < 120\,000$	$100 \leqslant Z < 8000$	$Z < 100$
其他未列明行业*	从业人员（X）	人	$X \geqslant 300$	$100 \leqslant X < 300$	$10 \leqslant X < 100$	$X < 10$

注：1. 大型、中型和小型企业须同时满足所列指标的下限，否则下划一档；微型企业只需满足所列指标中的一项即可。

2. 表中各行业的范围以《国民经济行业分类》（GB/T 4754—2011）为准。带 * 的项为行业组合类别，其中，工业包括采矿业，制造业，电力、热力、燃气及水生产和供应业；交通运输业包括道路运输业、水上运输业、航空运输业、管道运输业、装卸搬运和运输代理业，不包括铁路运输业；信息传输业包括电信、广播电视和卫星传输服务，互联网和相关服务；其他未列明行业包括科学研究和技术服务业，水利、环境和公共设施管理业，居民服务、修理和其他服务业，社会工作，文化、体育和娱乐业，以及房地产中介服务，其他房地产业等，不包括自有房地产经营活动。

3. 企业划分指标以现行统计制度为准。①从业人员，是指期末从业人员数，没有期末从业人员数的，采用全年平均人员数代替。②营业收入，工业、建筑业、限额以上批发和零售业、限额以上住宿和餐饮业，以及其他设置主营业务收入指标的行业，采用主营业务收入；限额以下批发与零售业企业采用商品销售额代替；限额以下住宿与餐饮业企业采用营业额代替；农、林、牧、渔业企业采用营业总收入代替；其他未设置主营业务收入的行业，采用营业收入指标。③资产总额，采用资产总计代替。

第二节　管理、管理者与管理学

一、管理

1. 管理的概念

管理活动自有人群出现便有之，与此同时管理思想也就逐步产生。事实上，无论是在东方还是在西方，我们均可以找到古代哲人在管理思想方面的精彩论述。但管理的概念，从不同的角度出发，可以有不同的理解。从字面上看，管是主其事，理是治其事，管理是管辖、治理、控制的意思。广义的管理是指应用科学的手段安排组织社会活动，使其有序进行。其对应的英文是 administration，或 regulation。狭义的管理是指为保证一个单位全部业务活动而实施的一系列计划、组织、协调、控制和决策的活动，对应的英文是 manage 或 run。但这种解释并不能严格表达出管理本身的完整含义。对于管理的定义，至今没有统一的解释，具有代表性的观点有以下几种。

科学管理之父，美国的弗雷德里克·泰勒（Frederick Taylor）在《科学管理原理》（1911）中认为：管理就是确切地知道你要别人做什么，并使他用最好的方法去做。在泰勒看来，管理就是指挥他人能用最好的方法去工作。

现代经营管理之父，法国的亨利·法约尔（Henri Fayol）在其名著《工业管理与一般管理》（1916）中给出管理概念，他认为管理是所有的人类组织都有的一种活动，这种活动由五项要素组成：计划、组织、指挥、协调和控制。法约尔对管理的看法颇受后人的推崇与肯定，形成了管理过程学派。

管理过程学派的主要代表人物之一，美国的哈罗德·孔茨（Harold Koontz）在《管理原理》（1955）一书中认为：管理就是设计并保持一种良好的环境，使人在群体里高效率地完成既定目标的过程。

诺贝尔奖获得者，决策理论学派代表人物，美国的赫伯特·西蒙（Herbert Simon）在《管理决策新科学》（1960）一书中认为：决策是管理的心脏，管理是由一系列决策组成的，管理就是决策。

现代管理大师彼得·德鲁克（Peter Drucker）在《管理：任务、责任、实践》（1973）一书中认为：管理是一种工作，它有自己的技巧、工具和方法；管理是一种器官，是赋予组织以生命的、能动的、动态的器官；管理是一门科学，一种系统化的并到处适用的知识；同时管理也是一种文化。归根到底，管理是一种实践，其本质不在于"知"而在于"行"，其验证不在于逻辑，而在于成果；其唯一权威就是成就。

组织行为学领域的权威，美国管理学家斯蒂芬·罗宾斯（Stephen Robbins）认为：我们将管理定义为一个协调工作活动的过程，以便能够有效率和有效果地同别人或通过别人实现组织的目标。

小詹姆斯·唐纳利（James Donelly）在《管理学基础：职能·行为·模型》（1982）一书中认为：管理就是由一个或更多的人来协调他人活动，以便得到个人单独活动所不能收到的效果而进行的各种活动。

综合各种观点，对管理的比较系统的理解应该是，管理是管理者或管理机构，在一定范围内，通过决策与计划、组织、控制、领导和创新等职能，对组织所拥有的资源（包括人、财、物、时间、信息）进行合理配置和有效使用，以实现组织预定目标的过程。

这一定义有四层含义：第一，管理是一个过程；第二，管理的核心是达到目标；第三，管理达到目标的手段是运用组织拥有的各种资源；第四，管理的本质是协调。

2．管理的性质

（1）管理的二重性

任何社会生产都是在一定的生产关系下进行的。管理，从最基本的意义来看，一是指挥劳动；二是监督劳动。由于生产过程具有二重性：既是物质资料的再生产，又是生产关系的再生产，因此，对生产过程进行的管理也就存在着二重性：一种是与生产力、社会化大生产相联系的管理的自然属性；另一种是与生产关系、社会制度相联系的管理的社会属性。这就是管理的二重性。

（2）管理的科学性与艺术性

管理工作是一门科学，需要依据实际情况而行事；管理工作是一门艺术，需要灵活运用。管理具有科学的特点，以反映客观规律的管理理论和方法为指导，有一套分析问题、解决问题的科学的方法论；同时管理又是一门艺术，管理除了要掌握一定的理论和方法外，还要掌握灵活地运用这些知识和技能的技巧与诀窍。管理的科学性和艺术性并不相互排斥，而是相互补充。不注重管理的科学性而只强调管理工作的艺术性，将使管理表现为随意性；不注重管理的艺术性而只强调管理的科学性，管理科学将会是僵硬的教条。管理的科学性来自管理的实践，管理的艺术性要结合具体情况并在管理实践中体现出来，二者是统一的。

3. 管理的职能

管理职能（management functions）是管理过程中各项行为内容的概括，是人们对管理工作应有的一般过程和基本内容所做的理论概括。

1916 年，法约尔的《工业管理与一般管理》一书最早系统地提出了管理职能的概念。他提出管理的职能包括计划、组织、指挥、协调、控制五个职能，其中计划职能为他所重点强调。他认为，组织一个企业，就是为企业的经营提供所有必要的原料、设备、资本、人员。指挥的任务要分配给企业的各种不同的领导人，每个领导人都要安排自己的职员承担各自的任务。协调就是指企业的一切工作都要和谐地配合，以便于企业经营的顺利进行，并且有利于企业取得成功。控制就是要证实一下各项工作是否与已定计划相符合，是否与下达的指示及已定原则相符合。

在法约尔之后，许多学者根据社会环境的新变化，对管理的职能进行了进一步的探究，有了许多新的认识。但当代管理学家们对管理职能的划分，大体上没有超出法约尔的范围。

古利克（Gulick）和厄威克（Urwick）（1937）在《管理科学论文集》中提出了著名的管理七职能理论。取其每种职能英文词的首字母而称作 POSDCRB，即 planning（计划）、organising（组织）、staffing（人事）、directing（指挥）、coordinating（协调）、reporting（报告）、budgeting（预算）。

孔茨（koontz）和奥唐内尔（O'Donnell）（1955）吸纳行为科学的原理，在《管理学》教材中，把管理职能划分为计划、组织、人事、领导、控制五项职能。

拉尔夫·戴维斯（Ralph Davis）（1935）在《企业组织和作业原理》中阐述了有机职能论的观点，把经典的五职能归并为计划、组织、控制三项职能。

20 世纪 60 年代以来，随着系统论、控制论和信息论的产生及现代技术手段的发展，管理决策学派的形成，使得决策问题在管理中的作用日益突出。西蒙等人在解释管理职能时，突出了决策职能。他认为组织活动的中心就是决策。制订计划、选择计划方案需要决策，设计组织结构、人事管理等也需要决策，选择控制手段还需要决策。他认为，决策贯穿管理过程的各个方面，管理的核心是决策。

美国学者希克斯（Hicks）等人在总结前人对管理职能分析的基础上，提出了创新职能，突出了创新可以使组织的管理不断适应时代发展的论点。

根据目前主流的研究，管理的职能包括决策与计划、组织、领导、控制和创新等职能。决策是计划的前提，计划是决策的逻辑延续，组织、领导和控制旨在保证决策的顺利实施，创新贯穿于管理职能和各个组织层次之间。

二、管理者

1. 管理者的概念与分类

（1）管理者的概念

在任何一个组织中，无论这一组织是营利性的还是非营利性的，都可以根据人员在组织中的不同工作岗位和工作性质，将人员分为两类人：管理者和非管理者。

德鲁克认为：在一个现代的组织里，如果一位知识工作者能够依靠他的职位和知识，对组织负有贡献的责任，能够实质性地影响该组织的经营能力及达成的成果，即为管理人员。这一定义，强调作为管理人员首要的标志是必须对组织目标负有贡献的责任，而不是权利；只要共同承担职能责任，对组织的成果有贡献，他就是管理人员，而不在于他是否有下属人员。根据这一分析，管理者的定义应为，管理者是指履行管理职能，对实现组织目标负有贡献责任的人。

（2）管理者的分类

1）按照管理者在组织所处的地位划分，即纵向分类，管理者可以分为：①高层管理者，即对整个组织的管理负有全面责任的人，他们的主要职责是，制定组织的总目标、总战略，掌握组织的大政方针并评价整个组织的绩效。高层管理者的称谓主要有总裁、副总裁、行政长官、总经理、首席运营官、首席执行官、董事会主席等。②中层管理者，他们的主要职责是，贯彻执行高层管理者所制定的重大决策，监督和协调基层管理者的工作。与高层管理者相比，中层管理者特别注意日常的管理工作。中层管理者的称谓主要有部门主管、机构主管、项目经理、业务主管、地区经理、部门经理、门店经理等。③基层管理者，他们的主要职责是，给下属作业人员分派具体工作任务，直接指挥和监督现场作业活动，保证各项任务的有效完成。基层管理者的称谓主要有督导、团队主管、教练、轮值班长、系主任、部门协调人、部门组长等。

管理者层次如图 1-1 所示。

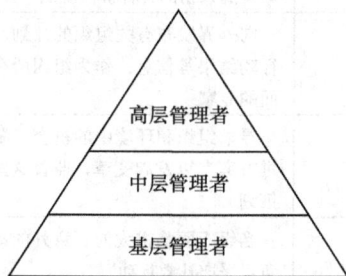

图 1-1 管理者层次

2）按照管理者的管理领域进行划分，即横向分类，管理者可以分为：①综合管理人员，即负责管理整个组织或组织中某个事业部的全部活动的管理者，如企业的厂长

（经理）、副厂长（副经理）、大型企业的事业部经理、地区经理等。他们不是只负责一项活动（或职能），而是统管包括生产、营销、人力资源、财务、计划等在内的全部活动或至少是其中的几类活动。②专业管理人员，即仅仅负责管理组织中某一类活动的管理者。根据他们所管理的具体专业领域的不同，又可细分为生产管理人员、财务管理人员、人力资源管理人员、营销管理人员、研究开发管理人员、物流供应链管理人员等。

2．管理者的角色与技能

（1）管理者的角色

管理者角色（management roles），是指特定的管理者行为类型。亨利·明茨伯格（Henry Mintzberg）在《管理工作的本质》（1973）中这样解释："角色这一概念是行为科学从舞台术语中借用过来的。角色就是属于一定职责或者地位的一套有条理的行为。"根据他的研究，管理者扮演着十种角色，这十种角色可被归入三大类：人际角色、信息角色和决策角色。明茨伯格的管理者角色理论可用表 1-3 来表示。

表 1-3 明茨伯格的管理者角色理论

角色		描述	特征活动
人际角色	挂名首脑	象征性的首脑，必须履行许多法律性的或社会性的例行义务	迎接来访者，签署法律文件
	领导者	负责激励和动员下属，负责人员配备、培训和交往的职责	实际上从事所有的有下级参与的活动
	联络者	维护自行发展起来的外部接触和联系网络，向人们提供恩惠和信息	发感谢信，从事外部委员会工作，从事其他有外部人员参加的活动
信息角色	监督者	寻求和获取各种特定的信息（其中许多是即时的），以便透彻地了解组织与环境	阅读期刊和报告，保持私人接触作为组织内部和外部信息的神经中枢
	传播者	将从外部人员和下级那里获得的信息传递给组织的其他人员——有些是关于事实的信息，有些是解释和综合组织有影响的人物的各种价值观点	举行信息交流会，用打电话的方式传达信息
	发言人	向外界发布有关组织的计划、政策、行动结果等信息；作为组织所在产业方面的专家	举行董事会，向媒体发布信息
决策角色	企业家	寻求组织和环境中的机会，制定"改进方案"以发起变革，监督这些方案的策划	制定战略，检查会议决策执行情况，开发新项目
	混乱驾驭者	当组织面临重大的、意外的动乱时，负责采取补救行动	制定战略，检查陷入混乱和危机的时期
	资源分配者	负责分配组织的各种资源——事实上是批准所有重要的组织决策	调度、询问、授权，从事涉及预算的各种活动和安排下级的工作
	谈判者	在主要的谈判中作为组织的代表	参与工会，进行合同谈判

具体而言：

1）人际角色。人际角色直接产生于管理者的正式权力的基础。管理者所扮演的三种人际角色是挂名首脑角色（作为首脑必须行使一些具有礼仪性质的角色）、领导者角色（管理者和员工一起工作并通过员工的努力来确保组织目标的实现）、联络者角色（与组织内个人、小组一起工作，与外部利益相关者建立良好的关系）。

2）信息角色。管理者负责确保和其一起工作的人具有足够的信息，从而能够顺利完成工作。整个组织的人依赖于管理结构和管理者以获取或传递必要的信息，以完成工作：监督者角色（持续关注内外环境的变化以获取对组织有用的信息，接触下属或从个人关系网获取信息，依据信息识别工作小组和组织潜在的机会与威胁）、传播者角色（分配监督者获取的信息，保证员工具有必要的信息，以便切实有效地完成工作）、发言人角色［把角色传递给单位或组织以外的个人，让相关者（股东、消费者、政府等）了解并感到满意］。

3）决策角色。处理信息并得出结论。管理者以决策让工作小组按照既定的路线行事，并分配资源以保证计划的实施：企业家角色（对监督者发现的机会进行投资，以利用这种机会）、混乱驾驭者角色（处理组织运行过程中遇到的冲突或问题）、资源分配者角色［决定组织资源（财力、设备、时间、信息等）用于哪些项目］、谈判者角色（花费大量时间针对员工、供应商、客户和其他工作小组进行必要的谈判，以确保小组朝着组织目标迈进）。

（2）管理者的技能

1955 年，罗伯特·卡茨（Robert Katz）在美国《哈佛商业评论》上发表了《高效管理者的三大技能》一文，提出管理者必备的三种技能，即技术技能、人际技能与概念技能。

1）技术技能（technical skill），是指使用某一专业领域内有关的工作程序、技术和知识完成组织任务的能力。例如，工程师、会计师、广告设计师、推销员等，都掌握其相应领域的技术技能，所以被称作专业技术人员。

2）人际技能（human skill），是指与处理人事关系有关的技能，即理解、激励他人并与他人共事的能力。人际技能包括对下属的领导能力和处理不同小组之间关系的能力。管理者必须能够理解个人和小组、与个人和小组共事，以及同个人和小组处理好关系，以便树立团队精神。

3）概念技能（conceptual skill），是指能够洞察企业与环境相互影响的复杂性，并在此基础上加以分析、判断、抽象、概括，并迅速做出决断的能力。具体包括系统性、整体性能力，识别能力，创新能力，抽象思维能力。概念技能是高级管理者最迫切需要的技能，实质上它是一种战略思考及执行的能力。

处于较低层次的管理人员，主要需要的是技术技能与人际技能；处于较高层次的管理人员，更多地需要人际技能和概念技能；处于最高层次的管理人员，尤其需要较强的概念技能。管理层次与管理技能要求如图 1-2 所示。

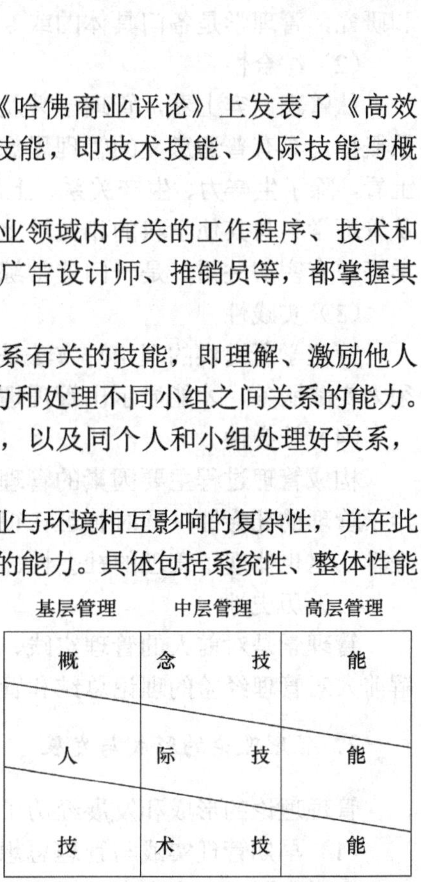

基层管理	中层管理	高层管理
概	念 技	能
人	际 技	能
技	术 技	能

图 1-2 管理层次与管理技能要求

三、管理学

1. 管理学的概念

管理作为一门独立的、可以被称为"科学"的学科，历经一百多年的理论性探索和实证性研究，逐渐形成了属于自己的、独立的科学门类。这主要从两个层次上去理解：一方面，管理作为一门科学建立了属于自己的理论研究基础，即在独具特色的学科门类上逐步完善了本学科的理论研究方法和技术路线，完善了支撑本学科发展的理论研究基础；另一方面，管理作为一门科学建立了独立的实证研究方法，即实证研究的技术、方法和工具逐步完善和成熟。此时，管理可以称为"科学"，即管理科学。一般研究者认为，以泰勒的名著《科学管理的原理》（1911）及法约尔的名著《工业管理和一般管理》（1916）为管理学诞生的标志。其学科特点如下。

（1）一般性

管理学是从一般原理、一般情况的角度对管理活动和管理规律进行研究，不涉及管理分支学科的业务和方法的研究；管理学是研究所有管理活动中的共性原理的基础理论科学，无论是"宏观原理"还是"微观原理"，都需要管理学的原理做基础来加以学习和研究，管理学是各门具体的或专门的管理学科的共同基础。

（2）综合性

从管理内容上看，管理学涉及的领域十分广阔，它需要从不同类型的管理实践中抽象概括出具有普遍意义的管理思想、管理原理和管理方法。从影响管理活动的各种因素上看，除了生产力、生产关系、上层建筑这些基本因素外，还有自然因素、社会因素等；从管理学科与其他学科的相关性上看，它与经济学、社会学、心理学、数学、计算机科学等都有密切关系，是一门非常综合的学科。

（3）实践性

管理学所提供的理论与方法是实践经验的总结与提炼，同时管理的理论与方法又必须为实践服务，才能显示出管理理论与方法的强大生命力。

（4）社会性

构成管理过程主要因素的管理主体与管理客体，都是社会最有生命力的人，这就决定了管理的社会性；同时管理在很大程度上带有生产关系的特征，因此没有超阶级的管理学，这也体现了管理的社会性。

（5）历史性

管理学是对前人的管理实践、管理思想和管理理论的总结与发展，割断历史，不了解前人对管理经验的理论总结和管理历史，就难以很好地理解、把握和运用管理学。

2. 管理理论的形成与发展

管理理论的形成和发展经历了以下几个阶段。

（1）早期管理实践与管理思想阶段（从人类社会产生到18世纪）

人类为了谋求生存自觉或不自觉或地进行着管理活动和管理的实践，其范围是极其广泛的，但是人们仅凭经验去管理，尚未对经验进行科学的抽象和概括，没有形成科学的管理理论。早期的一些著名的管理实践和管理思想大都散见于埃及、中国、希腊、罗马和意大利等国的史籍和许多宗教文献之中。

（2）管理理论产生的萌芽阶段（从 18 世纪到 19 世纪末）

18 世纪到 19 世纪的工业革命使以机器为主的现代意义上的工厂成为现实，工厂及公司的管理越来越突出，管理方面的问题越来越多地被涉及，管理学开始逐步形成。这个时期的代表人物有斯密、大卫·李嘉图（David Ricardo）等。

斯密是英国资产阶级古典政治经济学派创始人之一，他的代表作是《国富论》。斯密发现，分工可以使劳动者从事某种专项操作，便于提高技术熟练程度，有利于推动生产工具的改革和技术进步，可以减少工种的变换，有利于劳动时间的节约，从而提出了分工理论。李嘉图是英国资产阶级金融家，古典政治经济学的杰出代表和完成者，1817 年李嘉图的《政治经济学及赋税原理》一书的出版在资产阶级经济学界产生了深远的影响。

（3）古典管理理论阶段（20 世纪初到 20 世纪 30 年代行为科学学派出现前）

古典管理理论阶段是管理理论最初形成阶段，在这一阶段，其核心内容是科学管理、管理职能分析、古典组织理论等，古典管理理论侧重于"物"的管理，研究方法以工业工程方法为基础。其间，在美国、法国、德国分别活跃着具有奠基人地位的管理大师，即泰勒、法约尔及韦伯。

泰勒重点研究在工厂管理中如何提高效率，提出了科学管理理论。科学管理的中心问题是提高劳动生产率，而科学管理的关键在于变原来的经验工作方法为科学工作方法，以实现管理的科学化、合理化与标准化，其代表作是《科学管理原理》①。

法约尔以大企业的整体为研究对象，提出了管理过程的职能划分理论。他的代表作是《工业管理与一般管理》，侧重阐述了管理职能的划分，认为管理的职能是计划、组织、指挥、协调和控制，并提出管理人员应遵守的十四项原则，以及强调管理教育的重要性。

韦伯的研究主要集中在组织理论方面，他在管理思想方面的主要贡献是在《社会组织和经济组织理论》一书中提出了理想官僚组织体系理论，他认为建立一种高度结构化的、正式的、非人格化的理想的官僚组织体系是提高劳动生产率的最有效形式。

古典管理理论被以后的许多管理学者研究和传播，并加以系统化。其中贡献较为突出的是英国的厄威克与美国的古利克，前者提出了他认为适用于一切组织的八条原则，后者概括提出了"POSDCRB"，即管理七项职能。

（4）现代管理理论阶段（20 世纪 30 年代到 20 世纪 80 年代）

现代管理理论阶段主要指行为科学学派及管理理论丛林阶段，行为科学学派阶段研

---

① 科学管理思想的建立，起源于美国费城的米德维尔钢铁工厂的总工程师，后来被誉为科学管理之父的泰勒"实务性研究"的重大发现。1881 年，泰勒通过对工人操作动作的研究和分析，消除不必要的动作，改正错误的动作，确定合理的操作方法，选定合适的工具等，这些让泰勒总结出来一套合理的操作方法和工具培训工人，使大多数人能达到或者超过定额。这也是早期科学管理的实务性研究成果。1911 年，泰勒将实务性研究上升到理论研究层次，发表了《科学管理原理》一书，这是世界上第一本科学管理著作，它标志着人类在长期管理实践中科学管理思想的形成。随后的十几年里，吉尔布雷斯夫妇（Frank Gilbreth，Lillian Gilbreth）在动作研究和工作简化方面为科学管理的方法做出了重要贡献，与泰勒相比，吉尔布雷斯夫妇的动作研究更加细致和更为广泛。

究的重心转向"人"，研究方法上注重采用心理学、社会学、人类学和实验研究方法，主要研究个体行为、团体行为与组织行为，着重研究人的心理、行为等对高效率地实现组织目标的影响作用。行为科学的主要成果有梅奥（Mayo）的人际关系理论、马斯洛（Maslow）的需求层次理论、赫茨伯格（Herzbery）的双因素理论、麦格雷戈（McGregor）的 X 理论和 Y 理论等。

除了行为科学学派得到长足发展以外，许多管理学者从各自不同的角度发表自己对管理学的见解。其中主要的代表学派有管理过程学派、管理科学学派、社会系统学派、决策理论学派、系统理论学派、经验主义学派、经理角色学派和权变理论学派等。各个学派从不同的角度研究管理问题，提出各自的理论，在研究方法上也体现了多样性和创新性，系统论、信息论、控制论、数学、统计学、经济学等研究方法出现，极大地丰富了管理科学研究。孔茨称其为管理理论丛林[①]。

（5）当代管理理论阶段（20 世纪 80 年代至今）

这时的管理理论以战略管理为主，研究企业组织与环境的关系，重点研究企业如何适应充满危机和动荡的环境的不断变化。迈克尔·波特（Michael Porter）所著的《竞争战略》把战略管理的理论推向了高峰，他强调通过对产业演进的说明和各种基本产业环境的分析，得出不同的战略决策。

美国麻省理工学院教授迈克尔·哈默（Michael Hammer）与詹姆斯·钱皮（James Champy）提出企业再造理论，他们认为企业应以工作流程为中心，重新设计企业的经营、管理及运作方式，进行"再造工程"。美国企业从 20 世纪 80 年代起开始了大规模的企业重组革命，日本企业也于 20 世纪 90 年代起进行了第二次管理革命，这十几年间，企业管理经历着前所未有的、类似脱胎换骨的变革。

20 世纪 80 年代末以来，信息化和全球化浪潮迅速席卷全球，消费者的个性化、消费的多元化决定了企业必须适应不断变化的消费者的需要，在全球市场上争得消费者的信任，才有生存和发展的可能。这一时代，管理理论研究主要针对学习型组织而展开。彼得·圣吉（Peter Senge）在所著的《第五项修炼》中更是明确指出企业唯一持久的竞争优势源于比竞争对手学得更快更好的能力，学习型组织正是人们从工作中获得生命意义、实现共同愿景和获取竞争优势的组织蓝图。

同时以绿色管理为核心的企业生态环境管理的理论也在不断丰富。1984 年 10 月，《我们共同的未来》专题报告出版，此报告为人类指明了一条持续发展的道路，如何维护人与自然的和谐关系是可持续发展环境伦理观的核心。生态环境管理逐渐纳入企业管理之中。

---

① 孔茨于 1961 年 12 月在美国《管理学》杂志上发表了《管理理论的丛林》一文，认为由于当时各类科学家对管理理论的兴趣有了极大的增长，由于他们研究条件、掌握材料、观察角度及研究方法的不同，必然产生并形成不同的管理思路，他当时划分了六个主要学派。1980 年，孔茨在《管理学会评论》上发表《再论管理理论的丛林》一文，指出经过近二十年的时间之后，管理理论的丛林不但存在，且更加茂密，至少产生了 11 个学派，包括管理程序学派、行为学派、群体行为学派、社会系统学派、决策理论学派、系统管理学派、经验主义学派、权变理论学派、管理科学学派、社会技术系统学派、经理角色学派。孔茨把管理学派发展枝繁叶茂的现象称为"管理理论的丛林"，简要地概括了当时管理理论研究学派的"丛林"状态。

第三节　企业管理

一、企业管理概述

1. 企业管理的含义

企业管理（business management），是企业组织的管理者，通过有效利用人、财、物、信息等资源，通过决策与计划、组织、领导、控制和创新等职能，协调他人活动，实现企业目标的过程。

2. 企业管理的内容

企业管理的要素包括七个要素，简称"7M"，是指企业中人员（men）、资金（money）、方法（method）、机器设备（machine）、物料（material）、市场（market）及士气（morale）七个管理要素。在实际工作中也有把管理分为四个要素的，即人员、物料、机器设备和资金；也有分为五个要素的，即人员、物料、机器设备、资金和方法；还有分为八个要素的，即人员、物料、机器设备、资金、方法、士气、市场和管理。尽管划分的方法不同，但是其揭示的管理要素的核心却是基本相同的。这些要素的管理构成了企业管理的主要任务。

据此，企业管理可以衍生为各个具体管理业务分支，如人力资源管理、财务管理、设备管理、信息管理、物流供应链管理、生产管理、营销管理等。通常企业会按照这些专门的业务分支设置职能部门。

在企业系统的管理上，又可分为企业战略、企业组织、企业文化等系统的管理。美国管理界在借鉴日本企业经营经验的基础上，由麦肯锡咨询公司提出了企业组织的七个要素，又称麦肯锡 7S 模型。七个要素中，战略（strategy）、制度（systems）、结构（structure）被看作"硬件"，风格（style）、员工（staff）、技能（skills）、共同价值观（shared values）被看作"软件"，而以共同价值观为中心。

二、企业管理原理

1. 系统的综合性原理

系统的综合性原理包括两层含义，一方面是系统目标的多样性与综合性，另一方面是系统实施方案选择的多样性与综合性。就是说同一问题，可以有不同的处理方案，为了达到同样的目标，可以有各种各样的途径与方法。

2. 分工原理

分工原理的基本思想，是指在承认企业及企业管理是一个可分的有机系统前提下，对企业管理的各项职能与业务按照一定的标准进行适当分类，并由相应的单位或人员来承担各类工作。

3．弹性原理

弹性原理，是指企业为了达到一定的经营目标，在企业外部环境或内部条件发生变化时，有能力适应这种变化，在管理上具有可调性。

4．效益原理

效益原理，是指企业通过加强企业管理工作，以尽量少的劳动消耗和资金占用，提供尽可能多的符合社会需要的产品，不断提高企业的经济效益和社会效益，在保证社会效益的前提下，最大限度地追求经济效益。

5．激励原理

激励原理，是指通过科学的管理方法激励人的内在潜力，使每个人都能在其组织中尽其所能，展其所长，为完成组织规定的目的而自觉、努力、勤奋地工作。激励有两种模式：正激励和负激励。

6．动态原理

动态原理，是指企业管理系统随着企业内外环境的变化而不断更新自己的经营观念、经营方针和经营目标，为达此目的，必须相应地改变有关的管理方法和手段，使其与企业的经营目标相适应。

7．创新原理

创新原理，是指企业为实现总体战略目标，在生产经营过程中，根据内外环境变化的实际，按照科学态度，不断否定自己，创造具有自身特色的新思想、新思路、新经验、新技术，并加以组织实施。企业创新，一般包括产品创新、技术创新、市场创新、组织创新和管理方法创新等。

8．可持续发展原理

可持续发展原理，是指企业在整个生命周期内，随时注意调整自己的经营战略，以适应外界环境的变化，从而使企业始终处于兴旺发达的发展阶段。

三、企业管理方法

企业管理方法可按以下标准分类。

1．按管理方法作用的原理分类

按管理方法作用的原理，企业管理方法可分为经济方法、行政方法、法律方法、社会心理方法和数学统计方法。

（1）经济方法

经济方法是根据客观经济规律，运用各种经济手段，调节各种不同经济主体之间的关系，以获取较高的经济效益与社会效益的管理方法。这里所说的各种经济手段，主要包括价格、税收、信贷、工资、利润、奖金、罚款及经济合同等。不同的经济手段在不同的领域中，可发挥各自不同的作用。经济方法的特点是充分利用经济杠杆的作用来刺激管理对象，其实质是以物质利益为动力的管理方法。它的作用在于以物质利益为动力，实行物质激励。

（2）行政方法

行政方法是指在一定的组织内部，以组织的行政权力为依据，运用行政手段（如命令、指示、规定等），按照行政隶属关系来执行管理职能，实施管理的一种方法。行政方法的特点是具有一定的强制性，以组织的行政权力为基础，以下级服从上级为原则。行政方法的优点是时效强、见效快，具有明确的范围，它只能在行政权力所能管辖的范围内起作用；行政管理方法是以组织的权力为基础，下级在执行中不能以利益或者是其他方面的要求为代价，也就是无偿性。

（3）法律方法

职业经理人是在法律范围内依照自己的利益需要，根据自己的意志实施一定的经济行为的，当自己的合法权益受到侵犯时有权依法请求法律保护。所以在企业的管理中需要具备基本的法律常识，用法律方法管理。从一定意义上讲，经济法律的本身是节约市场交易成本的产物，这个成本包括发现成本、谈判成本、执行和监督成本、诉讼成本等。

（4）社会心理方法

企业管理的控制很重要的一点是企业文化建设，使企业的愿景和个人的愿景相结合。员工的价值观在很大程度上受管理者价值观的影响。企业必须有企业理念，让企业里的人时刻受到鞭策和鼓舞，增强员工的归属感。社会心理方法有培训的做法，也有树立榜样的做法，还有实行"学习型组织"的做法等，目的都是增强企业的凝聚力和使命感。

（5）数学统计方法

在企业管理中，可以运用数学统计的方法进行统计、测算、检验、优选。这种方法具有论据可靠、对比充分、条理清晰的优点，常常作为决策和计划的基础，也作为考核和分析工作业绩的依据。

2．按管理方法适用的普遍程度分类

按管理方法适用的普遍程度，企业管理方法可分为通用管理方法和专门管理方法。

（1）通用管理方法

通用管理方法是以不同领域的管理活动某些共同的属性为依据而总结出的管理方法。通用管理方法是人们对不同领域、不同部门、不同条件管理实践的理论概括和总结，揭示了这些共同属性，从而总结出的管理方法。在管理的实践过程中，管理学家根据管理实际工作中的应用问题提出了许多通用的管理方法，其中有任务管理法、人本管理法、目标管理法、系统管理法等。这些通用管理方法对于各种不同的管理活动都是适用的，是管理方法中主要和重要的组成部分。

（2）专门管理方法

专门管理方法是对某个资源要素、某一局部或某一时期实施管理所特有的专门方法，是为解决具体管理问题的管理方法。例如，人力资源管理、财务管理、设备管理、信息管理、物流与供应链管理、生产管理、营销管理等，由于管理对象、目的不同而具备不同的管理的特点，这就要求必须有适应这些特点的特殊的、专门的方法。即使是某一类型的管理，由于其具体的条件不同，也各有其不同的特点。例如，同样是企业的生产管理，但对每一个特定企业而言，由于工艺技术不同、所有制不同、生产的规模不同、人的素质不同、社会环境不同，其管理就会具有各自的特点，需要有同它们的特点相适应的管理方法。

3．按管理方法的定量化程度分类

按管理方法的定量化程度，企业管理方法可分为定性管理方法和定量管理方法。任何事物都有质的规定性和量的规定性，原则上都可以从质和量这两个方面来把握。

（1）定性管理方法

确定事物及其运动状态的性质的方法，称为定性管理方法。在管理实践中，管理者对管理现象的基本情况进行判断，粗略统计和估计属于定性管理方法。

（2）定量管理方法

确定事物内部和外部各种数量关系的方法，称为定量管理方法。在管理实践中，管理者运用数理知识方法，对管理现象及其发展趋势，以及与之相联系的各种因素，进行计算、测量、推导等，属于定量管理方法。

定性是粗略的定量，定量是精确的定性。在现代管理中，定量管理已成为很重要的方法和手段，这标志着管理水平的提高。定量方法很重要，但它并不排斥定性方法，这不仅是由于定性是定量的基础，而且还在于，有许多事物和现象运用目前的手段还难以进行定量研究，从而使用定量方法受到限制。定量方法和定性方法又是相互渗透的，许多问题的解决，常常需要二者相互补充。还有不少方法既可用来定性，又可用来定量。管理者在管理的过程中，要充分地利用这两种管理方法的特点，为管理服务。

第四节　企业绿色管理

一、企业绿色管理的概述

讨论：什么是企业绿色管理（视频）

1．企业绿色管理的概念

根据我国学者万后芬所撰写的《绿色营销》一书中的解释：绿色是生命的原色，用来泛指保护地球生态环境的活动、行为、思想和观念等。它是一个特定的形象用语，其内涵是可持续发展和环境保护，所谓"企业绿色管理（corporate green management，CGM）"，从管理学的视角进行简单定义，就是企业以可持续发展为目标，合理配置人、财、物资源，通过供、产、销绿色价值链，实现利益相关者利润最大化，在规避环境风险的同时获得可持续竞争优势的过程。

广义的绿色管理包括以下三个层次。

（1）宏观绿色管理

宏观绿色管理是指以国家政府为主体，通过对政府行为、企业行为与社会公众行为三者进行协调和整合，以达到整个国家社会经济可持续发展的宏观管理活动。宏观绿色管理通过国家政府的政策、法律、法规、经济杠杆和对国民的宣传、教育等方式实现，管理的对象是全国、全社会范围，本质上是全社会的可持续发展的管理。

（2）中观绿色管理

中观绿色管理是指以一个地区、行业或部门为范围，为实现环境保护和可持续发展而进行的一系列管理活动的总称。

（3）微观绿色管理

微观绿色管理是指以组织（包括作为营利组织的企业和其他非营利组织）为主体进行的可持续发展管理活动，它以组织内与环境保护和可持续发展相关的一切活动为对象。

以企业为主体的绿色管理是微观绿色管理的一部分，即企业的绿色管理。以企业为主体的绿色管理就是狭义的绿色管理。微观绿色管理是宏观绿色管理与中观绿色管理的基础和实现途径，微观绿色管理要以宏观绿色管理或中观绿色管理为外在条件。由于约定俗成的原因，一般所说的"绿色管理"仅指以企业为主体的绿色管理。

2．企业绿色管理理论的形成与发展

随着全球经济的持续发展和环境的不断恶化，经济发展和自然环境的矛盾日益突出，引起了企业、政府和学术界的关注，绿色管理成为研究热点之一。

1962 年，美国海洋生物学家卡森的《寂静的春天》出版。该书描述了污染物迁移转化的规律，阐明了人类与自然的密切关系。

1966 年，美国经济学家肯尼思·博尔丁（Kenneth Boulding）在《即将到来的宇宙飞船世界的经济学》一文中以宇宙飞船比喻分析地球经济的发展，最先提出了循环经济的概念①。

---

① 1961 年 4 月 12 日苏联成功地发射了世界上第一艘载人飞船，虽其与设想的星际飞船相差很远，但仍给那个年代的经济学家以启发。博尔丁认为飞船是一个孤立无援、与世隔绝的独立系统，靠不断消耗自身资源存在，最终将因资源耗尽而毁灭。而唯一能使飞船延长寿命的方法，就是实现飞船内的资源循环，尽可能少地排出废物。同理，地球经济系统就如同一艘巨大的宇宙飞船，除了能量要依靠太阳供给外，人类的一切物质需要靠完善的循环来得到满足。尽管地球资源系统大得多，地球的寿命也长得多，但是也只有实现对资源循环利用的循环经济，地球才能得以长存。

博尔丁认为："将来的封闭型经济也许可以叫作'太空人经济'，地球成为单一飞船，没有用不完的东西，不管在资源的开采或污染方面，我们都会处在这一环境中；因此，人们必须找到即使不能避免资源的输入，但原料能够不断复制、延伸、再生产的一个循环生态系统的地方。"事实上，地球上的生命生生不息的奥秘，就在于地球是一个自给自足的生态系统，它在太阳能的推动下，日复一日、年复一年地进行着物质的周期循环，不需要补给什么东西，也没有多余的废物，其中的一切都各有用途。生命，就是在这不断的物质循环中得以体现的。

博尔丁将经济分为两种类型，即传统的逍遥自在的"牛仔经济（cowboy economy）"和限制自由的"宇宙飞船经济（spaceship economy）"。"牛仔经济"使人们想到牛仔在放牧时，只管放牧而不顾草原的破坏。这种经济的主要特点就是大量地、迅速地消耗自然资源，把地球看成取之不尽的资源而无限度地索取，同时，造成废物大量累积，使环境污染日益严重，它表现为追求高生产量（消耗自然资源）和高消费量（商品转化为污染物）。作为人口增长的必然结果，人们必须把传统的经济学替换为"宇宙飞船经济学"。对此，博尔丁说过一句名言："任何相信物质上能无限增长的人，在一个物质有限的星球上若不是神经错乱，就是经济学家。"

博尔丁的这种新经济思想在当时具有相当的超前性，它促发了随后几年开始的关于资源与环境的经济学研究，并对当今的"低碳经济""循环经济"和"生态经济"的经济理论，产生了很大的影响。

在 1987 年，联合国国际环境和发展委员会主席、挪威首相布伦特兰（Brundtland）夫人在该委员会撰写的报告《我们共同的未来》中，提出可持续发展的概念。

1990 年，德国学者瓦德玛尔·霍普分贝克（Waldemar Hopfenbeck）出版的《绿色管理革命》一书中正式使用"绿色管理"。

1991 年，帕屈克·卡尔森（Patrick Carson）和朱莉亚·莫尔登（Julia Moulden）合著《绿就是金：企业家对企业家谈环境革命》，提出了"绿色管理是更好的管理"和"绿色管理哲学"的概念。

2009 年，在芝加哥召开的美国管理学年会（Academy of Management，AOM）以"green management matters（绿色管理至关重要）"为主题开展了大规模的绿色管理问题研讨，引起了全球管理学者的高度重视。

目前，学者们从经济学、组织理论、战略管理、公共政策、组织行为及运营管理等多个方面来研究企业绿色管理。在绿色管理模式、对绿色管理的认知、绿色管理活动的范围、解决方案与参与绿色管理的组织等方面，人们的认识在不断深入。

3．企业绿色管理与一般企业管理的区别

企业绿色管理虽然是一种新兴的管理方式，但是其本质上仍然属于管理的范畴，企业绿色管理并不排斥一般企业管理。在管理对象上，两者都是对现代企业进行的管理；在管理内容上，都要正确处理企业成长中面临的各种矛盾，都要运用决策与计划、组织、领导、控制和创新等职能；在管理方法上，两者都必须注意将科学管理与人本管理有机结合，注意采用各种现代化的管理办法。但是企业绿色管理也有与一般企业管理的不同之处，如表 1-4 所示。

表 1-4　企业绿色管理与一般企业管理的区别

比较项目	一般企业管理	企业绿色管理
管理边界	企业内部	不仅仅局限于企业内部，拓展到企业与消费者、竞争者、社会、自然的关系
管理方式	粗放型	集约型，精细化管理
管理目的	企业获利	实现企业和社会的可持续发展
管理效果	经济效益的最大化	经济效益、社会效益、生态效益共赢

在管理边界上，一般的企业管理基本上局限于企业内部。随着管理理论与实践的发展，企业管理的边界逐步拓展，将企业与消费者、竞争者、社会、自然的关系也纳入企业管理中来，使管理边界进一步拓展。

在管理方式上，传统粗放型的管理习惯于高投入、高消耗、高污染的生产经营方式，对废弃物不进行回收利用。企业绿色管理则强调集约型的精细化管理，注重节能与减排，强调废弃物的循环利用。

在管理目的上，一般企业管理的主要目标是企业获利。企业绿色管理既考虑企业的今天，也考虑企业的未来，目的是实现企业和社会的可持续发展。

在管理效果上，一般企业管理是为了实现经济效益的最大化。企业绿色管理在追求经济效益最大化的同时，对社会效益、生态效益加以综合考虑，其最终的结果是企业、社会、自然的和谐统一。

二、企业绿色管理产生的现实背景

讨论：企业绿色管理产生的原因（视频）

1．全球生态环境恶化是企业绿色管理的产生根源

随着经济的不断发展，全球生态环境不断恶化，环境污染问题成为不可回避的严峻问题。企业是经济的基本细胞，是自然资源的主要消耗者，也是环境污染的主要制造者，要改变全球生态环境恶化的趋势，就必须通过改变企业传统的生产经营管理模式，走可持续发展道路。没有全球生态环境问题的严重恶化，也就不会出现绿色管理。全球生态环境恶化是企业绿色管理的产生根源。

2．可持续发展理论为企业绿色管理提供了理论基础

传统的"技术主义中心"范式认为，人类是大自然的主宰，鼓励经济无止境地增长；与此相反，"生态中心主义"的拥护者认为，自然本身才是最高主宰，人类从属于自然世界，必须限制经济增长以保持地球生态的平衡。格拉德温（Gladwyn，1995）提出的"可持续发展"范式结合了两者中正确、合理的部分，认为不受限制的经济增长和零增长都是不可取的，人类与自然不是相互从属的关系，而是平等互补的关系。可持续发展理论为企业绿色管理提供了理论基础。

3．各国政府的绿色法规和绿色发展政策是绿色管理的强制推动力量

世界各国政府都制定了大量的绿色法规和绿色发展政策。例如，美国环境法律法规体系分为两个层次，上层是 1969 年颁布实施的《国家环境政策法》，下层包含污染控制法和资源保护法。目前美国环境污染控制与资源保护方面的法规已经达到了 30 多部。1992 年的《欧洲联盟条约》提出了欧盟"可持续发展"的目标，在 1997 年新修订的《阿姆斯特丹条约》中，正式将可持续发展作为欧盟的优先目标，为欧盟环境与发展综合决策的执行奠定了法律基础。迄今为止，欧盟总共制定了 300 多个法律文件以实施其环境政策。中国已制定了《中华人民共和国环境保护法》《中华人民共和国循环经济促进法》等九部环境保护法律，国家环境标准 800 多项。党的十八大报告中首次单篇论述生态文明，首次把"美丽中国"作为未来生态文明建设的宏伟目标，把生态文明建设摆在五位一体的高度来论述。绿色发展、循环发展、低碳发展，首次被写入党代会报告。党的十八届五中全会更是把绿色作为"十三五"时期经济社会发展的五大理念之一。

4．环境标志认证制度对企业绿色管理具有促进作用

目前已有 40 多个国家的政府和国际组织推出了环境标志制度，主要分布在欧盟地

区、北美地区、大洋洲地区和东南亚地区，如美国的"绿色签章制度"、德国的"蓝天使"、北欧的"白天鹅"、日本的"生态标签制度"、欧盟的"欧洲联盟制度"、中国的"环境标志制度"等。在保护环境旗帜下，国际经济贸易中的"环境壁垒"更加森严，企业生产的各种产品若想在国内市场站稳脚跟或打入国际市场，就必须符合必要的环境认证。目前绿色消费是当今世界消费领域的主潮流，环境标志产品已越来越受到人们的重视与喜爱，促使企业实施绿色管理，生产绿色产品。

5．雄厚的经济实力和科技创新为企业绿色管理提供了物质保障

绿色管理的推行，无论是绿色产品的研究与开发、绿色制造、废弃物的回收利用，以至节能、降耗、减少污染，都离不开资金和技术。根据联合国 EPA（Environmental Protection Agency，环保署）等国际组织的研究，当一国环境保护的资金投入占 GNP 的 1%～1.5%时可以基本控制环境污染，达到 2%～3%时，经过几十年的努力，才能逐渐改善环境。在发达国家，不仅国家投入大量环保资金，而且企业也投入大量资本进行企业的"绿化"。美国 1992 年的环境保护投入占 GNP 的 2%，2000 年达到 3%。美国一些著名的大公司，如 GM、微软及 IBM 等，也纷纷投入巨资进行企业绿色形象的塑造和企业绿色战略的实施。西方发达国家及其企业在资金和科技方面具备了进行企业绿色管理的实力，这是绿色管理最早产生于西方发达国家的原因。

三、企业实施绿色管理的内在动因

企业实施绿色管理的内在动因是什么？是社会责任还是经济利益？换句话说，企业实施绿色管理能给企业带来什么？只有搞清楚这个问题，才能理解企业为什么可能实施绿色管理。

1．三种理论解释

环境经济学从最基本的成本收益的角度去分析绿色管理，认为企业实施绿色管理是为了避免外部监管风险或取得经济收益。基于资源基础观的战略管理理论认为绿色管理能为企业带来长期的竞争优势。根植于组织社会学的制度理论则认为企业进行绿色管理是通过加强企业在某一特定制度、规范、文化环境中的合法性，从而获得利益相关者的支持。企业不是迫于道德压力，而是受对企业有益的团体（如顾客）对于绿色管理实践的需求的影响而采用绿色管理实践。这三种理论解释各具代表性，都能解释实践中的一些现象，其核心在于企业可以找到同时有利于企业和环境目标的战略活动，从而使得管理者可以在某种条件下采用环境友好的策略以获得最大化的利润。加拿大西安大略大学毅伟商学院的亚当·弗莱麦斯（Adam Fremeth）教授（2009）认为，企业采纳绿色管理，往往不是因为道德义务，而是为了经济利益。而且，如果企业不考虑经济因素，则绿色管理实践也很难成功。

2．资源基础观的视角

哈特（1995）在《基于自然资源为基础的企业观》一文中，基于资源基础观的视角，整合了自然环境资源对企业产生的约束和机会，提出了自然资源基础观。自然资源基础观对企业和其生存的自然环境之间的关系进行了思考，绿色管理就是通过有效管理、控制、调配企业的资源，促使企业形成独特的、稀缺的不可模仿的资源或能力，进而获得相应的竞争优势。

哈特（1995）认为绿色管理能够从以下四个方面给企业带来成本优势。

1）能够对企业面临的污染问题进行整体规划，节省污染控制的设备安装和运转成本。

2）提高产品生产效率，通过提高原材料、能源及其他资源的使用效率，降低单位产品生产成本。

3）调整企业运作方式，重新进行企业流程再造，减少产品、原材料等资源的循环时间。

4）降低环境事故的发生概率，减少企业应对环境管制的成本和违规风险。

此后，许多学者沿着绿色管理—企业竞争优势获取—经济绩效的思路进行研究。Sharma（夏尔马）和 Vredenburg（弗里登堡）（1998）研究了企业绿色管理对企业竞争优势的影响，通过案例分析了资源基础观对企业环境响应的行为，再通过数据分析发现企业绿色管理战略可以帮助企业构建竞争能力，从而促进竞争优势的形成。虽然绿色管理行动要求增加投资和改变公司的"经营思想"，但企业却获得了竞争优势。绿色管理思想将使实行绿色管理的公司降低成本、提高效率、开辟新市场、提高公司形象、增加销售新产品和服务的机会、改善竞争地位、建立一支有奉献精神和主动性的劳动队伍。实证研究证明，企业的环境绩效和社会绩效与财务绩效之间存在正向的关系，即具有优良的环境绩效的企业同时也具有优良的财务绩效，这支持了资源基础观的假设。

四、企业绿色管理的原则

企业如何进行绿色管理？应该遵循哪些原则？基于绿色行为特征视角，王起（1993）首次系统地介绍了西方企业绿色管理的 5R [research（研究）、reduce（消减）、rediscover（再开发）、recycle（循环）、reserve（储备）] 原则。

1. 研究

将环保纳入企业的战略决策，重视研究企业的环境对策。例如 2010 年 4 月，索尼制订了"走向零负荷"的绿色管理计划，制定公司未来在技术研发、产品设计规划、采购、物流、废物回收和循环利用等方面的具体发展目标，力求在 2050 年实现"环境零负荷"。

2. 消减

采用新技术、新工艺，消减有害废弃物的排放。例如 2009 年，索尼公司在东京品川区大崎建设新办公大楼"索尼东京大崎总部大楼"，大楼外墙采用"生化皮肤"系统。该系统利用水在气化时吸收外部热量的特点，有效降低了大楼外部的空气温度，减少了内部的空调负荷，既节约电能，也减少了温室气体的排放。这是世界上首次通过建筑物自身设计来解决都市热岛效应的案例。

3. 再开发

变传统产品为绿色产品。索尼公司开发了九种典型的绿色电子产品，以索尼的液晶电视为例，索尼应用了状态感应器，能够感测电视机前的人是否在活动，特定区域内是否有人，在无人状态或者人睡着不动的情况下自动关闭画面，甚至关闭电源，以此达到节能效果。再有，针对以往电视机关机后仍然有少量电力消耗的问题，增设节能关机功能，不拔掉电源插头即可实现真正关机，电力消耗几乎为零，有效地减少了碳的排放量。

4. 循环

对废旧产品进行回收循环利用。索尼不仅致力于为消费者提供高性能、高品质的产品，也为消费者提供安心愉悦的环保产品。为此索尼创立了独特的环保设计标准。同时，索尼公司开发了索尼再生塑料，将废弃的光盘及其他塑料水瓶等材料用索尼工艺制成再生塑料，用于索尼电子产品的生产，同时，产品达到寿命周期以后，予以拆解回收利用。双向地解决了塑料制品污染问题。

5. 储备

参与整治、环保宣传、树立绿色形象，获得社会、消费者的认同感。为提高电子废物正确回收并引导公众关注绿色环保，索尼公司已连续多年在中国不同城市和地区开展不同类型的废弃物和电子垃圾回收活动。通过一系列社会公益活动，将环保理念传递给消费者，一方面履行企业的社会责任，另一方面提升企业在消费者心目中的形象。

五、企业绿色管理的内容及评估方法

1. 企业绿色管理的内容

从企业管理的角度讲，绿色管理活动包括对企业的人、财、物、供、产、销的绿色管理；从企业管理运营层面讲，绿色供应链管理、绿色制造、绿色营销是企业绿色管理的核心流程；从企业管理资源层面分析，绿色人力资源管理、绿色会计、绿色设备管理是企业绿色管理的重要资源要素。

（1）绿色供应链管理

绿色供应链管理是一种在整个供应链中综合考虑环境影响和资源效率的现代管理模式，它以绿色制造理论和供应链管理技术为基础，其目的是使得产品从物料获取、加工、包装、仓储、运输、使用到报废处理的整个过程中，对环境的负面影响最小、资源效率最高。

（2）绿色制造

绿色制造是一种综合考虑环境影响和资源消耗的现代制造模式，其目标是使得产品从设计、制造、包装、使用到报废处理的整个生命周期中，对环境负面影响小、资源利用率高、综合效益大，使得企业经济效益与社会效益得到协调优化。

（3）绿色营销

绿色营销是指以促进可持续发展为目标，为实现经济利益、消费者利益和环境利益的统一，市场主体根据科学性和规范性的原则，通过有目的、有计划地开发及同其他市场主体交换产品价值来满足市场需求的一种管理过程。

（4）绿色人力资源管理

绿色人力资源管理是指将"绿色"理念应用到人力资源管理领域所形成的新的管理理念和管理模式。其主要任务是通过采取符合"绿色"理念的管理手段，实现企业内部人员与生态的和谐，为企业带来经济、社会和生态效益相统一的综合效益。

（5）绿色会计

绿色会计是围绕"自然资源和社会环境资源耗费应如何补偿"这一主题开展的一门新兴会计学科。就是将自然资源和生态资源纳入企业的核算对象，把企业的经济效益和环境效益结合起来，以促进社会经济的可持续发展。

（6）绿色设备管理

绿色设备管理是以最少的资源消耗、环境保护来维持设备的最佳工作状态，实现设备管理功能、环境保护、资源利用和维修人员身心健康的集成化。

2．评估企业绿色管理的方法

评估企业的绿色管理行动的贡献有许多种方法。目前较为流行也更为社会各界及学者接受的方法有以下三种。

（1）报告

由于许多企业变得更"绿"，它们常常会公布详细的报告来叙述它们的环保绩效，全世界有超过 1300 家公司采用全球报告倡议组织（Global Reporting Initiative，GRI）制定的指导原则自愿报告它们的创新能力，以及它们为促进环境可持续发展而付出的努力。这些报告描述了这些企业和组织实施的大量绿色行动。

（2）标准

组织还可以采取另一种方法来表明它们对变绿的承诺，就是采用国际标准化组织（International Organization for Standardization，ISO）制定的标准。组织或企业要想遵守ISO 14000 标准，就必须开发一个全面的环境管理系统来应对环境挑战，也就是说，组织必须使其行动对环境的影响降至最低程度，采取绿色的管理行动，并且通过提升自主创新能力持续改进自己的环保绩效。如果一个企业能够满足这些标准，就遵守了 ISO 14000标准，企业就会更"绿"。

（3）排名

评估一家企业绿色管理行动的最后一种方法是行业和公司排名。排名是用来测量绩效的一种常用方法，各种类型的排名无所不在，排名由特定的绩效测量标准确定，每个榜单所使用的绩效测量标准也是不同的，对于企业绿色管理行动的排名可以参考或整合以下榜单。

加拿大金融研究资讯公司（Corporate Knights Capital，CK Capital）和伊诺万斯投资策略评估顾问公司（Innovest Strategic Value Advisors）共同合作编制的，在可持续发展方面表现最突出的"全球 100 强公司"榜单（www.corporateknights.com/reports/global-100），《财富》（Fortune）等依据不同的标准排出的"中国企业社会责任排行榜"等。

问答题

1. 简述企业的概念与分类。
2. 简述管理的概念与职能。
3. 简述管理的二重性。
4. 简述管理者的概念及管理者的不同角色与技能。
5. 简述管理学的概念。
6. 简述企业管理的概念及企业管理的原理与方法。
7. 简述企业绿色管理与一般企业管理的区别和联系。
8. 简述企业绿色管理的现实背景与内在动因。
9. 简述企业绿色管理的内涵、原则、内容与评估方法。

能力训练题

1. 分组对一名管理者进行访谈，概括这位管理者的管理经验与领导艺术，撰写报告，随后分组进行交流。

2. 分组阅读胡鞍钢所著的《中国创新绿色发展》一书，从网络、报纸、杂志等媒体资源中搜集相关资料，从日常生活中的小故事入手，利用 PPT、PREZI 及相关视频制作软件制作形式多样的汇报材料，阐述国家倡导绿色 GDP，企业进行绿色管理的重要性与紧迫性。

3. 分组阅读社会科学文献出版社出版的《中国企业绿色发展报告（2015）》，并从网络、报纸、杂志等媒体资源中查找资料，要求以翔实准确的数据与真实的案例为基础进行正反方辩论：对企业而言，进行绿色管理能否给企业带来持续的竞争优势。

案例分析

杜邦公司的绿色管理

课后阅读

一　华为任正非：43 岁的创始人两万元到千亿元的创业史
二　雷·C. 安德森：承诺"零污染的"第一 CEO

拓展阅读

安艳玲，2015．绿色企业．北京：中国环境出版社．

保罗·霍肯，2007．商业生态学：可持续发展的宣言．夏善晨，余继英，译．上海：上海译文出版社．

陈春花，2015．我读管理经典．北京：机械工业出版社．

胡鞍钢，2012．中国创新绿色发展．北京：中国人民大学出版社．

胡美琴，李元旭，2007．西方企业绿色管理研究述评及启示．管理评论，19（12）：41-48．

吉赛尔·韦伊布雷赫特，2014．绿色企业管理指南．李雪松，译．北京：科学出版社．

雷·安德森，罗宾·怀特，2011．绿色企业家．王维丹，译．北京：机械工业出版社．2011．

蕾切尔·卡森，2015．寂静的春天．许亮，译．北京：北京理工大学出版社．

梅雪芹，2007．"泰晤士老爹"的落魄与新生．环境保护，（14）：68-70．

王起，1993．绿色管理在西方的兴起．中国环境报，（5）：15．

吴建祖，曾宪聚，2010．绿色管理的动力：社会责任还是经济利益？管理学家：学术版，（4）：75-78．

相关网络资源：《企业绿色管理》MOOC，超星尔雅通识课《企业绿色管理概论》．

相关学术杂志：《管理世界》《管理科学学报》《中国管理科学》《南开管理评论》《管理学报》《管理工程学报》《生态经济》．

第二章

企业战略管理

知识目标

1. 了解战略的含义与企业战略的层次。
2. 掌握战略管理的含义与战略管理的过程。
3. 掌握战略环境分析的过程与方法。
4. 掌握战略制定和选择的过程及主要的战略类型。
5. 理解战略实施、战略执行与战略控制的重要性。
6. 掌握绿色战略管理的类型。

能力目标

1. 对企业战略管理过程形成全面的认识。
2. 运用战略管理的具体方法分析实际问题。

关 键 词

战略　战略管理　战略分析　战略选择　战略实施

导入案例

腾讯两个字的战略格局

1. 封闭：曾经是腾讯深入骨髓的基因

2010 年之前，腾讯的基因是"封闭"。封闭的后果让马化腾背负了"骂名"。有创业者把马化腾比喻为"抄袭大王""创业者创新者的杀手"。只要互联网市场上有前景的创新，腾讯马上会模仿复制，然后借助它强大的用户资源迅速做大，让对方无路可走。极致之战是在 2010 年爆发的 3Q 大战。2010 年腾讯和奇虎 360 展开了 3Q 大战，竞争最后演变成两个公司争夺用户，让用户在使用 360 和 QQ 之间做出二选一。在双方纠纷的最关键时刻，360 董事长周鸿祎在网络上发表了一封公开信："……QQ 是一个封闭的帝国，它的商业模式就是依靠用户在 QQ 上积累的社会关系，强制用户接受它的产品。这种商业模式，让整个互联网行业创新寥落，寸草不生。"

2. 开放：两个字，让腾讯转危为安

马化腾的可贵之处在于，他没有被愤怒冲昏头脑，他选择了反思。2010 年，马化腾在参加完公司的 12 周年的庆典之后，独自一个人回到公司的办公室。马化腾是一个不善言辞的人，但他是一个非常有思想的人，他用邮件的形式给所有的员工发了一封信："……也许今天我还不能向大家断言会有哪些变化，但我们将尝试在腾讯未来的发展中注入更多开放、分享的元素。我们将会更加积极推动平台开放，关注产业链的和谐，因为腾讯的梦想不是让自己变成最强、最大的公司，而是最受人尊重的公司。"

这封信其实就是马化腾从"封闭"到"开放"的宣战书，是一次凤凰涅槃、浴火重生的过程。一个词的改变，也让腾讯的基因产生突变，从"利己"颠覆为"利他"，腾讯的格局随之得到质的提升。马化腾"开放"的核心，是由原来的 TOC（只针对消费者），而转变为在保留 TOC 的基础上开始的 TOB（针对企业）。这是一种根本上的改变，是一种颠覆式的改变。以前腾讯对于"B"是极度封闭的严防死守，但是，现在是毫无保留，全部开放。

开放方面，马化腾做对了哪几件事情？

（1）定战略

腾讯只做"连接器"和"内容生产"，其余全部放弃。马化腾说，要想做"加法"首先做"减法"。腾讯，放弃了电子商务，放弃了衣、食、住、行……

（2）开放平台

2011 年 6 月 15 日腾讯召开合作伙伴大会，其中，QQ 空间、电脑管家开始对外开放，众创空间的开放成为创业者的家园。

（3）投资收购

腾讯开始大规模投资，投资的标准是每个行业的前三名，扶持这些企业做大做强。先后投资滴滴打车、大众点评和 58 同城等。

（4）微信：生而免费、开放、平等

2010 年 10 月微信启动的时候正是马化腾下决心彻底告别"封闭"走向"开放"的关键时刻。2011 年 1 月微信上线的时候，微信的基因就有别于 QQ 的基因，它是生而开放。所有的接口都是为后来的开放准备。微信生而平等，腾讯公司内部产品线借助微信平台没有任何特权，享有和外部同等的权利。这从机制上避免权力的滥用，也让微信的开发更加公平。

腾讯的开放战略，让腾讯彻底渡过了难关，股价一路飙升。2016 年 5 月 27 日腾讯的市值已大涨至 16 104 亿港元，超过阿里巴巴 15 488 亿港元的市值，再次成为中国互联网公司的巨头。

（资料来源：http://mt.sohu.com/20160621/n455429925.shtml.）

思考：战略对企业具有什么样的意义？

第一节　企业战略管理概述

一、企业战略

1．企业战略的含义

"战略"一词来源于军事术语，西方大约在 20 世纪 60 年代将其引入企业管理领域。

中国经典的战略著作当属春秋时期的《孙子兵法》，被称作"战略方面的权威著作"，影响深远，西方学者认为"孙武哲学的目标是不可战胜、不战而胜和通过物理、政治和冲突心理学的理解获得无懈可击的力量"。例如，奔驰公司在中国市场针对购买奔驰 M 和 GL 型 SUV 男性消费者的广告，就是运用《孙子兵法》的思想，使消费者得到心理满足感，以此与竞争者宝马和路虎形成品牌差异化。

企业战略是企业着眼于未来发展，根据内外部环境，对要实现的总体目标的全局性及长远性的筹划和谋略。

作为指导企业发展的整体系统方针，企业战略具有目标性和策略性的特征，是未来很长一段时间的行动方案，指导企业对有限的资源进行合理配置与利用，其根本目的是企业创造和维持市场竞争力。战略一经制定在很长一段时间内具有相对稳定性。由于战略是在分析内外部环境的现状及未来趋势的基础上做出的，而未来发展存在着不确定性，所以战略具有一定的风险性。

2．企业战略的层次

按照业务完成的范围，企业战略可分为公司战略、经营战略、职能战略。

1）公司战略也称为总体战略，由企业的最高管理层制定的总体发展方向，主要针对企业经营何种业务，以及资源在各经营业务间如何进行分配做出谋划。

2）经营战略也称为竞争战略，是指企业在所经营的业务上如何开展市场竞争的规划。它主要解决在公司战略的指导下，在主要市场中的竞争问题，确定业务目标，进行市场分析，制定竞争策略，使职能部门的管理人员可以更加清楚地认识到本职能部门在实施企业总体战略中的责任和要求。

3）职能战略，是企业各个职能部门为支持和实施经营战略而在各自职能管理领域内采用的策略。如生产、营销、人力资源、财务、采购等各个部门服务于经营战略，思考如何将经营战略转化为职能目标，制定详细具体的实施策略。

三种战略相互联系、缺一不可。每一种战略都有不同的类型，将在后面章节中分别阐述。每一层次的战略构成下一层次的战略环境，同时，低一层次的战略又为高一层次的战略的实现提供保障和支持。

二、企业战略管理的含义

美国著名战略学家安索夫（Ansoff）指出：企业的战略管理是指将企业的日常业务决策同长期计划相结合而形成的一系列经营业务。

结合学者们的研究，我们给企业战略管理的定义是，企业管理者通过精心设计、规划指导、适当实施，以及对战略的连续评价与组织控制等促进企业战略发展及实现组织绩效所进行的决策和行动。

战略管理的实质是开发战略计划，并根据企业内部环境和外部环境的变化及时调整。研究表明，战略管理与组织绩效之间存在着正相关关系，这是战略管理的重要性所在。

三、企业战略管理的过程

一个完整的企业战略管理应该保证企业各层次之间计划的相互协调和支持，这需要按照一定的程序和方法进行战略管理。通常来说，一个全面的企业战略管理过程大致分为以下几个阶段。

1．战略分析

战略分析是指企业在确定宗旨和目标的基础上，对内外部经营环境和条件进行预测与衡量的过程。它包括评估企业的外部整体环境和外部竞争环境，明确企业所面临的机会与威胁，以及分析公司的内部状况和能力，清楚自身所具有的优势与劣势。

2．战略制定与选择

战略制定与选择的实质就是战略决策过程，即基于战略分析结果而对战略进行分析探索、制定及选择。结合公司的资源、能力和外部环境来分析公司的备选方案，根据公司的使命对每个备选方案进行评估，利用内外部环境因素对战略进行匹配和选择。

3．战略实施

战略实施是保证组织战略运行所需要做的所有事情。无论组织制定和选择了多么有效的战略，但是如果没有恰当的实施则仍不能实现企业绩效。战略实施就是将公司战略转化成具体行动，根据选定的战略方案，制订实施计划、配置资源和组织实施的全过程。

4．战略评价和控制

战略评价和控制是将战略过程视为未来决策制定的一种投入，并评估其执行状况。战略实施对企业目标的实现的效果如何？需要做什么样的调整？这就要不断地对组织完成任务的情况进行评价和控制，通过反馈的结果结合环境的变化不断调整和完善既定目标与战略，或者重新制定战略。这正是战略管理的关键所在。因此战略管理是一个连续的、循环的、动态的过程。

第二节　企业战略分析

环境就是组织界限以外的一切事物，它是企业生存和发展的全部外部条件的总和。外部环境主要包括宏观环境和行业环境。只有分清楚外部环境的组成部分，才可以更好地理解和把握环境的变化趋势，以及对企业带来的影响，从而更准确地找出可以利用的机会及必须消除和减轻的威胁。同时，知己知彼，分析自身的资源和能力，识别企业优势和劣势。

一、宏观环境分析

宏观环境指那些来自企业外部，对企业生产经营产生间接影响的环境。宏观环境分析一般采用 PEST 分析法，即分析外部环境中的政治（politics）、经济（economy）、社会（Society）和技术（technology）等因素。宏观环境因素通过影响企业经营的产业环境对企业活动产生影响。

企业宏观环境分析的任务主要有两个：一个是通过分析，考察预测与所在行业及企业有重大关系的宏观环境因素将发生哪些变化；另一个是评价这些变化将会给所在行业及企业带来哪些影响，以便为企业的战略决策奠定基础和提供依据。

1. 政治环境

政治环境主要包括影响企业经营的社会政治制度、政治局势、政治权力及国家的方针政策、法律、法规等因素。

一个国家或地区的政治制度和政局稳定程度是企业生存与发展，以及如何生存与发展的最基本的环境因素。政府推行的政策包括产业政策、税收政策、政府订货及补贴政策等。任何国家的政府都要通过这类基本政策来调整产业结构，引导投资方向和保护消费者、保护环境等，以此来表明政府在这段时间内鼓励做什么和不鼓励做什么。此外，国际形势及其变化、重大政治事件或社会事件都可能给企业投资者带来机会和威胁。

法律法规因素是指与企业相关的社会法律系统及其运行状态，包括国家为规范企业和市场行为而制定的法律法规和条文，为企业发展提供良好的保障，它也是企业必须遵守的规章制度。

2. 经济环境

经济环境因素主要是指构成企业生存和发展的社会经济状况及国家经济政策及其发展方向，主要包括国民经济运行情况、经济发展水平、经济体制和经济政策、消费结构等。宏观经济运行状况可通过一系列的指标来反映，如经济增长率、就业水平、物价水平、利率、通货膨胀率、汇率、国际收支情况等。

国民经济运行情况及其趋势是宏观经济环境的基础。企业主要应了解国民经济目前处于什么阶段，是产业结构调整时期、经济低速增长时期或高速增长时期，并具体分析有关的经济指标，如国民生产总值、国民收入、国家预算收入的水平及其分配的状况等。一般来说，国民生产总值增长速度较快时，居民用于个人消费的支出就相应增加，从而提供了开辟新市场或开办新企业的机遇。反之，居民个人消费会有所减少，不利于企业的增长。

利率较低利于企业实施合并或兼并战略；反之，利率较高则不利于企业采用积极进取的增长战略。

通货膨胀率影响企业的实际业绩。企业的投资收益需要经过通货膨胀率的计算之后才能得到其真实的收益。通常 3%～5%的通货膨胀率是正常的，对企业影响不大，但是如果出现恶性通货膨胀就会对企业不利。

汇率影响企业海外投资和进出口业务。不管企业在多个国家进行投资还是从国外进口原材料，或是自己的产品出口国外，汇率都是需要考虑的重要指标。

企业所在地区或者所需服务地区的消费者收入水平、消费偏好、储蓄情况、就业程度等企业运营的微观经济环境也影响着企业目前及未来的市场战略选择。除此之外，一个地区的经济环境也决定着企业所需能源及原材料的供应、运输和通信等条件。

3．社会环境

社会环境包括企业所在或者所服务的国家和地区的社会文化、风俗习惯、宗教信仰、价值观念、人口状况等。社会环境对企业的影响是间接的、潜在的和持久的。

人们的消费观念和消费行为会受到社会文化的影响，宗教信仰和风俗习惯会禁止或抵制某些商业活动或行为。例如，中东地区由伊斯兰教影响着政治、经济及日常生活，宗教色彩相当浓厚。

价值观念具体表现为人们对事物的态度和看法，传统习俗则是一个国家和民族所特有的、经过长期历史积淀形成的，具有持续性和稳定性的特征。不同的国家和地区，其价值观是不同的。

人口状况主要包括人口总数、年龄构成、人口分布、人口密度、教育水平、家庭状况、居住条件、死亡率、结婚率、民族结构及年龄发展趋势、家庭结构变化等。人口状况对企业战略的制定有重大影响。例如，在中国存在人口老龄化的趋势，以及二孩政策，对医疗保健和婴幼儿服务等行业有所影响。

4．技术环境

企业的技术环境，主要包括社会科技水平、科技力量、科技政策、技术发展动向等要素。

社会科技水平是构成技术环境的首要因素，它包括科技研究的领域、科技研究成果门类分布及先进程度和科技成果的推广与应用三个方面。

科技力量是指一个国家或地区的科技研究与开发的实力。

科技政策是国家凭借行政立法权力，对科技事业履行管理、指导职能的途径。

技术发展动向是技术的研发动态和未来发展的趋势。

一种新技术的出现和成熟可能会导致一个新兴行业的产生。21世纪，互联网技术所带来的变化不逊于工业革命，它使企业的信息沟通方式发生了巨大变化，行业催生了一些企业之间的新型战略联盟。可以说，互联网技术催生了共享经济时代的到来。

分析技术环境，除了要关注与所处领域直接相关的技术手段的发展变化外，还应及时了解国家对科技开发的投资和支持重点、该领域技术的研发动态、技术转移、专利保护等情况。

PEST 分析法是经典的宏观环境分析模型，在战略管理的实践中需要在分别考虑政治、经济、社会、技术四个方面的基础上，找到关系到自己企业的需重点考虑的因素，再理清这些因素对企业战略的影响，从而确定关键战略因素。

需要注意的是，不同企业所面临的宏观外部环境大体一样，但不同企业的战略环境因素却大不一样，需要对宏观环境进行认知与判断。除此之外，随着环境问题的日益凸显，有不少观点认为战略分析时还需要考虑一个新的重要因素——生态因素。

5. 生态环境

世界上许多大公司都认识到商业活动不应该再忽视环境问题。每一种活动都与数千种其他交易及其环境相联系；公司必须严肃对待环境责任，实施环境政策，确保组织战略的综合性。因为政府和消费者对环境问题的关注日渐升温，所以实施环境政策可以为公司创造竞争优势。公司应确立合理的组织目标，限制其对环境的影响，从而确保企业和社会的长期收益。生态环境因素包含很广泛的环境问题，包括自然环境、全球气候变暖和经济可持续发展。对生态因素的考虑也突出了当今企业绿色管理对获得企业可持续竞争优势的重要性。

二、行业环境分析

行业是由产品或服务相近的企业所组成的，行业环境对企业的战略制定和生存发展的影响更为直接。行业环境主要从行业生命周期和行业竞争结构两个方面加以分析。

1. 行业生命周期分析

要确定企业经营的业务，首先要明确企业所处行业的基本状况。一般来说，任何行业都会经历四个阶段，即幼稚期、成长期、成熟期和衰退期。识别行业发展阶段是为了分析处在不同行业发展阶段的产品和服务需求情况，从而进一步分析目前行业内的竞争格局，以便采取恰当的竞争战略。

不同生命周期的行业，在市场增长率、需求增长率、产品特点、竞争者数量、市场的明朗程度、客户的购买行为、技术变革、进入壁垒方面有各自的特征，如表 2-1 所示。

表 2-1　行业生命周期特征

项目	幼稚期	成长期	成熟期	衰退期
市场增长率	高：较国民生产总值相比增长更快	很高：高于国民生产总值	不高：等于或低于国民生产总值	下降：零增长或负增长
需求增长率	较快增长	高速增长	增长不多	增长下降
产品特点	产品没有统一的标准，设计经常更改，质量不稳定	产品多样化，具有技术和性能上的差异，质量较好	产品标准化，品种稳定，通常只是外观上的轻微变化，质量稳定	无产品差异，质量参差不齐，品种减少

续表

项目	幼稚期	成长期	成熟期	衰退期
竞争者数量	极少数企业参与竞争	竞争者数量增多，出现兼并，竞争激烈	竞争激烈，逐步趋于稳定	竞争者减少
市场的明朗程度	行业特点、行业竞争状况和用户需求特点不明确	行业特点、行业竞争状况和用户需求特点逐渐明确	行业特点、行业竞争状况和用户需求特点非常明确	市场明朗并逐渐缩小
用户的购买行为	不积极：需要靠说服性广告才去试用	积极：用户群扩大，对质量需求不一	挑剔：市场饱和，买方市场形成	转向：剩余忠诚老用户
技术变革	技术变动快，存在不稳定因素	技术发展快，逐渐稳定	技术稳定，已经成熟	转向
进入壁垒	进入壁垒较低	进入壁垒逐渐提高	进入壁垒很高	企业基本不愿进入

2．行业竞争结构分析

哈佛大学教授迈克尔·波特的"五种力量分析模型"是行业竞争结构分析的基本工具，如图 2-1 所示。他在《竞争战略》一书中提出，任何一个行业的竞争都存在五种基本的竞争力量，即行业中现有企业的竞争、潜在进入者的威胁、替代品的威胁、购买者的议价能力、供应商的议价能力。这五种基本竞争力量的状况及综合程度，决定着行业的竞争激烈程度，从而决定着行业中的最终获利能力和资本流向本行业的程度。

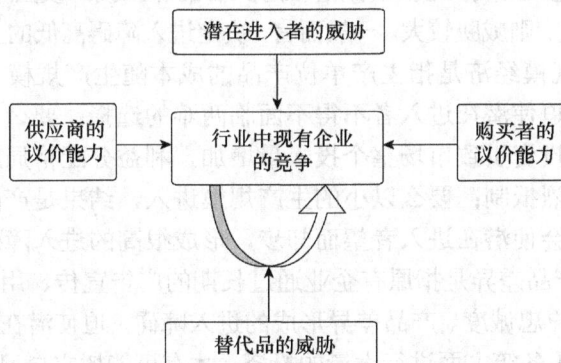

图 2-1　波特的五种竞争力量分析模型

（1）行业中现有企业的竞争

行业中现有企业的竞争是指行业内各企业之间的竞争关系和竞争激烈程度。行业内企业面对的是具有相同或相似需求的客户群，各企业的竞争战略目标都在于使自己的企业获得相对于竞争对手的市场优势，对竞争情况的分析是为了更好地参与市场博弈。在行业的快速成长阶段一般不会出现激烈的竞争，但在行业的成熟阶段就会发生激烈的竞争。

1）产业的成长。若产业的成长缓慢，则厂商必须从别的竞争者处抢夺客户才能维持成长，因此产业内部的对抗与竞争较为激烈。

2）产品差异化程度。如果一个行业中的企业成功地使它们所生产的产品实现差异化，那么行业中的对抗就会比较少，各个公司之间的竞争激烈程度也会比较小，并且行业的利润率不会受到什么负面影响。

3）转换成本。转换成本越低，越容易吸引买方。高转换成本在一定程度上可以保护企业不受对手竞争行为的影响。

4）产能闲置程度。由于产能的扩充往往呈现阶梯式，因此一旦完成某个阶段的扩充，必须取得很大的销售量以消化扩充后的产能。当过度扩充而造成产能闲置时，很容易引发激烈的产业内部对抗与竞争。

5）竞争对手的多样性。如果参与竞争的企业规模大小相似、竞争能力不相上下，通常行业中的竞争很激烈。

6）竞争者数量。如果该行业的竞争者数量多，则现有竞争者之间竞争激烈。

7）退出壁垒的高低。若产业的退出壁垒很高，则造成厂商不易退出。因此，当面临竞争压力时，企业往往被迫采取激烈的竞争手段。常见的退出壁垒包括高额的固定资产投资、离开该产业所必须支付的高额代价，以及对该产业的经济性依赖。

（2）潜在进入者的威胁

潜在进入者也称新进入者，可以是新创办的企业，也可以是由于实现多元化经营而新进入本行业的企业。潜在进入者往往带来新的生产能力和充裕的资源，与现有企业争夺市场份额和利润，从而对现有企业的生存和发展形成巨大的威胁。我们把这种威胁称为进入威胁。进入威胁的大小取决于进入障碍和现有企业的反击强度。

如果一个产业的进入障碍比较高，则潜在进入者的加入就比较困难，对产业内现有企业的威胁就比较小。反之，则威胁较大。一般而言，决定进入障碍高低的主要因素有以下几种。

1）规模经济。规模经济是指生产单位产品的成本随生产规模（产量水平）的增加而降低。规模经济会迫使潜在进入者不得不面临两难的选择：要么以大的生产规模进入该产业，结果是大量投资引致市场整个投入量增加，利益分配格局剧烈变化，从而导致该产业现有企业的强烈抵制；要么以小的生产规模进入，结果是产品成本过高造成竞争劣势。这两种情况都会使潜在进入者望而却步，形成很高的进入障碍。

2）产品差异。产品差异是指原有企业通过长期的广告宣传、用户服务及产品质量等获得的市场信誉和用户忠诚度。产品差异形成的进入障碍，迫使潜在进入者必须在产品开发、广告宣传和用户服务等方面进行大量的投资，才有可能树立自己的信誉，并从原有企业手中夺取用户，取得一定的市场份额。例如，在保健品和化妆品行业中，产品差异往往是最重要的进入障碍。

3）资金要求的高低。资金要求是企业进入某产业所需的物资和货币的总量。如果行业投资的资金需求大，而且需要冒失败的风险，进入障碍则比较高，对现有企业的威胁则较小。例如，采矿业、计算机业、汽车业等对资金的需求量很大，构成了汽车制造业的主要进入壁垒。

4）销售渠道。如果现有企业建立了长期关系甚至是专营关系的销售渠道，潜在进入者要进入该产业销售渠道的壁垒就会较高，因此潜在进入者有时不得不投入巨资去开辟销售渠道。

5）转换成本。转换成本是指购买者更换供应者所要付出的一次性的成本。进入者要想进入，就必须花费大量的时间和推出有差异的服务来消除行业内原有企业客户的这种抵制心理。

6）与规模经济无关的固有成本优势。产业内原有企业常常在其他方面具有与规模经济无关的固有的成本优势，潜在进入者无论达到什么样的规模经济状态都不能与之相比，如产品技术专利、资源的独占权、占据市场的有利地位、独有的技术诀窍、政府限制政策等。例如，在烟草、金融、电信、某些战略资源等行业，国家规定了严格的准入制度。

7）现有企业对待潜在进入者的态度。现有企业对进入者的态度和反应，直接影响其进入的成功与否。如果现有企业对潜在进入者采取比较宽容的态度，则潜在进入者进入某一产业就会相对容易一些；反之，如果现有企业非常在意甚至不满，就会对潜在进入者采取强烈的反击和报复措施，则进入壁垒较高。

（3）替代品的威胁

处于同行业或不同行业中的企业，可能会由于所生产的产品是互为替代品，从而在它们之间产生相互竞争行为。对于现有企业而言，替代品的威胁是不言而喻的。

在具备下列因素时，替代品有很大的威胁。

1）替代品与现有产品的相对价值比。若替代品在产品功能、质量、理念及服务等方面，都与本行业的产品存在极大的相似性，可以满足相同购买者的需要，那么替代品将严重威胁本行业的产品。

2）购买者转向替代品的转换成本。若购买者从购买本行业的产品转向购买替代品只需承担很小的转换成本，则替代品的威胁越大，转换成本越高，替代发生的可能性就越小。

3）购买者对替代品的价格敏感程度。若产品是价格敏感型产品，或者购买者是价格敏感型的，则替代品的价格越低，被替代的现有企业所面临的威胁就越大。

（4）购买者的议价能力

当具备以下因素时购买者具有较强的议价能力。

1）购买者数量。如果购买者的集中程度高，由几家大公司控制，供应商失去这类购买者后很难有类似的大宗交易，这样就会增加购买者的话语权，给企业带来更大威胁。

2）购买者的转换成本。较高的转换成本，将把购买者固定在特定的供应商身上。购买者的转换成本较低，比较容易找到其他供应商或替代品，因而无须固定地向某个或某些特定的供应商购买产品，购买者讨价还价的能力就会越大。

3）购买者所购产品的差异化程度。购买者购买的是差异化程度低的标准化产品或没有特殊要求的一般产品，或是差异性小的产品，购买者确信自己总可以找到更好的供应商。

4）购买者后向一体化的能力。购买者具有后向一体化的资源和能力，并将此作为威胁供应商从而在交易中取得优惠条件的手段。后向一体化的企业宁愿自己生产而不去购买。例如，衬衫生产厂家能自己种棉花和纺织，对于它的纺织品供应商而言，议价能力就高。

5）购买者掌握的信息量。购买者充分了解有关市场需求、市场价格、供应商制造成本等详尽的信息，甚至了解供应商与其他购买者交易的时间和条件。

6）购买者对价格的敏感程度。购买者对价格越敏感，则给行业内企业带来的威胁越大；反之，对价格越不敏感，讨价还价的能力越低。在以下几种情况下，购买者对价格较为敏感：一是涉及的原材料占产品成本的比例很大；二是涉及的原材料对产品的整体质量无关紧要；三是边际利润已经很低。

（5）供应商的议价能力

供应商讨价还价的能力影响产业的竞争程度。供应商对某一行业的潜在利润会有相当重要的影响。在下列情况下，供应商有较强的讨价还价能力。

1）供应商数量有限。供应行业由几家公司控制，其集中化程度高于购买商的集中程度。这样供应商能够在价格、质量的条件上对购买者施加相当大的影响。

2）无替代品竞争。供应商无须与替代产品进行竞争。如果存在着与替代产品的竞争，即使供应商再强大有力，他们的竞争能力也会受到牵制。

3）产品在供应商的销售中占比不大。在供应商向一些购买者销售产品且每个购买者在其销售额中占比不大时，供应商更易于应用他们讨价还价的能力。反之，如果某购买者是供应商的重要主顾，供应商就会为了自己的发展采用公道的定价、研究与开发、疏通渠道等援助活动来保护购买者。

4）对购买者很重要。对购买者来说，供应商的产品是很重要的生产投入要素。这种投入对购买者的制造过程或产品质量有重要的影响，这样便增强了供应商讨价还价的能力。

5）购买者的转换成本高。供应商们的产品是有差别的，并且使购买者建立起很高的转换成本。

6）供应商拥有前向一体化的能力。如果供应商能够通过前向一体化进行下游行业的生产过程，那么它就拥有较强的议价能力，并对下游厂商构成严重威胁。这样，购买商若想在购买条件上讨价还价，就会遇到困难。

三、竞争对手分析

竞争对手是企业经营行为最直接的影响者和被影响者。分析竞争对手的目的在于以下方面：第一，了解每个竞争对手可能采取的战略行动及其实质和成功的希望；第二，各竞争对手对其他公司的战略行动可能做出的反应；第三，各竞争对手对可能发生的产业变迁和环境的大范围的变化可能做出的反应等。

事实上，为应对激烈的竞争，更需要对竞争对手做充分的了解。在竞争对手分析中，公司希望了解的信息包括：竞争对手的驱动因素是什么，即它未来的目标；竞争对手正在做什么，能做什么，即它当前的战略；竞争对手对行业有何看法，即它的假设；竞争对手的能力是什么，即它的优势和劣势。

四、企业内部条件分析

企业内部条件的分析，是对企业各种资源和能力进行的系统分析，是企业经营的基础，也是制定战略的出发点、依据和条件，是竞争取胜的根本。下面从企业资源、企业能力角度对企业内部条件进行分析。

1．企业资源分析

企业经营中只要是可利用的东西都可以称为资源，包括财务资源、物化资源、组织资源、人力资源、技术资源、信誉资源、文化资源、关系资源、创新资源等各种形式的资源，如表2-2所示。

表2-2 企业资源的类型

资源类型	主要内容
财务资源	现金、股票、融资能力、信用等级等
物化资源	厂房、机器设备、场地、原材料等
组织资源	企业的组织结构和它的计划、控制、协调机制等
人力资源	员工数量、结构、素质能力、忠诚度等
技术资源	商标、版权、专利、专有技术、技术应用等
信誉资源	企业形象、消费者信用、品牌知名度、消费者的忠诚度等
文化资源	企业哲学、企业理念、企业价值、管理制度等
关系资源	与供应商和分销商之间的合作关系及效率、与其他组织的关系
创新资源	人员的创新意识、企业创新设施等

企业资源的分析要从全局来把握企业资源在量和质的结构与分配、组合方面的情况，对企业现有资源的状况和变化趋势进行分析与预测。分析和判定相对于竞争对手，企业的资源优势和劣势所在，找出企业发展的关键资源因素，进而确定形成企业核心能力和竞争优势的战略性资源，以便围绕战略性资源进行持续投入，提高企业资源基础。

2．企业能力分析

没有资源，战略管理就成为"无米之炊"，但是一个企业的成功不仅在于拥有丰富的资源，还在于隐藏在企业资源背后的配置、开发、使用和保护资源的能力，这是企业竞争优势的深层次因素。

企业能力是企业对各种资源进行有效整合以发挥最大潜在价值的技能。企业能力是企业内部特有的，必须在企业内部发展形成，通常表现在企业经营的各个职能领域，如企业财务能力、营销能力、生产管理能力、组织管理能力、企业文化能力等，表现在研究与开发、制造、营销、信息系统和财务管理等方面。还有一些能力具有跨职能、综合性的特点，只有在更多类型的资源和职能部门的整合中，才能体现出来，如创新能力、学习能力等。

（1）财务能力

判断企业的经营能力必须对企业的财务状况进行分析，财务报表等资料涉及组织经营的各个方面，通常使用财务比率分析，主要从五个方面分析：企业一定时期内的收益及获利情况，企业资金调度、经营安全程度，资金周转状况、资金活动效率，经营能力和生产方面的指标等。将分析结果分别与同行业的最低水平（或行业平均水平的 1/2）、平均水平和先进水平（或行业平均水平的 1.5 倍）比较，可以找出企业财务管理水平的优劣势。具体各项财务概念将会在第六章详细介绍。

（2）营销能力

企业的营销能力是企业实施战略的重要能力，也是制定战略的重要依据。其分析包括以下几个方面。

1）产品竞争能力分析。主要了解企业产品的市场地位、产品对企业效益的贡献度、产品的成长趋势、在竞争市场上相比竞争产品的优越性及产品组合是否合理等。

2）销售活动能力分析。主要是对企业的销售组织、销售绩效、销售渠道、促销活动等进行分析，以判断企业销售活动的能力。

3）科研开发能力分析。企业的科研开发能力直接影响着企业未来在行业和市场中的地位及发展，其分析主要从企业科研开发人员的数量和质量、科研设施设备、科研经费投入及新产品开发的组织和效果等方面进行。

4）市场决策能力分析。评估、判断企业领导者把握市场脉搏，分析问题、制定决策的能力和水平高低，这是企业得以持续顺利成长和发展的重要保障因素。

（3）生产管理能力

企业的生产功能包括将投入品转化为产品或服务的所有活动。企业生产管理能力的高低决定着企业战略的成败，其生产系统的设计和管理必须与企业的总体战略相适应。企业需要对内部物质转换过程及其管理进行认真分析，包括生产工艺和过程的分析、生产能力分析、库存及其管理的分析、职工的技术水平和劳动热情分析及产品质量、成本控制的分析等。

（4）组织管理能力

企业的组织管理能力是制定有效战略和成功实施战略的重要保证。其管理能力分析包括企业管理职能开展所涉及的计划、组织、领导、控制等多个方面，主要从任务的合理性分解、责权利对等的管理原则的实施、企业集权和分权的有效性安排、组织结构对战略的适应性、管理层次和管理幅度的合理安排及人员有效配置等角度展开分析。

（5）学习和创新能力

在企业经营环境和竞争互动越来越动态的条件下，企业需要不断学习和创新保持其竞争提高能力。学习能力主要是新理念、新技术、新知识的获取能力。创新能力主要指企业运用资源完成与创新有关的一系列活动的能力。主要体现在技术研究开发、产品与成果转化、市场整合等方面。

第三节　企业战略制定与选择

一、战略制定常用的分析方法

在全面收集、整理、分析企业外部环境中的各种影响要素，清楚企业内部资源与能力的现状之后，就可以提炼和总结出企业面临的外部机会与威胁，以及内部优势和劣势的关键要素。接着企业要将这些输入的信息加以匹配，以抓机会避威胁、扬优势补劣势的思路形成战略构想，进而进行战略决策与选择。在这一阶段常用的分析工具有用于内部分析业务单元投资组合发展战略的波士顿矩阵（BCG matrix）分析方法，用于内外部环境综合分析的战略匹配工具 SWOT 分析法，用于战略决策的定量战略规划矩阵（quantitative strategic planning matrix，QSPM）分析工具。

1. 波士顿矩阵

波士顿矩阵是美国波士顿咨询公司（Boston Consulting Group）在 1960 年提出的一种产品结构分析方法，又称市场增长率—相对市场份额矩阵、波士顿咨询集团法、四象限分析法、产品系列结构管理法等。这种方法是把公司生产经营的全部产品或业务的组合作为一个整体进行分析，找到公司资源的产生单位和这些资源的最佳使用单位，核心在于使产品、业务更符合市场需求发展的变化，以及将企业有限的资源有效地分配到合理的产品、业务结构中。波士顿矩阵的发明者、波士顿公司的创立者布鲁斯认为"公司若要取得成功，就必须拥有增长率和市场份额各不相同的产品组合。组合的构成取决于现金流量的平衡。"

波士顿矩阵将组织的每一个战略事业单位（Strategic Business Units）标在一种二维的矩阵图上，如图 2-2 所示。波士顿矩阵的横轴代表相对市场份额，市场份额是在给定的市场上企业在该业务经营领域拥有的市场份额与该行业最大竞争对手拥有的市场份额的比值，横轴的中点通常设定为 0.5，表示该业务或产品的市场份额为业内领先企业的一半。纵轴代表行业市场增长率，是指该业务所处行业的市场在若干年中平均增长率和复合增长率，一般通过计算业内若干领先企业的年收入平均增长额可以得到，通常以百分比表示，纵轴的行业市场增长百分比范围通常为－20%～＋20%，其中点为 0。对于横轴和纵轴的数值范围，企业也可以根据具体情况设置其他范围，如－10%～＋10%。

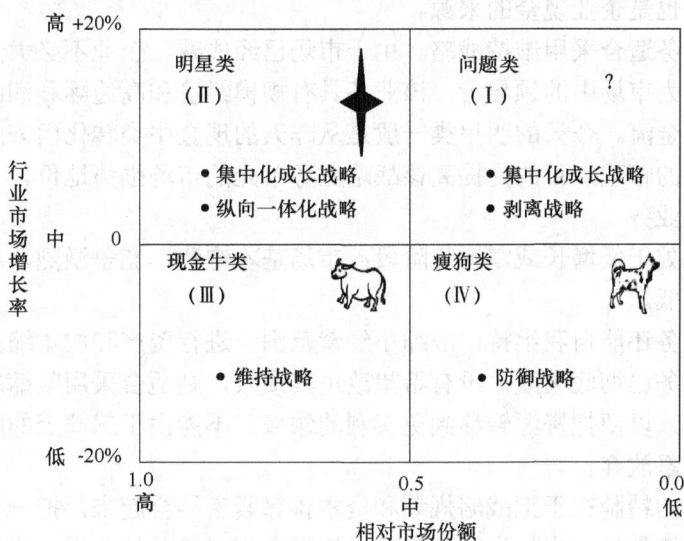

图 2-2 波士顿矩阵示意

波士顿矩阵的四个象限分别代表企业业务单元的不同战略地位。第一象限的业务被称为问题类业务，第二象限的被称为明星类业务，第三象限的被称为现金牛类业务，第四象限的被称为瘦狗类业务。

（1）问题类业务

问题类业务所在行业市场增长率极高，公司需要大量的投资支持其生产经营活动；但市场份额较低，能够生成的资金较少。该区域的业务市场潜力大，发展速度快，但是企业现有的竞争力尚不突出和明确。因此，"问题"非常贴切地描述了企业对待这类业务的态度，因为这时企业必须慎重回答"是否继续投资，发展该业务"这个问题。

如果此类业务符合企业发展长远目标、企业具有资源优势，则可以采取成长战略，目的是扩大战略业务单元的市场份额，甚至不惜放弃近期收入来达到这一目标，将问题类业务发展成为明星类业务。但是，如果企业对该类业务的发展资源和能力不足，会给企业造成资金负担，则适合采用紧缩战略，放弃该项业务。

（2）明星类业务

明星类业务是高增长率、高市场占有率的业务。在企业的全部业务中，"明星"业务在增长和获利上有着很好的长期发展机会。

对明星类业务应采取成长型战略。为了保护或扩展明星业务在增长的市场中占据主导地位，企业应在短期内优先供给它们所需要的资源，支持其继续发展。如果"明星"业务能够保持领导地位，那么在增长放缓、再投资的需求消失之后，它就会成为一棵摇钱树。"明星"最终会变成"金牛"，产生大量高利润率、十分稳定和安全的现金回报。这些现金回报将可再投资于其他产品。

（3）现金牛类业务

现金牛类业务处于成熟的低增长市场中，市场地位有利，盈利率很高。它是成熟市场中的领导者，也是企业现金的来源。

现金牛类业务适合采用维持战略。由于市场已经成熟，企业不必大量投资来扩展市场规模，同时作为市场中的领导者，该业务具有规模经济和高边际利润的优势，因而给企业带来大量现金流。今天的明星类一般是从昨天的现金牛类转化而来的，现金牛类业务应该进行有效的管理，目的是提高该战略业务单元的市场强势地位。

（4）瘦狗类业务

瘦狗类业务处于低增长或零增长阶段，市场基本饱和，竞争激烈，利润率低，企业的市场占有率也低。

如果这类业务还能自我维持，应缩小经营范围，进行资产和成本缩减，加强内部管理。如果这类业务已彻底失败，没有希望改进其绩效，则适合采用紧缩战略，目的在于出售或清算业务，以便把资源转移到更有利的领域。不能由于感情上的因素，即使一直微利经营，却不忍放弃。

波士顿矩阵的精髓在于把战略规划和资本预算紧密结合起来，把一个复杂的企业行为用两个重要的衡量指标来分为四种类型，用四个相对简单的分析来应对复杂的战略问题。该矩阵帮助多种经营的企业确定哪些产品宜于投资，宜于操纵哪些产品以获取利润，宜于从业务组合中剔除哪些产品，从而使业务组合达到最佳经营成效。

2. SWOT 分析法

SWOT 是四个英文单词的首字母缩写，即优势（strength）、劣势（weakness）、机遇（opportunity）、威胁（threat）。SWOT 分析方法为组织提供了一个战略环境的概述。这种方法基于一种假设：企业内部资源（优势与劣势）和外部环境（机遇与威胁）的"完美结合"，能更好地制定成功的战略。

（1）SWOT 分析的框架

1）优势是指企业具备或控制的能够使其比竞争对手更好地满足顾客需要的资源或能力。优势源于企业本身的资源和能力。例如，尽管火锅市场的竞争者很多，海底捞火锅仍能保持较高的市场份额，与其核心竞争能力分不开——海底捞热情、周到、细致的服务。

2）劣势是指企业在一种或多种资源或能力方面的局限性或不足，使其在有效满足顾客需求上处于不利的竞争地位。例如，资金短缺是美国西南航空公司的劣势，因此公司建立了一种选择性的航线扩张战略，保证在管制很少的航空业中拥有最佳利润纪录。

3）机遇是有利于企业的主要环境因素。外部环境的主要发展趋势是机遇的源头之一。例如，人们对有机食品和绿色产品越来越多的、持续不断增长的热情为很多企业带来了机遇，对这一因素的考虑成为制定战略决策时的关键因素。

4）威胁是指不利于企业的主要环境因素。它是对企业目前或未来的市场地位起阻碍作用的主要因素。影响企业取得成功的威胁包括新竞争者加入、市场增长率缓慢、关键购买者或供应商的议价能力上升、技术变革及新的规章制度等。例如，在中国市场上，腾讯公司推出的 QQ 和微信语音及视频聊天功能，对于中国电信、中国移动、中国联通三大电信运营商来说，构成了一定的"威胁"。

在清楚了企业所面临的关键机遇和威胁的基础上，管理者就有了一个参考框架以评价企业利用机遇和减少威胁的能力。反过来也一样，一旦管理者找准了企业的核心优势和主要劣势，就要思考如何利用这些机遇协调优势，同时将企业劣势的不利影响最小化。

（2）SWOT 分析的步骤

1）分析环境因素。运用各种调查研究方法，可分析出企业所处的各种环境因素，即外部环境因素和内部环境因素。外部环境因素包括机遇和威胁，它们是外部环境对企业的发展有直接影响的有利和不利因素，属于客观因素，一般归属为经济的、政治的、社会的、人口的、产品和服务的、技术的、市场的、竞争的等不同范畴；内部环境因素包括优势和劣势，它们是企业在其发展中自身存在的积极和消极因素，属主观因素，一般归类为管理的、组织的、经营的、财务的、销售的、人力资源的等不同范畴。在调查分析这些因素时，不仅要考虑企业的历史与现状，而且要考虑企业的未来发展。

2）构造 SWOT 矩阵。将调查得出的各种因素根据轻重缓急或影响程度等进行排序，构造 SWOT 矩阵。在此过程中，将那些对企业发展有直接的、重要的、大量的、迫切的、长远的影响因素优先排列出来，而将那些间接的、次要的、少许的、不急的、短暂的影响因素排列在后面。

3）SWOT 矩阵组合及制订行动计划。在完成环境因素分析和 SWOT 矩阵的构造后，便可以进行组合分析，并制订出相应的行动计划。运用系统分析的综合分析方法将排列与考虑的各种环境因素相互匹配起来加以组合，得出一系列企业未来发展的可选择战略。

（3）SWOT 矩阵战略选择框架

由于 SWOT 分析通过将特定的外部环境因素与内部环境因素进行匹配组合，因此，我们可以将它作为企业制定战略的一种方法，并形成四种战略组合：SO（优势-机遇）战略、ST（优势-威胁）战略、WO（劣势-机遇）战略、WT（劣势-威胁）战略，如图 2-3 所示。

内部环境因素 外部环境因素	S（优势） 1. S_1 2. S_2 …	W（劣势） 1. W_1 2. W_2 …
O（机遇） 1. O_1 2. O_2 …	SO 战略（优势-机遇） 1. S_4O_3 组合 2. S_2O_4 组合 …	WO 战略（劣势-机遇） 1. W_2O_2 组合 2. $W_3W_4O_1$ 组合 …
T（威胁） 1. T_1 2. T_2 …	ST 战略（优势-威胁） 1. $S_3S_5T_1$ 组合 2. S_2T_3 组合 …	WT 战略（劣势-威胁） 1. $W_5T_1T_4$ 组合 2. $W_1W_4T_1$ 组合 …

图 2-3　SWOT 分析矩阵

1）SO 战略。SO 战略就是发挥企业内部优势而去利用企业外部机遇的战略。这种情况适用于增长型战略企业，集中于某单一经营领域，利用自己的优势占领市场。例如，比亚迪汽车集团在新能源利用方面技术雄厚，在 2015 年全球新能源企业 500 强中排名第 138 位（内部优势），面对低碳经济的到来（外部机会），可以采取 SO 战略去开拓更多的市场。

2）WO 战略。WO 战略的目标是通过利用外部机遇来弥补内部劣势。有的企业有外部机会，但一些内部劣势妨碍着它利用这些外部机遇。如果不采取任何行动，则实际是将机会让给了竞争对手。因此，企业应在某一经营领域制定集中战略，以某一个领域为突破口改变现状。例如，微软公司在过去的十年里曾错过了搜索、浏览器、移动化，这一次，它抓住云计算的机遇部署了智慧云战略，未来也将让所有移动终端都有 Office 的产品，应用到车联网、物联网和生产车间去。

3）ST 战略。ST 战略就是利用企业的优势，去避免或减轻外部威胁的影响。在这种情况下，战略管理者需要企业重新调配资源关键的优势，在机会更多的产品市场中寻求发展。企业适合采取多元化经营战略，把企业带向有更大发展空间的市场。例如，中国移动公司面对腾讯对传统的短信、话音甚至包括国际电话业务的威胁，从数据流量服务方面部署战略发展方向。

4）WT 战略。WT 战略是一种旨在减少内部劣势的同时回避外部威胁的战略。可以选择合并或缩减生产规模的战略，以期克服劣势或使威胁随时间的推移而消失，这是一种典型的防御性战略，此时，企业应该采取的方法是谋求与竞争对手合作或合并，以加强竞争地位，或者企业也可以从某一个领域突破，制定集中的战略，还可以选用纵向一体化和多元化经营。如果难以成功，企业可以将该市场中的业务分离出去，或者把资源收回，用到其他领域。例如，恒大冰泉上市三年巨亏 40 亿元，由于营销失败、定位不精准等原因，2016 年 9 月宣布以 18 亿元出售恒大矿泉水业务。又如，2015 年阿里巴巴影业集团发布公告，与广东粤科软件工程有限公司正式签订产权转让合同，实现对后者的全资收购。

SWOT 分析为战略决策提供了简单明了的框架，它提供了利用外部因素审查内部性能的总体方法，尤其是从关键机遇和威胁方面进行考量。但是作为战略决策过程的基础，SWOT 分析中有许多限制因素需要考虑。SWOT 矩阵也存在着局限，如不能完全揭示关键内部因素和外部因素的相互关系等。

3. QSPM

QSPM 是战略决策阶段的重要分析工具。该分析工具对备选方案的战略行动的相对吸引力做出评价，客观地指出哪种备选战略是企业的最佳选择。QSPM 是一种有利于战略家在先前确认的内外关键成功因素的基础上客观评价备选战略的技术。良好的直觉判断对 QSPM 分析法的运用极为重要，决策者首先要运用良好的直觉及对行业的丰富经验剔除一些明显不可行的战略选择，将最具吸引力的战略列入 QSPM。

QSPM 的左列由战略分析得到的关键外部和内部因素组成，QSPM 的首行由从 SWOT 矩阵、波士顿矩阵中得出的备选战略组成。这些匹配工具通常会生成类似的可行战略方案。不过，在 QSPM 中，并不需要对匹配技术建议的所有战略进行评价。战略家一般凭借自己出色的直觉判断选择纳入 QSPM 中的可行战略。在一套备选战略中，每个战略的相对吸引力是通过确定各关键外部与内部成功因素的累积影响计算出来的。任意数量的战略都可以组成一套战略，但是只有同一套战略相互之间才会进行比较和评价。例如，一套战略可能包括多元化战略，而另一套战略可能包括发行股票和出售分部来筹集所需资本。这两套战略完全不同，因而，QSPM 只在每套战略的范围内进行评价。

表 2-3 描述了 QSPM 的基本格式。首行由几项可行的备选战略共同组成，最左侧一列列出每个关键内外部因素，并在相邻的一列里赋予每个因素的权重。在每个战略的下方分别确定每项内外部因素对选择该战略的吸引力分数（attractiveness scores，AS），在每个因素下，该项战略相对于其他战略的吸引力分数的范围是 1～4：1 表示没有吸引力；2 表示有些吸引力；3 表示有较强的吸引力；4 表示有很强的吸引力。

表 2-3　QSPM 的基本格式

关键因素	权重	战略 1		战略 2		战略 3	
		吸引力分数	吸引力总分	吸引力分数	吸引力总分	吸引力分数	吸引力总分
关键外部因素							
经济 政治/法律/政府 社会/文化/人口/环境 技术 竞争							
关键内部因素							
管理 营销 财务/会计 生产/运作 研究与开发 管理信息系统							

吸引力分数表示的是某个战略与其他战略相比，能使企业利用优势、改进劣势、把握机遇或规避威胁。在建立 QSPM 的过程中，必须逐行进行评价。如果对前面问题的回答为"否"，则说明这个关键因素对所做的具体战略选择没有影响，那么就不需要为该战略指定吸引力分数。表 2-3 中以破折号表明这一关键因素对所做的战略选择没有影响。注意，如果为某个战略指定了吸引力分数，就必须为其他战略指定吸引力分数。换句话说，如果某个战略被画上破折号，那么，这一行的其他战略都应当被画上破折号。

再将吸引力分数与权重相乘得到该项的吸引力总分（total attractiveness scores，TAS）。吸引力总分表示在只考虑相邻的外部或内部关键成功因素的情况下，各个备选战略的相对吸引力。吸引力总分越高，备选战略的吸引力就越大（只考虑相邻的关键成功因素）。

计算吸引力总分合计数（sum total attractiveness scores，STAS）。将 QSPM 中每个战略栏的吸引力分数相加。吸引力总分合计数表明在每一套备选战略中，哪一项战略的吸引力最大。在考虑了所有影响战略决策的相关外部与内部因素的情况下，分数越高，对应战略的吸引力越大。在给定的一套备选战略中，吸引力总分合计数的差值表明一项战略相对于其他战略的合意性。

二、公司战略

公司战略又称总体战略，涉及组织发展的总体方向，由高层管理者制定。公司战略有三种基本类型：成长战略、稳定战略、防御战略。

1. 成长战略

成长战略又称扩张战略、发展战略或增长战略，是企业通过当前业务或新业务，扩展所服务的市场或增加所供应产品的数量。成长战略下，企业可以通过集中化成长、纵向一体化、水平一体化和多元化等方式实现增长。

（1）集中化成长

集中化成长又称强化战略，是指企业在单一市场内，利用单一的优势技术，将其资源用于单一产品的利润增长。企业可以通过市场渗透、市场开发和产品开发来提高企业现有产品的竞争地位。

1）市场渗透。市场渗透是指企业通过更大的营销努力，谋求提高现有产品或服务在现有市场的份额的战略，包括提高现有用户的使用频率、吸引竞争对手的用户、吸引新用户购买现有产品。例如，增加销售人员，提供优惠价格，增加广告费用宣传新的用途，推出强有力的促销项目，加强攻关工作，通过样品、降价或提价吸引新用户试用等具体措施。

2）市场开发。市场开发是指将现有产品或服务导入新的地区市场的战略，包括增加分销渠道进入新的销售市场、识别现有产品的新用途开发新的细分市场、在其他媒体进行广告宣传。例如，百事公司在中国生产迎合中国消费者的产品，生产北京烤鸭风味的薯片。

3）产品开发。产品开发是指企业通过改进现有产品或服务或者创造新的相关产品，谋求增加销售额的战略。例如，对已有产品进行改进（如气味、设计理念、外观）吸引老用户尝试，开发与原产品质量有差异的产品，或者开发其他型号和规格的产品。

（2）纵向一体化

纵向一体化也称垂直一体化战略，是指企业沿着产业价值链向上游扩展或者向下游扩展来实现发展的战略，包括前向一体化和后向一体化。

从原材料供应商到服务提供商，组成了一条产业价值链，每个企业都可以决定参与产业价值链中的哪些环节，使企业能在市场竞争中掌握主动权，从而增加各个业务活动阶段的利润。

1）前向一体化。前向一体化是指企业自行对本公司产品做深加工，建立自己的销售组织来销售本公司的产品或服务。例如，通过收购分销渠道或者提供售后服务贴近最终客户，各大手机制造商建立自己的零售专卖店。互联网环境下，越来越多的制造商通过网上直销体系实现了前向一体化。

2）后向一体化。后向一体化是指企业自行生产所需的投入要素，获得对供应商的所有权或控制力的战略。企业可以通过后向一体化稳定原材料的成本，进而达到稳定产品价格的目的。例如，一家衬衫制造企业收购了纺织生产企业，伊利拥有自己的奶源牧场等。

（3）水平一体化

水平一体化也称横向一体化，是指企业兼并在同一产业和部门内的相似企业而获得增长。例如，通过合并、收购和接管，为母公司增强资源与能力，以提高规模经济效应。但是要注意的是，如果被收购企业的效益不佳是整个产业引起的，则慎重选择水平一体化。

（4）多元化

多元化是指增加产品或竞争市场的多样性，避免单一产业将所有的鸡蛋放在同一个篮子里的风险。它分为相关多元化和非相关多元化。

1）相关多元化。相关多元化也称同心多元化，是指企业新发展的业务与原有业务相互间具有战略上的适应性和协调性，它们在技术、资源需求、销售渠道、市场、产品等方面与原业务类似，具有相关性。

2）非相关多元化。非相关多元化也称复合多元化，它和相关多元化的一个关键区别就在于：不以业务具有的市场、产品或技术共性为基础，而是更多地以利润方面的考虑为基础，业务之间很少有联系。

2．稳定战略

稳定战略又称维持战略，它谋求的是稳定的而非快速的发展。例如，为同一客户群提供同样的产品和服务，保持原有的市场份额，维持组织现有的业务运作。实际上，大部分企业不自觉地使用了这个策略，而不是有意识地使用。

稳定战略是企业为巩固现有的市场地位、维护现有的竞争优势而采取的不冒风险、以守为攻、伺机而动的战略。从企业经营风险的角度来讲，稳定战略的风险比较小；从企业发展速度上来讲，稳定战略的发展速度比较缓慢，甚至还会萎缩；从企业的战略思想上来讲，稳定战略要求的是与企业过去大体相同的业绩，是要保持在过去经营状况基础上的稳定。

（1）稳定战略的分类

按偏离战略起点的程度，可将稳定战略划分为无增战略和微增战略两种。

1）无增战略。企业经过各种条件的分析后，只能保持在现有战略的基础水平上，不仅其战略经营活动按照原有方针在原有经营领域内进行，而且其在同行业竞争中所处的市场地位、产销规模、效益水平等，都希望维持现已达到的状况。

2）微增战略。微增战略是企业在保持稳定的基础上略有增长与发展的战略。其中既包括稳定而小幅度地提高市场占有率，改善市场地位，或者随市场的稳步增长而扩大产销规模，也包括谨慎地推出新产品和扩大市场占有率。

（2）稳定战略的适用情况

稳定战略适用于那些对环境变化预测比较准确又经营相当成功的企业。采用这种战略的企业不需要改变自己的宗旨、目标，只需要按一定比例提高其销售、利润等目标即可。在这种战略下，企业只需要集中资源于原有的经营范围和产品，并通过改进其各部门员工的表现来保持和增加其竞争优势。

3．防御战略

防御战略是通过调整来缩减企业的经营规模，以退为进，促进企业更加健康地成长。一般包括收缩战略、剥离战略和清算战略三种战略。

（1）收缩战略

收缩战略也称紧缩战略，是企业通过成本和资产的减少对企业进行重组以扭转销售额和利润下降的局面，以提高运营效率的战略。

采取这种战略的目的是削减费用支出和改善企业总的现金流量，然后把这种战略获得的资金投入企业中更需要资金的新的或发展中的领域。执行这一战略时，可以从两个方面缩减开支：一是精简成本，二是减少资产。例如，海尔集团在 2013 年和 2014 年两年大幅缩减、调整员工，就是为了适应家电互联网时代的到来。

（2）剥离战略

剥离战略又称放弃战略，是指卖掉企业的一个主要部门，它可能是一个战略经营单位、一条生产线，也可能是一个事业部。剥离战略是为适应环境变化所必需的战略举措，旨在帮助企业从如下战略中解脱出来：不盈利的业务、需要太多资金的业务、与公司其他活动不匹配的业务。

（3）清算战略

清算战略是指为了变现而将资产分割出售或停止全部经营业务来结束企业的存在。对任何企业的管理者来说，清算是战略中最不愿采用的策略，从情感来说清算意味着失败，在其他战略都行不通的情况下才会采用。

三、竞争战略

公司战略确定了所进入的经营领域后，各经营单位的竞争战略主要解决在所进入的行业中如何开展有利的竞争。主要的竞争战略有成本领先战略、差异化战略、聚焦战略。

1. 成本领先战略

成本领先战略是指在相应产品上努力取得相对于竞争对手而言的全面低成本，从而吸引大量的购买者。

成本领先战略要求企业努力取得规模经济，严格控制生产成本和管理费用，最大限度地减少研究、开发、服务、营销等领域的成本费用，成为行业中的成本领先者，并凭借其成本优势，在激烈的市场竞争中获得有利的竞争地位。例如，沃尔玛就是低成本领导者的典范。

（1）成本领先的优势

1）形成进入障碍。企业的生产经营成本低，便为行业的潜在进入者设置了较高的进入障碍。

2）增强企业与购买者谈判的能力。企业成本低，可以提高自己对购买者的讨价还价能力。

3）降低替代品的威胁。企业的成本低，在与替代品竞争时，仍旧可以凭借其低价格的产品和服务吸引大量的购买者，降低或缓解替代品的威胁，使自己处于有利的竞争地位。

（2）采用成本领先战略的条件

为了成功地利用成本领先战略，一个公司必须确保整个价值链的总成本低于竞争者的总成本。在如下情况下，努力争做产业中的成本领先者会非常有效：①市场由很多对价格敏感的购买者组成；②几乎没有什么实现产品差别化的途径；③购买者不关心品牌间的差异；④市场上有很多讨价还价能力很强的购买者。

2．差异化战略

差异化战略是指企业提供的产品或服务与其他竞争者相比独具特色、别具一格，从而使企业建立起独特竞争优势的一种战略。采用差异化战略，需要提供有别于竞争对手的更优质的产品，从而吸引更多的购买者。

（1）差异化的优势

1）最有效的差异化战略基础是竞争对手难于仿效或仿效成本昂贵。

2）形成进入壁垒，降低购买者价格敏感度。成功的差异化既有利于企业以较高的价格出售产品，又能赢得购买者的忠诚，因为购买者可能对产品的特色有很强的依赖感。

3）削弱购买者的讨价还价能力。由于实行差异化战略，购买者的选择范围非常小，没有其他替代品可以满足其个性化需求，因此增加了购买者的忠诚度和转换成本。

（2）实施差异化战略的条件

企业应当在仔细研究购买者的需求和偏好之后进行差异化战略的选择，一件产品的差异化特色可能体现在如下方面：服务、配件的可获得性、工程设计、产品性能、使用寿命、能耗和使用的方便性等。

企业实施差异化战略要取得好的效果，一般应具备以下条件：①具有多种产品与服务差异化的途径，而且这些差异被多数客户认为是有价值的；②客户对产品的使用和需求是不同的；③行业中奉行差异化战略的企业不多。

3．聚焦战略

聚焦战略又称集中化战略、专一化战略，是指集中于一个狭小的细分市场，以更适合消费者偏好和需求的产品来战胜竞争对手。聚焦，或者以低成本为基础，或者以差异化为基础，试图满足一个特定细分市场的需求。

（1）聚焦战略的优势

1）便于集中使用整个企业的力量和资源，更好地服务于某一特定目标。

2）将目标集中于特定的部分市场，企业可以更好地调查研究与产品有关的技术、市场、客户及竞争对手等各方面的情况，做到"知彼"。

3）战略目标集中明确，经济成果易于评价，战略管理过程也容易控制，从而带来管理上的简便。

（2）实施聚焦战略的条件

1）目标市场利基很大、有利可图并不断增长。

2）企业领导者认为利基对自身不很重要。

3）企业领导者认为在顾及主流客户的同时，满足目标市场利基的特别需求成本昂贵或难以满足。

4）企业有多个不同的利基或部门，从而一个项目只允许选择一个适合于自身的利基。

5）即使有，也是很少的竞争对手试图在相同的目标分区标新立异。适合动荡的高速运作市场的战略。

虽然每种竞争战略都会将企业特定的竞争优势最大化，但是也会使企业面临一定的风险：低成本领先者担心其竞争对手开发出新的低成本技术；差异化企业担心被模仿；采用聚焦战略的公司担心全面覆盖市场的公司入侵。

第四节 企业战略实施与控制

一个企业的战略方案确定后，必须通过具体化的实际行动，才能实现战略及战略目标。战略实施与控制过程就是把战略方案付诸行动，保持经营活动朝着既定战略目标与方向不断前进的过程。

一、战略实施的过程

一般来说，可从以下三个方面来推进战略的实施。

1．职能战略开发

职能战略开发是企业内主要职能部门以经营战略为指导，进一步规定各职能部门应怎样开展工作与协作，以支持经营单位有效地参与竞争，获取竞争优势的短期战略。将企业的总体战略方案从空间上和时间上进行分解，形成企业各层次、各子系统的具体战略或政策，在企业各部门之间分配资源，制定职能战略和制订职能计划。本书随后的各章节将会介绍各项职能。

2．组织结构与战略的匹配

战略的变化往往要求组织结构发生相应的变化。企业的组织结构决定了资源的配置。对企业的组织结构进行构建，以使构造出的结构能够适应所采取的战略，为战略实施提供一个有利的环境。新战略的实施往往伴随着现有组织的变革。组织结构的选择将在第三章详细介绍。

3．领导与战略的匹配

要使领导者的素质及能力与所执行的战略相匹配，即挑选合适的高层管理者来贯彻和执行既定的战略方案。

二、战略执行力

战略执行力是指通过一套有效的系统、组织、文化和行动计划管理方法等运用各种资源和机制把战略决策转化为结果的综合能力。战略执行力既反映了企业整体素质，也反映了管理层领导的观念、素质和心态。强大的战略执行力表明企业能以规范、标准的流程控制业务，以高于对手的效率运行。执行力是连接企业战略决策与目标实现之间的桥梁，是企业获得竞争优势的基础，也是企业生存的基石。其强弱程度直接制约着企业经营目标的实现。缺乏强大执行力，企业战略目标将是无本之木、无源之水。

三、战略控制

战略控制是通过对战略实施过程进行严密的监控，及时校正行动偏差、修改战略方案，以保证最终的成果符合企业宗旨与目标。战略控制包括三项基本要素：确定评价标准、评价工作成绩、反馈。这三项工作对保证有效的控制是必不可少的。

1．确定评价标准

评价标准是企业工作成绩的规范，用于确定战略措施或计划是否达到战略目标。这种评价的重点应放在那些可以确保战略实施成功的领域里，如组织结构、企业文化、控制系统等。经过一系列的评价，企业可以找出成功的关键因素，并据此作为企业实际效益的评价标准。企业常用的衡量标准有销售额、销售增长、净利润、资产、销售成本、市场占有率、价值增值、产品质量和劳动生产率等。

2．评价工作成绩

评价工作成绩是指将实际成绩（控制系统的输出）与确立的评价标准进行比较，找出实际活动成绩与评价标准的差距及其产生的原因。这是发现战略实施过程中是否存在问题，存在什么问题及为什么存在这些问题的重要阶段。

3．反馈

通过评价工作成绩所发现的问题，必须针对其所产生的原因采取纠正措施，这是战略控制的目的所在。实际上，整个企业的战略管理过程就是一个反馈系统，它依据控制系统和组织环境的信息并经常加以调整，从而大大提高战略管理的有效性。

第五节　企业绿色管理战略

一、企业绿色管理战略的含义

企业实施绿色管理可以带来利润，企业在什么发展阶段采取哪种绿色管理行动，这就涉及企业绿色管理战略的问题。

企业战略，是企业为求得长期生存和不断发展而进行的总体性谋划。而企业绿色管理战略，是指企业根据其所处的外部环境和企业自身的经营条件，为实现企业生存与发展质量持续提升，企业生产经营活动的绿色化，而对企业绿色可持续发展目标、达到目标的途径和手段等进行全局性、长远性总体谋划。

企业绿色管理战略是企业可持续发展的保障，它可以在全局上把控绿色管理实施的方向，促进社会资源的合理配置，有效缓解资源稀缺对人类发展带来的压力，促进生态社会的建立，达到企业社会效益、生态效益和经济效益的有机统一，实现人类社会的可持续发展。

二、企业绿色管理战略的类型

对于企业绿色管理战略的类型，不同学者有不同的分类方式，学者们普遍认可的是哈特（1995）的基于企业与自然资源可持续利用的四阶段分类方法及克里斯特曼（Christmann）和泰勒（2002）在《全球化和环境：国际志愿环保活动的战略》一文中企业根据自身能力与外部环境提出的五种绿色管理战略。

1．哈特（1995）的四阶段分类方法

企业绿色管理分为末端治理、污染预防、产品监控、可持续发展四个阶段。

1）末端治理。它是先污染，后治理的思想。通过对生产废弃物的综合治理来满足相应的环境标准要求，治理费用较高。

2）污染预防。企业对污染物产出的上游进行控制，通过原材料替代、循环利用或者流程创新等方面，在污染物产生之前就将它清除或者最小化，从而达到可持续的目的，并减少高投资的污染治理费用。

3）产品监控。除了达到产品产生过程的污染的最小化，还要达到产品使用过程中的污染最小化。需要在整条供应链上的供应商、企业、消费者之间紧密合作。

4）可持续发展。从企业本身所处的供应链扩展到整个地区的企业，共同为了环境保护努力，把可持续发展作为企业共同的发展愿景。

2．克里斯特曼和泰勒的五种绿色管理战略分类

该战略分类认为企业绿色管理战略分别为主动型战略、适应型战略、防御型战略、能力构建型战略和反应型战略。该战略分类为各种类型的企业面对环境挑战时该如何应对，并如何通过绿色管理获得竞争优势提出了理论依据。

1）主动型战略。利益相关者对企业的环境绩效具有较高预期，环境问题对于企业非常关键，企业具备解决环境问题的资源和能力，并能积极实施环保管理以获得竞争优势，从而获得行业领先者地位。

2）适应型战略。企业有能力解决环境问题，且成本不高，但无法给企业带来较多竞争优势，还未成为行业领先者。

3）防御型战略。对企业而言，环境问题很重要，但企业缺乏解决问题的能力和资本，只能从自身能力和利益出发，采取低标准来执行环境计划以应对利益相关者施加的压力。

4）能力构建型战略。背景与防御型企业相似，但企业选择积极开发解决环境问题的能力，而不是被动应对相关者施予的压力。虽然短期内会给企业带来利益损失，但能为企业带来长期的竞争优势。

5）反应型战略。反应型企业不认为环境很重要，其解决环境问题的能力也相对较弱，只是最低限度地服从法律法规，避免负面影响即可。

实际上，绿色是个相对的动态概念，"绿色"有程度上的差别，可分成深绿色、浅绿色等不同程度。以上分类方式可以反映出企业的不同绿色价值观，企业可以根据自身的条件来选择相应的绿色管理战略。

问答题

1. 简述企业战略管理的过程。
2. 企业战略分析包括哪些方面？
3. 试举例说明纵向一体化战略。
4. 企业竞争战略有哪些？
5. 绿色管理战略的分类有哪些？
6. 你认为绿色战略管理在未来会越来越有优势吗？请说明理由。

能力训练题

1. 有些企业为迎合消费者需求或者应付政府监管，产生了"漂绿"行为。请搜集"漂绿"的有关资料，评价企业的"漂绿"行为。
2. 运用 SWOT 矩阵为自己制订一个毕业十年的战略计划，并分小组讨论和评价每个人的战略。

案例分析

通用电气公司的绿色战略

课后阅读

ABB 公司新战略第三期部署

拓展阅读

科尼利斯·德·克鲁维尔，约翰·皮尔斯二世，2015. 管理者的 10 堂战略课. 4 版. 马昕，译. 北京：世界图书出版公司北京公司.

李亚龙，2013. 战略执行研究述评与展望. 经济问题探索，（2）：171-177.

孙丽君，2013. 孙子兵法与现代企业的战略管理. 中国文化研究，（3）：200-203.

阿瑟·A. 汤普森，等，2015. 战略管理概念与案例. 19 版. 蓝海林，等译. 北京：机械工业出版社.

第三章

企业组织管理

知识目标

1. 了解组织与企业组织的含义及组织的构成要素。
2. 理解组织理论的发展脉络及其主要思想。
3. 理解组织设计的内容和原则。
4. 掌握组织结构设计的影响因素。
5. 掌握组织结构的各种类型及其优劣势。
6. 理解组织结构的未来发展趋势。
7. 理解组织变革与创新。

能力目标

1. 能够在理解组织理论的基础上应用科学的管理方法解决企业中的实际问题。
2. 能够运用组织设计的方法描述企业的组织结构图。

关 键 词

组织　组织管理　组织设计　组织结构　组织变革　组织创新

| 导入案例 |

通用电气公司的组织管理演变

美国通用电气公司是美国最大的电器和电子设备制造公司，它的产值占美国电工行业全部产值的 1/4 左右。这家公司的电工产品技术比较成熟，产品品种繁多，据称有 25 万多种品种规格。为了适应技术进步、经济发展和市场竞争的需要，通用电气公司的组织管理不断做出调整。

1. 不断改革管理体制

由于通用电气公司经营多样化，品种规格繁杂，市场竞争激烈，它在企业组织管理方面也积极从事改革。20 世纪 50 年代初，该公司采用"分权的事业部制"。当时，整个公司一共分为 20 个事业部，每个事业部各自独立经营，单独核算。以后随着时间的推移、企业经营的需要，该公司对组织机构不断进行调整。1963 年，当波契（Boych）接任董事长时，公司的组织机构共计分为 5 个集团组、25 个分部和 110 个部门。当时公司销售正处于停滞时期，五年内销售额大约只有 50 亿美元。到 1967 年以后，公司的经营业务增长迅速，几乎每一个集团组的销售额都达 16 亿美元。波契认为业务扩大之后，原有的组织机构已不能适应。于是把5个集团组扩充到10个，把25个分部扩充到50个，把110个部门扩充到170个。他还改组了领导机构的成员，指派了8个新的集团总经理、33个分部经理和100个新的部门领导。同时还成立了由5人组成的董事会，他们的职责是监督整个公司，并为公司制定比较长期的基本战略。

2. 新措施——战略事业单位

20世纪60年代末，通用电气公司在市场上遇到威斯汀豪斯电气公司的激烈竞争，公司财政一直在赤字上摇摆。公司的最高领导为力挽危机，于1971年在企业管理体制上采取了一种新的战略性措施，即在事业部内设立"战略事业单位"。这种"战略事业单位"是独立的组织部门，可以在事业部内有选择地对某些产品进行单独管理，以便事业部能够将人力、物力机动有效地集中分配使用，对各种产品、销售、设备和组织编制出严密的有预见性的战略计划。从该公司60年代到70年代迅速发展的情况看，这项措施确实起了不少作用。

3. 重新集权化——执行部制

20世纪70年代中期，美国经济出现停滞，通用电气公司于1972年接任为董事长的琼斯（Jones），担心到80年代可能会出现比较长期的经济不景气，到1977年年底他进一步改组公司的管理体制，从1978年1月实行"执行部制"，也就是"超事业部制"。这种体制就是在各个事业部上再建立一些"超事业部"，来统辖和协调各事业部的活动，也就是在事业部的上面多了一级管理。这样，一方面使最高领导机构可以减轻日常事务工作，便于集中力量掌握有关企业发展的决策性战略计划；另一方面增强了企业的灵活性。

4. 建立网络系统

通用电气公司在企业管理中广泛应用电子计算机后，建立了一个网络系统，大大加速了工作效率。这个网络系统把分布在49个州的65个销售部门、分布在11个州的18个产品仓库，以及分布在21个州的40个制造部门（共53个制造厂）统统连接起来。当顾客打电话来订货时，销售人员就把数据输入这个网络系统，它就自动进行下一系列工作，除了办事速度快以外，这个网络系统实际上已把销售、存货管理、生产调度等不同的职能结合在了一起。

（资料来源：http://www1.gxut.edu.cn/jpkc/glx/kejian/al3.htm.）

思考：通用电气公司的组织转型具有什么特点？

组织是管理的一项重要职能，是实施企业战略的重要环节，企业组织管理的科学化与合理化，直接制约和影响着企业战略的实现及企业的生存发展。在组织理论基础上设计适应内外环境要求的企业组织体系是企业管理的基础工作之一。

第一节　组织及组织理论

一、组织的含义与构成要素

1. 组织的含义

组织是社会的细胞。我们每个人都生活在一定的组织中，现代社会就是一个组织化的社会。关于什么是组织的问题，在组织理论的历史长河中，学者们从不同角度出发，对组织的定义见仁见智。我们采用理查德·达夫特（Richard Daft）对组织的定义："组织是指这样一个社会实体，它具有明确的目标导向和精心设计的组织结构与有意识协调的活动系统，同时又同外部环境保持密切的联系。"

组织的含义可以从静态和动态两个方面加以理解。静态意义上的组织是指有形的组织机构，它是为实现某一共同目标，通过分工与协作，由不同层次的权利和责任制度而构成的人群综合系统。动态意义上的组织是指无形的组织活动，它是在特定的环境中，为了实现共同目标和任务，按照一定的原则确定组织成员、任务及各项活动之间的关系，对资源进行合理配置的过程。

2．组织的构成要素

作为一个有形的组织机构，组织的成员必须按照一定的方式相互合作，形成一种整体的力量，共同努力去实现不同于个人目标的组织总体目标。组织的构成要素有物质要素和精神要素两大类。其中物质要素包括组织成员、组织资源、组织环境，精神要素包括组织目标、责权结构、组织活动。

（1）组织成员

成员是组织的主体和核心。组织是两个以上成员的集合体，离开了组织成员，组织也就不复存在，组织活动就无法进行。组织必须由一定数量和质量的成员组成。

（2）组织资源

组织活动的开展要具备相应的资源支撑条件，包括人力资源、财力资源、物资资源、信息资源等。组织必须依赖于这些资源，并有效整合各种资源才能实现组织目标。

（3）组织环境

组织的环境既包括组织自身的内部环境，也包括组织赖以生存和发展的外部环境。任何组织都不可避免地存在于一定的环境之中，受到环境的影响和制约，无视环境的组织难以取得长久发展。因此，环境成为组织构成要素中不能忽视的一个重要部分。

（4）组织目标

组织是人们实现某个依靠自身的力量所无法实现的共同目标的工具。目标是组织得以产生、发展的基础，是组织存在的灵魂，是组织成员共同追求的理想和预期效果，也是凝聚组织成员的激励力量。

（5）责权结构

组织要对其成员进行合理分工，明确每个人的工作范围和具体职责，为实现组织目标而进行权责结构的安排，用以规范和限制成员的行为。所有组织都通过一定的程序，设计出组织内部的部门之间、工作职位之间、成员之间在工作任务、权力责任等方面的纵向与横向关系，明确角色定位和组织的正式关系，以方便命令的传达和工作上的分工协作，使组织形成一个有机的整体。责权结构的设计是组织管理工作的主要任务。

（6）组织活动

组织是动态的组织活动过程和相对静态的社会构造实体的统一。组织成员通过分工协作活动，组织适应环境变化而进行各项管理活动，从而在追求组织目标实现的过程中更好地实现组织成员的利益。

3．企业组织的含义

企业组织是由相互影响和相互作用的成员为完成企业目标而将各种资源组合起来的从事经营活动的单位。企业的组织管理活动是企业为了实现一定的共同目标而按照一定的规则、程序确定一种责权结构安排和相互之间的关系，对组织的有限资源进行有效配置，尽可能以最高的效率实现企业绩效的管理过程。

二、组织理论

组织理论的研究是一种关于组织运行及有效性的思维方式，是深入、准确地洞察和分析组织的方法，组织理论的发展是一个对组织的认识逐渐深入的过程。企业组织理论产生于 20 世纪初期，它是社会化大生产和专业化分工的产物，在近一个世纪的发展和演变过程中形成了不同的理论派别。现有的西方组织理论大致可以分为古典组织理论、行为科学组织理论、现代组织理论。

1．古典组织理论

古典组织理论，最早可以追溯到斯密在他的《国富论》中提出的劳动分工理论，这为组织结构的构建奠定了基础，也构成了组织理论的基础。19 世纪末和 20 世纪初，工业革命爆发后新型生产组织出现，一批在企业和行政管理机构中担任管理工作的专家和学者开始第一次系统地研究组织问题，并在组织结构方面提出了许多开创性的见解。他们研究了新型生产组织的管理方法，总结了以往组织管理的经验，产生了古典组织理论。

（1）泰勒的科学管理理论

1）泰勒简介。泰勒，美国古典管理学家，科学管理的创始人，被管理界誉为"科学管理之父"。

泰勒年轻时由于视力问题而被迫从哈佛大学辍学，在一家小机械厂当徒工，后进入费城米德维尔钢铁公司，从技工做起，后来被提升为工长、总技师和钢铁公司的总工程师。1898 年，他进入伯利恒钢铁公司从事管理咨询工作。泰勒与各个层级的工人一起工作过，对工人的"磨洋工"问题深有感触，并决定找出原因。泰勒把生产率看作取得较高工资和较高利润的保证，他相信，应用科学方法来代替惯例和经验，就能取得较高的生产率，不但会降低成本和增加利润，而且能增加工人的工资。泰勒所进行的试验是以动作和工时研究为基础的，几十年试验研究的成果及长期管理实践的经验概括和总结，形成了他的主要著作《计件工资制》（1895）、《车间管理》（1903）和《科学管理原理》（1911）。

2）泰勒科学管理思想精要。"它是科学，而不是经验法则；是和谐，而不是单干；是不断取得最高产量，而不是限制产量；是发展个人，使他达到最高效率和最富裕状态。"这是泰勒对科学管理思想的高度概括。泰勒科学管理的主要观点如下。

① 工作定额原理。泰勒在实验过程中发现，提高劳动生产率的潜力非常大，他在制定科学的工作定额方面做了大量的研究，从时间研究和动作研究入手。泰勒通过工作日活动写实和测时制定出有科学依据的工人合理的工作量。他选择合适且技术熟练的工人，将工人上班一天的活动按照时间顺序记录下来，然后进行逐一的分析，研究这些人在工作中使用的基本操作或动作的精确序列，保留必要时间，去掉不必要时间，得出完成该项工作所需要的总时间，据此定出一个工人"合理的日工作量"，这就是工作定额原理。

② 标准化原理。泰勒认为标准化能大幅度地提高生产效率和工作效率，在工作中还要建立各种标准化的操作方法、规定和条例，使用标准化的机器、工具和材料，并使机器安排和作业环境标准化。

他认为具体工序的作业效率除与时间有关之外，还与工人在干活时身体各部位的动作有关。泰勒研究工人在工作时各种动作的合理性，通过动作分析，去掉多余动作，保留和改善必要的动作，合理的动作不仅会提高作业的效率，还能大大节省工人的体力消耗及避免身体的损害。

③ 刺激性的差别计件工资制。为了鼓励工人努力工作、完成定额，泰勒提出了差别计件工资制这种刺激性付酬制度。方法是，如果工人完成或超额完成定额，按工资标准的125%计酬；如果工人完不成定额，按工资标准的80%计酬；泰勒指出，这样做会体现多劳多得，大大提高工人们的劳动积极性。按日及时计算工作成果，即要求对每个工人的生产成果及时检验和快速地统计、公布，使他们每天都能了解其前一天的工作情况。

④ 科学挑选并积极开发"第一流的工人"。泰勒认为，健全的人事管理的基本原则是使工人的能力同工作相配合。首先要选择一流的工人，找到那些适合某些工作又愿意做好此项工作的人。管理者的责任在于为雇员找到最合适的工作，培训他们成为第一流的工人，激励他们尽最大的努力来工作。

⑤ 计划职能与执行职能分离。泰勒主张将计划工作与执行工作分开，实际是把计划职能与执行职能分开并建立专门的管理部门。配备专门的管理人员，将各项管理工作细分，根据管理工作的特点与管理者的能力，使每一位管理者只承担一项管理职能，其职能是进行时间和动作研究、制定劳动定额和标准、选用标准工具和操作方法等。在现场，工人或工长则从事执行的职能，按照计划部门制定的操作方法的指示，使用规定的标准工具从事实际操作，不能自作主张、自行其是。

⑥ 例外原则。所谓例外原则，就是指企业的高级管理人员把一般日常事务按照一定的标准、程序与方法，授权给下属管理人员负责处理，而自己保留对非常规的例外事项的决策权和控制权，如重大的企业战略问题和重要的人事任免等。这种原则的实质是实行分权管理。

泰勒的科学管理理论，使劳资双方进行了一场"心理革命"，工人和雇主必须认识到，提高劳动生产率对两者都有利，科学的管理方法和标准的工作程序会推动生产的发展。但是，泰勒把人看作纯粹的"经济人"，认为工人所追求的只是经济目标，最关心的是提高工资收入，因而强调物质刺激，而忽视了工人对其他方面的需求。另外，忽视了企业作为一个整体如何经营与管理的问题。

（2）法约尔的一般管理理论

1）法约尔简介。法约尔，法国人，1860 年从法国国立圣艾蒂安高等矿业学校毕业后进入科芒特里——富香博采矿冶金公司，成为一名采矿工程师，后担任该公司经理，1888 年 47 岁的他被任命为总经理，使该公司转危为安，不断成长。1918 年他成立了管理科学方面的研究中心，专门从事对管理方面的研究，直到 1925 年逝世。

法约尔 75 岁时才发表了其划时代的名著《工业管理与一般管理》。法约尔与泰勒都认为对人事和其他资源的合理管理是组织成败的关键，但二者的研究定位不同。泰勒侧重于对经营操作性工作的管理，而法约尔强调以整个企业为对象的管理，着重研究企业的全面经营管理。他还特别强调实施管理教育的必要性和可能性，认为可以通过教育使人们学会管理和提高管理水平，倡导在学校中讲授管理学，对管理教育的发展也做出了重大贡献。

2）法约尔一般管理思想精要。法约尔一般管理理论的主要观点如下。

① 经营与管理是两个不同的概念。他认为，经营活动可分为六大类，管理只是经营活动中的一种。企业经营的六种活动：技术活动，包括设计、工艺和加工；商业活动，包括购买、销售和交换；财务活动，包括资本的筹集和运用；安全活动，包括机器设备和人员保护；会计活动，包括财产清点、资产负债表制作、成本核算和统计等；管理活动，包括计划、组织、指挥、协调和控制。

法约尔认为，经营的六项活动是上自高层领导、下至普通工人，每个人都不同程度要从事的活动，只不过随着职务高低的不同而有所侧重。例如，普通工人侧重于技术活动，高层领导人侧重于管理活动。

② 全面、系统地论述了管理的职能。法约尔在他的著作中侧重对管理活动进行理论研究，指出管理的要素实质上就是计划（探索未来，制订行动计划）、组织（建立企业的物质和社会的双重结构）、指挥（使其人员发挥作用）、协调（联合调动所有的活动及力量）、控制（注意是否一切都按已制定的规章和下达的命令进行）职能。这五种职能形成了一个完整的管理过程，如图 3-1 所示。

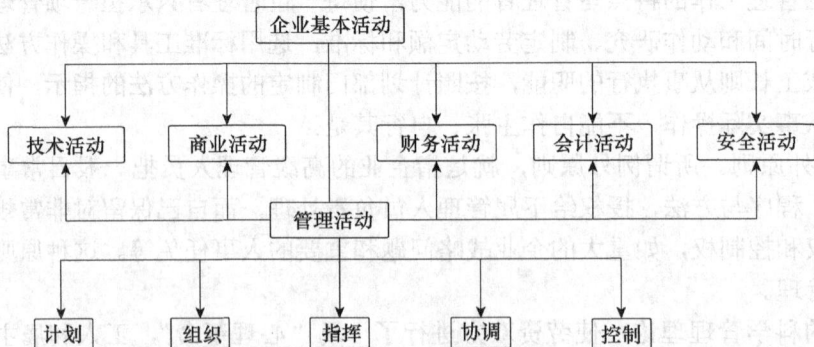

图 3-1 组织五项职能活动关系

③ 总结、归纳了十四条管理原则。具体内容如下。

分工：工作专业化方面的概念，适用于职能的专业化和权限的划分。

权力与责任：包括制度权力和个人权力，前者是由职位产生的，后者是与个人的智慧、学识、经验、道德品质和领导能力有关的。权力和责任相互一致。

纪律：遵守组织内部各方达成的协议或规定。

统一指挥：每一个下属人员应只接受一个上级的命令。

统一领导：每一组达到统一目标的全部活动，只能在一位管理者和一个计划的指导下进行，这是统一行动。

个人利益服从整体利益：任何个人利益都不应放在组织的整体利益之上，当发现两者有不一致时，主管人员要进行公正的协调。

报酬：依赖于多种要素的薪酬应合理。

集中：所需要的集权和分权的程度应根据管理人员的才能、道德品质、下属人员的可靠性及所处环境、条件等具体情况而定。

等级：显示直线职权的路径和正式沟通渠道。为了克服信息传递路线太长而造成的延误和失真，法约尔设计了一种"跳板"，也称"法约尔桥"（图 3-2），以便相同层次人员的直接联系。

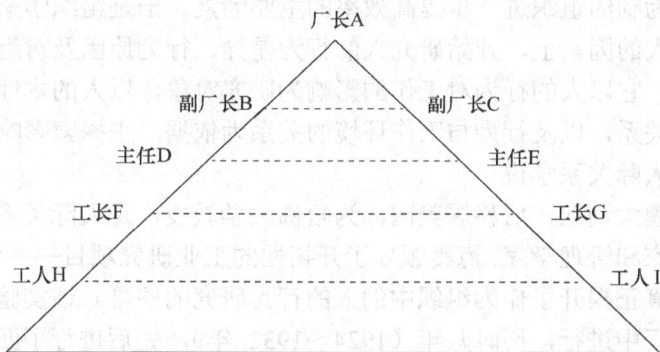

图 3-2 法约尔桥

秩序：人和物都应该在恰当的时间处在恰当的位置上，各在其位，各尽其用。

公平：来源于善意和公道，公道地执行已订立的协定，并善意对待下属。

人员的稳定：员工尤其是管理者应保持相对稳定，应该有合理的人事计划。

首创精神：要尽最大努力激发和支持每个员工的主动性和创造性。

团结精神：要在组织内部建立团结、和谐的关系和氛围。

法约尔关于企业经营管理活动、职能、原则等方面的理论，揭示了管理的普遍性和重要性。其组织理论不仅适用于工商企业，也适用于政府、机关、军队、教会及各种组织团体，至今仍为世界各国的许多企业采用。

（3）韦伯的行政组织理论

德国著名社会学家韦伯对组织理论的主要贡献是提出了以"官僚模型"为主体的"理想的行政组织体系"。韦伯在《社会经济组织理论》一书中指出，任何组织都必须具有某种形式的权力作为自己的基础才能实现组织的目标，只有权力才能消除混乱，带来秩序；组织内存在着明确的分工，各种职位和职务按明确规定的等级组织起来，形成一个自上而下的等级系统。组织成员之间的关系只是一种职位关系，不受个人感情的影响；管理人员在行使职权时受到严格而系统的纪律约束和控制。他指出，理想的官僚制组织体系分为三层，顶端是主要负责人，主要职能是进行决策；中间是行政官员，主要职能是贯彻负责人的决策；低层是一般工作人员，主要职能是从事实际的业务工作。三个层级各司其职、各负其责。

古典组织理论从组织内部的分工与生产活动入手进行分析，着重研究"效率""技术""组织结构与层次""规章制度"等对组织效率的影响，理论的重点放在对组织管理的基本原则的概括和分析上，最大的缺点是忽视了人的主观能动性。而行为组织理论正好弥补了这一不足，把人们的注意力转移到人的心理和行为因素、人性对组织效率的影响方面，指出组织内非正式组织的轨迹，注重"心理与行为"。

2．行为科学组织理论

行为科学组织理论强调社会心理系统对组织中人的行为的影响，主张通过沟通和建立良好人际关系来影响和促进员工参与组织管理。在 20 世纪 20 年代，组织的动力系统的缺陷越来越成为制约组织进一步提高效率的主要因素。于是组织学家逐渐将目光转移到以前被忽视的人的因素上，开始研究人的行为差异、行为原因及对组织活动的影响。在企业管理方面，它以人的行为对工作的影响为研究对象，以人的本性和需要、工作动机、情绪、人际关系，以及行为与工作环境的关系为依据，来探索影响生产率的因素。

（1）梅奥的人际关系学说

梅奥，原籍澳大利亚，后移居美国，为哈佛大学教授，是人际关系理论的创始人。作为一名心理学家和管理学家，梅奥领导了开拓性的工业研究项目——著名的霍桑试验。通过霍桑试验，真正揭开了作为组织中的人的行为研究的序幕。该实验在芝加哥西方电器公司的霍桑工厂中进行，历时八年（1924～1932 年），先后进行了四个阶段的试验：照明试验；继电器装配工人小组试验——福利试验；大规模访谈计划——访谈试验；继电器绕线组观察研究——群体试验。

1）照明试验。该试验从变换车间的照明开始，打算研究工作条件与生产效率间的关系。有两个控制小组，一个组的车间照明度不变，另一组的车间照明度做各种变化。结果两组的生产量都持续上升，看不出什么差异。究其原因发现：照明灯光不是影响产量的决定因素，导致生产效率上升的主要原因是在试验期间，工人们得到了专家的尊重，由此而形成的良好人际关系调动了工人们劳动过程中的积极性。

2）继电器装配工人小组试验——福利试验。为了能对试验进行更好的控制，研究人员决定从工厂中隔离一小部分职工来研究他们的行为。这样就安排了六位女工（五位女装配工和一位划线工）在一间专门的继电器装配测试室中，并指派了一位观察员加入这个工人小组，负责记录室内发生的情况。试验中，研究小组分期改善工作条件，如增加工间休息，免费供应午餐，缩短工作时间，实行每周五天工作制、团体计件工资制等，条件的变化使产量不断上升。但取消了福利待遇之后产量仍然保持高水平。后经进一步的分析发现，导致生产效率上升的主要原因有两点：其一是参加试验的光荣感，其二是成员间良好的关系。

3）大规模访谈计划——访谈试验。在上述试验的基础上，梅奥等人又进行了一项为时两年的大规模访谈调查，涉及的对象约 2 万人。刚开始调查人员提出了有关督导管理和工作环境方面的问题，但是他们发现职工的回答往往是带有防卫性的或是千篇一律的陈词滥调。因此，他们把访谈计划改为事先不规定内容，允许职工自由选择他们自己的话题，多听少说，详细记录工人的不满和意见。在大规模访谈期间，工人的产量大幅提高。工人们长期以来对工厂的各项管理制度和方法存在许多不满，无处发泄，访谈计划的实行为他们提供了发泄机会。研究发现，人们对环境是否满意与人的复杂的感情因素有关，影响生产效率最重要的因素是工作中发展起来的人际关系，而不是待遇和工作环境。

4）继电器绕线组观察研究——群体试验。这是一项关于工人群体的试验，其目的是要证实在工人当中存在着的一种非正式的组织，而且这种非正式的组织对工人的态度有着极其重要的影响。研究小组选择继电器绕线工作室作为研究对象，观察的结果发现，工人产量只保持在中等水平，每个工人的平均日产量差不多，而且工人并不如实地报告产量。深入调查后发现，这个班组为了维护他们群体的利益，自发形成一些行为准则会影响工人的行动。进一步调查发现，工人们之所以维持中等水平的产量，是担心产量提高，管理部门会改变现行奖励制度或裁减人员，使部分工人失业，或者会使速度慢的同事受惩罚。

梅奥在霍桑试验的基础上，于 1933 年发表了《工业文明的人类问题》一书，创立了早期的行为科学——人际关系学说，并以试验结果为依据，提出了以下几条原理。

① 工人是"社会人"，是复杂的社会系统的成员。影响工人生产积极性的因素，除了物质条件外，还有社会的和心理的因素，因此，不能把工人看成单纯的"经济人"，必须从社会、心理等方面来鼓励工人提高劳动生产率。

② 企业中除了"正式组织"之外，还存在着"非正式组织"。梅奥认为，人具有社会性，在企业的共同工作当中，人们相互联系，会自然形成一种非正式团体，在这种团体中以感情逻辑为其行动的标准，由于人们的地理位置关系、兴趣爱好关系、亲戚朋友关系、工作关系等具有共同的感情而采取一致的行动。

③ 新型的领导能力在于正确处理人际关系，善于倾听和沟通职工的意见，并通过提高职工需求的满足程度而激励职工的"士气"，从而达到提高生产率的目的。梅奥认为，工人所要满足的需求，金钱只是一部分，更多的是情感、安全感、归属感和受人尊重等。

（2）马斯洛的需要层次理论

美国心理学家马斯洛提出的需要层次理论，把人的需要分为以下五个层次。

1）生理需要，包括衣、食、住、行、医等基本的生存条件。

2）安全需要，包括组织中安全的工作环境，避免疾病、失业、财产损失和意外事故等。

3）情感和归属的需要，包括社会交往、友情、爱情、归属感等。

4）尊重需要，包括自尊和受别人尊敬、赏识等。

5) 自我实现需要，包括事业心、社会地位及对生活的期望等。

五个层次的需要形成一个金字塔，马斯洛认为，人们一般按这种顺序从低级到高级来追求各种需要的满足。他认为，人的需要是激励人的行为的原因和动力，它处在连续发展变化之中，行为受不断变化的需要支配，当低层次需要得到相对满足之后，就要上升到较高层次的需要。因此，在管理过程中，应尽可能在客观条件许可的情况下，针对不同的人对不同层次需要的追求，给予相对的满足。这样，才能成为推动人们不断努力的内在动力。

（3）赫茨伯格的双因素理论

双因素理论是由美国管理学家赫茨伯格于 1959 年提出的。赫茨伯格为了研究人的工作动机，对匹兹堡地区的 200 名工程师、会计师进行了深入的访问调查，他发现有两种决定人的行为的因素，即保健因素和激励因素。激励因素是以工作为中心的，即对工作本身是否满意，工作中个人是否有成就，是否得到重用和提升；而保健因素则与工作环境有关，属于确保工作完成的基本条件。

保健因素主要包括组织的政策、管理和监督、人际关系、地位、工作条件、工资等工作环境或工作关系方面的因素。保健因素处理得好，可以消除或避免职工的不满意，使其安心工作，但不能激发其积极性，正如讲卫生对人体的效果一样，只能防止疾病，但不能改善健康状况。

激励因素是使员工感到满意的因素，涉及工作富有成就感和创造性、工作成绩得到承认、提升、个人发展的可能性、责任等工作性质和内容方面的因素，激励因素的改善能激发职工的积极性，从而提高劳动生产率。

（4）麦格雷戈的 X 理论和 Y 理论

麦格雷戈，美国麻省理工学院教授，社会心理学家，他于 1957 年首次提出 X 理论和 Y 理论，并在 1960 年正式出版的《企业的人性方面》一书中进行了创建性的分析比较。他认为，在管理中对人性的假设存在两种截然不同的观点，即 X 理论和 Y 理论。X 理论认为：人的本性是懒惰的，一般人都有好逸恶劳、尽可能逃避工作的特性；由于人有厌恶工作的特性，因此对大多数人来说，仅用奖赏的办法不足以避免其厌恶工作的倾向，必须对其进行强制监督，并以惩罚为主要管束手段，才能迫使他们付出足够的努力去实现组织的目标。而 Y 理论则认为：人性并非生来就是懒惰的，工作是人的本能，只要给予一定的外界条件，就能激发人的能动性去努力工作，达到确定的目标；如果职工的工作没做好，应从管理者本身去寻找妨碍劳动者发挥积极性的因素，主张以"诱导与信任"代替"强制与管束"，去鼓励职工发挥主动性和积极性。

麦格雷戈认为，只有 Y 理论才能在管理上获得成功。在 Y 理论的假设下，管理者的任务是发挥组织成员的潜力，促使组织成员在实现组织目标的同时，满足个人目标的需要。

（5）切斯特·巴纳德的非正式组织

切斯特·巴纳德（Chester Barnard）认为，组织是人相互作用的系统，是有意识调整两个人或更多人的行为或各种力量的系统。非正式组织是不属于正式组织的个人联系和互相作用的集团，非正式组织可能对正式组织产生积极影响也可能产生消极影响。当组织成员个人与正式组织发生冲突时，对非正式组织的正确引导和控制，将对维持组织的职能起到重要作用。

3．现代组织理论

古典组织理论和行为科学组织理论，分别从组织内部的不同角度出发追求提高效率的方法，但是它们都将视角放在组织内部，把组织与环境割裂开来，现代组织理论则体现了一种开放式的系统和权力控制。这个时期，各种管理理论层出不穷，被称为"管理丛林"阶段。

（1）权变管理理论

权变管理理论学派是 20 世纪 70 年代在西方形成的一种较新的管理思想学派。它把组织看成一个既受外界环境影响，又对外界环境施加影响的"开放式系统"。

权变管理理论学派的主要观点：在企业管理中没有一成不变的、普遍适用的、最好的管理原则和方法，没有所谓"最佳"的管理方法，应依据其所处的内外环境条件和形势的变化，因地制宜、因时制宜地采用不同的管理方法。权变管理理论的核心内容是，环境变量与管理变量之间的函数关系就是权变关系。

（2）经验管理理论

经验管理理论学派又称案例学派，代表人物是美国学者德鲁克，其主要作品有《管理实践》《管理——任务、责任、实践》等。经验管理理论学派对管理理论的研究是通过对大量管理的实例和案例的研究，来分析管理人员在个别情况下成功及失败的管理经验，然后加以概括，找出他们成功经验中共性的东西，然后使其系统化、理论化。

经验管理理论学派的主要观点：第一，管理是管理人员的技巧，是一个特殊的、独立的活动和知识领域，管理应侧重于实际应用，而不是纯粹理论的研究。第二，管理者的任务是了解本机构的特殊目的和使命，使工作富有活力并使职工有成就；处理本机构对社会的影响问题，承担相应的社会责任。第三，实行目标管理方法。

（3）系统组织理论

现代系统论的奠基人、生物学家贝塔朗菲（Bertalanffy）认为，系统是处于一定的相互关系中并与环境发生关系的各组成部分（要素）的总体集。按照这种理论，组织是受内外环境系统影响的开放系统。

系统组织理论学派最具代表性的研究者是查理德·约翰逊（Richard Johnson）、弗里蒙特·卡斯特（Fremont Kast）、詹姆士·罗森茨韦克（James Rosenzweig），他们认为组织是人们建立起来的相互联系并共同运营的各子系统所构成的系统，任何子系统的变化均会影响其他系统的变化，只有把各个部门、各种资源按系统的要求进行组织和利用，才能提高企业的整体利益。管理者的任务就是把各种要素彼此相连整合为一个整体。

（4）决策理论

决策理论学派的代表人物是美国卡内基·梅隆大学的教授赫伯特·西蒙（Herbert Simon）。该理论认为管理即是决策。决策程序就是全部的管理过程，决策贯穿企业管理的全过程，因此，管理的任务主要是研究决策的问题，要研究制定决策的科学方法，以及合理的决策程序等问题。"令人满意的"是最主要的决策准则，而非传统决策理论的"最优化原则"。

4. 组织理论的新发展

（1）学习型组织理论

圣吉给学习型组织的定义是"学习型组织是一个不断创新、进步的组织，在这个组织中，大家得以不断突破自己的上限，创造真心向往的结果，培养全新、前瞻而开阔的思考方式，全力实现共同的抱负，以及不断一起研究如何共同学习"。

《第五项修炼——学习型组织的艺术与实务》（1998）是学习型组织理论的代表作。圣吉概括了学习型组织的五个主要内容（即五项修炼）：自我超越、改善心智模式、建立共同愿景、团队学习和系统思考。学习型组织是能够自我学习、自我完善、自我调整的组织，这种组织只有通过发挥组织自身的能动性才能实现最大的有效性。

学习型组织是一种具有深刻设计含义的组织思想和管理理念的描述。团队是学习型组织结构设计上的表现。组织需要建设公开交流和广泛信息共享的知识管理环境，鼓励企业内部的信息交流与共享，把个人知识推广到组织，实现组织知识的整体提升。管理者充当员工团队的促进者、支持者、倡导者，促进组织未来共同愿景的形成。

（2）企业文化组织管理理论

企业文化组织管理理论是企业国际化经营后适应企业管理而产生的。1970 年美国教授戴维斯（Davies）在其著作《比较管理——组织文化展望》中率先提出了组织（企业）文化这一概念。企业文化管理强调以文化来管理企业员工。进入 21 世纪后，信息技术的迅猛发展推动了互联网时代的企业发展，知识经济、大数据时代到来，企业面临的环境日益复杂，通过文化管理提升组织的效能越来越得到推崇。

（3）组织生态理论

组织生态理论是运用生态学及其他相关学科的概念、模型、理论和方法，力图勾画一个更贴近真实状况的企业角色及其与环境相互作用的行为模式。它主要关注的不是组织发展的结果，而是组织发展过程的选择。一些组织在总体水平上若适应环境的特点和变化，就能生存发展下来，否则将会被新的适应性强的组织所取代。被环境所选择的生存者总是那些能最好地协调其内部的资源以适应竞争环境的组织。

1997 年，布达佩斯俱乐部的创始人欧文·拉兹洛（Ervin Laszlo）在其著作《管理的新思维》中指出，在今天动荡变革的时代，整个商务界正以前所未有的速度向全球化方向进化，新产品和新技术以前所未有的速度加快其更新换代的步伐，企业正面临来自生态环境和社会环境，以及适应消费者价值观念变化的严峻挑战。因此，企业的组织原则、战略原则、经营原则需要遵循进化管理的原则。

纵观组织理论的历史发展，每一个时期组织理论的出现都有它的时代背景，每一种研究视角的解释都有其自身对企业管理的价值。但是我们也会在现实世界中发现，组织是一个动态的有机体，必将随着社会的发展而不断发展，没有哪一种现象可以被单一的理论完全充分地解释，企业作为一个差异性的、历史性的实体，不可能仅仅由某种单一的力量聚集而成，因而对企业的组织管理具体问题的研究需要以多元的视角，不断发掘新的生态位，实现企业与环境及社会的共生和协同进化。

第二节 企业组织结构设计

企业组织结构设计通过清晰的职权线设计以创建良好的秩序结构，通过分工合作的设计提高工作效率和质量，以实现1＋1＞2的工作效果，通过明确设计和界定组织成员的沟通渠道以确保组织有效地沟通。有效的组织设计和高水平的组织结构协同作用，能够产生组织高绩效和高生产率。

一、企业组织结构设计的内容

1. 劳动分工设计

劳动分工设计又称工作专门化，是指把工作活动分成单个任务，为了提高产出，个人专门从事工作的某一部分而不是整项工作。这项组织结构设计的工作实际上根据组织的职能需要设置相应的工作岗位，就像麦当劳和肯德基这类快餐一样，利用专业化分工来高效率地制造产品并为顾客提供服务。对劳动分工的设计要考虑：第一，所分工的工作量能否保证专业化分工后使每个员工的工作量饱满；第二，产品设计、生产技术等能否保证工作量的稳定性；第三，通过工作轮换等方式能否丰富工作内容，解决工作专门化的局限问题。

2. 部门设计

对组织的工作活动进行分工后，要降低协调成本、实现有效管理需要将工作岗位组合在一起。

部门设计是指进行管理业务组合，分别设置相应的部门来承担，并授予这些部门从事这些管理业务所必需的各种职权。部门设计主要解决组织的横向结构问题，目的在于确定组织中各项任务的分配与责任的归属，以求分工合理、职责分明，实现相互协作，加强内部协调，有效地实现组织的目标。

划分部门化的方式多种多样，但一个基本原则就是依据企业实际选用最有利于实现组织目标和部门目标的分类方式。美国管理学家斯蒂芬·罗宾斯（Stephen Robbins）将常见的部门划分方式分为职能、产品、顾客、地区、过程，如表3-1所示。

表3-1 部门划分的依据

划分方式	划分依据	示例
职能	根据相似工作或技能组合工作岗位	如工程、财务、采购、人力资源等
产品	根据公司产品线组合工作岗位	如女鞋、男鞋、服装及配件等
顾客	根据顾客特定或独特的需求组合工作岗位	如市场部经理下设批发商经理、零售商经理、政府事务部经理
地区	根据地理区域组合工作岗位	如将国内运营组织分为北方、南方、中西部、东部等
过程	根据提供产品或为顾客服务的工艺过程顺序组合工作岗位	如工厂主管下设切锯部、压边部、装配部、抛光部、质检部等

部门设计的结果是形成组织结构系统图，表明各部门在企业整体结构中的地位及它们之间的相互关系。

3. 职权和职责设计

职权和职责要解决的是"向谁汇报""有问题找谁""承担什么责任"的问题。

职权是指组织设计中给某一职位所赋予的做出决策、发布命令和希望命令得到执行的权力。职责是指为了实现目标，某项职位使用资源和遵守组织制度的义务。

职权和职责设计也称工作设计，是指规定各部门、各管理人员的职责范围，赋予各部门和各管理人员以相应的职权。规定组织结构中的各种职务或职位，明确各自的工作内容和工作责任，并授予相应的权力，以便使组织成员了解组织对他们工作的具体要求。工作设计可以通过编制职务说明书的具体形式来实现。编制《职务说明书》简单而明确地指出各项岗位的工作职责和任职要求，以及岗位与其他岗位和部门之间的职务关系。

4. 管理幅度设计

管理幅度又称管理宽度、控制宽度，是指一个管理者能够直接有效地管理下属的数目。

1933 年，法国管理咨询专家格丘纳斯（Graicunas）发表了一篇用数学公式分析上下级关系的文章，指出直接管理的下属人数以算术幅度增加时，管理者需要处理的人际关系将以几何级数增加，用 n 表示下属人员数，用 N 表示需要协调的人际关系数，则各类相互关系的总和为

$$N = n[2^{n-1} + (n-1)]$$

1938 年，英国的管理学家厄威克提出了管理幅度的概念，并把它作为一项管理原则："没有一个上级主管能够直接管理到五个以上的下属，或者至多能够管理六个工作有相互关联关系的下属。"

有研究也认为，随着管理层级的提高，管理者需要处理的不确定性问题越多，因此管理幅度也应该越小。

除此之外，管理幅度的大小还取决于多方面的因素，如管理活动的复杂性和多样性、主管人员及下属的素质和工作能力、下级人员职权合理与明确的程度、工作标准化程度、组织管理信息系统的发展程度、下级人员和单位空间分布的相近度、管理环境变化的速度及组织变革的速度等。

5. 集权与分权设计

集权与分权设计回答的是企业应该在什么层次做决策。明确组织中自上而下的权力传递路径，合理分配组织权力。集权与分权用来描述组织中的职权分布。集权是把较多的和较重要的经营管理权责集中于企业高层组织。分权是把较多的和较重要的经营管理权责分散下放到企业的中下层去。集权与分权不是非此即彼的关系，而是程度不同。任何企业在进行高层与中下层之间的权责分工，都应保持必要的集权，也要有必要的分权，使二者形成符合本企业具体条件的平衡状态，哪一方面都不可过度膨胀。

6．规范与协调设计

设计组织中各部门、各环节之间的协调关系，通过组织工作标准化和规范化使员工行为在规章制度和程序影响下进行。高度正规化的组织具有清晰的职务说明、大量的组织规则和明确的关于工作过程的程序。以何种方式完成相似工作的程度，生产作业、管理工作特别是日常事务性工作，都有一定的标准程序与方法。

二、企业组织结构设计的基本原则

组织结构设计是一个动态的工作过程，科学的设计要根据组织设计的内在规律性有步骤地进行。企业组织设计的原则，随着古典管理理论到现代管理理论的发展也在不断地丰富和发展中。

1．环境适应原则

组织结构设计的最终目标是使企业能在不断变化的环境中更好地生存与发展。如果在组织结构设计时对外部环境置若罔闻，则无法面对市场，更不能很好地满足市场的需求。在现实中，相当数量的企业因为出色地适应了环境而取得了竞争优势，也不乏部分企业由于忽视环境因素而丧失了竞争的能力。

2．战略决定原则

企业的战略任务及经营目标是组织结构设计的出发点和归宿点。组织结构必须为战略服务，否则就失去了存在的意义。企业的管理者必须从组织的战略和目标开始设计组织结构，目标要层层分解，机构要层层建立。

3．统一指挥原则

统一指挥原则要求每位下属应该有一个并且仅有一个上级，要求在上下级之间形成一条清晰的指挥链。不允许多头领导，如果下属有多个上级，就会因为上级可能存有彼此不同甚至相互冲突的命令而无所适从。为了避免多头领导和多头指挥，应该明确设计上下级的职权、职责及沟通联系的具体方式，不允许越级指挥。

4．管理幅度与管理层次相结合原则

管理层次是企业的高层决策、指令贯彻到基层所经过的环节。在企业组织规模一定的情况下，管理幅度与管理层次呈反比关系。企业组织结构设计时应将管理幅度与管理层次有机结合起来，根据企业特征、工作负荷与管理者能力等要素设置组织结构。

5．权责一致原则

职权与职责必须保持一致，它们是同职位、职务联系在一起的。权力是在规定的职位上拥有的指挥、决策和行事决定权；责任就是在接受职权时所应尽的义务。有责无权无法正常地履行工作职能，相反，权力大于责任则容易出现权力滥用危害组织机能。

6．分工协调原则

分工与协作是社会化大生产的客观要求，组织结构设计时要注意分工合理、协作明确。在强调各项任务和工作的分工时，还要注意协调管理。对于协调中的各项关系，应逐步走上规范化、程序化，应具有具体可行的协调配合方法及违反规范后的惩罚措施。

7．稳定性与适应性相结合原则

组织结构及其形式既要有相对的稳定性，不要轻易变动，又必须随组织内外部条件的变化，根据长远目标做出相应的调整维持一种相对平衡的状态。

三、企业组织结构设计的影响因素

组织结构是指为了有效实现共同目标，进行分工协作，而对组织内部各个组成部分的空间位置、结合方式、指挥路线、工作范围、隶属关系所做的制度形式安排。组织结构的本质是职工的分工协作关系，组织结构的核心内容是权责关系的划分。

企业组织结构设计的原则提出了进行组织结构设计的一些标尺和思路，是普遍适用的。但是，在这些思想的指导下要为一个既定的企业选择最合适的组织结构，还必须结合影响组织结构的因素进行设计。

1．环境

在第二章，我们将组织环境作为战略决策的一个限制因素做了介绍，显然，环境也影响着组织结构的设计。组织设计的重要任务之一，就是要使组织内部结构特征适应于外部环境。稳定环境下的企业更适合机械式的、稳定的组织结构，对职能分工有严格的描述，等级结构严密；多变环境下的企业要求有机的、灵活的组织结构，更多地强调适应性和参与，较少固定职权，适应迅速变化的环境。例如，微软公司、苹果公司等将公司转向有机模式，以适应多变环境，开拓新的市场和更新生产线。

2．战略

每个战略阶段都要求与之相对应的组织结构。如果企业的整个战略是要寻求更多的创新活动，这个战略就要求组织结构更加灵活；如果企业要实施多元化发展战略，组织结构可以是松散的，各多元化业务之间联系相对较少，核心流程可以并行管理，组织结构具有灵活性和更多的不同；而当企业推行低成本战略时，就要求组织结构必须降低成本并有助于整体效率的提高，这时的组织结构通常具有更多的机械性。1962 年，美国的钱德勒在《战略与组织结构》一书中提出了"战略决定结构，结构跟随战略"的观点。

3．技术

企业技术是指企业把原材料等资源转化为最终产品或服务的信息决策与沟通系统、工艺和流程，以及机械力和智力的总和。

英国工业社会学家琼·伍德沃德（Joan Woodward）于 20 世纪 50 年代分析了英格兰

埃塞克斯东南部地区的 100 家制造企业，把这些企业的技术按照复杂性和先进性由低到高分为三类：第一类是单元生产或小批量生产（如定做的机器）；第二类是大批量的制造或大规模生产（如一个自动化的生产线）；第三类是连续流生产或分步生产（如化工厂）。第一类的技术复杂性最低，第三类最高。

伍德沃德研究了技术类型与组织结构间的关系，如表 3-2 所示。她研究发现，随着技术复杂程度的提高，企业组织结构复杂程度也相应提高，管理层级数、管理人员同一般人员的比例，以及高层管理者的控制幅度亦随之增加。因此，大批量生产组织通过严格的规范化管理，可以有效地提高管理的效率。

表 3-2　技术类型同组织结构特征间的关系

组织结构特征	技术类型		
	单元生产或小批量生产	大批量的制造或大规模生产	连续流生产或分步生产
管理层次数目	3	4	6
高层领导的管理幅度	4	7	10
基层领导的管理幅度	23	48	15
基本工人同辅助工人比	9∶1	4∶1	1∶1
高文化素质管理者	比例低	比例中等	比例高
经理人员比例	低	中等	高
技术工人数量	高	低	高
规范化程序	少	多	少
集团程度	低	高	低
口头沟通的数量	高	低	高
书面沟通的数量	低	高	低
整体结构类型	有机的、弹性的	机械的	有机的、弹性的

组织进行沟通协调的技术手段也会影响组织结构的变化。信息技术的广泛使用将使各类组织中的信息处理、决策等一系列组织管理方法发生革命性的变化，从而促进组织理念、组织设计思想、组织管理方式的全面创新。例如，通信技术的发展对许多组织结构产生了影响，外包则是表现之一，外包是企业把特定的工作职能转包给其他外部实体的实践，这对工作场所和组织结构都会产生重要影响。

4. 规模

企业销售量和员工数量是衡量组织规模常用的两个要素。许多研究表明，组织规模对结构有影响。企业规模并不是直接的、分别的对结构的各个特征因素起到影响作用，而是通过影响某个特征从而连锁地影响组织结构的其他方面。规模小的企业一般劳工分工程度低、标准化程度低、集权程度高；企业规模的增大，会直接引起结构的变化，包括纵向管理层次增加和横向分工细化、部门和职务数量增加、标准化程度增加、正规化程度提高。

四、企业组织结构的类型

企业组织结构是企业活动的静态表现，通常可以用组织结构图表示。组织结构图是有关组织的正式职权和联系网络的描述图表，是一种抽象的模型，是组织结构的视觉表现。传统的组织结构类型包括直线制结构、直线职能制结构、事业部制结构、矩阵制结构。近年来，又出现了新型组织和组织结构，包括网络结构、虚拟组织、团队结构、无边界组织等。

1. 直线制结构

直线制结构（line structure）是最原始、最简单的一种组织结构。直线是指在这种组织结构中职权从组织上层"流向"组织的基层，组织没有职能机构，从最高管理层到最基层，实行直线垂直领导。每个人只能向一位直接上级报告，命令的传送和信息的沟通只有一条直线渠道。以一个生产型小型企业为例，它的组织结构如图 3-3 所示。直线制结构的优劣势如表 3-3 所示。

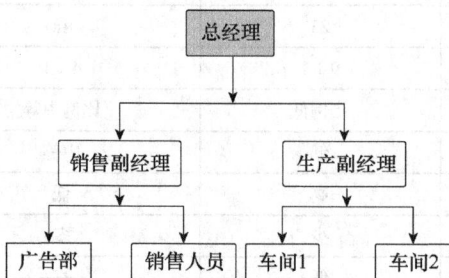

图 3-3　直线制结构示例

表 3-3　直线制结构的优劣势

优势	劣势
① 权力集中，指挥统一，决策迅速。	① 对管理者要求很高，通晓多种知识技能，规模扩大后难以胜任复杂职能。
② 结构简单，维持成本低。	② 管理者陷入日常事务，可能会牺牲对战略问题的深入、细致考虑。
③ 责任明确，信息传递快，反应灵活。	③ 缺乏横向的沟通与协调关系
④ 工作效率高，纪律和秩序的维护较为容易	

适用企业：直线制结构适用于规模小，生产产品和技术比较单一，人员较少的企业，或者是现场的作业管理。

2. 直线职能制结构

随着直线制结构组织的成长，参谋支持的作用就变得越来越必要。直线职能制结构（line-functional structure）又称直线参谋结构，其职能是咨询和支持。其特点：以直线制结构为基础，在各级直线主管下设置职能部门；直线主管在职权范围内对下级进行指挥，并负有全部责任；职能部门对上级直线主管负责提供信息和建议，对下级管理部门无权直接指挥和命令，只是进行业务指导和监督，只有经过授权才能有一定的职能职权。在实践中，直线经理往往是那些关键职能部门的人员，他们的工作与组织追求的目标直接相关。参谋型人员是某一领域的专家，他们把自己的意见推荐给直线人员，如人事管理、各种助理职位。其结构如图 3-4 所示，其优劣势如表 3-4 所示。

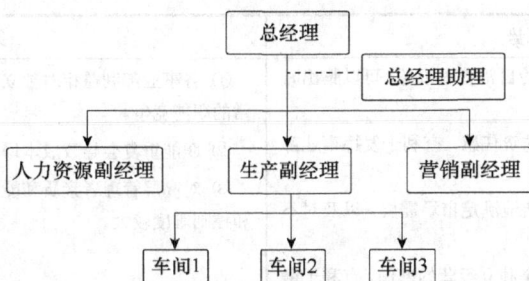

图 3-4 直线职能制结构示例

表 3-4 直线职能制结构的优劣势

优势	劣势
① 既集中统一，又能发挥各专家专业化管理的作用。 ② 职能集中，权责清晰，管理有序，工作效率较高。 ③ 员工有更多的机会接受专业化训练和深层次技能开发	① 信息的横向沟通较差。 ② 当职能参谋部门和直线部门之间目标不一致时，致使上层主管的协调工作量增大。 ③ 缺乏弹性，对环境变化反应迟缓

适用企业：直线职能制结构形式只能适合组织运行环境相对稳定的情况，不适应环境变化频率的情况。中、小型企业比较适用直线职能制结构，但对于规模较大、决策需要考虑较多因素的企业则不太适用。

3. 事业部制结构

事业部制结构（divisional structure）又称斯隆模式、联邦分权化，是一种分权式的现代企业组织结构形式，最初是由通用汽车公司总裁斯隆（Slaon）在 20 世纪 20 年代创立的。

事业部制结构的基本特点是集中政策、分散经营，即政策制定集权化、业务经营分权化。企业按照产品、地区、顾客或市场等企业的事业项目划分成不同事业部。每个事业部都是一个利润责任中心，内部都建立直线职能制，各事业部拥有较大的权力，自主经营，独立核算。每一个部门更加小型化，只关注特定的产品或者顾客群，部门在不同的产品线之间得以复制。企业总部是最高决策机构，负责研究和制定企业战略、重大方针政策，并通过掌握人事、监督等大权及规定价格变动幅度、制定利润指标等预算控制手段统一政策、统一领导。其结构如图 3-5 所示，其优劣势如表 3-5 所示。

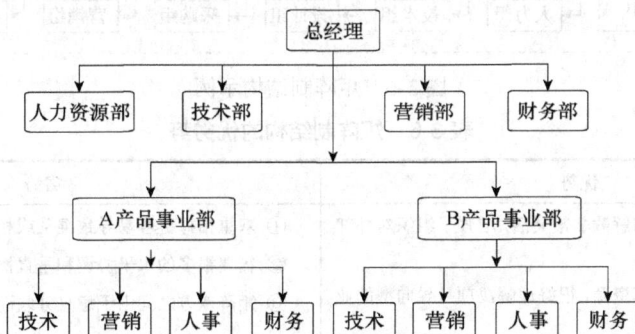

图 3-5 事业部制结构示例

表 3-5　事业部制结构的优劣势

优势	劣势
① 首席执行官摆脱了具体的日常管理事务,可以腾出时间做好战略决策和长远规划。 ② 权力下放,增加了绩效的责任感,有利于发挥事业部的积极性和主动性。 ③ 分散经营,有利于更灵活地满足市场需要,以及对不确定环境的变化的快速反应。 ④ 事业部经理负责管理一个独立经营的部门,有利于锻炼和培养综合管理人员	① 各事业部利益相对独立,可能会导致对公司资源不正常的职能竞争。 ② 职能重复会导致成本增加。 ③ 对高层管理者素质和能力的要求较高,事业部的协调和控制难度较大

适用企业:事业部制结构一般适用于规模大、市场广泛、环境复杂、生产经营业务多样化、要求具有较强适应性的企业或跨国公司等。经验表明,采用事业部制的企业,首先应当具备按专业化原则划分事业部的条件,并能确保事业部在生产、技术、经营活动方面具有充分的独立性,同时事业部之间应当相互依存、互相促进,要保持、控制事业部之间的适度竞争。此外,公司要有管理各事业部门的经济机制(如内部价格、投资、贷款、利润分成、资金利润率、奖惩制度等),尽量避免单纯使用行政手段。

4. 矩阵制结构

矩阵制结构(matrix approach structure)又称规划—目标组织结构,是指在传统的直线制结构内建立项目小组的方式,纵横两套管理链就如同数学中"矩阵"的二维结构。例如,一种新产品的销售和一个建筑工程就是项目。其结构如图 3-6 所示,其优劣势如表 3-6 所示。

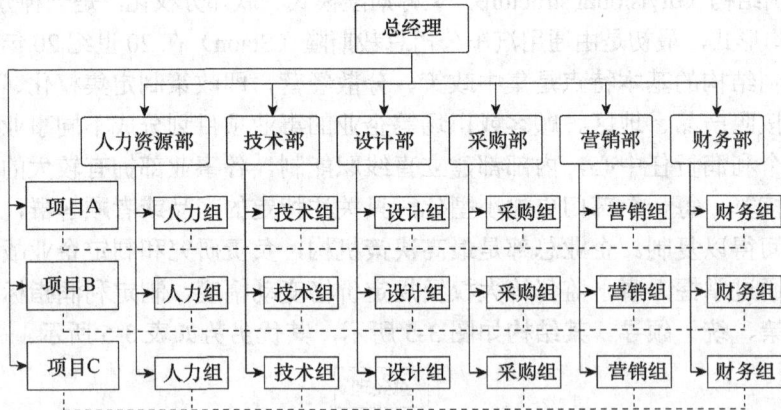

图 3-6　矩阵制结构示例

表 3-6　矩阵制结构的优劣势

优势	劣势
① 项目小组的建立与解散非常灵活,增强了组织对外部环境的适应性和灵活性。 ② 更经济高效地共享资源,很好地解决项目导向型的业务活动。 ③ 激发创造性、增加多样性	① 双重指挥链容易导致混乱或相互矛盾的政策。 ② 需要很多的水平协调和垂直协调。 ③ 矩阵双方之间由于意见分歧而产生冲突和相互推诿

在矩阵结构中，从组织的垂直领导系统中的各单位、各职能部门抽调有关专业人员，组成临时的或是长期的任务小组或委员会去完成相关的项目工作，当项目或者个人的工作完成后，职能人员回到原属部门或参加新的项目。它的独特之处在于它拥有二元权力，职能层级的权力是纵向流动的，提供了对职能部门传统的控制，项目部层级的权力是横向流动的，为部门间的协调提供了便利。矩阵中的员工受到双重领导：职能部门经理和产品或项目经理。项目经理由组织的职能部门授予必要的人事权，以及完成项目目标的其他职权和职责。

适用企业：矩阵制结构一般适用于外部环境变化剧烈、技术发展迅速、管理活动复杂、需要处理大量信息、分享组织资源要求特别迫切的企业，如航天航空、建筑企业、科研机构、军事工业等，或者作为一般组织中安排临时性工作任务的补充结构形式。

5．新型组织与组织结构

对一些领域的企业而言，传统的组织结构设计不能满足日益变化的复杂环境，而是需要组织更精干、灵活、富有创新精神，使一些新的组织和组织结构涌现出来。

（1）网络型组织

网络型组织（network organization）是一种只保留从事关键业务的机构部门，其他主要职能则以合同为基础分包给外部供应商网络，组织只集中精力做最擅长领域的组织形式。这种组织形式也被制造企业称为模块组织。其结构如图 3-7 所示（图中虚线表示合同关系），其优劣势如表 3-7 所示。世界知名的体育用品耐克公司一直只做研发与营销，而它的生产则交给了劳动力获取比较容易且价格低廉地区的企业。美国波音 787 梦幻飞机的开发，波音公司自身只承担了部分工作活动，70%的部件生产外包给其他公司。这些公司直接员工的数量很少，就像管弦乐团的指挥，可以在有限的控制下指导音乐家们演奏出美妙的音乐。

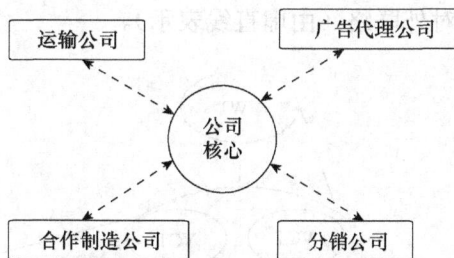

图 3-7　网络型组织结构示例

表 3-7　网络型组织结构的优劣势

优势	劣势
① 使企业管理者对新技术、新时尚，或者来自海外的低成本的竞争，具有更大的适应性和应变能力。 ② 使管理者集中精力从事主要业务，具有高度的灵活性，使企业内部资源盈利率达到最大化。 ③ 由于人员较少，费用支出降低	① 控制性较差，边界脆弱，容易丧失企业的控制权。 ② 企业文化和企业间冲突使协调的难度加大，对企业管理者确定共同的目标、协调有关的活动的要求较高。 ③ 员工忠诚度可能会被削弱，流动率可能会增大

适用企业：经济全球化、环境高度不确定的情况下，网络型组织比较适用于服装制造业、玩具业，它们需要相当的灵活性以对时尚的变化迅速做出反应，也适用于那些制造活动需要低廉劳动力的公司。

（2）虚拟组织

虚拟组织（virtual organization）是商业伙伴和团队借助信息技术跨越地理界限或组织界限在一起工作的组织，是企业借助外部力量对外部资源进行整合，创造出自己竞争优势的一种战略联盟（strategic alliance）。

虚拟组织有两重含义：一方面是指形式虚拟，即在信息技术的条件下，原来的实体组织改变了形式。原来固定的办公室、固定的作息时间随着信息技术的应用而逐渐消除，取而代之的则是"虚化"的场所，业务通过计算机网络来完成。另一方面是指内容虚拟，组织运行所需要的资源和能力均来自他物。组织通过契约的形式支配使用组织以外的资源，来实现组织的目标。这种虚拟组织几乎没有界限，不同组织、供应者及客户之间的界限不仅易于穿透，而且不断地改变。

虚拟组织的结构如图 3-8 所示，其优劣势如表 3-8 所示。虚拟组织的主体构件包括虚拟能力团队（virtual competence team，VCT）、虚拟工作团队（virtual working team，VWT）和网络事务中心（virtual affairs center，VAC）。它们在数量上具有随机性，VCT是按能力的差异性划分的团队，随着各组织核心能力的差异情况，呈现数量的多样性。VWT 是根据任务需要临时由 VCT 形成的工作组，它的数量随着组织各阶段的任务多少而定。从图 3-8 中可以看到，VCT 和 VAC 通过信息网络联结成为内部的网络（实线圆）。根据临时任务的需要，在内部网络的基础上，形成临时的 VWT，它们如同组织的"触角"和外部合作网络相连，形成实际的合作关系，完成组织任务。当任务完成后，VWT便解散，各类人员再回到各自的 VCT 中，处于预备状态；随着新任务的出现，再会形成新的 VWT。而 VAC 则负责虚拟组织的综合部门，负责对 VCT、VWT 及整个组织网络的协调、监控、引导和对外联络（由虚直线表示）。

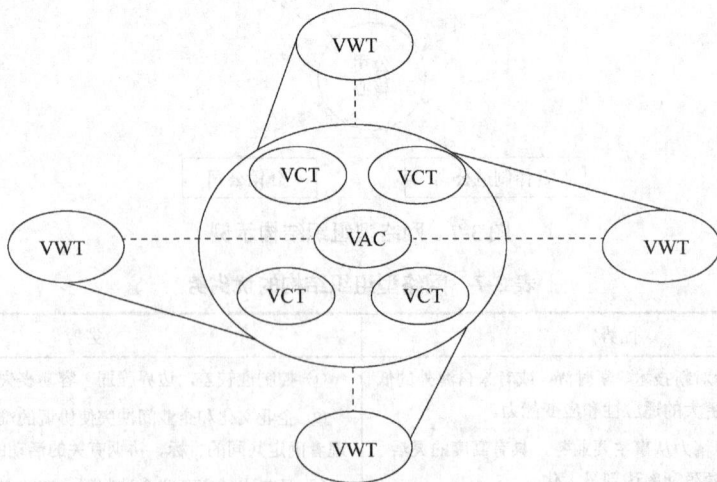

图 3-8　虚拟组织结构示例

表 3-8 虚拟组织结构的优劣势

优势	劣势
① 有限资源，无限功能，通过战略联盟形式"占有"产业的上、下游企业（垂直方向）的资源，或者调动、影响竞争伙伴（水平方向）的资源，以具备"四两拨千斤"的优势，延伸了组织的竞争能力。 ② 灵活，柔性结构，快速反应，一切根据市场的变化，随时进行调整和重新分化组合。 ③ 节约资源投入，集中精力于关键任务	① 核心组织与联盟组织间的信息不对称使对联盟组织的选择风险增加。 ② 更多地依赖合同、协调、谈判和电子联络方式，对沟通与协调要求高。 ③ 对员工的监控困难增大

适用企业：与网络型组织一样，适用于需要灵活应对环境变化的企业。

（3）团队结构

团队结构又称水平结构（horizontal structure），是由工作小组或团队组成的一种结构。团队结构中包含两个核心团队，一个是负责战略与政策制定的高层管理者，另一个由授权的、在不同过程团队中一起工作的员工组成。其结构如图 3-9 所示，其优劣势如表 3-9 所示。

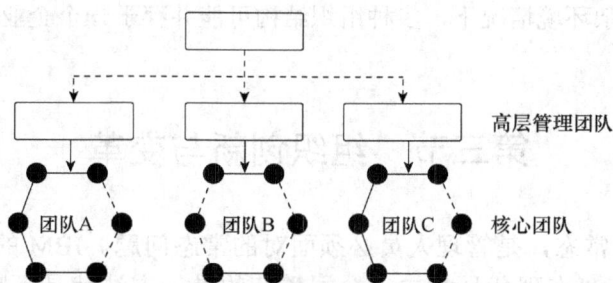

图 3-9 团队结构示例

（资料来源：鲁，拜厄斯，2013. 管理学：技能与应用. 13 版. 北京：北京大学出版社.）

表 3-9 团队结构的优劣势

优势	劣势
① 员工工作上更投入，更有权力，各职能领域之间的障碍减少。 ② 有利于提高效率、改善团队文化、提高客户满意度	① 没有清晰的指挥链，需要对员工进行多技能的培训。 ② 团队承担工作压力大，如果没有以团队为基础的报酬方案的落实，可能无法发挥作用

水平结构组织层级扁平化、中间管理层级少，信息采集、加工、传递过程是由过程团队在一线完成的，团队可以更快地解决一线出现的问题。团队自我管理，对各自领域的工作绩效负责，强调客户的满意度，客户驱动绩效、客户与员工关系最大化，奖励整个团队绩效而不是个人。

适用企业：在大型企业中，团队结构与职能结构和分公司式结构互为补充，保证企业既有机械式结构的效率又有团队的灵活性和敏捷性。例如，亚马逊、惠普、卡夫食品、通用电气等公司在它们的组织内部采用了团队结构以提高效率。

（4）无边界组织

无边界组织（boundaryless organization）是取消横向协调和纵向联系的边界的组织。这个概念是管理学大师杰克·韦尔奇（Jack Welch）最先提出来的，无边界组织体现了他理想中的通用电气组织模式：能够创造、分享并以最好的方式实践知识，从而创造最高价值。根据这一理念，为了消除公司与客户和供应商之间的外部障碍，需要拆除通用电气内部的纵横向边界，让通用电气的员工得以跨职能、跨地区、跨业务开展工作，实现经过整合的多样化，即让最好的创意、最好的知识、最有价值的人才在通用电气内部快速、自由流动。韦尔奇说"通用电气无边界行动的目的就是要在世界范围内赢得压倒性的竞争优势"。

对于边界的突破，主要基于以下四个传统的方向：①水平边界——介于同一公司的不同部门或者职能之间；②垂直边界——介于运营和管理及管理层之间，介于公司和部门之间；③地理边界——介于不同的地理位置之间，不同国家和地区之间，介于不同文化之间；④外部分界面边界——介于公司和客户、供应商、合伙人、管理者及竞争者之间。

网络组织、虚拟组织、团队结构、战略联盟等都是趋向于无边界组织的设计。

新的组织结构形式的出现并不意味着传统组织结构的消亡，每种组织结构有其适用的企业，而且在复杂环境情况下，多种组织结构可能并存于一个企业组织内，共同促进企业目标的实现。

第三节　组织创新与变革

变革是企业的常态，是管理人员必须面对的常态问题。IBM 的 CEO 帕尔米萨诺（Palmisano）认为，"在现代环境中，公司繁荣的唯一方法就是不断创新——技术创新、战略创新、商业模式创新"。企业是一个开放的、运动的系统，随着企业发展的战略目标、外部环境、内部条件的不断变化，企业要能在竞争中生存下去，需要不断地调整自身进行组织创新与变革。从这个意义上说，企业面临的竞争挑战就是创新与变革挑战。

一、组织创新与变革的原因

组织创新与变革是指对组织为适应内外环境、组织任务等方面的变化和提高组织绩效而在组织的目标、结构、技术任务、组织间关系，以及组织成员的认知和行为等方面进行的有目的的、系统的调整和革新。

内外部环境因素的变化，必然要求企业随之做出相应的调整，因此，可以将引起组织创新和变革的因素分为外部和内部两种力量。下面简单介绍这些因素。

1. 外部力量

推动组织变革的外部环境中的力量非常广泛，主要的影响力量有政治法律、经济环境、市场竞争、技术、社会文化、资源。

（1）政治法律

任何一个组织的生产经营活动都是在政府制定的法律和政策框架内进行的，国家的政治状况、经济政策、法规、环境保护、产业结构调整等宏观调控行为会在不同程度上推动组织变革。

（2）经济环境

国际、国内经济形势的变化，汇率调整和通货膨胀的情况变化，促使企业进行变革，来适应外部经济形势，才能免于被淘汰甚至在市场竞争中取胜。

（3）市场竞争

市场是企业直接面对的外部环境。激烈的市场竞争促使企业必须根据竞争状况不断调整自身。例如，全球化竞争的大背景，促使企业的竞争与合作方式发生变化，催生了战略联盟。

（4）技术

科学技术的发展进步，一方面会推动新产品、新兴产业的出现，另一方面新技术、新工艺、新方法等在传统企业中的应用也会带来生产方式的变革。3D打印技术的运用对传统制造业带来巨大挑战。"互联网＋"和大数据技术的发展，改变了很多企业的沟通渠道，使企业的组织结构趋于扁平化。

（5）社会文化

随着社会经济的不断发展，人们对工作、生活质量的要求越来越高，整个社会乃至个人的价值观、审美观、工作、生活的态度和习惯处在不断变化中，这些都成为企业组织变革的间接外部力量。

（6）资源

组织赖以生存的资源环境的变化，包括自然资源环境和输入组织的其他资源变化会引起组织变革。例如，全球气候变暖、不可再生能源短缺等自然资源的变化，能源问题和环境问题日益突出，迫使人们一方面不断努力寻求新型能源替代绿色能源，另一方面努力发展节能环保产业，促使企业主动寻求低碳管理与绿色管理。

2．内部力量

组织发展的内部力量往往是促使组织进行变革的最直接、最具决定性的力量。内部创新与变革的力量一般是指在企业运行的过程中出于企业成长的需要，企业战略的改变，企业提高管理水平的要求和企业员工情况的变化等引起组织变革。

（1）企业成长的需要

企业自身的成长壮大，如企业规模扩大、经营的产品或者服务品种变化，组织活动的内容会日趋复杂，活动的规模和范围也会越来越大，组织原有的结构和模式已经很难适应已经发生变化的组织，这就要求组织进行结构上的调整来适应组织的新情况。

（2）企业战略的改变

结构追随战略。一方面，战略的变化会带来组织整体结构的变化；另一方面，企业战略重点的改变往往会改变组织业务活动的重心和核心职能，这就可能改变组织中各部门、各职务在组织中的相对地位，也就要求企业对各管理职务及各部门之间的关系做出调整。

（3）企业提高管理水平的要求

企业管理水平的高低影响着组织的目标能否顺利实现，也影响着企业战略实施的效率。为了提高管理水平，企业需要在技术、工作方式、人员素质、技术水平、价值观念和人际关系等方面做出相应的调整，适时地进行相应的变革。

（4）企业员工情况的变化

员工的工作态度、对晋升薪酬福利的要求变化、离职倾向的情况会导致组织在工作组合、授权、奖励、晋升及学习培训等方面的管理政策和实践的变革。

二、组织创新与变革的类型

1．结构创新与变革

环境的变化要求组织结构也发生相应的变化。结构创新与变革包括改变权力分配、协调机制、部门增减、集权化程度、管理幅度、工作设计或其他结构因素，或者制定更完善的规章制度和程序来提高组织的正规化程度。

2．技术创新与变革

技术创新与变革包括对工作过程、工作方法、所使用的设备、工作过程、供需和控制系统等的改变。技术创新与变革意味着用新的技术去提高工作效率，计算机和互联网技术几乎影响了每一个组织的技术创新与变革。

3．员工创新与变革

员工创新与变革是指改变员工的工作态度、能力和技能、期望、认知、价值观或行为。组织通过转变员工的工作态度促使人们修正自己的行为，从而达到改进工作绩效的目的；通过对员工进行培训、员工流动、招聘员工等达到组织目标的要求；通过设立合适的绩效考评、薪酬体系、激励制度等支持和鼓励企业的不断进步；通过努力营造和谐的组织氛围和企业文化等改变员工的价值观和行为，提高员工满意度。

三、组织创新与变革的过程

1．组织创新与变革的一般程序

1）管理层首先诊断组织的状态，确认变革的必要性及具体目标。

2）确定需变革的问题及变革的重点。

3）根据内外条件分析动力和阻力并尽可能消除阻力。

4）选择变革的方案。

5）制订具体的行动计划。

6）全面实施变革。

7）评价变革效果并及时反馈，做进一步调整。

2．卢因的三步骤变革模型

组织创新与变革是组织生存与发展的必然结果，但组织创新与变革的成功不一定是必然结果，需要遵循科学的程序推进。库尔特·卢因（Kurt Lewin）认为成功的组织变革应经历三个步骤，即解冻、变革、再冻结，如图 3-10 所示。

图 3-10　卢因的三步骤变革模型

1）解冻是实施变革的前奏，改变现状打破现有的平衡状态。解冻阶段的主要任务是发现组织变革的动力，采取措施克服变革阻力；营造出变革乃大势所趋的气氛，同时具体描绘组织变革的蓝图，明确组织变革的目标和方向，通过减少对失败的恐惧感来增加心理上的安全感。

2）提出变革方案并实施，转变到新状态。变革阶段的主要任务是按照拟定的变革方案的要求开展具体的组织变革运动或行动，使组织从现有模式向目标模式转变，一般分为试验和推广两个步骤。

3）再冻结。再冻结阶段的主要任务是采取措施保证新的行为方式和组织形态能够不断得到强化和巩固，得到企业内正式组织和非正式组织的支持，使组织达到一种新的平衡状态。缺乏此阶段，变革的成果有可能退化消失。

四、组织创新与变革的阻力及克服方法

1．组织创新与变革的阻力

任何一个组织要实施变革都会遇到不同程度的阻碍，个人和组织对变革的阻力可能主要源于以下几个方面。

（1）对未来不确定性的恐惧

企业的创新与变革是用未来不确定的事物取代目前已知的固定的和传统的事物。不确定性增加了变革的阻力。对于个体而言，自己产生什么样的影响是不确定的，担心自己难以掌控变革后的新程序、新技术、新方法，加之信息和理解的偏差造成观点和认识不同，会对变革产生抵制；对于组织而言，同样不得不承担从已知到未知的风险，并且组织中一个系统的变化牵扯到其他系统的变化，增大了不确定性。

（2）担心威胁既得利益

对利益损失的担心可能是企业变革的最大障碍，人们往往会抵制可能剥夺自身利益的事物的变革。对个人而言，害怕在工作设计、组织结构、技术等方面的变革可能会导致职位、收入、权力、专业知识、技能和专长、职业习惯、职业保障、关系网、威信、个人便利的变化，担心变革可能影响或损害自己或自己所在群体原来的价值和利益；对组织而言，企业变革可能会对权利和资源重新分配，对责、权、利做出新的安排和调整，

必然触及某些现有的利益群体的既得利益。

（3）对习惯的依赖

人类天生喜欢以"习惯"和"熟悉的方式"工作，对变革会产生本能的抵触。对于个体而言，员工已经习惯于现有的知识技能、工作方式、管理制度等，变革会打破他们原有的习惯；对组织而言，组织有其固有的结构与制度，机制的稳定性和结构的惯性在企业面临变革时，就充当起阻碍变革的力量。

此外，对未来形势的分析和预测有时也会因经验和水平的差异，以及不同的评价产生不同的观点和看法。例如，如果某一位员工认为变革不利于企业绩效，并有充足的反对理由，这种不同声音对组织变革可能是有利的。因此，需要组织正确分析和对待各种阻力。

2．变革阻力的克服方法

变革中出现一些阻力是正常的，企业管理者对待阻力，首先应明确阻力是有害的还是有利的，当确认变革的阻力是有害的时候，应该努力寻找和实施可以有效减少和化解各种阻力的方法或措施。综合已有理论成果，减少阻力、帮助员工接受甚至致力于变革的常用方法有以下几种。

（1）营造创新氛围与组织文化

管理者在变革前有意识地为组织变革营造良好的氛围，激发员工变革的愿望和积极性，在组织中形成勇于变革、创新的组织文化，并渗透到每个成员的内心才能使组织变革更为坚定、持久。

（2）遵循明智的变革进程

管理者要选择变革的合适时机，要选择动力增加、阻力降低的时机进行特定的变革。如果对变革的方案还没有充分把握，变革的实施可以先在小范围内试点，待试点总结经验后，再普遍推广，或者把变革的总目标分解为几个分目标，逐步过渡。

（3）教育和沟通

当成员缺乏组织变革的信息或者对信息的分析不准确时，需要通过教育与沟通，讨论即将来临的变革，设法减轻其不必要的恐惧，做好信息反馈工作与宣传解释工作，使员工理解变革的原因和蓝图，以及变革对其影响是有益的、不会威胁到他们的安全，消除员工的顾虑，赢得其信任，从而减少阻力。

（4）参与和投入

公开讨论变革，鼓励员工参与和投入变革，与反对者增进交流，并了解反对的理由。让变革成为他们自己的事情，将他们的要求体现在变革之中，可以减少抵制、得到承诺并提高变革决策的质量。

（5）促进和支持

如果员工由于适应的问题抵制变革，促进与支持行为能够帮助他们消除焦虑与不安。通过心理咨询、技能培训、激励手段等方法缓解员工的压力，使他们能够很快适应新的形势。例如，给员工一个熟悉掌握新方式的时间，在此期间出现的错误和失误应得到谅解，帮助他们尽快适应变革。

（6）谈判与协议

谈判与协议主要是在阻力来自权力集团而且其抵制力量具有较大影响力时进行，以交换一些有价值的事物来减少对变革的抵制。谈判是一种讨价还价的策略，因此，这种策略潜在的高成本也是不能忽视的。

（7）强制措施

速度对变革很重要，因此，有时需要通过采取威胁或其他强制措施强迫变革反对者接受变革。强制措施通常在其他方法无效或者不能运用的情形下使用，它一般会影响变革推动者的信誉，也可能会引起变革反对者对变革更大的反抗。

（8）运用力场分析法

力场分析法（force-field analysis）是卢因提出来的，他认为变革是驱动力和抑制力之间竞争作用的结果。人们应该通过分析变革的动力和阻力，找到变革的突破口。第二次世界大战期间，卢因碰到一家工厂要求全体女工戴防护镜，受到女工们的抵制。他调查分析了动力和阻力因素，提出如下意见：第一个反对因素要解决，每个眼镜只多花 5 美分即可换一种较轻的；对于第二个反对因素，他提出让女工自己设计美观舒适的式样，并展开评比竞赛，引起她们的兴趣；第三个反对因素自然就消失了。示例如图 3-11 所示。

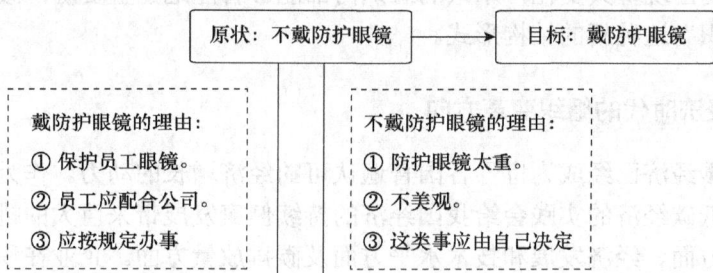

图 3-11　力场分析示例

第四节　企业组织发展趋势

一、大数据时代的企业组织

全球知名的麦肯锡咨询公司在研究报告中指出，数据已经渗透到每个行业和业务职能领域，逐渐成为重要的生产因素。阿里巴巴股东、"电子商务大帝"孙正义更预言"没有数据化的企业都将灭亡"。2009 年前后，大数据成为互联网信息技术行业的流行词语。大数据是规模非常巨大和复杂的数据集，在合理时间内达到撷取、处理、管理并整理成为能帮助企业经营决策达到更积极的目的的信息。大数据有四个特征：大量、高速、多样、价值。

1）大数据改变组织的外部边界。大数据给企业提供了便利的工具，创造了整合外部资源的机会，降低了整合外部资源的成本。企业的组织边界将不断变化，通过聚集外部资源将创造新的商业模式。大数据时代的主流商业模式是以平台为中心的商业生态体系，这些平台有优秀的商家资源的服务能力和重要的消费者资源吸纳能力，在这个平台上商家互惠互利、共生共长，如阿里巴巴、腾讯。

2）大数据促使企业内部组织管理不断革新。运用大数据，企业纵向和横向都能够实时、高效地沟通。同时，数据可以替代一部分能用运算解决的决策工作，不再需要大量的管理人员。大数据将更多地促进组织结构扁平化和跨越界限的合作。

二、信息化时代的企业组织

信息技术作为当今最为先进和最具发展前途的一种新的生产技术，它在组织中的引进和应用能够发挥信息效率效应和信息协同效应，有利于缩短沟通时间、节约协调成本和拓宽信息传递范围，这势必会改变组织原有的信息结构和成本结构，使得组织朝着更有效率的均衡状态演变。自20世纪50年代末李维特（Levitt）和威斯勒（Whistler）在《哈佛商业评论》上发表了第一篇探讨信息技术（计算机）与组织结构之间关系的文章以来，已经有越来越多的研究者承认了信息技术与组织结构之间存在着密切的关系，认为信息技术在组织中的应用会带来相应的结构变化，包括组织形式、组织规模和组织间关系等。

基于云计算的应用，甚至有学者提出了"云组织"的概念，认为云计算的出现会让传统的组织结构出现重大变化，未来的组织内部能够智能地配置资源，改变形态，甚至会出现"云组织"这种新的结构形式。

三、低碳经济时代的组织变革方向

目前，低碳经济已经成为世界各国普遍认可的经济增长的动力。作为世界上最大的发展中国家，低碳经济的实践会给我国经济的持续健康发展带来巨大的挑战。这些挑战来自能源结构方面、经济发展和技术水平方面及碳排放量方面。企业在积极应对这些挑战的同时，也要抓住这其中的机遇。世界越来越重视企业的绿色发展，绿色经营管理强调企业与社会之间的和谐、与生态环境之间的和谐。绿色企业各组织结构层次要以绿色管理为目标，而且绿色管理方法及思想也要指导各组织结构层次，这样形成一个统一的整体。在绿色组织结构中一般有专门的绿色管理组织，作为职能部门来负责与企业外部环境有关的工作，如绿色标志的认证工作、向社会宣传绿色战略的工作、塑造企业的绿色形象、向员工传达绿色思想、建立绿色管理文化等。

问答题

1. 简述组织理论的发展历程。
2. 传统的企业组织结构的主要类型有哪些？
3. 组织结构设计的主要内容有哪些？
4. 怎样处理管理幅度与管理层次的关系？影响管理幅度的因素有哪些？
5. 你认为绿色组织管理在未来的发展趋势如何？
6. 怎样克服组织变革的各种阻力？

能力训练题

1. 分组进行辩论：为了有效推动企业绿色管理，是在企业组织结构中设立一个单独的环境管理部门还是各个部门分散进行环境管理更有优势。

2. 假设你要创办一个微型企业，简单描述你的创业计划，并做出你的组织结构设计方案。

案例分析

绿色华硕战略与组织结构调整

课后阅读

阿里巴巴升级组织结构，由"树状"变为"网状"管理结构

拓展阅读

蔡勤东，2015. 大数据时代：企业借助互联网成果转型升级. 北京：中国财富出版社.

雷恩，2014. 管理思想史. 6 版. 孙健敏，黄小勇，李源，译. 北京：中国人民大学出版社.

李春波，2014. 组织设计与发展. 北京：北京大学出版社.

马旭飞，杨慧，2014. 互联网时代：新战略全景. 北京：经济管理出版社.

圣吉，2009. 第五项修炼：学习型组织的艺术与实践. 张成林，译. 北京：中信出版社.

第四章
企业伦理与社会责任

知识目标

1. 熟悉企业伦理的产生与发展。
2. 了解现代企业伦理。
3. 掌握企业社会责任的概念与内涵。
4. 理解企业环境社会责任

能力目标

1. 能够运用阿基·B. 卡罗的四责任模型对企业行为进行分析。
2. 理解绿色 GDP 的重要意义，能够为企业绿色发展提供建议。

关 键 词

企业伦理　伦理思想　企业社会责任　公司治理　绿色 GDP

导入案例

华电集团开发水电推动可持续发展的实践

中国华电集团公司（China Huadian Corporation，CHD，以下简称华电集团，成立于 2002 年 12 月 29 日，注册资本为 120 亿元人民币，是国家电力体制改革组建的五家国有独资发电企业集团之一，属于国资委监管的特大型中央企业，经国务院同意进行国家授权投资的机构和国家控股公司的试点单位。2016 年，华电集团在世界 500 强中排名第 331 名。华电集团在社会责任实践中坚持"创造可持续价值"理念，把发展水电事业作为转变发展方式、调整电源结构的战略重点，致力于构建水电开发的示范工程、绿色工程、民生工程，努力实现"建设一座电站、改善一片环境、造福一方百姓"的目标。

华电集团为减轻水电工程建设对鱼类资源带来的影响，大力实施鱼类增殖放流项目，旨在养护水生野生动物，增加渔业资源，进一步增强全社会养护资源与爱护环境的意识，促进人与自然和谐发展。鱼类增殖放流项目对水电项目优化设计提出更高要求。华电集团坚持"取之有道、用之有节、因地制宜"的原则，按照有利于生态保护的原则优化项目设计。在黔源电力北盘江光照水电站建设时，华电集团投资约 1.6 亿元用于环境保护，约占工程总投资的 2.3%。其中，投资 6800 万元建成的分层取水设施，是我国第一座为保护鱼类生态环境而实现分层取水的大坝，开创了国内大型水电通过工程措施解决水生生物多样性环保难题的先河；投资 3500 万元建设鱼类增殖站；投资 90 万元进行库区珍稀植物和古树移植保护。水电建设项目的不断优化为鱼类增殖放流创造了条件。

针对修建大坝对水生生态的影响问题，华电乌江公司与国内权威鱼类研究和养殖机构合作，共投资 1.5 亿元在索风营、思林电站建成国内管理较规范、设备技术较先进的鱼类增殖放流站，重点繁殖放流岩原鲤、白甲鱼、中华倒刺鲃、长薄鳅等珍稀鱼类，增殖放流期为 20 年。两座增殖站是目前国内管理较规范、设备技术较先进的鱼类增殖放流站之一。

同时，华电集团水电项目建设实现了跨越式发展，截至 2010 年年底，水电装机容量达到 1538 万千瓦，约占总装机容量的 17%，是成立之初的 3.6 倍；华北集团水电累计发电 1500 多亿千瓦时，相当于节约 5300 多万吨标准煤，减少二氧化碳排放约 1.2 亿吨。电站的建设，促进了沿江两岸的经济发展，建成的一座座"水电公园"，每年吸引游客上百万人次，给当地人们带来了新的思想和文化享受。

随着鱼类增殖放流项目的深入实施，养护了水生野生动物，增加了渔业资源种群数量，维护了生物多样性；拉动了当地就业，开辟了一个新的环保运营产业和经济增长点。

鱼类增殖放流项目的长期开展，取得了良好的社会效益，促进了企业与自然、社会的和谐共赢。鱼类增殖放流项目既保护了陆生生物和水生生物，又促进了企业与自然的和谐发展。

（资料来源：http://www.china5e.com/news/news-179141-1.html.）

思考： 华电集团是否成功地履行了社会责任？主要体现在哪些方面？

第一节　企业伦理

企业伦理是企业经营本身的伦理。不仅企业，凡是与经营有关的组织都包含伦理问题。只要由人组成的集合体在进行经营活动时，在本质上始终存在着伦理问题。一个有道德的企业应当重视伦理，不与社会发生冲突与摩擦，积极采取对社会有益的行为。

一、企业伦理的产生与发展

1. 企业伦理的含义

企业伦理是人类社会伦理准则和行为在企业经济活动的表现，它的核心价值是重视人、尊重人和服务人，目的在于使企业更好地承担起它的社会责任和道义责任，从而促进人类经济文明的有序发展。

2. 企业伦理的产生与发展概述

企业伦理在现代西方的兴起，与发源于 20 世纪 60 年代的美国现代西方经济伦理运动紧密相关。当时，一些企业在生产经营活动中肆意污染环境、忽视安全生产、销售假冒伪劣产品等，结果，这些不道德行为遭到媒体的曝光和抨击，引起全社会的不满，一场保护消费者权益的运动由此展开。此外，20 世纪六七十年代爆出的形形色色的企业丑闻也使学术界觉醒，尤其是"水门事件"之后，华尔街非法股票交易盛行，一些大企业、大财团纷纷卷入非法政治捐款和向政府官员行贿的丑闻中，迫使有责任心的正直学者们开始思考一些重大的经济伦理问题。

进入 20 世纪 80 年代后，国外企业伦理学进入了全面发展阶段。第一，企业伦理学从美国和日本扩展到了加拿大、西欧、澳大利亚、东南亚等地。第二，企业伦理学开始进入大学教堂，各种企业伦理学的刊物和研究机构纷纷问世。美国、加拿大和西欧有近 30 所大学建立了企业伦理学的专门学术机构或以企业伦理为研究课题的应用伦理学研究中心。第三，理论研究进一步深化。就公司的道德地位问题、伦理道德与企业活动能否相容问题、企业伦理学的理论基础问题等展开了讨论。此外，学者们还构建了企业决策的伦理分析模式，为企业伦理在企业经营管理活动中的渗透找到了一条可行的途径。第四，在企业伦理的实践方面，20 世纪 80 年代，企业伦理规范在美国大企业中得到广泛应用，英国、加拿大和澳大利亚开始引入书面的企业伦理规范。少数企业开始建立伦理委员会和负责处理企业伦理问题的经理。20 世纪 90 年代初至今，企业伦理学继续从广度和深度两个方面迅速发展。到 1993 年为止，美国已有 90% 以上的管理学院开设了企业伦理学方面的课程。到 1995 年 3 月，国外企业伦理学的研究和交流机构已达到 300 多个，企业伦理学方面的刊物有 14 种，企业伦理学方面的教材、专著有 1000 多部。企业伦理学从对某一企业、某一地区的企业伦理问题的研究转向了不同地区之间企业伦理的比较研究和对全球企业伦理的研究，从单学科研究转向了跨学科研究。总之，企业伦理学作为一门边缘学科正在逐步成熟起来。

二、中国传统伦理思想

中国传统伦理是中华民族在长期社会实践中逐渐凝聚起来的道德心理、道德观念、道德准则、人生理想、道德思考和道德学说或伦理学说的总和。中国传统伦理学源远流长，内容丰富。它不仅是中华民族发展的强大精神支柱，而且在世界特别是东方各国产生了深远影响。从考古资料看，早在公元前 16 世纪至公元前 1027 年的殷商时代，就有了德、礼、孝等道德概念。此后，随着社会经济、政治的发展，人们的道德生活经验的积累，认识水平的提高，中国伦理思想的发展大致经历了四个阶段。

1．春秋战国时期的伦理思想

春秋战国是中国奴隶社会向封建社会过渡的时期。社会处于大动荡、大变革之中，思想文化领域呈现出百家争鸣的局面。伦理思想领域学派林立，主要有儒家、道家、墨家和法家四大派别。

（1）儒家的伦理思想

春秋时代的孔子（公元前 551～前 479）是儒家的创始人。在孔子之后，孟子（约公元前 372～前 289）进一步完善了孔子的思想，形成了儒家伦理思想体系。儒家伦理思想的核心是"仁"。在孔子看来，"仁"具有"全德"之称，包含诸德，传统的孝悌、忠信、智勇等都被纳入"仁"的范畴。

在孔子"仁爱"思想基础上，孟子具体提出了"仁义礼智""孝悌忠信"八个道德规范。他认为，这些德目是人生下来就有的不学而能的良能，不虑而知的良知；人人都应做到，也能够做到。

在利与义的关系上，孔子、孟子倾向于重义轻利，强调封建道德，忽视物质利益，但也认为应该"见利思义""见处得义"。

在道德教育上，孔子提出"德政""善政"。儒家非常重视道德修养，主张一个人要有所作为、肩负大任，必须经历艰苦磨炼，具有高尚的情操，不断内省、修己、自诉。

（2）道家的伦理思想

道家的伦理思想以老子（生卒年月不详，约与孔子同时代）和庄子（约公元前 369～前 286）为代表。道家对道德采取怀疑和否定的态度，认为道德对国家和社会生活有百害而无一利，只有废除道德，社会生活才会恢复正常。他们主张把无知无欲作为生活的目标，崇尚自然、柔弱、知足，从负面提出了人的个性自由和精神解放的问题，并倡导少私寡欲、心斋坐忘的道德修养方法，将清静无为的圣人和超然无己的真人作为道德修养的理想人格。

（3）墨家的伦理思想

墨家的伦理思想以墨子（约公元前 468～公元前 376）为代表。主张以对人民物质生活是否有利作为判断道德善恶的标准。把"兼相爱、交相利"作为道德生活的基本原则，提出义利合一、志工合一的功利主义思想。墨家主张节用、节葬、尚闲和非攻，代表小生产者和手工艺人的利益。

（4）法家的伦理思想

法家是新的封建等级制度的维护者，有前期和后期之分，前期法家可分为以商鞅为代表的任力不任德、贵法不贵义的秦国法家和以慎道、管子为代表的礼法工举、德力合行的齐国法家。后期法家的代表人物为韩非，他是先秦法家的集大成者，尖锐地抨击孔墨两家的道德学说，全面地阐述了人性的险恶、自私和利己主义道德观。

春秋战国时期的伦理思想，除了以上所述四大家以外，还有农家、杂家、名家、阴阳家等诸家学派的伦理思想，他们都在不同程度上为推进和繁荣我国古代的伦理思想做出了贡献。

2．秦汉隋唐时期的伦理思想

如果说春秋战国时期是我国封建伦理学萌芽和形成时期，那么秦汉隋唐时期则是封建伦理宗教化时期。在这一时期，封建道德带上了宗教的色彩。西汉唯心主义哲学家董仲舒是儒家伦理学说重要人物。在汉代，孔子成为道德的化身，之后又有佛教的传人，佛教和儒家的伦理学说逐渐融合，统治集团用佛教的教义作为儒家伦理学说的神学补充。天堂地狱、因果报应的宣传成为忠孝节义说教的主要工具。

为了达到长治久安，统治者急需一种长远的"治安策"，董仲舒提出"罢黜百家，独尊儒术"的观点，并得到了汉武帝的支持。董仲舒继承了儒家重视道德教化的传统，改造了墨家天志天命的思想，利用阴阳五行学说，建立了以天人感应和"性三品"说为其理论基础，以"三纲五常"为核心的维护宗法等级秩序的伦理思想体系。

3. 宋元明时期的伦理学

从宋代到明中叶，是我国封建社会发展历史上的繁荣时期和鼎盛时期，也是我国封建伦理学思想的成熟期。宋明理学适应封建社会后期的需要，继承孔孟传统，广泛吸收玄学、佛学伦理的思想成果，构成了一个庞大的伦理思想体系。

宋明理学发端于邵康节、周敦颐、张横渠，形成于二程（程颐、程颢），完成于朱熹。在理学内部存在着程朱理学与陆王心学之争。程朱理学以儒家正统自居，提出"天人合一"的本体论和变化气质的修养论，严德功之分，理欲之辩。陆王心学不同意程朱将"理"视为宇宙和道德的本体，他们认为只有"心"才是宇宙的本源，陆九渊指出："宇宙即是吾心，吾心即是宇宙。"人心不但是道德观念的来源，而且是分别是非善恶的能力，道德修养就是一个发明本心、洗心涤妄的过程。王阳明认为，人心中的良知不仅有着化生万物的妙用，而且是道德观念的来源、道德规范的基础和道德判断的标准。

4. 明末清中的伦理学思想

明末清中是中国封建伦理学走向衰落的时期，整个历史时期充斥着对宋明理学的怀疑、挑战和批判。李贽首先向宋明理学发难，他指出"穿衣吃饭即是人伦物理"的观点。黄宗羲更是提出"务得于己，不求合于人"的人生态度，强调理性和个性解放。明清之际的思想家顾炎武提出了"天下兴亡，匹夫有责"的道德观，严格区分了"保国"和"保天下"这两个道德范畴，并提倡拨乱反正，移风易俗，变革风俗和传统。戴震进一步批判了宋明理学，深刻揭示了其"以理杀人"的本质，主张一种"归于自然，适完其自然"的道德观。

三、现代企业伦理

现代企业伦理是调整企业内部人际关系和企业与外部关系的行为规范的总和。它实际上也是一种责任伦理，主要是指企业各项经营活动在寻求平衡企业经济效益与社会效益的过程中，选择"应当"的行为，特别重视处理企业与社会的互动关系，承担起为社会的繁荣和发展所负有的不可推卸的伦理道德责任，把在公众中树立良好形象作为企业的使命。而现代企业是建立在社会化大生产下面向市场，自主经营、自负盈亏、自我发展和自我约束的市场竞争主体和法人实体。它实现了所有权与经营权的分离，形成了产权明晰、采用职业经理人管理的股份制形式。因此，相比传统企业伦理，现代企业伦理具有更高的企业伦理规范要求，主要表现在以下几个方面。

1. 公平正义

公平正义的本质含义是一视同仁和得所当得。在现代企业中，公平正义要求互利共赢，企业经营要维持下去，离不开各利益相关者的参与。企业在经营过程中要考虑与利益相关者分享利益，要采取正当的手段获得竞争优势，避免通过垄断价格和资源、欺骗性广告、窃取商业秘密等不正当竞争获利，而损害其他竞争者的利益，要求机会均等。例如，员工应该享受同工同酬，享有均等晋升、学习培训的机会，消费者应该有均等的获得产品和服务的机会；要求按劳分配，在企业中根据员工劳动的质量和数量，适当拉开收入的差距，以激发工作积极性；要求公平竞争，这是机会均等原则的内在体现，现在企业实行的干部公开选拔制、任前公示制、岗位聘任制，都是这一要求的有益尝试，但要避免走过场，搞形式主义。

2. 诚实守信

诚实守信原则是企业经营之本，要求讲真话，不欺诈，"货真价实，童叟无欺"。例如，不偷税漏税，不弄虚作假，不以次充好、短斤缺两等。诚实守信原则也要一诺千金，说话算数。例如，签订的合同要如期履行，对消费者许诺的产品和服务应达到等。相反，如果企业缺乏诚信，会走向破产的边缘，典型的如南京冠生园旧月饼翻新"再利用"和三鹿奶粉事件。

3. 竞争合作

根据压力理论，压力与工作绩效有"倒U"的关系，适度的压力，能够发挥出最好的工作绩效。在企业内部，创造一种良好的竞争机制，明确职责，合理分工，以形成一种团结、友爱、互助的合作工作氛围。在企业外部，主要同竞争者之间，竞争是主要的。公平的竞争能刺激企业不断改进，提高管理水平，降低产品成本，改善服务水平，从而给消费者带来实惠。通过合作，能实现资源共享，优势互补，最终达到共赢的目的。

4. 创新进取

创新是一个民族的灵魂，是企业的活力之源。创新也是企业履行社会使命的重要方式。虽然很多新产品的设想确实来自消费者，但消费者并非总能提出新产品设想，而企业是某方面的专家，它们熟知怎么去开发新产品，熟知什么样的产品符合消费者的需求。所以优秀企业往往以产品创新来吸引消费者。创新还包括技术创新和管理创新，如中国石油化工集团公司果断采取引进 ERP（enterprise resource planning，企业资源计划）管理系统，采用 HSE［health（健康）、safety（安全）和 environment（环境）］管理模式，来改善经营、降低成本，以提升企业核心竞争力。

5. 环境保护

社会经济的长足发展，为社会创造了大量财富，给广大消费者提供物质福利及给企业带来巨额商业利益的同时，却严重地浪费了自然资源，破坏了自然平衡，污染了环境。典型的环境问题包括大气污染、温室效应与臭氧层破坏、水污染、海洋生态危机等，严重威胁到整个人类的生存基础。因此，要求企业开展经营活动努力与自然环境、社会环境相协调，使企业活动有利于环境的良性循环发展。

第二节　企业社会责任

一、企业社会责任表现形式的演变

　　企业社会责任表现形式随着工业化的发展经历了一个逐渐变化的过程。早期的企业承担社会责任，通常受到企业领导者自身的价值观和决策影响，企业的领导者重视社会责任就会促使企业主动履行社会责任，多数通过投身慈善事业回报社会。随着工业化的进程加快，市场竞争导致利润降低，企业为了降低生产成本，采取超标排污、以次充好等违法手段，引发了环境问题、产品安全问题和危害职工权益问题等，社会良性发展需要企业承担应有的责任，遵守道德要求和法律规定，消费者运动给企业带来了强大的外界压力，企业认识到在满足自身利益需求之外，还肩负着对利益相关者的责任。大部分企业开始采取不同的措施，改善职工的工作环境，注重生态环境的可持续发展，在消费者心中树立优质的企业形象，提升公众对企业的认知度。

　　参加公益慈善活动被认为是企业承担社会责任的早期形式。在工业革命的发源地英国，部分企业家更早地意识到了工业革命带来的负面影响，在人性的善良、宗教的信仰等因素的共同作用下，早期的企业家通过定期的公益慈善活动来帮助弱势群体，改善社会生活环境。例如，19世纪中叶，英国的商人提图斯·索尔特（Titus Salt）公爵通过工业革命的发展获得巨额财富，他认为工人成了牺牲品，生活得很艰苦，因此他投资25英亩的土地创建了一个典范城镇，用于工人居住。这种兴建工业村，改善工人生存环境的企业还有巧克力制造商吉百利、肥皂生产商联合利华等。随着企业规模逐渐扩大，法人治理模式的改变，企业所有权和经营权不再集中于一体，因此企业的经营决策有时被认为有侵犯股东权益的嫌疑。1919年，道奇兄弟起诉福特汽车一案就足以看到当时的处境。因为福特汽车停止企业当年的分红，而道奇兄弟拥有其10%的股份，因此以损害股东的利益为由起诉福特汽车。福特汽车辩称此举是为了用更多的资金扩大生产，制造出更多的汽车满足普通大众的需求。法院认为福特汽车的行为虽然有利于社会，但不应当侵害股东的正当权利。后法院判决福特的行为违反受托责任，应被禁止。还有观点认为企业的慈善行为不能是出于某种明显的商业目的，否则只能被视为一种商业策略。直到2002年，波特和马克·克雷默（Mark Kramer）的《企业慈善事业的竞争优势》一文改变了这种观点，他们认为企业最强经济目标和社会效果两者本身并不是矛盾的，因此不应当把两者完全分离。作者认为应当战略性地运用慈善事业，在美化企业形象的同时，最大限度地解决社会问题。

　　到了20世纪末期，利益相关者理论逐渐进入公众的视线。社会对企业的要求从表面的公益慈善逐渐发展到了更深层次的保障所有利益相关者的层面。大多数学者认为企业的利益相关者主要是指企业内部的员工、债权人、外部的消费者、企业所在社区，还有企业污染环境的受害者等。1997年，英国学者约翰·埃尔金顿（John Elkington）研究出"三重底线"理论。他认为企业想要实现可持续发展应当坚持实现企业盈利、承担社会责任、保护环境三重底线。企业盈利是企业存在下去的动力，也是承担社会责任的基础；社会责任意味着企业对利益相关者的责任；而保护环境的责任则是更广泛意义上对生活在同一生态系统中的所有生物应当承担的责任。企业有责任运用高新技术加强对资源的利用率，在生产经营活动中尽可能减少对环境的破坏，尊重其他人拥有健康生活环境的权利。

生产守则运动是约束企业承担社会责任的标准之一。20 世纪 90 年代初，跨国公司在发展中国家建立血汗工厂的事件对企业的声誉造成了严重的影响，促使大企业必须主动建立生产守则来规范整个商品供应链上的所有合作伙伴的行为准则。其主要内容囊括了劳动者待遇、劳工权利、社会保障责任、劳动标准等相关规定。为了避免企业将生产守则形式化的问题，逐渐产生了满足多方利益要求的"外部生产守则"，可以衡量企业是否真正地做到了同等对待。例如，20 世纪 90 年代末出现的 SA 8000 标准。生产守则运动有效地解决了劳工问题等相关的其他矛盾，避免了企业危害社会情况的发生。

国际组织的推动是企业社会责任理论受到广泛关注的重要助力。原联合国秘书长安南提出的"全球契约"，旨在在保障人权、劳工权利、生态环境和抵制腐败等领域推行共同的守则，推动企业社会责任在各个国家得到认可和进一步发展。各国也纷纷建立了维护不同利益的国际组织，如荷兰的"洁净衣服运动"组织、英国的"道德贸易行动"组织、美国的非政府组织"社会责任商业联合会"、丹麦政府创建的"哥本哈根中心"等。

二、企业社会责任的概念及内涵

1. 概念描述

关于企业社会责任（corporate social responsibility，CSR），存在多种多样的描述。例如，孔茨和海因茨·韦里克（Heinz Weihrich）："公司的社会责任就是认真地考虑公司的一举一动对社会的影响。"

斯蒂芬·P. 罗宾斯（Stephen P. Robbins）："企业社会责任是指超过法律和经济要求的、企业对社会有利的长远目标所承担的责任。"

世界可持续发展企业委员会（World Business Council for Sustainable Development，WBCSD）："企业社会责任是企业针对社会（包括股东也包括其他利益相关者）的合乎道德的行为。"

企业社会责任组织（Business for Social Responsibility，BSR）："企业社会责任是指以达到或超越社会对企业提出的伦理、法律、经济和公共期望的方式经营企业。"

我国一些学者认为："企业社会责任是指企业为所处社会的全面和长远利益而必须关心、全力履行的社会责任和义务，表现为企业对社会的适应和发展的参与。企业社会责任的内容极为丰富，既有强制的法律责任，也有自觉的道义责任。"

2．关于企业社会责任内涵的两种代表性观点

（1）米尔顿·弗里德曼的企业社会责任说

米尔顿·弗里德曼（Milton Friedman）于 1970 年 9 月 13 日在《纽约时报》杂志上发表了题为《企业的社会责任就是增加利润》的文章，文中对企业的社会责任提出了鲜明的观点。

他认为："企业有且只有一种社会责任，即在游戏规则（公开的、自由的、没有诡计与欺诈的竞争）范围内，为增加利润而运用资源、开展活动。"

其主要理由为：公司是一个虚拟的人，只能负虚拟的责任。一般来讲，只有人才负有责任，那么公司谁才能负有责任呢？个体业主或公司总裁。公司总裁是企业所有者的雇员，对其雇主负有直接责任，通常来讲是在遵守基本规则（既包括法律又包括伦理习惯中的社会标准）条件下，尽可能为雇主多赚钱。

（2）阿基·B.卡罗的企业社会责任说

阿基·B.卡罗（Archie B. Carol）的主要观点：企业社会责任是社会在一定时期对企业提出的经济责任、法律责任、道德责任和慈善责任。

1）经济责任（economic responsibility）。社会要求企业首先是一个经济组织，也就是说，企业的首要任务是生产社会需要的产品和服务，并以在社会看来反映了所提供产品和服务的真实价值的价格出售。经济责任是社会要求企业做到的，如盈利、销售收入最大化、成本最小化、制定明智的战略决策、关注分红政策等。

2）法律责任（legal responsibility）。社会在赋予企业经济任务的同时，会制定要求企业遵守的法律。因此，遵守法律是企业对社会承担的责任。法律责任是社会要求企业做到的，如遵守所有法律、条例，履行合同义务等。

3）道德责任（ethical responsibility）。道德责任包含超越法律规定的、社会成员所期望或禁止的活动。道德责任涉及与尊重和保护利益相关者道德权利相一致的社会准则。一方面，道德和价值观的变化是立法的先导；另一方面，道德责任包含和反映新出现的、社会要求企业遵守的价值观和准则，尽管它们比现行的法律要求更高。道德责任是社会期望企业做到的，如避免不正当行为、响应法律的精神、视法律为行为的底线、按高于法律的最低要求从事经营活动、做道德表率等。

4）慈善责任（philanthropic responsibility）。慈善责任也称自愿的或自行处理的责任。把慈善活动归为社会责任也许不恰当，因为，慈善活动纯属资源的活动，法律没有规定，社会也没有对企业普遍提出这样的要求。慈善活动包括支持社会福利事业、为员工提供小孩日托等。慈善责任和道德责任的差别在于，前者并不是伦理上所要求的。社会希望企业为社会福利事业提供资金、设施和人力支持，但企业做不到，即使做不到，也不会被认为是不道德的。慈善责任是社会希望企业做到的，如企业捐款、支持教育、志愿活动等。

卡罗指出，四责任模型实际上是一个利益相关者模型，每一种责任对不同利益相关者的关注各有侧重。经济责任影响最大的是所有者和员工，因为，如果经济效益不佳，所有者和员工的利益直接受到影响。法律责任对所有者来说很关键，但在当今社会中，企业面临的多数诉讼威胁来自员工和消费者。道德责任对所有利益相关者都有影响，但

从企业实际遇到的伦理问题看，主要涉及的是员工和消费者。慈善责任主要影响社会，其次是员工，有研究表明，企业在支持慈善事业方面的表现会显著地影响员工的士气。

三、企业社会责任产生的理论及现实基础

1. 企业社会责任产生的理论基础

（1）社会利益观念的确立

所谓社会利益观念就是法律目的是为了社会利益而非个人利益，所有的法律都是为了社会利益的目的而产生的。

社会责任的提出和社会利益观念的确立应该说是一脉相承的，其旨在追求经济的整体利益并将个别主体（企业）行为置于整个社会利益中加以评价，"在传统的私有权神圣的法律理念的支配下，法律对个别主体的财产权及其派生的行为保护过于宽泛，以至于较少地考虑个别主体的外部性，亦不理会个别主体滥用财产权损害资源的行为。然而，在社会整体利益至上的情况下，这些个别主体的行为则被法律给予否定评价，受到限制或被纠正。在前一种情况下，就个别主体而言，也往往是有效益的，但整个社会则可能出现效益下降的趋势。在后一种情况下，个体效益虽受到了遏制，但社会整体效益却在上升。"因此，强调企业承担社会责任以维护社会利益应当是当代立法活动的核心内容。当然，强调企业承担社会责任以维护社会整体利益并非否定个人利益的存在，对社会整体利益的最大保护才是对个体利益的最好保护。可见，社会利益观念的确立对于企业承担社会责任，尤其是环境社会责任奠定了理论基础。

（2）正义与秩序

"正义与秩序"无疑越来越成为时代与我们社会追寻的基本价值。这些基本价值检验着任何一项事业和行为的正当性，并成为支撑社会发展的强大精神力量。毫无疑问，它们也成为企业行为与事业的精神价值支柱，更是法律存在的根基。

正义是人类文明发展追求的根本目标之一。"我们建立这个国家的目标并不是为了某一阶级单独的幸福，而是为了全体公民的最大幸福。"美国社会学家莱斯特·沃德（Lester Ward）认为，"正义存在于社会对那些原来就不平等的社会条件所强行施予的一种人为的平等之中"。康德（Kant）将正义定义为"一些条件之总和，在那些条件下，一个人的意志能够按照普遍的自由法则同另一个人的意志结合起来"。约翰·罗尔斯（John Rawls）认为"一个社会体系的正义，本质上依赖于如何分配基本的权利义务，依赖于在社会的不同阶层中存在着的经济机会和社会条件"。这些关于正义的思想理论无疑为企业行为取舍（社会责任承担）提供了思想理论支持。

秩序在人类生活及行为中起着极为重要的导向作用。秩序意指"在自然进程和社会进程中存在着某种程度的一致性、连续性和确定性"。"法律关心不仅是获得正确的结果，它还关心稳定性，为了稳定性，法律会频频牺牲正义。"人们追求秩序，既是自身生存与发展的目的之一，也是前提条件之一。"规范性制度的存在及对该规范性制度的严格遵守，乃是在社会中推行法治必需的一个前提条件。"

企业既然是现代法治社会的重要组织体，其一切行为一方面要服从于法治的规则与秩序，另一方面，自身也要为法治秩序的形成与发展贡献力量。企业环境社会责任的承担正是基于此理论主张。

2．企业社会责任产生的现实基础

（1）企业社会责任产生的外部原因

人类的经济活动包括两方面。一方面在为社会创造财富，即"正面效应"，但另一方面又在以各种形式和手段对社会生产力的发展起着阻碍作用，即"负面效应"。这种负面效应集中表现在两个方面，一方面是无休止地向生态环境索取资源，使生态资源从绝对量上逐年减少；另一方面是人类通过各种生产活动向生态环境排放废弃物，使生态环境从质量上日益恶化。

随着社会对环境的关注提高，政府及相关利益团体都希望借助各种规范、手段防止企业危害环境。长期以来，企业对于环境问题常常以消极的心态响应，但随着环保意识的高涨，企业很难再继续忽视环境议题。其外部压力来源主要有以下几个。

1）公众提高对企业社会责任的要求。随着生活质量的提高，公众对于企业的期望已逐渐从创造就业机会、带动经济增长等方面转变为履行社会责任、改善生活质量等方面。企业已无法为了追求最大利润，或以追求经济发展为由而逃避对环境的保护责任。

2）政府对于环境保护的积极规范。政府制定的环境保护计划及规范对于企业的营运活动造成了重要的影响。

3）国际社会对环境议题的重视。自 1970 年之后，国际社会开始订立许多公约来规范各国及企业的活动，近年来环境议题与国际贸易联系日益密切，迫使企业重视环境的保护。

（2）企业社会责任产生的内部原因

除了外部的原因外，企业承担社会责任也是企业自身经济发展的需要。企业从追求利益的本质出发，充分认识到企业利益与环境，特别是企业的可持续发展能力与环境、社会的关系不再是分离、对立的，而是相互促进、相互协调的，企业承担环境社会责任对企业的可持续发展有好处，不承担社会责任就会付出很大代价。

由此可见，企业已经充分意识到短期利益和长期利益的实现，要以社会公众利益的实现为前提，企业不仅应在企业内部的管理、经营理念中体现对环境社会责任的承担，还应主动参与到环境社会责任的推广运动中。

第三节   绿色 GDP——中国企业伦理视角

讨论：如何治理污染以及探讨污染产生的原因（视频）

一、企业环境社会责任与绿色 GDP

企业环境社会责任的产生并非偶然，是社会文明发展到一定阶段的产物。随着生产力的提高，人类利用和改造环境的能力空前增强，对资源的消耗和废弃物的排放急剧增长，由此带来了前所未有的严峻的环境问题。

19 世纪末和 20 世纪初，随着企业的力量不断壮大，以及工业发展对社会负面影响的日益暴露，社会对企业的关注程度提高。人们开始探讨企业在追求自身经济利益最大化以外，还要承担带有一定公共性的社会责任。企业的社会责任问题引起关注，学术界一直为此争论不休。

20 世纪 30 年代以来，由于环境公害频繁发生，社会开始更多地关注企业的环境社会责任。

20 世纪 70 年代以来，随着可持续发展理念的推广、国际领域内环保浪潮的兴起、国内政府对环境保护的积极干预和公众环境意识的逐步提高，促使环境保护成为社会个体维护自身生存与发展的自觉行动。企业的环境社会责任已经开始引起广泛重视。企业作为经济活动的主要参与主体，也开始将环境保护、环境管理纳入企业的经营决策之中，寻求自身发展与社会经济可持续发展目标的一致性。西方发达国家在企业的社会责任问题上尽管争论较多，但是在企业的环境社会责任问题上观点较为一致，把企业的环境社会责任切实纳入社会经济实践中并制定相关标准、规范。政府也加强了相关的国内立法，把企业环境社会责任和建立循环经济发展模式具体化与法律化。

1993 年联合国经济和社会事务部在修订的《国民经济核算体系》中提出绿色 GDP 的概念。绿色 GDP 是指一个国家或地区在考虑了自然资源（主要包括土地、森林、矿产、水和海洋）与环境因素（包括生态环境、自然环境、人文环境等）影响之后经济活动的最终成果，即将经济活动中所付出的资源耗减成本和环境降级成本从 GDP 中予以扣除。改革现行的国民经济核算体系，对环境资源进行核算，从现行 GDP 中扣除环境资源成本和对环境资源的保护服务费用，其计算结果可称为"绿色 GDP"。2002 年 4 月，世界发展中国家可持续发展峰会在阿尔巴尼亚召开，会上牛文元教授用"绿色 GDP"的理论来解释可持续发展，把它分解为 5 个指标：①单位 GDP 的排污量；②单位 GDP 的能耗量；③单位 GDP 的水耗量；④单位 GDP 投入教育的比例；⑤人均创造 GDP 的数值，创造越高，说明社会越发展。这 5 个指标被与会的一百多个国家接受并作为大会宣言的内容发表。绿色 GDP 对基于可持续发展的企业环境社会责任具有量化的指导意义。

二、企业环境社会责任的实现途径

（1）加强企业树立环境管理的理念

随着人们的环境意识不断加强和可持续发展的观念深入人心，环境因素对产品竞争力的影响将会越来越大。目前，我们衡量一个企业的产品竞争力，除了它的价格竞争力和非价格竞争力（即产品的质量、包装、品牌及服务等）以外，还应加上一个环境因素，即环境竞争力。

因此，企业必须在节约资源和保护环境方面承担社会责任。也就是说，企业应改变现行的经济价值理念指导下的企业管理方式，通过实施环境管理，使自己的经济行为同自然环境、社会环境的发展协调起来。

　　环境管理重视经济社会发展同生态环境相协调，以实现健康可持续发展的目标。作为现代企业，追求利润不应再是企业唯一的目标，它只是企业实现持续健康发展的基础，而企业赖以活动和生存的生态系统，以及在知识经济时代能够掌握并创造知识、技术、信息的人才应是企业发展和追求的最根本目标。人作为企业和社会发展中的能动因素，就要充分运用自己所掌握的知识、技术、信息，在创造利润、促进经济发展的同时，努力保护和促进与生态及社会环境的和谐统一，以维持永续的发展。

　　（2）加强企业环境管理体系的构建

　　环境管理体系是提高企业环境管理水平的重要手段，因此，建立企业内部的环境管理标准体系是非常必要的。它是企业环境管理行为系统、完整、规范的表达形式，有利于高效、合理、系统地调控企业的环境行为，有利于企业实现对社会的环境承诺，保证环境承诺和环境行为活动所需的资源和有效措施；通过循环反馈，保持企业环境管理体系的动态优化。我国企业界目前存在的现象是，大多数企业的环境管理由零星的、旨在控制和防止污染的项目构成，企业的环境政策多是为满足达标排放的需要，偏重于"末端治理"，而传统的以末端治理方式来控制污染源是治标不治本的办法。

　　实践表明，企业运行环境管理体系可以给企业带来的益处表现为：第一，控制运作成本和环境风险。通过提高资源的综合利用率，增加废弃物的再利用和周期性使用，逐步增加产品的市场占有率，提高产品的附加值等，使企业的制造成本得以减少，效益得以提高。避免发生与行业事故、消费者抵制和环保投诉等相关的成本，从而控制环境风险。第二，改善企业形象。通过改善产品和服务质量，来增强企业的环境责任意识，将环境污染治理甚至罚款变成环境保护的投资，降低了影响环境的资源消耗，树立了良好的环境形象。环境管理体系的运行使企业效益、销售额、消费者满意度、全员参与率都得到了加强或提高。

　　（3）加强公众参与监督

　　发达国家的企业之所以能有效地承担环境社会责任，除了政府部门的监督和激励外，还有广泛的社会公众参与，使企业能有效承担其环境社会责任。各国通过法律加强了对公众参与环境保护的规定，如通过建立环境公益诉讼制度，使公众可通过司法途径有效地监督企业的环境行为，促使企业面对环境问题时能更积极地承担环境社会责任。

问答题

1．如何理解与看待企业伦理与社会责任问题？
2．学习企业伦理与社会责任有什么意义？
3．简述企业履行社会责任的理由。

能力训练题

1．分组运用阿基·B．卡罗的四责任利益相关者模型，寻找几家企业进行实际调查，分析其承担社会责任水平，并进行交流分享。

2．从网络、报纸、杂志中搜集企业承担绿色责任的案例，并进行交流分享。

案例分析

秉承企业责任，英特尔绿色之路将继续

课后阅读

践行责任关怀的巴斯夫

拓展阅读

艾村乌，菲欧，2011．全球企业社会责任实践．杨世伟，译．北京：经济管理出版社．
简·琼克，2012．企业社会责任管理模型．李伟阳，等译．北京：经济管理出版社．
李伟阳，2011．企业社会责任经典文献导读．北京：经济管理出版社．
李扬，等，2016．企业社会责任蓝皮书：中国企业社会责任研究报告（2016）．北京：社会科学文献出版社．
钱德勒，2014．战略企业社会责任：利益相关者、全球化和可持续的价值创造．杨伟国，黄伟，译．大连：东北财经大学出版社．

第五章

企业人力资源管理

知识目标

1. 掌握人力资源管理的概念与内涵。
2. 熟悉人力资源规划与工作分析。
3. 熟悉员工招聘与员工培训。
4. 熟悉绩效管理与薪酬管理。
5. 了解绿色人力资源管理。

能力目标

1. 运用人力资源管理各职能模块的定义、流程处理企业人力资源管理中的问题。
2. 能够设计基本的人力资源管理方案。

关 键 词

人力资源管理　人力资源规划　工作分析　招聘管理　员工培训　绩效管理
薪酬管理　绿色人力资源管理

导入案例

阿里巴巴月饼门事件

阿里巴巴网络技术有限公司（以下简称阿里巴巴）是由曾担任英语教师的马云为首的 18 人于 1999 年在杭州创立的。阿里巴巴经营多项业务，也从关联公司的业务和服务中取得经营商业生态系统上的支援。业务和关联公司的业务包括淘宝、天猫、聚划算、全球速卖通、阿里巴巴国际交易市场、1688、阿里妈妈、阿里云、蚂蚁金服、菜鸟网络等。2014 年 9 月 19 日，阿里巴巴在纽约证券交易所正式挂牌上市，股票代码 "BABA"。2016 年 4 月 6 日，阿里巴巴正式宣布已经成为全球最大的零售交易平台。2016 年 8 月，阿里巴巴在 "2016 中国企业 500 强" 中排名第 148 位。2017 年 1 月 19 日晚间，国际奥林匹克委员会与阿里巴巴在瑞士达沃斯联合宣布，双方达成期限直至 2028 年的长期合作。阿里巴巴将加入奥林匹克全球合作伙伴（The Olympic Partner，TOP）赞助计划，成为 "云服务" 及 "电子商务平台服务" 的官方合作伙伴，以及奥林匹克频道的创始合作伙伴。

同时，阿里巴巴的人力资源管理模式也在业界独树一帜。

每年中秋节，阿里巴巴的员工都能分到一盒月饼。2016 年的月饼因为造型可爱，不少人希望再多买几盒送给亲朋好友。2016 年 9 月 12 日下午，公司行政决定将为数不多的余量月饼通过内网，面向员工以成本价销售，并临时开发了一个内部预定页面。安全部四位员工和阿里云安全团队的一位员工，用编写脚本代码的方式，在公开秒杀月饼的内部活动中"秒到"了 133 盒月饼。9 月 14 日晚，阿里巴巴首席人力官蒋芳写给员工的内部信在网上流传，信内复盘了阿里巴巴管理层对"月饼事件"处理的前后考量，确定将月饼事件涉及的五名员工全部开除。这一事件随后在网络上持续发酵。很多人觉得，这场因月饼引发的风波，阿里巴巴的处理方式太过上纲上线。

在各大社交平台，比较多的观点认为"此事该罚，但不应该这么重"。分析人士认为，对于阿里巴巴来说，这样的处罚方式也与其"诚信为本"的企业经营之道相符，此次抢月饼的当事人正是来自集团安全部，而他们本应是阿里巴巴安全规则的制定者和守卫者。

马云曾说过："小企业成功靠精明；中等企业成功靠管理；大企业成功靠的是诚信。"他告诉记者："选人的第一要素是'价值观'。"所以，在阿里巴巴，业绩和价值观被列为两大考核指标。围绕这两个指标构成的坐标轴，员工绩效评估被分为"狗""野狗""牛""小白兔"和"明星"五个类型。在马云眼里，最不能容忍的就是"野狗"，其次就是"小白兔"。因此，对这两类人，无论他的职位有多高，能力有多强，一旦违背了团队的原则，马云就会将其扫地出门。这次"月饼"事件就是一个鲜明的例子，阿里巴巴市场公关委员会主席王帅就这件事发表看法："今天这个引起争议的决定，让我们再次提醒自己和每个员工，每场游戏都有规则，所有偶然总有必然。无可奈何是因为万事都有底线。很遗憾，但祝愿他们的未来更好。"

（资料来源：http://baike.baidu.com/link?
url=szaSj2JeLu14XjDROyvBUS-VQ6Q9otOxKqy5dvm9AUrwaMNQT3K1u3Kwl3e9vzJTlabXlLOfXWtbNY8jVTK6-19bu
UzfLkWK36BdAqKqkoC32dpnA-rfmyQhA5kod9Za2EFpgUIA9huxaNWapRUxA74rY4y5N2d1gwQ299ZtA4hyTCVPXxh
wjFL5LiX9Fu8GSICZ4J_goWU24HPixAZgI8Mq3TDCDEMJnrdK4nVTXFcpZZ-Xb2aXJS4MMUjFwoXm8NSvPUCzRek-
qfw1I01NTXyazGUEJrYbftyk3_rYjYiQQcPtEJaN88DgAutMStKO#2.）

思考：阿里巴巴月饼门事件中对当事人是否处罚过重？

第一节　人力资源管理概述

一、人力资源管理的基本概念

人力资源是指储存在人体内的、能按一定要求（质量、速度、消耗）完成一定工作（即通过使用而产生价值）的体能和智能资源。

人力资源管理一般意义上是指组织的人力资源管理，是指通过对人和事的管理，促成人际协调、人事匹配，充分发挥人的潜能，计划、组织、指挥和控制人的各种工作活动，实现组织目标。人力资源管理与开发的基本任务是吸引、保留、开发、激励组织所需要的人力资源，其目的在于维系和提高生产力，促成组织目标的实现，使组织得以生存和发展。

二、人力资源管理的发展过程

人力资源管理是一门新兴的学科，问世于 20 世纪 70 年代末。人力资源管理的历史虽然不长，但人力资源管理的思想却源远流长。从时间上看，从 18 世纪末开始的工业革命，一直到 20 世纪 70 年代，这一时期被称为传统的人事管理阶段。从 20 世纪 70 年代末以来，人事管理让位于人力资源管理。

1. 人事管理阶段

人事管理阶段又可具体分为以下几个阶段：科学管理阶段、工业心理学阶段、人际关系管理阶段。

（1）科学管理阶段

20 世纪初，以泰勒等学者为代表，开创了科学管理理论学派，并推动了科学管理实践在美国的大规模推广和开展。泰勒提出了"计件工资制"和"计时工资制"，以及实行劳动定额管理。

（2）工业心理学阶段

以德国心理学家雨果·芒斯特伯格（Hugo Mnsterberg）等为代表的心理学家的研究结果，推动了人事管理工作的科学化进程。芒斯特伯格于 1913 年出版的《心理学与工业效率》标志着工业心理学的诞生。

（3）人际关系管理阶段

1929 年，美国哈佛大学教授梅奥进行的霍桑实验，真正揭开了对组织中人的行为研究的序幕。

2. 人力资源管理阶段

人力资源管理在以前普遍被称为人事管理，继人力资源管理之后又出现了人力资本管理的概念。有人认为把人当作资源或者资本都存在不当之处，不过，人员受雇期间人的工作能力是企业的资源，但这种资源和其他资源相比，存在极大的不确定性。何道谊在《企业模式的趋势与人员能力管理》一文中提出以人员能力管理取代人力资源管理和人力资本管理，并把人员能力管理分为两大部分：一是对人员能力的数量和质量水平的管理，提高人员能力，包括人员能力的构建、保持和提升；二是对人员能力的使用和发挥的管理，提高人员能力的发挥水平，包括有效地使用人员能力、发挥人员能力的功效，这是以人员能力管理为中心的人事管理的两大根本职能和价值。

从长远的发展观点来看，人力资源管理和人力资本管理概念的使用都带有一定的局限性，难以适应企业日益发展的需要。如果换以人员管理的概念，则可以给相关的管理内容提供更大的空间，包含更多的管理意义。解放思想，回归自然，因地制宜，因时而异，采取相适应的方法和手段，达到人尽其才、物尽其用的管理目的，使人、财、物三者达到最佳配置，企业生产获得最佳效益。

三、人力资源管理的作用

现代管理理论认为，对人的管理是现代企业管理的核心。人是社会中的人，管理的基本目的之一就是采用特定的方法，充分发挥人的积极性、主动性和创造性。

实践证明，重视和加强企业人力资源管理，对于促进生产经营的发展，提高企业劳动生产率，保证企业获得最高的经济效益，并对企业的资产保值增值有着重要的作用。

1）有利于促进生产经营的顺利进行。劳动力是企业生产力的主要组成部分，只有通过合理组织劳动力，不断协调劳动力之间、劳动力与劳动资料和劳动对象之间的关系，才能充分利用现有的劳动力资源和生产材料，使它们在生产经营过程中最大限度地发挥作用，并在空间和时间上使劳动力、劳动材料和劳动对象形成最优的配置，从而保证生产经营活动有条不紊地进行。

2）有利于调动企业员工的积极性，提高劳动生产率。企业管理中的人，他们有思想、有感情、有尊严，这就决定了企业人力资源管理必须设法为员工创造一个适合他们的劳动环境，使他们安于工作、乐于工作、忠于工作，并积极主动地把个人的劳动潜能和全部智慧发挥出来，为企业创造出更有效的生产经营成果。因此，企业必须善于处理好物质奖励、行为激励及思想教育工作三个方面的关系，使员工始终保持旺盛的工作热情，充分发挥自己的专长，努力学习技术和钻研业务，不断改进工作，从而达到提高劳动生产率的目的。

3）有利于现代企业制度的建立。科学的企业人力资源管理制度是现代企业管理制度的重要组成部分，人力资源的管理是企业管理中最为重要的内容。一个企业只有拥有第一流的人才，才会有第一流的计划、第一流的组织、第一流的领导，才能充分而有效地掌握和应用第一流的现代化技术，创造出第一流的产品。否则，如果一个企业没有优秀的管理人员和工人，企业的先进设备和技术只能付诸东流。提高企业现代化管理水平，最重要的是提高企业员工的素质。可见，注重和加强对企业人力资源的开发和利用，做好员工培训教育工作，是实现企业管理由传统向科学管理、现代管理转变不可缺少的一个环节。

4）有利于减少劳动消耗，提高经济效益并使企业的资产保值增值。经济效益是指进行经济活动所耗费的和所得到的比较。减少劳务耗费的过程，就是提高经济效益的过程，所以，合理组织劳动，科学配置人力资源，可以促使企业以最小的劳动消耗取得最大的经济效果。在市场经济条件下，企业的资产要保值增值，争取企业利润最大化、价值最大化，就必须加强人力资源管理。

第二节　人力资源管理的主要职能

一、人力资源规划

1．人力资源规划的概念

人力资源规划（human resource planning，HRP）是指企业从战略规划和发展目标出发，根据其内外部环境的变化，预测企业未来发展对人力资源的需求，以及为满足这种需求提供人力资源的活动过程。

2．人力资源规划与企业规划、战略、生命周期的关系

企业人力资源规划的主要目标和任务，是为了获得和保持企业在未来一个相当长时期内的市场竞争优势，其关注的焦点是未来变化的环境给企业带来的一系列人力资源问题，实质是一种有关人的战略性风险决策，是关于企业人力资源管理总体行动的思路和方案。企业战略和企业生命周期决定着人力资源规划的制定和实施。

（1）人力资源规划与企业规划

人力资源规划不能脱离企业规划独自运行，它必须与企业规划相协调，企业规划往往制约着人力资源规划。同时，人力资源规划的目的也是为企业的其他规划服务的，二者有着密切的联系，表现如图 5-1 所示。

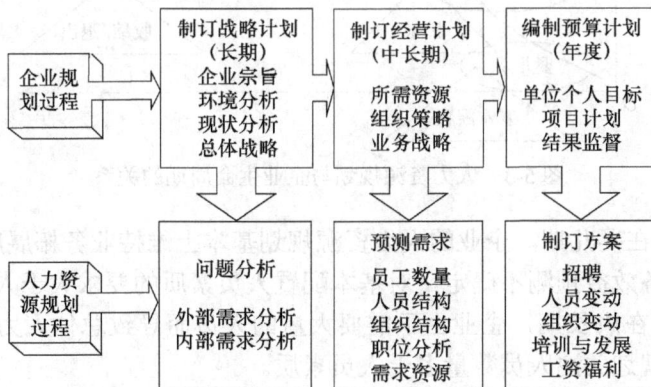

图 5-1　人力资源规划与企业规划的关系

（2）人力资源规划与企业战略

企业战略是指企业根据环境的变化、本身的资源及实力选择适合的经营领域和产品，形成自己的核心竞争力。由于战略实施是逐步推进的，因此，就有长期战略目标和短期战略目标之分。企业战略目标是在企业使命和企业功能定位的基础上制定的，为了保证总目标的实现，须将其层层分解，形成企业的战略目标体系。人力资源规划的目标存在于企业的战略目标体系中，它是实现企业总体战略目标的保证。因而，制定人力资

源规划，必须对企业战略进行研究，坚持以企业发展为指导。人力资源规划与企业战略目标的关系如图 5-2 所示。

图 5-2　人力资源规划与企业战略目标的关系

一般来说，企业战略分三个层次：公司战略、经营单位战略和职能战略。

（3）人力资源规划与企业生命周期

企业在成长生命周期中所处的发展阶段不同，其人力资源规划的策略与关注的重点也会不同，如图 5-3 所示。

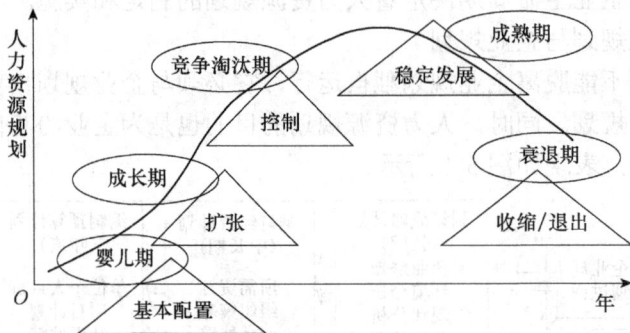

图 5-3　人力资源规划与企业生命周期的关系

1）婴儿期。在婴儿期，企业的人力资源规划基本上维持业务拓展所需的基本配置，总体业务量和业务效益预测不确定，对基本配置人员素质的要求大于人员数量的要求。

2）成长期。在成长期，企业由于需要大量的人员而导致总体人力资源供不应求，此时的人力资源规划关注人员数量多于人员素质。

3）竞争淘汰期。在竞争淘汰期，企业将人力资源规划的重点放在关键部门与人员身上，一方面根据不断变化的企业发展战略，合理地调整企业内部人力资源配置结构和严格控制人工成本；另一方面注重对员工的培训和员工能力的提高。

4）成熟期。在成熟期，企业稳定，其发展达到一定的规模，企业所面临的首要问题是如何合理地控制预测的风险，使其适应新的市场需求与新技术的要求，此时的企业人力资源规划是质量与数量并重。

5）衰退期。在衰退期，企业的人力资源规划需要考虑合理减员（或裁员），一方面需要保留企业的核心骨干员工；另一方面通过尽量采用负面影响小的方式，合理、合法地裁减企业的冗余人员。

3．人力资源规划的目标与框架图

（1）人力资源规划的目标

人力资源规划有以下五个主要目标。

1）防止人员配置过剩或不足。如果拥有过多的员工，组织就会因工资成本过高而损失经营效益；如果员工过少，又会由于组织不能满足现有客户需求而导致销售收入降低。而且由于人员配置不足而不能满足市场对现有产品或服务需求，还会导致未来客户的流失，将潜在的客户推到竞争对手那里。人力资源规划不仅有助于保证组织经营效益的提高，而且有助于及时满足客户需求。

2）保证组织在适当时间、地点有适当数量的且具有必备技能的员工。组织必须从技能、工作习惯、个性特征、招募时间等方面预计其所需要的员工类型，这样才能招聘到最适宜的员工。在此基础上，对他们进行充分的培训，才能使员工在组织需要的时候产生最高的工作绩效。

3）确保组织对外部环境变化做出及时并且适当的反应。人力资源规划在客观上要求决策者全面考虑外部环境中各个相关领域里的各类情形。例如，国内经济可能增长、停滞或收缩；本行业的竞争可能保持现状、变得更加激烈或态势趋缓；政府规制约束可能不变、放松或变得更加严厉；税率和利息率可能提高、降低或维持不变。人力资源规划促使组织对外部环境状态进行思索和评估，预测可能的变化，而不是对某种情况的出现做出被动反应，这将使组织总能比竞争对手先行一步。

4）为组织的人力资源活动提供方向和工作思路。人力资源规划一方面为其他各种人力资源管理职能（如人员配置、培训与开发，工作绩效测评、薪酬等）确定工作方向；另一方面，它还能确保组织采用比较系统的观点看待人力资源管理活动，理解人力资源管理和组织战略之间的相互关系，以及某一个职能领域的变化会对另一个职能领域产生的影响。例如，一个科学的人力资源规划能够确保对员工进行培训与对员工进行工作绩效测评的一致，并且在薪酬决定中也特别考虑这些因素。

5）将业务管理人员与职能管理人员的观点结合起来。虽然人力资源规划通常由企业人力资源部发起和进行编制，但它也需要组织中其他部门管理人员的参与协作。人力资源部的领导未必会比一个具体部门的负责人更了解其负责的那个领域的情况。人力资源部与其他管理人员之间的沟通，是确保人力资源规划质量的基础。企业人力资源部必须安排业务管理人员参与规划过程，但在安排他们参与人力资源规划过程的时候，要充分考虑到其业务专长和既定的工作职责。

（2）人力资源规划框架图

图 5-4 从总体上描述了人力资源规划与组织目标、战略之间的关系。人力资源规划的出发点是从组织目标和战略开始的。在对影响人力资源供求的外部与内部环境和内部条件进行评估的基础上做出预测。对组织内部人力资源评估的重点在于拥有充足准确的信息，这些信息可以通过人力资源信息系统得到。

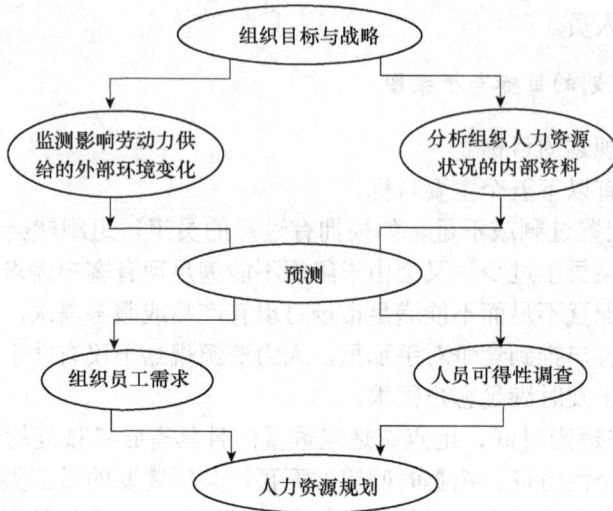

图 5-4 人力资源规划框架图

4. 人力资源规划的内容

人力资源规划包括两个层次，即总体规划与各项业务规划，如表 5-1 所示。人力资源总体规划是有关计划期内人力资源开发利用的总目标、总政策、实施步骤及总预算的安排。人力资源规划所属业务规划包括人员补充规划、培训开发规划、人员分配规划、人员晋升规划、工资奖励规划、劳动关系规划、退休解聘规划等，是总体规划的展开和具体化。

表 5-1　总体规划与各项业务计划的具体内容

规划项目	具体内容
总体规划	依据企业发展战略规划，通过建立人力资源信息系统，预测人力资源供给和需求状况，采取措施平衡人力资源的供给和需求
人员补充规划	拟定需补充人员的数量、类型、层次，人员任职资格，拟招募地区、形式及甄选方法
培训开发规划	拟定重点培训项目。有关培训时间、培训对象、培训教师、培训方式、培训效果的保证，以及与工资、奖励、晋升制度的联系
人员分配规划	规划部门编制，拟定各职位人员任职资格，做到人适其位，并规定工作轮换的范围与时间及轮换人选等
人员晋升规划	建立后备管理人员梯队，规划员工职业发展方向，确定晋升比例和标准，以及未提升人员的安置
工资奖励规划	进行薪资调查和内部工作评价，拟定工资制度、奖励政策及绩效考核指标
劳动关系规划	为了提高员工满意度，加强沟通，实行全员参与管理，建立合理化建议制度等
退休解聘规划	退休政策及解聘程序，制定退休解聘规定，拟定退休解聘人选

5. 人力资源规划分析框架

随着企业所处环境、企业战略与战术等的变化，人力资源规划的具体目标也在不断变化。因此，制定人力资源规划不仅要了解企业现状，更要认清企业所处环境的变化趋势和企业发展的方向与目标。

人力资源规划的分析框架如图 5-5 所示。

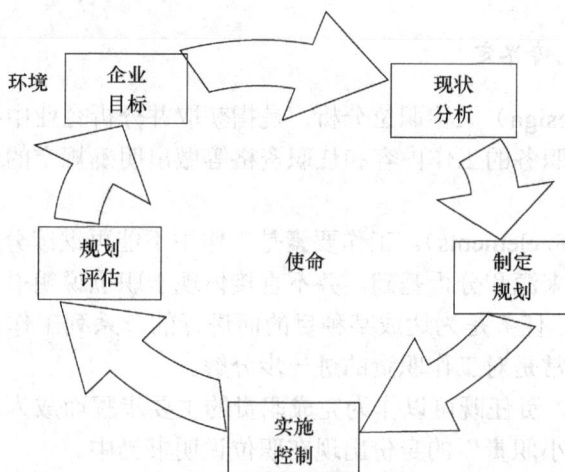

图 5-5 人力资源规划的分析框架

（1）明确企业战略目标

企业战略目标是在企业使命和企业功能定位的基础上制定的。人力资源规划的目标存在于企业战略目标体系中，是企业总体战略目标实现的保证。

企业制定人力资源规划的前提是，要有明确而清晰的经营战略规划和核心业务规划，要有较为完备的管理信息系统和较为完整的历史数据等。

企业人力资源规划的质量取决于企业的决策者对企业战略目标明确的程度、企业结构、财务预算和生产规划等因素。

（2）分析企业人力资源现状

在明确企业战略目标之后，就要对企业内部的人力资源现状进行盘点。人力资源盘点既是对企业内部资源进行了解的过程，也是找到与实现企业战略目标之间差距的主要途径。只有通过对所收集到的人力资源信息进行分析，才能了解哪些因素是影响制定企业人力资源发展规划的重要因素。

（3）制定企业人力资源规划

在对企业人力资源现状进行分析的基础上，需要对人力资源的需求和供给情况进行对比，通过分析人员的数量、质量、结构及均衡状况，得出企业不同发展阶段的人员净需求量，并据此制定企业的人力资源规划。企业可以根据需要制定不同层次的人力资源规划。

（4）控制与评估人力资源规划

在人力资源规划的实施过程中，规划与现实可能存在偏差，为了保证人力资源规划能够正确实施，并及时应付规划实施过程中出现的意外情况，需要对人力资源规划的实施进行控制。人力资源规划付诸实施后，要根据实施的结果对其进行评估。通过反馈评估结果，不但可以发现规划的问题所在，而且在必要时可以对人力资源规划进行修正，以提高规划的有效性。

二、工作分析

1. 工作分析的范畴界定

工作分析（job design）又称职位分析，是指获取并分析企业中某个特定工作职务的相关信息，以便对该职务的工作内容和任职资格等做出明确规定的过程。与工作分析相关的概念有以下几个。

1）工作要素（job elements）。工作要素是工作中不能再继续分解的最小活动单位，它是形成职责的信息来源和分析基础，并不直接体现于职位说明书之中。

2）任务（task）。任务是为达成某种目的而进行的一系列工作要素，是工作分析的基本单位，并且它常常是对工作职责的进一步分解。

3）责任（duty）。责任既可以作为完成职责的主要步骤而成为职责描述的基础，也可以以履行程序或"小职责"的身份出现在职位说明书当中。

4）职责（responsibility）。职责是为了在某个关键成果领域取得成果而完成的一系列任务的集合，它常常用任职者的行动加上行动的目标来表达。

5）权限（authority）。权限是为了保证职责有效履行，任职者必须具备的，对某事项进行决策的范围和程度，它常常用"具有批准……事项的权限"来表达。

6）职位（position）。职位是承担一系列工作职责的某一任职者所对应的组织位置，它是组织的基本构成单位，职位与任职者是一一对应的。

7）职务（job）。职务是组织中承担相同或相似职责或工作内容的若干职位的综合。

8）职级（class）。职级是工作责任大小，工作复杂性与难度，以及对任职者的能力水平要求近似的一组职位的总和，它常常与管理层级相联系。

9）职位族（job family）。职位族是指根据工作内容，任职资格或者对组织的贡献的相似性而划分为同一组的职位。

2. 工作分析的内容

工作分析的主要成果是职位说明书（job description）和任职资格说明书（job specification）。前者既是一般员工工作的指南，也是企业确定企业人力资源规划、员工能力模型、考核绩效、培训开发等人力资源职能管理的参考依据。后者则通过职位分析发现企业管理过程中存在的问题，为对组织有效性的判断提供依据。具体包括以下内容。

1）工作活动。这类信息包括完成该职位实际工作活动的信息，还包括该职位的人完成每项活动的方法、原因及时间。

2）机器、工具、设备及其他辅助工作用具。这类信息包括要使用的工具、要处理的材料、要接触或应用的知识，以及要提供的服务。

3）工作绩效标准。这类信息包括有关该职位的工作绩效标准的信息。

4）工作环境。这类信息包括工作的物理环境、工作时间表，以及工作的组织及社会环境，如雇员通常要同什么人、多少人打交道。

5）对人的要求。这类信息包括工作对人的要求，如与工作有关的知识或技能，以及必需的个人品行。

3．工作分析的意义

具体来说，工作分析在人力资源管理中的作用与价值主要表现在以下几个方面。

（1）工作分析是整个人力资源开发与管理科学化的基础

人力资源管理过程包括岗位设计、招聘、配置、培训、考核、付酬等环节，每个环节的工作均需要以工作分析为基础，如图5-6所示。

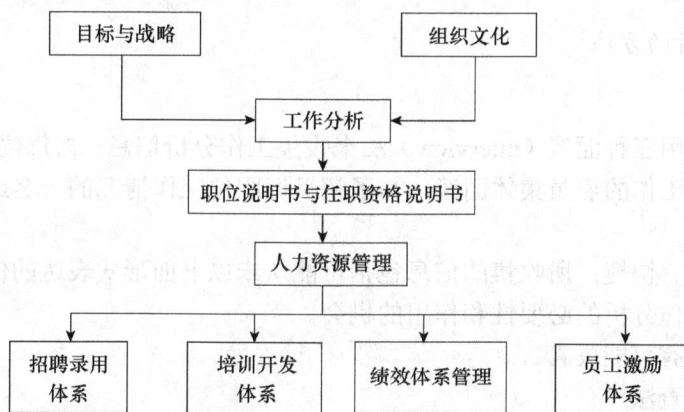

图 5-6　工作分析是人力资源管理过程的基础

（2）工作分析是组织现代化管理的客观需要

现代化管理的突出特点是强调以人为中心，强调在工作分析的基础上进行工作再设计和恰到好处地定员、定额，为工作者创造和谐的人际关系和组织气氛，创造良好的工作条件和工作环境，控制各种有害因素对人体的影响，保护工作者的身心健康，以激发工作者的自觉性、主动性和创造性，从而满足现代化管理的需要。

（3）工作分析有助于实行量化管理

现代企业管理实践表明，提高效益要依靠好的政策和技术进步，更要依靠严格和科学的管理。实行严格和科学的管理需要一系列的科学标准和量化方法。工作分析通过岗位工作客观数据和主观数据，充分揭示了整个劳动过程的现象和本质的关系，有助于整个企业管理逐步走向标准化和科学化。

（4）工作分析是管理者决策的基础

对于一个组织（包括公共事业组织和企业组织）来说，每个岗位的工作相当于建筑大厦中的砖块，不但是组织结构中最为基本的组成部分，而且是一切管理行为的出发点和归宿。任何一个管理者，包括高层决策者，都要考虑什么样的工作内容与条件才能让员工的潜能与积极性得到充分发挥，什么样的工作标准与要求才能使员工提供的产品或服务满足社会需求，进而使自己的组织获得生存力和发展力，从而更具有竞争力。工作分析正是帮助管理者全面把握组织内外各项工作信息的有效工具，如果缺少这一过程，管理者的决策将缺乏所需要的关于资源配置及其有效使用的重要信息。

（5）工作分析是当前组织变革与组织创新的重要手段

工作分析为组织工作目标的重新选择、调整与组合提供了科学的依据与支持，为组织目标变革后重新界定各部门与各岗位的工作提供了一种思路和基础，因此，对于组织变革与结构调整条件下的管理决策来说非常重要。在现代竞争日趋激烈的市场经济条件下，组织的生存与发展越来越依赖经营者能否不断地创新。在市场开拓与工作创新的过程中，需要打破和超越以往组织工作的传统习惯和工作内容，这就要求组织管理者通过工作分析不断对工作内容、工作过程与工作标准进行创造与创新，并在工作分析的基础上进行有效控制，以确保组织目标的实现。

4．工作分析的方法

（1）面谈法

管理人员采用三种面谈（interview）法来收集工作分析信息：与每位雇员单独面谈；与一群从事相同工作的雇员集体面谈；与了解目标职位工作情况的一名或多名基层主管进行主管面谈。

优点：简单、快捷；所收集的信息包括可能从未以书面形式表达的信息；提供了一个向雇员说明工作分析的必要性和作用的机会。

缺点：信息有可能失真。

（2）问卷调查法

设计一套调查问卷（questionnaire），由工作的承担者或工作分析人员填写问卷，再将问卷加以归纳分析，并做好详细记录，据此制定出职位说明书。形成职位说明书后再征求任职者的意见，进行补充和修改。

根据问卷的标准化程度，可分为结构化问卷和非结构化问卷两大类。结构化问卷的答案是设计好的，格式统一，便于量化和统计分析，如职位分析问卷（position analysis questionnaire，PAQ）、管理职位分析问卷（management position description questionnaire，MPDQ）等；非结构化问卷的问题虽然统一，但未事先列出任何备选答案，答卷人可自由回答，如"请叙述工作的主要职责"。在实际操作中，问卷的设计常常将两种有机结合，既有结构化问题，也有开放式问题。

优点：信息便于量化处理；便于进行大规模调查，省时高效。

缺点：对问卷的质量要求较高；与面谈法相比，问卷的灵活性和丰富程度较差。

（3）观察法

观察（observation）法是指工作分析人员到现场实地察看员工的实际操作情况，并予以记录、分析、归纳并整理成适当的文字资料的方法。

优点：在对主要由身体活动构成的工作进行分析的时候，直接观察是一种特别有效的方法。

缺点：当工作中包含很多智力活动时不适用；对于偶然的工作活动不适用。

（4）工作日志法

工作日志（diary/log）法要求所有雇员记录下他们一天的活动，从而生成一张完整的工作图，再用此后与雇员及其主管面谈的内容加以补充，效果更好。

优点：详尽、完整。

缺点：雇员有可能夸大或缩小某些活动；雇员有时候会记不清自己的全部工作。

5. 职位说明书的编写

（1）工作描述

工作描述是一种工作中包含的任务、职责及责任这三者可以被观察到的活动的目录清单，具体内容如表 5-2 所示。

表 5-2　工作描述

分类	内容项目	项目内涵
核心内容	工作标识	工作名称、所在部门、直接上级单位、薪点范围等
	工作概要	该职位的主要工作目标与工作内容的概要性陈述
	工作职责	该职位必须获得的工作成果和必须负担的责任
	工作联系	该职位在组织中的位置
选择性内容	工作权限	该职位在人事、财务和业务上做出决策的范围和层级
	履行程序	对各项工作职责完成时的详细分解与描述
	工作范围	该职位能够直接控制的资源的数量和质量
	职责量化信息	职责评价性和描述性量化信息
	工作条件	职位存在的物理环境
	工作负荷	职位对任职者造成的压力

书写规则：

1）必须采用"动词＋名词＋目标"或者"工作依据＋动词＋名词＋目标"的书写格式。

2）必须尽量避免采用模糊性的动词，如"负责""管理""领导"等。

3）必须尽量避免模糊性的数量词，如"许多""一些"，尽可能表达准确的数量。

4）必须尽量避免采用任职者不熟悉的专业化术语，尤其要尽量避免采用管理学专业的冷僻术语；如果必要，则要在附件中说明。

5）当存在多个行动和多个对象时，会对行动动词和对象之间关系的理解引起歧义，需要进行分别表述。

（2）任职资格和工作规范

任职资格是指一个人为了完成某种特定的工作所必须具备的知识、技能、能力及其他特征的一份清单。

工作规范的主要内容：①生理要求，包括健康状况、力量与体力、运动的灵活性、感觉器官的灵敏度；②正式教育程度，一种用完成正规教育的年限与专业加以界定，另一种以任职者实际所达到的教育水平与专业培训来进行确定；③工作经验，社会工作经验、工龄与公司内部职业生涯；④工作技能，对与工作相关的工具、技术和方法的运用，一般而言，往往只关注几项通用的技能，如外语、计算机和公文处理技能；⑤培训要求，主要指作为该职位的一般任职者的培训需求，即每年需要多长时间的工作培训、培训的内容与培训的方式如何等；⑥隐性任职资格，根据企业的整体竞争战略和文化，提出企业员工需要具备什么样的能力，从而形成企业的分层分类能力要素。

三、招聘管理

1．招聘管理的概念

招聘管理就是企业采取一些科学的方法寻找、吸引应聘者，并从中选出企业需要的员工予以录用的过程。它包括征召、甄选和录用三个阶段。

招聘管理作为一种科学管理活动早在泰勒的科学管理时代就已经出现，那时已经出现了招聘、甄选、工作分析等工作。这些工作一直是人力资源管理的具体业务活动，是人力资源管理的基础和主要职能。不管是新企业还是老企业都要进行员工招聘。因为对于企业的员工来说，随着组织环境和组织结构的变化，员工的素质也在不断变化，因此，具体来说，员工招聘工作主要在以下几种情况下提出：①新组建一个企业；②原有企业由于业务发展，而人手不够；③员工队伍结构不合理，在裁减多余员工的同时，需要及时补充短缺的专业人才；④企业内部由于原有员工的调任、离职、退休或死伤出现职位空缺。

总之，人力资源部门需要不断吸收新生力量，为组织不断适应市场的发展需要，提供可靠的人力保障。

2．招聘管理的意义

（1）招聘管理是企业获取人力资源的重要手段

企业只有通过员工招聘才能获得人力资源，尤其是对新成立的企业来说，员工的招聘更是企业成败的关键。招聘的目标就是保证企业能够吸引到合适的人力资源，获得到充足的人力资源供应，使企业的人力资源得到高效配置，从而提高人力资源的投资效益。

（2）招聘管理是人力资源投资的重要形式

从人力资源投资的角度出发，招聘管理也是企业人力资源投资的重要形式。员工的招聘无疑将花费企业的费用。如果员工招聘工作出现失误，对企业产生的影响将是极大的。例如，招聘到的生产线的员工如果不符合标准，就可能要花费额外的精力去进行培训；与客户打交道的员工如果缺乏技巧，就可能使企业丧失商业机会；在工作团队中，如果招聘来的员工缺乏人际交往技能，就会打乱整个团队的工作节奏和产出效益等。因此，如果企业的招聘工作的质量高，一方面能为企业招聘到优秀员工，另一方面能为企业减少由于招聘员工不当所带来的损失。

（3）招聘管理能够提高企业的声誉

招聘工作需要严密的策划，一次好的招聘策划与活动，一方面，可以吸引众多的应聘者，为应聘者提供一个充分认识自己的机会；另一方面，既是企业树立良好的公众形象的机会，也是企业一次好的广告宣传。成功的招聘活动，将能够使企业在求职者心中、公众心目中留下良好的印象。

（4）招聘管理能够提高员工的士气

当企业在不断发展的时期，自然会产生一些空缺职位，企业需要从外部寻找合适的人选来填补空缺，使企业的发展不至于受到限制。一方面，引进新员工可以带来新的思想，使员工队伍具有新的活力；另一方面，也为老员工带来新的竞争，使他们在招聘的岗位上获得新的挑战机会。

招聘管理无疑是企业成败的关键，企业的竞争说到底就是人才的竞争，每个企业越来越意识到，拥有创造企业核心竞争力的人才对自己的重要意义，不怪乎比尔·盖茨（Bill Gates）曾经说过："如果让微软最优秀的二十个人离开公司，那么微软将会变成一家无足轻重的公司。"

3. 招聘管理的原则

（1）公开招聘的原则

招聘信息、招聘方法应公之于众。这样做，一方面可将录用工作置于公开监督之下，以防止不正之风；另一方面，可吸引大批的应聘者，从而有利于找到一流的人才。

（2）平等竞争的原则

对所有应聘者应一视同仁，不得人为地制造各种不平等的限制。要通过考核、竞争选拔人才，"赛马不相马"。以严格的标准、科学的方法对候选人进行测评，根据测评的结果确定人选，来创造一个公平竞争的环境，这样既可以选出真正优秀的人，又可激励其他员工积极向上，减少"相马"的主观片面性。

（3）效率优先的原则

以尽可能少的招聘成本录用合适的员工。选择最适合的招聘渠道、考核手段，在保证任职人员质量的基础上节约招聘费用，避免长期职位空缺造成的损失。

（4）双向选择的原则

企业根据职位说明书的要求自主地选择需要的员工，同时劳动者也可根据自己的条件自主地选择职业。在招聘过程中，招聘者不能以主观意志为转移，只一味地去选择，而要考虑所需员工的需求，创造吸引他们的条件，使他们愿意为企业工作。

4. 招聘管理的程序

招聘程序是指从出现职位空缺到候选人正式进入公司工作的整个过程。这个过程通常包括招聘需求分析、制定招聘策略、员工的甄选和评价、录用与试用、招聘评估等一系列环节。

（1）招聘需求分析

根据企业的人力资源规划，在掌握有关各类员工的需求信息，明确哪些职位空缺的情况后，人力资源管理部门要考虑招聘是否是最好的方法。因为除了招聘，企业还可以通过以下方式解决问题。

1）现有员工加班。如果工作任务是阶段性的，招聘正式员工近来会在短期繁忙阶段过去后出现冗员。现有员工适当加班就可以解决的问题可不必再招聘新人。

2）工作的重新设计。有些人手上的不足是工作流程的不合理或者工作的分配不合理造成的。这时对工作不合理的地方进行再设计，人手的问题就可迎刃而解。

3）将某些工作外包。一些非核心的工作任务是可以外包给其他机构去做的，这样就可以免去招聘员工的麻烦，而且减轻管理的负担。

如果企业根据实际情况认为招聘是一种最佳方式，就要编制招聘计划。招聘计划包括招聘人数、招聘标准、招聘对象、招聘时间和招聘预算等。在招聘过程中，企业必须吸引到比空缺职位更多的求职者。但究竟吸引到的应聘者应该比录用的人数多多少才合适，需要计算投入—产出的比例。投入是指全部应聘者的数量，而产出则是招聘结束后最终到企业报到的人数。

（2）制定招聘策略

招聘策略是为了实现招聘计划而采取的具体策略，具体包括招聘地点的选择、招聘时间的选择、招聘渠道和方法的选择、招聘的宣传策略等。

1）招聘地点的选择。为了节省费用，企业应将其招聘的地理位置限制在最能产生效果的劳动力市场上。一般来说，高级管理人员倾向于在全国范围内招聘；中级管理人员和专业技术人员通常在跨地区的劳动力市场上招聘；操作工人和办事人员常常在企业所在地的劳动力市场上招聘。企业之所以在这样的地理范围内进行招聘，是因为在不同范围内的市场提供的劳动力素质是不同的。

2）招聘时间的选择。这是指为保证新聘员工准时上岗，在什么时间开始招聘工作最合适。一般来说，招聘日期的具体计算公式为

招聘日期 ＝ 用人日期－准备周期

＝ 用人日期－培训周期－招聘周期

式中：培训周期是指新招员工进行上岗培训的时间；招聘周期是指从开始报名、确定候选人名单、面试直到最后录用的全部时间。

3）招聘渠道和方法的选择。任何一种确定的招聘方案，对应聘者的来源渠道，以及企业应采取的招聘方法都应做出选择。这是招聘策略中的主要部分，在后面将进一步介绍。

4）招聘的宣传策略。在招聘过程中，企业一方面需要吸引更多的有效应聘者，增加甄选的余地并且减轻工作负担，还要从人力资源战略管理的角度出发考虑员工的稳定性；另一方面必须利用招聘的过程进行积极的企业形象或者声誉的宣传活动。为了在招聘中达到这些目标，企业不仅需要提供包括职位薪水、工作类型、工作安全感、晋升机会等与职位相关的信息，还要让应聘者了解企业的文化、管理方式、工作条件、同事、工作时间等企业信息。只有准确、有效地传达这些信息，应聘者才会在评价自身的基础上思考自己是否适合这样的工作，这就在企业甄选之前由应聘者自己完成了一个自我甄选的过程。

（3）员工的甄选和评价

甄选候选人是招聘过程的一个重要组成部分，其目的是将不合乎职位要求的应聘者排除，最终选拔出最符合企业要求的员工。职位说明书是甄选的基础，也就是说，以职

位说明书中所要求的知识、技术和能力来判断候选人的资格。

（4）录用与试用

对经过甄选合格的应聘者，应做出录用决策。可以通过电话或信函通知被录用者，通知时要讲清企业向被录用者提供的职位、工作职责和月薪等，并讲清楚报到时间、报到地点及报到应注意的事项等。

对决定录用的员工，在签订劳动合同以后，要有 3～6 个月的试用期。如果试用合格，使用期满便按劳动合同规定享有正式合同工的权利和责任。

（5）招聘评估

招聘评估是招聘工作的最后一项工作。一般来说，评估工作主要从员工的数量、质量、招聘效率等方面来进行，包括招聘成本和效益评估及招聘工作评估两项内容。研究表明，通过不同的招聘渠道和方法，产生的招聘效果是不同的。用不同的方法招聘进来的员工也可能表现出不同的工作绩效、不同的流失率、不同的缺勤率。如果对招聘工作进行及时评估就可能找到招聘工作中存在的问题，从而适时地对招聘工作进行修整，提高下一轮的招聘工作质量。

四、培训管理

1. 培训的定义

从狭义上讲，培训是指企业向员工传授其完成本职工作、提高工作能力所必须掌握的各种知识和技能（如与工作相关的知识、技能、价值观念、行为规范等）的过程。从广义上讲，培训应该是创造智力资本的途径。智力资本包括基本技能、高级技能、对客户和生产系统的了解及自我激发创造力。培训就是为企业利益而有组织地提高员工工作绩效的行为。培训的最终目的是使员工更好地胜任工作，进而提高企业的生产力和竞争力，从而实现组织发展与个人发展的统一。

2. 培训与教育、开发、训练的区别

企业培训不同于全日制教育、职业教育、训练和开发，也不同于社会机构提供的补习和培训，它具有较强的针对性、目的性、实用性和灵活性。

（1）培训与教育的区别

培训的主要目的和任务是使员工了解和掌握与实际工作密切相关的某项知识、技能或某种理念，而不像学历教育那样使学生建立起某一学科、专业领域的系统知识和技能结构。培训的内容往往具有实用性、针对性甚至跳跃性，不像学历教育的教学那样强调理论性、严密性、完备性和系统性。培训的授课时间相对集中、短暂，单位课时授课量较大，而学历教育课程教学的时间较长，单位课时的授课量不大。

（2）培训与开发的区别

培训针对员工的工作现状与工作要求之间的差距，通过知识、技能等的传递使员工更好地胜任工作；开发则针对员工潜在的需要，如晋升等，使员工在未来承担更大的责

任。两者间具体的异同，如表 5-3 所示。

表 5-3 培训与开发的异同

异同	培训	开发
相同之处	都是一个学习的过程；有组织规划；目的是通过把培训和开发的内容与工作目标联系起来，促成个人与企业的共同发展	
不同之处	短期的绩效改进	使员工在未来承担更大的责任
	持续时间短，具有集中性和阶段性的特征	持续时间长，具有分散性和长期性的特征
	强制要求	自愿参与

资料来源：盖勇，孙平，2004. 人力资源战略与组织结构设计. 济南：山东人民出版社.

（3）培训与训练的区别

培训是根据当前工作需要进行的、以提高工作绩效为主要目的的行为，持续时间比较短。训练侧重于为实现一个具体的目标而提高相关技能的行为，开展的时间比较长，并且强度比较大。

3．员工培训的特征

员工培训具有以下六个方面的特点。

（1）企业发展要求的主导性

社会经济和科技的快速发展、知识的快速更新、信息的快速传播及市场的激烈竞争，使得企业本身需要不断地创新。培训要以满足企业发展需要为目标，按照员工不同岗位的需要，重点传授特定的知识和技能，提高员工的工作能力和水平。

（2）提高生产效率的实用性

通过培训，企业提高员工的工作水平，提高企业的生产效率，从而为企业赚取更多的利润。培训要确保员工能够将培训的内容运用到工作上。因此，培训成果转化的成功与否，在很大程度上决定了培训是否有效。

（3）结合企业和员工的针对性

员工培训的最终目的是实现企业与员工的统一，这就要求在进行员工培训时要针对不同企业和企业内不同的员工实施不同的培训。企业也要尽可能在满足企业发展要求的同时，也能满足员工个人发展需求，以增强培训效果，实现企业与员工的双赢。

（4）培训内容的离散性

由于受时间和经费的限制，培训通常按照"缺什么，补什么"的原则，由于培训内容的系统性不足，很多内容是离散的。此外，除了要根据工作需要提供理论性的知识传授外，培训更多的是传授工作经验。工作经验的传授可以使得培训成果更容易转化到现实工作中，但工作经验的传授通常缺乏系统性。

（5）培训方法的多样化

企业培训的形式和方法是多种多样的，既有传统的传递法，也有基于互联网技术的现代培训方法。如今比较流行的就是情景体验式。传统的讲座式培训重点是讲师在台上讲课，缺乏学生的交流和实践，培训效果不佳。新式的培训比以往更加重视学生的实践与体验，通过体悟增强培训效果。

（6）培训时间的零散易变性

企业员工培训不同于学校教育，在企业员工培训中，员工必须在以做好本职工作为前提的基础上进行培训。因此，员工培训的大部分时间会被安排在业余时间开展，而且经常会根据员工工作时间的变动及业务淡旺季的变化而变动。

4．培训的分类

企业培训可以根据对象、内容和形式的不同而划分为不同的类型。

（1）按培训对象划分

按培训对象，培训可以分为基层员工培训和管理人员培训。

1）基层员工培训。基层员工培训的目的是培养员工形成积极的工作心态，掌握工作原则和方法，提高劳动生产率。培训的主要内容包括追求卓越工作心态的途径、工作安全事故的预防、企业文化与团队建设、新设备操作、人际关系技能等。基层员工的培训应该注重其实用性。

2）管理人员培训。管理人员培训又可以根据管理层次的不同而分为基层管理人员培训、中层管理人员培训和高层管理人员培训。

基层管理人员主要在第一线从事具体的管理工作，执行中、高层管理人员的指示和决策。因此，为他们设计的培训内容应着重于管理工作的技能、技巧，如怎样组织他人工作、如何安排生产任务、如何为班组成员创造一个良好的工作环境等。基层管理人员的技能培训、人际关系培训和解决问题的能力培训的比例为 50∶38∶12（卡茨，1955）。

中、高层管理人员的培训应注重于发现问题、分析问题和解决问题的能力，用人能力，控制和协调能力，经营决策能力，以及组织设计技巧的培养。

中层管理人员对于本部门的经营管理必须十分精通，除了熟悉本部门工作的每个环节和具体工作安排以外，还必须了解与本部门业务有关的其他部门的工作情况。按照卡茨的模式，中层管理人员的技能培训、人际关系培训和解决问题的能力培训的比例为 35∶42∶23。

高层管理人员的工作重点在于决策，因此他们所要掌握的知识更趋向于观念技能，如经营预测、经营决策、管理、会计、市场营销和公共关系等。卡茨将高层管理人员的技能培训、人际关系培训和解决问题的能力培训的比例定为 18∶43∶39。

不同层级管理人员的培训内容比例，如图 5-7 所示。

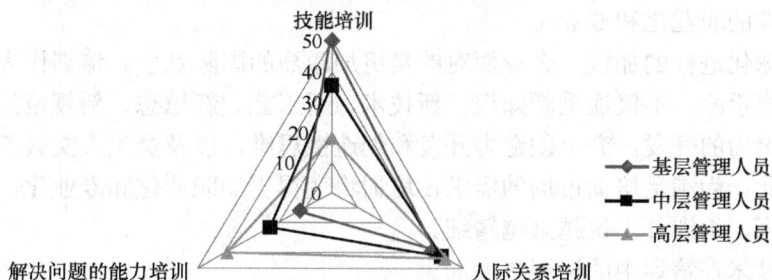

图 5-7　不同层级管理人员的培训内容比例

（2）按培训内容划分

按培训内容，培训可以分为知识培训、技能培训及态度和观念培训。

1）知识培训。知识培训的主要任务是对员工所拥有的知识进行更新。其主要目标是要解决"知"的问题（华茂通咨询，2003）。企业要在这个不断改变的社会中得以生存，员工就必须不断更新已有的知识，只有员工知识更新的速度超过老化的速度，企业才能保持在行业领先的地位。

2）技能培训。随着时代的进步，各行各业都会有新的技术和能力要求。另外，随着现代产业结构的不断调整，大量的旧行业和岗位消失，新行业兴起，员工需要学习新的技能才能从事新行业的岗位。

3）态度和观念培训。员工通过培训习得对人、对事、对己的反应倾向，它会影响员工对特定对象做出一定的行为选择。例如，要热情、周到地对待客户咨询与投诉，并在24小时内回复来电或来函，售后服务部门员工必须接受相关的业务培训。

（3）按培训形式划分

按培训形式，可以分为入职培训、在职培训、脱岗培训和轮岗培训。

1）入职培训。入职培训即新员工入职培训，帮助新员工熟悉企业的工作环境、文化氛围和同事，让新员工能够迅速投入新工作，缩短新员工与老员工的工作磨合期。

2）在职培训。在职培训即员工在不需要脱离工作岗位的情况下参加培训。在职培训通常利用员工的工余时间进行，是在完成本职工作的基础上开展的培训活动。这类培训的内容重在补充员工当前岗位、工作或项目所需要的知识、技能和态度。

3）脱岗培训。与在职培训相对，脱岗培训是指员工暂时脱离岗位接受培训。在培训期间，将本职工作放在一边，以培训为重心。脱岗培训更注重提高员工的整体素质和未来发展需求，而不是根据当前岗位工作或项目的情况来确定培训内容。

4）轮岗培训。轮岗培训即员工被安排到企业的其他部门或者分公司一边工作一边进行培训，与在职培训有相同之处。两者都是工作与培训同步进行。两者的区别在于在职培训包括轮岗培训，而轮岗培训的最大特点是调离原本的岗位，迁往其他岗位进行工作学习，存在岗位空间和环境上的变化。

5. 员工培训的发展趋势

随着社会经济科技和企业的发展，员工的工作要求发生了巨大的改变。因此，员工培训需要随着社会生产要求的变化而发展。当前员工培训主要有以下五个发展趋势。

（1）培训的职业化和专业化

随着全球化进程的加快，企业面对的是更加激烈的国际竞争。培训作为企业人力资源开发的重要手段，不仅注重新知识、新技术、新工艺、新思想、新规范的教育培训，也注重人才潜力的开发，突出创造力开发和创造性思维，以及员工人文素养和团队精神的培训。因此，为满足培训市场的需求，培训将变得更加职业化和专业化，其针对性、时效性将越强，培训分工也越来越精细。

（2）新技术在培训中的运用幅度加大

多媒体、互联网和其他新技术在企业培训中的运用将日益广泛。先进的互联网、卫星传输等教育技术，为企业培训提供了更加优越的条件，现代企业培训的手段也由传统走向现代。互联网使培训方式发生革命性变化，它打破了时间和空间的限制，能够很方便地满足及时的和不同步的学习需求。通过互联网技术，在计算机空间里，能够满足学习的三种基本途径，即自学、集体交流和教师讲授。互联网上丰富的学习资源能够让不同水平的学习者，通过整合互联网学习资源，实现学习目的，并且可以节省大量的时间和金钱，给培训业带来根本性的变革（解祥华，2008）。

（3）更加重视培训成果的转化和实效

培训部门往往需要对培训进行评估，从而确定培训是否达到基本要求。由于培训评估获得的信息可用于了解培训活动的进展，但并不能说明培训与绩效之间的关系。同时，现在的培训评估更侧重于受训者对培训项目的反应，而非所学知识、技能、行为改变或经济收益。但是，培训最终的目的是为企业的发展和利益服务的，在现在和未来，培训部门将更加关注两个问题：一是要真正能够把所学的知识、技能和态度运用到工作中；二是培训要与个人或团队的工作绩效相联系。因此，培训师和经理要确保把培训与特定的业务目标、员工和团队的绩效紧密结合。

（4）加强培训部门同外界合作

企业必须加强同培训机构和外部培训人员的协作。培训机构包括管理咨询与顾问公司、高校、大众传媒公司等，外部培训人员包括顾问、大学教师、研究生等。这些外部供应商可采取单独或与企业一起合作的方式来提供培训服务。培训部门将加强与学校的联系，提供基本技能培训，并制订顾客所需的专门培训计划（解祥华，2008）。

企业培训往往要求多、层次多、内容覆盖面广，有许多企业无法自身提供，于是培训的社会化应运而生。中小企业由于自身实力和培训资源的有限性，其培训需求往往由社会性培训机构来满足，企业员工培训也必然向市场化、产业化方向发展。坚持以培训推动市场开发，以市场促进培训开展的原则，不断强化自身特色，打造自身品牌，不断增强培训项目开发能力和市场营销能力，及时发现需求，善于提供有效供给，已成为企业及其培训机构努力的方向。

（5）培训方法多样化

在传统的培训中，通常以课堂讲授和实地观摩为主。课堂讲授多是"填鸭式"；在实地观摩中，多是培训师带领学员到生产一线观看工人的实际操作。培训方法比较单一，员工被动地参与其中，常常感到苦不堪言，因此，员工的抵触情绪较高。

现代的培训方法则多种多样，既有讲授，又有小组讨论、游戏、角色扮演、案例分析等方法。在一门培训课程中，员工需要主动出击，带着问题参加学习。在学习过程中培训师还会穿插使用各种培训方法：小组讨论法可使学员之间相互交流和沟通；游戏法可使学员在"玩耍"中领悟培训内容的含义；角色扮演法则使学员设身处地地从对方角度着眼，体会对方的感受；案例分析法使学员通过案例，阐明基本原理，强化理论学习，理解理论知识，并能够举一反三，自觉地把所学的理论和知识付诸实践。培训师让每一位学员都主动地参与其中，畅所欲言，给每一位学员一个自我表现的机会。多种多样的培训方法使培训内容丰富多彩，既加深了员工对培训内容的理解和掌握，又更大地发挥了员工的学习积极性和主动性。这种参与式培训方法较以往的被动式培训方法更为科学和有效，大大地提高了培训质量。

五、绩效管理

1．绩效与绩效管理的内涵

（1）绩效的内涵

我们一般认为绩效是指那些经过评价的工作行为、方式及其结果，也就是说绩效包括工作行为、方式及工作行为的结果。有学者概括：对于工作结果易于评估的员工，只要控制员工的结果就可以；而像服务行业注重过程的企业，就要着重评估员工的行为；对于劳动过程不可见、工作结果难以评估的员工，主要是那些脑力劳动者或知识型员工，还应当对他们的价值观、能力和技能进行管理，激励其内在主动性。

（2）绩效管理的内涵

绩效管理是对绩效实现过程中各要素的管理，是基于企业战略基础之上的一种管理活动。绩效管理是通过对企业战略的建立、目标分解、业绩评价，并将绩效成绩用于企业日常管理活动中，以激励员工业绩持续改进并最终实现组织战略及目标的一种正式管理活动。

首先，绩效管理是防止员工绩效不佳和提高工作绩效的有力工具。绩效管理具有明确的目标导向性，所有的绩效评价关注的都是工作表现，因而绩效管理不仅要针对工作中存在的问题，还要着眼于提高现有的绩效水平，从而促使组织的目标得以顺利实现。

其次，绩效管理还特别强调沟通辅导及员工能力的提高。开放沟通的行为持续贯穿绩效管理活动的全过程，从绩效目标的制定、绩效计划的形成、达成目标过程中的目标调整和任务变更，到对工作贡献与产出的评价、绩效改进计划的形成及提出新的绩效目标，都会通过员工与直接主管的沟通来实现。因此，绩效管理非常强调各级管理者的人力资源管理责任，通过强调沟通辅导的过程以实现它的开发目的。

再次，绩效管理是一个过程，是一个包括若干环节的系统。绩效管理不是一年一次的填表交表工作，绩效评价之后必须伴随有改进与提高绩效的计划和行动。管理者需要与员工进行绩效反馈面谈，将绩效评价的结果反馈给当事人，并与员工共同制订绩效改进和提高的计划。需要指出的是，绩效管理不仅强调绩效的结果，而且注重达成绩效目标的过程，通过控制整个绩效周期中的员工的绩效情况来达到绩效管理的目的。

2．绩效管理的目的

绩效管理的目的实际上并不是一成不变的。人们对绩效管理的目的理解有一个不断变化的过程，而且各个企业根据它们不同的情况和需要所运用的绩效管理系统也可能有不同的目的或侧重于不同的目的。归纳起来，绩效管理的目的一般有以下三个。

（1）战略目的

绩效管理将员工的工作活动与组织的战略目标联系在一起。在绩效管理的作用下，组织通过提高员工的个人绩效来提高组织的整体绩效，从而实现组织的战略目标。从这一点看，组织战略的实现离不开绩效管理发挥其应有的作用；而绩效管理也必须与组织的战略目标密切联系才具有实际意义。

（2）管理目的

组织在多项管理决策中都要使用绩效管理信息（尤其是绩效评价的信息）。绩效管理的目的在于对员工的绩效表现给予评价，并给予相应的奖励以激励员工。绩效管理中绩效评价的结果是企业进行薪资管理（调薪）决策、晋升决策、保留或解雇决策、临时解雇决策、承认个人绩效决策等重要的人力资源管理决策时的重要依据。

（3）开发目的

绩效管理的过程能够让组织发现员工存在的不足之处，以便对他们进行针对性的培训，从而使他们能够更加有效地完成工作。当一位员工的工作完成情况没有达到预期的水平时，绩效管理就应该试图改善他的绩效。然而，绩效管理并不仅要指出员工绩效不佳的方面，还要找出导致这种绩效不佳的原因，这样才能更有效地提高员工的知识、技能和素质，促进员工个人发展，实现绩效管理的开发目的。

从以上内容我们可以看出，一个完善而有效的绩效管理系统应该将员工的活动与组织的战略目标联系在一起，并为组织对员工所做的管理决策提供有效的信息，同时向员工提供准确实用的绩效反馈以实现开发目的。企业要想通过人力资源管理获得竞争力，就必须通过利用绩效管理系统达到上述这三个目的。

3. 绩效管理的实施过程

在实践中，绩效管理按照一定的步骤来实施，这些步骤可以归纳为四个阶段：计划阶段、实施阶段、考核阶段和运用阶段。

（1）计划阶段

计划阶段是整个绩效管理过程的开始，这一阶段主要是完成绩效计划的任务，也就是说通过上级和员工的共同讨论，确定出员工的绩效目标和绩效考核周期。

绩效目标是对员工在绩效期间的工作任务和工作要求所做的界定，这是对员工进行绩效考核的参照系，绩效目标主要由绩效指标和绩效标准组成。

1）绩效指标。绩效指标是指员工工作任务的具体内容，即考什么。例如，对业务员的绩效指标有销售额、平均回款周期、新客户开发数量。

2）绩效标准。绩效标准明确了员工的工作要求，即对于绩效内容界定的事情，员工应当怎样做或者做到什么样的程度。

绩效考核周期也称绩效考核期限，是指多长时间对员工进行一次绩效考核。由于绩效考核需要耗费一定的人力、物力，因此考核周期过短，会增加企业管理成本的开支；但是，绩效考核周期过长，又会降低绩效考核的准确性，不利于员工工作绩效的改进，从而影响绩效管理的效果。因此，在准备阶段，还应当确定出恰当的绩效考核周期。

绩效考核周期的确定，要考虑以下两个因素。

1）职位的性质。不同的职位，工作的内容是不同的，因此绩效考核的周期也应当不同。一般来说，比较容易量化考核的职位的工作绩效比较容易考核，考核周期相对要短一些。

2）指标的性质。不同的绩效指标，其性质是不同的，考核的周期也应不同。一般来说，性质稳定的指标，考核周期相对要长一些；相反，考核周期相对就要短一些。

（2）实施阶段

1）绩效沟通与辅导。绩效沟通与辅导是指在整个绩效考核周期内，上级就绩效问题持续不断地与员工进行交流和反馈，并给予员工必要的指导和建议，帮助员工实现确定的绩效目标。

前面已经指出，绩效管理的根本目的是通过改善员工的绩效来提高企业的整体绩效，只有每个员工都实现了各自的绩效目标，企业的整体目标才能实现，因此，在确定绩效目标后，管理者还应当帮助员工实现这一目标。沟通的方式有会议、书面报告、正式面谈和走动式管理、开放式办公等。

2）绩效信息的收集。其作用是提供绩效评估事实的依据和提供改进绩效事实的依据。

（3）考核阶段

1）绩效考核。绩效考核就是指在考核周期结束后，选择相应的考核主体和考核方法，收集相关的信息，对员工完成绩效目标的情况做出考核。

① 考核主体。考核主体是指对员工的绩效进行考核的人员，考核主体一般包括五类：上级、同事、下级、员工本人和客户。

上级是最为主要的考核主体。上级考核的优点：由于上级对员工承担直接的管理责任，因此他们通常最了解员工的工作情况；此外，用上级考核主体还有助于实现管理的目的，保证管理的权威。上级考核的缺点：考核信息来源单一，容易产生个人偏见。

由于不同的考核主体收集考核信息的来源不同，对员工绩效的看法也会不同，为了保证绩效考核的客观公正，应当根据考核指标的性质来选择考核主体，选择的考核主体应当是对考核指标最为了解的。例如，"协作性"由同事进行考核，"培养部属的能力"由下级进行考核，"服务的及时性"由客户进行考核等。由于每个职位的绩效目标都由一系列的指标组成，不同的指标又由不同的主体来进行考核，因此，每个职位的评价主体也有多个。此外，当不同的考核主体对某一个指标都比较了解时，这些主体都应当对这一指标做出考核，以尽可能地消除考核的片面性。

② 考核方法。实践中，进行绩效考核的方法有很多，企业应当根据具体的情况来选择合适的方法。

2）绩效反馈面谈。实施阶段结束以后，接着就是反馈阶段，这一阶段主要是完成绩效反馈的任务，反馈面谈的主要内容：①绩效评估的结果；②员工在评估周期中的工作绩效状况，并听取员工对评估结果的意见；③与员工探讨取得成绩的原因，对优良者予以肯定，对绩效不良者一起分析问题和原因，制订改进和培训计划；④针对员工的评估结果告知他将获得怎样的奖惩；⑤表明组织对员工的期望和要求，了解员工在下一周期中的打算和计划，并提供可能的帮助和建议。

（4）运用阶段

绩效管理实施的最后一个阶段是运用阶段，是指要将绩效考核的结果运用到人力资源管理的其他职能中去，从而真正发挥绩效管理的作用，保证绩效管理目的的实现。

绩效考核结果的运用包括两个层次的内容：一是直接根据绩效考核结果做出相关的奖惩决策；二是对绩效考核的结果进行分析，从而为人力资源管理其他职能的实施提供指导或依据（如招聘的有效性、培训需求分析、员工潜能评价及职业发展、提供员工改善的具体建议）。

强化理论指出，当员工的工作结果或行为符合企业的要求时，应当给予正强化，以鼓励这种结果或行为；当工作结果或行为不符合企业的要求时，应当给予惩罚，以减少这种结果或行为的发生。因此，企业应当根据员工绩效考核的结果给予他们相应的奖励或惩罚。这种奖惩主要体现在两个方面：一是工资奖金的变动；二是职位的变动。

六、薪酬管理

1. 薪酬管理的定义

薪酬管理是指一个组织针对所有员工所提供的服务来确定他们应当得到的报酬总额、报酬结构和报酬形式的一个过程。在这个过程中，企业就薪酬水平、薪酬体系、薪酬结构、薪酬构成及特殊员工群体的薪酬做出决策。同时，作为一种持续的组织过程，企业还要持续不断地制订薪酬计划，拟定薪酬预算，就薪酬管理问题与员工进行沟通，同时对薪酬系统的有效性做出评价而后不断予以完善。

薪酬管理对几乎任何一个组织来说都是一个比较棘手的问题，主要是因为企业的薪酬管理系统一般要同时达到公平性、有效性和合法性三大目标。企业经营对薪酬管理的要求越来越高，但就薪酬管理来讲，受到的限制因素却越来越多，除了基本的企业经济承受能力、政府法律法规外，还涉及企业不同时期的战略、内部人才定位、外部人才市场及行业竞争者的薪酬策略等因素。

2. 薪酬管理的特殊性

薪酬管理相比人力资源管理中的其他工作而言，有一定的特殊性，具体表现在以下三个方面。

（1）敏感性

薪酬管理是人力资源管理中最敏感的部分，因为它牵扯到企业每一位员工的切身利益。特别是在人们的生存质量还不是很高的情况下，薪酬直接影响他们的生活水平；另外，薪酬是员工在企业工作能力和水平的直接体现，员工往往通过薪酬水平来衡量自己在企业中的地位。所以薪酬问题对每一位员工都会很敏感。

（2）特权性

薪酬管理是员工参与最少的人力资源管理项目，它几乎是企业领导的一个特权。领导包括企业管理者认为员工参与薪酬管理会使企业管理增加矛盾，并影响投资者的利益。所以，员工对于企业薪酬管理的过程几乎一无所知。

（3）特殊性

由于敏感性和特权性，每个企业的薪酬管理差别会很大。另外，由于薪酬管理本身就有很多不同的管理类型，如岗位工资型、技能工资型、资历工资型、绩效工资型等，所以，不同企业之间的薪酬管理几乎没有参考性。

3．薪酬管理的原则

（1）战略导向原则

战略导向原则强调企业设计薪酬时必须从企业战略的角度进行分析，制定的薪酬政策和制度必须体现企业发展战略的要求。企业的薪酬不只是一种制度，它更是一种机制，合理的薪酬制度驱动和鞭策那些有利于企业发展战略的因素的成长和提高，同时使那些不利于企业发展战略的因素得到有效的遏制、消退和淘汰。因此，企业设计薪酬时，必须从战略的角度分析哪些因素重要，哪些因素不重要，并通过一定的价值标准，给予这些因素一定的权重，同时确定它们的价值分配即薪酬标准。

（2）经济性原则

薪酬设计的经济性原则强调企业设计薪酬时必须充分考虑企业自身发展的特点和支付能力。它包括两个方面的含义，短期来看，企业的销售收入扣除各项非人工（人力资源）费用和成本后，要能够支付起企业所有员工的薪酬；长期来看，企业在支付所有员工的薪酬及补偿所用非人工费用和成本后要有盈余，这样才能支撑企业追加和扩大投资，获得企业的可持续发展。

（3）体现员工价值原则

现代的人力资源管理必须解决企业的三大基本矛盾，即人力资源管理与企业发展战略之间的矛盾，企业发展与员工发展之间的矛盾和员工创造与员工待遇之间的矛盾。因此，企业在设计薪酬时，必须要能充分体现员工的价值，要使员工的发展与企业的发展充分协调起来，保持员工创造与员工待遇（价值创造与价值分配）之间短期和长期的平衡。

（4）相对公平（内部一致性）原则

相对公平（内部一致性）原则是斯密公平理论在薪酬设计中的运用，它强调企业在设计薪酬时要"一碗水端平"。内部一致性原则包含以下几个方面：一是横向公平，即企业所有员工之间的薪酬标准、尺度应该是一致的。二是纵向公平，即企业设计薪酬时必须考虑到历史的延续性，一个员工过去的投入产出比和现在乃至将来应该基本上是一致的，而且应该是有所增长的。这里涉及一个工资刚性问题，即一个企业发给员工的工资水平在正常情况下只能看涨，不能看跌，否则会引起员工很大的不满。三是外部公平，即企业的薪酬设计与同行业的同类人才相比具有一致性。

（5）外部竞争性原则

外部竞争性原则前文已经提到过，它强调企业在设计薪酬时必须考虑到同行业薪酬市场的薪酬水平和竞争对手的薪酬水平，保证企业的薪酬水平在市场上具有一定的竞争力，能充分地吸引和留住企业发展所需的战略、关键性人才。

4．薪酬管理的内容

1）薪酬的目标管理，即薪酬应该怎样支持企业的战略，又该如何满足员工的需要。

2）薪酬的水平管理，即薪酬要满足内部一致性和外部竞争性的要求，并根据员工绩效、能力特征和行为态度进行动态调整，包括确定管理团队、技术团队和营销团队薪酬水平，确定跨国公司各子公司和外派员工的薪酬水平，确定稀缺人才的薪酬水平，以及确定与竞争对手相比的薪酬水平。

3）薪酬的体系管理，这不仅包括基础工资、绩效工资、期权期股的管理，还包括如何给员工提供个人成长、工作成就感、良好的职业预期和就业能力的管理。

4）薪酬的结构管理，即正确划分合理的薪级和薪等，正确确定合理的级差和等差，还包括如何适应组织结构扁平化和员工岗位大规模轮换的需要，合理地确定工资宽带。

5）薪酬的制度管理，即薪酬决策应在多大程度上向所有员工公开和透明化，谁负责设计和管理薪酬制度，薪酬管理的预算、审计和控制体系又该如何建立和设计。

5. 薪酬结构策略

（1）岗位和个人薪酬空间

对于岗位和个人薪酬水平空间问题，不同的企业有不同的理解，一岗一薪、一岗多薪、宽带薪酬就是不同的薪酬策略。对于实行一岗一薪制的公司而言，认为只要岗位相同就应该获得相同的报酬，不考虑个人能力、资历的差别；一岗多薪制在坚持以岗定酬的同时，考虑个人能力、资历的差别因素，因此更注重内部公平性；而宽带薪酬则给员工足够的晋升空间，因此更关注激励作用。选择什么样的薪酬策略取决于公司企业文化、行业特性、岗位特征等多种因素。一般情况下，应该给员工一定的薪酬晋升空间，但也不宜太大，大幅度薪酬的晋升需要依靠岗位晋升来解决。

1）一岗一薪制。一岗一薪制是指组织中每个岗位只对应一个具体的薪酬标准，也就是对应确定的工资等级，同岗完全同酬，同一岗位的任职者不存在薪酬差别。一岗一薪制简单易行，容易操作，无论是谁只要在某个岗位就获得该岗位的报酬。例如，某公司审计主管、发行主管岗位工资都是4300元，无论是新员工还是在该岗位任职七八年的老员工。一岗一薪制不能反映员工能力、员工资历因素，绩效考核优秀者也不能及时给予加薪激励，因此，在公平和效率两个方面都不能很好地达到薪酬目标；一岗一薪制另一个缺点是不能进行薪酬的调整，尤其是薪酬的个体调整问题。一岗一薪制要求人岗匹配，适用于标准化程度高、技术较为单一、工作产出结果统一、岗位比较稳定的岗位或企业，如生产线上的工人等。

2）一岗多薪制。一岗多薪制克服了一岗一薪制的缺点，将岗位薪酬标准设定为一个范围，通常将岗位工资分别对应几个等级，如部门经理岗位职等是五等，但工资等级可由一级到五级。需要注意的是，员工岗位晋升意味着职位等级（职等）的晋升，而员工工资等级的晋升不以岗位晋升为前提。一岗多薪制可以考虑员工能力、员工资历、员工业绩等多种因素，在薪酬激励作用和公平目标方面都强于一岗一薪制。一岗多薪制的操作比一岗一薪制复杂，这对企业管理水平提出了较高要求。一岗多薪制的特点如下。

① 一岗多薪制能使同一岗位不同员工的工资有所差别，可以实现同岗不同薪；对能力高、资历深的员工给予更高工资等级，给予能力稍差员工较低工资等级在某种程度上更能体现内部公平；员工工资等级有晋升空间，这在某种程度上会带来激励效应。

② 一岗多薪制岗位工资等级可以根据能力确定，这样可以鼓励员工提高能力；可

以根据资历确定，增加员工忠诚度，同时也更加公平；可以根据业绩确定，激励员工提高业绩，促进组织目标的实现。

③ 一岗多薪制比一岗一薪制更能体现员工能力、资历、业绩等因素，对于大多数能力素质要求高、工作内容比较丰富的岗位更适合。在日常的薪酬管理中，一岗多薪制可以进行薪酬整体调整和个体调整。个体薪酬调整可以根据员工的资历进行，如任职年限、工龄、职称等因素，也可以根据绩效考核结果进行，考核结果优秀者可以晋级，考核不合格者降级。

3）宽带薪酬。一岗一薪制和一岗多薪制从本质上都是把各个序列员工根据岗位层级及岗位价值划分为不同职等，再根据岗位任职能力、资历、业绩等因素划分为不同的工资等级，因此对应某个任职者而言岗位工资就是几等几级，这是严格的等级设计思想，也是垂直型的薪酬形式。

宽带薪酬是指对多个薪酬等级及薪酬变动范围进行重新组合，从而变成相对较少的职等及相应的较宽薪酬变动范围。宽带薪酬压缩了薪酬职等，将原来十几甚至几十个薪酬职等压缩成几个职等，每位员工对应的不再是具体的薪酬数值，而是一定的范围。

一种典型的宽带型薪酬结构可能只有 4~8 个职等。薪酬带宽等于工资最大值减去最小值的差除以最小值，传统的等级制薪酬这个数值一般低于 50%，但宽带薪酬可以达到 200%甚至更多；等级差是职等间工资增长幅度，根据外部竞争性和内部一致性来确定；重叠度是相邻职等薪酬范围重合比例。与传统的等级薪酬模式相比，宽带薪酬模式具有以下特征。

① 宽带薪酬打破了传统薪酬结构所维护和强化的等级观念，减少了工作之间的等级差别，有利于企业提高效率及创造学习型的企业文化，有助于企业保持自身组织结构的灵活性及更有效地适应外部环境。

② 引导员工重视个人技能的增长。在传统等级薪酬结构下，员工的薪酬增长往往取决于个人职务的提升而不是能力的提高，因为即使能力达到了较高水平，如果企业中没有岗位的空缺，员工仍然无法晋升到更高岗位，获得更高的薪酬。而宽带薪酬打破了原来只有岗位晋升才能大幅加薪的办法，给予员工较大的薪酬空间，有利于员工技能的不断成长。

③ 适合组织结构扁平化发展趋势。宽带薪酬制度淡化了等级的观念，有利于组织成员之间开展团队合作，提高企业效率，适应了现代企业扁平化发展趋势的需要。

④ 宽带薪酬制度以市场为导向，要求企业管理者有较高的管理水平和责任感，否则宽带薪酬会带来员工定薪的随意性，引起内部不公，同时增加企业人工成本。

（2）薪酬内部差距问题

薪酬内部差距问题本质是内部一致性问题，主要依靠岗位评价来解决，薪酬内部差距应该考虑企业规模、企业文化、企业效益、行业市场薪酬水平等多种因素。

一般来讲，企业规模越大，最高薪酬和平均薪酬相比倍数越大，企业规模越小，企业最高薪酬和平均薪酬相比倍数应越小。平均主义企业的薪酬差距小，业绩导向企业的薪酬差距大。公司效益好，薪酬差距大些，公司效益不好，薪酬差距应该小些。

企业薪酬内部差距还应考虑行业市场薪酬水平因素。某些行业员工薪酬收入差距大，如金融、地产等行业；某些行业员工收入差距小，如商业企业、餐饮企业等。这是因为，一方面，不同行业之间低职位员工收入差距不应过大，因为这些岗位具有普遍性、替代性的特点，如司机、会计等岗位；另一方面，不同行业高职位员工收入差别很大，这是由人才供给不足及对技能要求不同决定的，如建筑工程师的收入一般高于机械工程师的收入水平。由此可见建筑行业薪酬差距一般比机械行业、普通服务行业的大就不足为怪了。

第三节 绿色人力资源管理

一、绿色人力资源管理的概述

1. 绿色人力资源管理的人性假设

人力资源管理具有鲜明的时代性，人力资源管理是建立在一定的人性假设基础之上的。在西方管理学的理论中，人性假设理论的发展推动着管理学理论的发展，与人性的假设"理性经济人—社会人—复杂人"的路线相对应形成的管理学理论是科学管理理论、行为科学管理理论与现代管理理论。

目前，一些学者提出"理性生态人"的人性假设。

"理性生态人"是生态伦理学家提出的一种新的人类行为模式，它基于对传统"经济人"概念的批判，要求人们在社会生活中，除了成为某一行业的专家外，还应具备与其职业活动及生活方式相关的自觉环境保护意识。其主要的行为特征是保护环境、尊重生命、善待自然、适度消费与注重效率。

未来的社会将是生态文明社会。未来的管理理论与实践将会以"理性生态人"理论假设作为其理论基础。"理性生态人"将是未来社会管理中设计、规划和实施的重要的人力要素。

2. 绿色人力资源管理的含义

绿色人力资源管理（green human resource management）是从人力资源管理角度考虑如何提升企业环境绩效和促进企业可持续发展的一种新观念。换句话说，人力资源管理能在防止环境污染或保护环境、促进企业可持续发展过程中起到怎样的作用。

绿色人力资源管理是指将"绿色"理念应用到人力资源管理领域所形成的新的管理理念和管理模式中去。其主要任务是根据企业的绿色价值观及顺应客户与市场绿色化的需求，基于生态人的人性假设，通过符合"绿色"理念的人力资源管理职能，实现企业内部员工与生态的和谐，为企业带来经济、社会和生态效益相统一的综合效益。

二、绿色人力资源管理的着力点

那么，企业该如何实施绿色人力资源管理呢？如前文所述，除了基础性的工作分析以外，人力资源管理主要的五项职能为人力资源规划、招聘管理、培训管理、绩效管理、薪酬管理。显然，绿色人力资源管理也必须从这五个方面进行管理，用机制形成合力，促进企业绿色战略的实施。

1. 拉力——制定绿色人力资源规划，指导企业绿色人力资源管理活动

绿色人力资源战略规划决定了企业绿色人力资源管理的发展方向，是企业绿色人力资源管理工作的起点，它以企业的绿色战略目标为依据，指导企业绿色人力资源管理的其他职能活动。企业的绿色人力资源规划要服务于企业的总体战略，促进企业实现绿色可持续发展的目标。主要着眼点在于以下几个方面。

（1）预测未来的组织结构

建立一个与环境要求相适应的柔性化的组织结构，通过组织结构，将责任管理、目标管理充分运用到绿色管理中，从而使组织结构能够在绿色管理中充分发挥作用。

（2）制订人力供求平衡计划

预测因绿色产品业务发展、转变或绿色制造技术装备更新所需增加的人员数量及其层次。

（3）绿色雇主品牌建设

绿色雇主品牌运用绿色理念吸引、激励和保留绿色人才。近年来，可以在像 IBM、通用汽车、微软、Coca-Cola、GE 等世界 500 强公司网站上看到清晰的环境政策内容及其有关环保活动的报告。

2. 排斥力——实施绿色招聘，排除不符合企业绿色文化的应聘者

招聘是企业人力资源管理执行层面的起点，通过绿色招聘，企业可以排除那些不具备环保意识的求职者，吸引认同企业绿色文化的优秀人才。

在低碳经济时代，企业的绿色招聘可以从以下几个方面着手。

（1）招聘广告

由于应聘者越来越关注企业的绿色意识和环境保护行为，优秀的人才更喜欢去绿色环保的企业工作。因此，企业应该在招聘广告中适当地宣传企业的绿色形象、环保政策及环保业绩，从而达到吸引优秀人才的目的。

（2）测试环节

增加关于企业环境责任、环保的相关问题，辨别候选人是否具备环境保护意识和处理环境问题的能力，排除那些与企业绿色文化不相符的候选人。

（3）招聘手段

在招聘过程中尽可能通过信息化手段实现应聘简历的无纸化操作，借助信息化手段进行远程网上视频面试，减少碳足迹。

3. 支持力——加强环保知识与技能培训，支持员工实施绿色低碳行为

（1）知识与技能培训

企业不但要进行一般的知识技能培训，而且必须进行环境教育与培训，培训的内容包括环境法律法规、环境污染控制和企业环境方针政策等基本知识，还包括企业为满足客户对绿色产品的需求而不断更新的先进知识技术。通过培训提高员工的低碳环保意识，支持员工的绿色低碳行为，使员工学会用最少的资源、最小的环境破坏来创造最大的价值，同时增强企业产品的技术创新能力，帮助企业快速响应客户对绿色产品的需求，树立企业良好的绿色形象。

（2）按需施教，避免培训的铺张浪费

在培训过程中，灵活运用培训手段，树立环保榜样，营造人人绿色化的氛围；建立企业环境委员会（包含人力资源代表、环境专家和其他管理者）对环境培训进行监控与管理，提高企业环境培训的效果。

4．控制力——运用绿色绩效管理，引导员工产生绿色行为

企业关注的将不仅是经济效益，而且必须考虑环境效益。因此，企业要设置绿色绩效指标并对员工的绿色绩效进行评估，引导员工产生有利于企业提升环境绩效的绿色行为。

企业绿色绩效管理的实施主要从以下四个方面着手。

（1）制订绩效计划

应根据环境职责的履行情况、节能减排情况设置绿色指标，将绿色职责列入公司各级、各类人员的绩效评价与管理范围。

（2）绩效监控阶段

明确各个岗位的绿色职责，关注各个工作流程节能减排目标的实现情况，优化绩效管理流程。

（3）绩效评估阶段

根据员工在绩效周期的表现情况，根据绿色绩效指标，评价员工的绩效表现，并将绩效结果反馈给员工，让员工了解其绩效表现情况，明确自身的成绩与不足。

（4）绩效反馈阶段

将绩效结果的运用与企业的人力资源管理决策结合起来。对于履行环境职责较好的员工，公司应给予经济或精神上的奖励。企业也要对那些违反环境法规的员工进行惩罚，包括批评、警告等方式。

5．驱动力——增加环境报酬，激励员工参与企业环境管理

主要体现在薪酬结构设计方面：增加环境报酬模块。企业为员工提供的环境报酬包括物质报酬和非物质报酬。要将物质报酬和非物质报酬结合起来，为完成绿色绩效指标的员工提供相应的报酬，激励员工参与企业的环境管理，使企业和员工都能从中获益。

三、中国企业绿色人力资源管理的实施框架和路线

1．绿色人力资源管理的实施框架

从中国实际看，由于企业成熟度远未达到西方国家的水准，基本的实施条件还未具备，因此在现阶段，中国企业要想实现绿色的人力资源管理还需要较长时间的准备，必

须逐步实施，分阶段进行。

宏观层次上，政府要引导企业基于低碳经济可持续发展理念，实现整体经济由粗放型向集约型转型，为绿色人力资源管理的实施创造必要的基础条件。中观层次上，利益相关者通过自身与企业的交流为绿色人力资源管理的实施创造动力。通过政府及利益相关者的"拉动"与"推动"，最终过渡到企业绿色人力资源管理微观层次上的实施。

2. 绿色人力资源管理的实施路线

宏观层次上，政府要推动经济体制改革，着力为企业的创新转型创造条件。大力发展绿色经济，将绿色 GDP 作为考核经济发展的重要指标，大力发展绿色科技产业；社会文化方面要通过各种宣传和教育手段大力倡导可持续发展，营造良好的氛围。企业要建立现代企业制度，倡导企业责任，建立企业公民评价标准，树立标杆，评选优秀企业公民，加强绿色政策、法律法规的研究；基础设施方面要及时追随世界绿色科技的脚步，设计开发绿色产品、绿色生产工艺，应用新能源、节能环保等新技术；知识方面要通过教育，为大众普及基本的环保知识。从发达国家的经验看，该阶段至少需要 10 年左右的时间。

中观层次上，利益相关者要推动企业实施绿色人力资源管理，推动企业转型。企业的利益相关者主要有员工、客户、合作伙伴和公众。员工与企业利益最为相关，员工的环保意识影响企业的整体氛围，直接影响企业目标的实现，而企业目标的实现又会增强员工的环保意识；客户对绿色产品的选择无疑会对企业采用绿色生产工艺产生积极影响，而企业生产的绿色产品对客户也是一种潜在的环保教育和经验体验；合作伙伴包括供应商、批发商，作为企业的上下游合作伙伴，他们的环保态度也必然互相影响。公众虽然不是企业的客户，但是具有成为客户的可能性，公众通过舆论会对企业的目标选择也造成影响，同时，企业的行为也会对公众造成正面或者负面的影响。因此，此阶段的重点是企业与公民环保意识的养成，一旦养成了环保意识，绿色人力资源管理的实施就有了积极的动力，企业就可以开始着手进行真正的实施。

微观层次上，企业要借鉴西方发达国家的经验，开始尝试进行绿色人力资源管理实践。

问答题

1. 什么是人力资源规划？包括哪些内容？
2. 简述招聘应遵循的原则。
3. 企业员工培训有哪些发展趋势？
4. 简述绩效及绩效管理的内涵。
5. 简述薪酬管理的原则。

能力训练题

1. 全班分组，各组虚拟成立一家公司，设置一个职位进行模拟招聘，要求各组成员运用信息化手段开展本公司招聘活动，要求同时到其他小组进行应聘。

2．查找资料，并阅读《绿化办公室》（*Greening the Office*）这本书或者访问 www.greatplacetowork.com（好工作场所研究所）撰写如何创建更好更环保的工作环境。

案例分析

中国银行人力资源管理

课后阅读

一　绿色招聘助力环保
二　谷歌重新定义 HR

拓展阅读

黄卫伟，2014．以奋斗者为本：华为公司人力资源管理纲要．北京：中信出版社．

加里·德斯勒，2012．人力资源管理．12 版．吴雯芳，刘昕．译．北京：中国人民大学出版社．

帕门特．2012．关键绩效指标：KPI 的开发、实施和应用．王世权，等译．北京：机械工业出版社．

唐贵瑶，等，2015．绿色人力资源管理研究述评与展望．外国经济与管理，（10）：82-96．

万玺，2012．AMO 理论视角下中国绿色人力资源管理初探：一个微观研究视角．中国人力资源开发，（10）：9-13．

万玺，2016．招聘管理．2 版．北京：科学出版社．

中国人力资源开发网（http://www.chinahrd.net/）．

第六章

企业财务管理

知识目标

1. 熟悉企业财务管理基本概念。
2. 掌握企业货币的时间价值的计算。
3. 掌握企业财务管理中的筹资、投资、利润分配管理。
4. 掌握绿色会计的内容。
5. 熟悉绿色会计理论框架、信息的披露、构建。
6. 熟悉绿色会计实施的措施。

能力目标

1. 学会货币时间价值在财务管理中的具体应用。
2. 在项目决策中正确运用筹资、投资、利润分配管理。

关 键 词

财务管理　货币时间价值　筹资管理　投资管理　利润分配管理　绿色会计

| 导入案例 |

CDMA 持续性投资项目的再投资决策

　　早在 2001 年，国内第二大移动运营商中国联通正式开展了 CDMA 网络（C 网）建设的具体筹划工作，由集团和旗下控股子公司分别承担 C 网的投资建设与运营维护。加上原有的核心业务——GSM 网络（G 网），中国联通成为中国第一家同时拥有两张移动通信网络的企业。虽然最初做投资决策时 C 网具有广阔的市场前景和良好的预期效益，但是投入运营 6 年之后中国联通面临 3G 时代的再投资决策时却选择停止 C 网的运营。2006 年中国联通大幅削减了对 C 网的投资，于 2008 年停止运营并将其出售给中国电信。C 网的"新东家"中国电信收购 C 网后先后投资 1085 亿元，大力扩容和升级改造网络，取得的财务效益明显好于 C 网的"旧主"中国联通。

　　对 C 网这一需要持续性投资的项目，即使在企业最初投资决策时具有广阔的市场前景和良好的预期效益，在企业再投资决策时也并不意味着其依然可行，还需要考虑该项目的实际效益，以及企业支撑其后续再投资的能力。

　　中国联通最初选择投资 C 网，是因为其符合企业竞争战略并且具有良好的市场前景与预期效益。第一，中国联通的企业规模、经营绩效与移动业务都明显落后于中国移动，并且在价格竞争中处于劣势，而投资 C 网是中国联通的战略出路。第二，C 网相比 G 网具有明显的技术优势，未来的需求空间广阔，同时受到政府政策的扶持。第三，C 网具有良好的预期财务效益，管理层预期 C 网的未来现金流量能够使企业在 7 年内收回投资成本，并获得一定的投资报酬。

2002～2007 年，C 网经营现金流量总额近 393 亿元，占项目投资总额不到 40%，不仅没有如期收回投资成本，也难以为再投资提供资金支持。具体表现为：第一，由于 C 网的市场没有顺利打开，营业收入规模较小，成本费用水平较高，导致投入运营之后的实际盈利能力和现金流量能力一直处于较低水平，进而无法为自身的再投资提供足够的资金支持，需要企业为其再投资筹集资金。第二，考虑中国联通自身的内源融资能力及外部的债务融资能力、权益融资能力，企业无法满足 G 网和 C 网在未来 3G 时代同时再投资的融资需求。因此，中国联通选择停止对 C 网再投资并将其出售。

2008 年，中国电信收购 C 网之后对其进行大力投资扩容和升级，实现了良好的预期财务效益。2011 年，C 网顺利实现了盈利，创造的经营现金流量已经能够支撑自身的再投资。2012 年，C 网用户数量突破 1.6 亿户，营业收入达 1179.26 亿元，与 2009 年相比分别增长了 187%和 231%，成为全球最大的 CDMA 运营商。之后，电信集团对 C 网的实际投资额已经超出了管理层预期的投资计划。同时 C 网的网络扩容和升级改造都取得了良好的投资效益，表现为 C 网的营业收入和市场份额快速增长，其中 3G 业务发展更为迅速，带动了 C 网整体移动业务的发展。因此，中国电信完全具备支撑 C 网再投资的能力。

2014 年 2 月，工业和信息化部向中国电信发放了 FDD LTE 4G 牌照，拥有 C 网的中国电信又将面临 4G 时代的新一轮网络再投资。对于 4G 牌照的发放最"纠结"的莫过于中国电信。由于其采用的 CDMA-EV-DO-3G 制式并不支持向 FDD 和 TDD 进行平滑过渡，中国电信如果选择建网，就必须新建。包括重新建设基站及研发适应多频多模的手机终端。年报显示，2015 年中国电信的资本开支达到 1078 亿元，相比 2014 年增长了 40%。其中，610 亿元用于投建 4G，较此前业界预期，这一数字有所增加。此前，中国电信高层曾透露，2015 年的资本开支会在 2014 年的基础上增加 20%。由此可见，随着形势日渐严峻，中国电信加快了再投资的脚步。至于再投资能否取得良好的收益，我们拭目以待。

（资料来源：http://www.hoioi.cn/fs/83/report_335893.html.）

思考：中国电信的再投资是否是成功的？

第一节　企业财务管理概述

一、财务管理

1. 财务管理的概念

财务管理是组织企业财务活动、处理财务关系的一项经济管理工作，即在一定的整体目标下，关于资产的购置（投资）、资本的融通（筹资）和经营中的现金流量（营运资金），以及利润分配的管理。财务管理是企业管理的一个组成部分，它是根据财经法规制度，按照财务管理的原则，组织企业财务活动，处理财务关系的一项经济管理活动。

2. 企业财务活动与财务关系

企业财务活动是以现金收支为主的企业资金收支活动的总称，包括企业筹资、投资、经营、分配引起的财务活动。这四项活动是财务管理的基本内容。

企业财务关系是指企业在组织财务活动过程中与各有关方面发生的经济关系，包括企业与其所有者、债权人、被投资单位、债务人、企业内部各单位、与员工之间、与政府之间的财务关系。

3. 财务管理的内容及特点

（1）财务管理的内容

财务管理的内容可分为筹资管理、投资管理、资金营运管理、利润分配管理。

1）筹资管理主要是对筹资活动的管理。即在正确地测定企业的资金需要量的情况下，合理确定权益资金与债务资金的结构，不断降低筹资成本和风险。

2）投资管理主要是对投资活动的管理。需要考虑货币时间价值与风险报酬，确定合理的投资规模及投资结构，评估投资项目的可行性，力求投资报酬率最大。

3）资金营运管理主要是对资金营运周转效率进行管理。即加快营运资金的周转，提高资金的利用效率。

4）利润分配管理主要是围绕企业经营成果的分配活动进行的管理。其核心是制定合理的收益分配政策，确保各方面的经济利益得到平衡，维护企业长期稳定发展。

（2）财务管理的特点

1）涉及面广。就企业内部而言，财务管理活动涉及企业生产、供应、销售等各个环节；每个部门也都在合理使用资金、节约资金支出、提高资金使用率上，受到财务管理部门的监督和约束。同时，财务管理部门本身为企业生产管理、营销管理、质量管理、人力物资管理等活动提供及时、准确、完整、连续的基础资料。另外，企业的财务管理也涉及企业外部的各种关系。

2）综合性强。财务管理作为一种价值管理，是一项综合性强的经济管理活动，渗透在全部经营活动之中，涉及生产、供应、销售每个环节和人、财、物各个要素。

3）灵敏度高。企业的决策、经营、技术、产销等情况都能迅速地在财务管理中得到反映。

二、财务管理的目标与代理冲突

1. 财务管理的目标

财务管理目标是企业组织财务活动、处理财务关系所要达到的根本目的，它决定着企业财务管理的基本方向，是企业财务管理工作的出发点。关于企业财务管理目标先后出现了三种比较具有代表性的观点：利润最大化目标、股东财富最大化目标、企业价值最大化目标。

1）利润最大化目标认为利润代表了企业新创造的财富，利润越多，则说明企业的财富增加得越多，越接近企业的目标。该目标的优点：企业要追求利润最大化，必须加强管理，改进技术，提高劳动生产率，降低成本，这将有利于企业合理配置资源，提高企业的经济效益。但利润最大化目标存在诸多缺点：没有考虑风险问题；没有考虑利率和投入资本的关系；不能反映企业未来的盈利能力；容易导致企业财务决策的短期行为，而忽视了企业的长远发展。

2）股东财富最大化目标是指通过财务上的合理经营，为股东创造最多的财富，实现企业财务管理目标。与利润最大化目标相比，该目标的优点是考虑了现金流量的时间价值和风险因素；能够克服企业追求利润的短期行为，并能反映资本与报酬之间的关系。缺点在于该目标在非上市公司难以应用，且对其他相关者的利益不够重视。

3）企业价值最大化目标是指采用最优的财务结构，充分考虑资金的时间价值及风险与报酬的关系，使企业价值达到最大。该目标的一个显著优点就是全面地考虑了企业利益相关者和社会责任对企业财务管理目标的影响，但缺点是企业价值计量不易为管理部门理解和掌握，没有考虑股权资本成本等方面的问题。

2．代理冲突

财务管理目标的不同，必然容易导致企业相关者利益的冲突，而在所有的利益冲突中，所有者与经营者的利益冲突最为明显。经营者是所有者的代理人，所有者期望经营者以较小的代价帮其多创造财富；而经营者希望在为所有者创造财富的同时，获取更多的报酬，两者目标的不一致，导致了利益的冲突。

协调代理冲突的总体原则是尽量平衡企业相关者的利益分配在数量上和时间上达到动态的协调平衡。具体方法包括解聘经营者、给予经营者股票期权、绩效股激励等方式。

三、企业组织形式与财务经理

1．企业组织形式

按投资主体不同，企业组织形式分为独资企业、合伙企业和公司制企业。

1）独资企业也称单个企业。它是由个人出资，自己经营并负责盈亏，对企业的债务承担无限责任的企业。

2）合伙企业是由几个人、几十人，甚至几百人联合起来共同出资创办的企业。它通常是依合同或协议凑合组织起来的，结构较不稳定。合伙人对整个合伙企业所欠的债务负有无限的责任。

3）公司制企业是指所有权和管理权分离，出资者按出资额对公司承担有限责任的企业。它主要包括有限责任公司和股份有限公司。

有限责任公司是指不通过发行股票，而由为数不多的股东集资组建的公司，其资本无须划分为等额股份，股东在出让股权时受到一定的限制。财务状况不必向社会披露，公司的设立和解散程序比较简单，管理机构也比较简单，比较适合中小型企业。

股份有限公司是指全部注册资本由等额股份构成并通过发行股票筹集资本，公司以其全部资产对公司债务承担有限责任的企业法人。公司的资本总额平分为金额相等的股份；股东以其所认购股份对公司承担有限责任，公司以其全部资产对公司债务承担责任；每一股有一表决权，股东以其持有的股份，享受权利，承担义务。

2．财务经理

财务经理属于财务部，其直属上级为财务总监、CFO、总经理、总裁，主要负责组织制定企业年度财务预算和绩效考核体系，建立健全财务核算体系和内控制度，建立成本控制体系，准备月度经营分析报告，完善现金流管理，为公司重大投融资等经营活动提供财务决策支持。

公司的财务经理服从和服务于公司价值最大化这一基本目标，并逐渐聚集在产权、战略和监控这三大基点上。财务经理在公司治理和公司管理中承担着理财、控制和监督职责，其工作可进而归结为价值管理（理财）和行为管理（控制和监督）这两个基本方面。因此，财务经理的角色定位可以表述为用价值管理的理念和手段持续优化资源配置，以使企业人、财、物等资源在供、产、销、研等业务环节的配置实现持续优化，从而在过程和结果上实现企业价值的最大化。

四、财务管理的环境

财务管理环境又称理财环境，是指对企业财务活动和财务管理产生影响作用的企业内外各种条件的统称。企业资金的取得、运用和收益的分配会受到环境的影响，企业成本、利润、资本需求量也会受到环境的影响，企业的兼并、破产与重整也与环境的变化有联系。

1．财务管理的宏观环境

财务管理的宏观环境主要包括法律环境、经济环境、社会文化环境。其中，比较重要的法律环境是指企业发生经济关系时应遵守的各种法律、法规和规章。与企业财务管理活动有关的法律规范有企业组织法规、税收法规、财务法规等。经济环境是指企业在进行财务活动时所面临的宏观经济状况，主要包括经济发展状况、政府的经济政策、通货膨胀和通货紧缩、金融市场、产品市场、经理和劳动力市场等。社会文化环境是指人们在特定的社会环境中形成的习俗观念、价值观念、行为准则和教育程度，以及人们对经济、财务的传统看法等。社会文化环境包括教育、科学、文学、艺术、新闻出版、广播电视、卫生体育、世界观、习俗，以及同社会制度相适应的权利义务观念、道德观念、组织纪律观念、价值观念和劳动态度等。

2．财务管理的微观环境

财务管理的微观环境是指对财务主体的财务机制运行有直接影响的那部分外部条件和因素。以所有者和经营者作为财务主体进行分析时，其构成要素主要有以下几个方面。

1）债权人。债权人是企业资金的重要提供者，对企业的筹资决策、投资决策和利润分配决策有直接影响。

2）供应商和客户。供应商是原材料、机器设备等生产资料的提供者，客户则是吸收本企业产出的主体。良好的与供应商和客户的关系是企业增加价值的重要源泉，是企业最重要的经济资源，是企业营运资金管理、成本管理、利润管理及战略财务管理等需要考虑的最重要环境因素。一般来说，产品市场、通货膨胀及经济周期等一般财务管理环境的作用主要通过该具体财务管理环境因素得以体现。

3）政府。其对企业财务机制运行的直接影响主要体现在两个方面：一是作为社会管理者所制定的政策法规、管理制度，直接限定了企业作为财务主体开展财务活动的范围；二是作为征税者的政府运用税收手段直接参与企业的利益分配，取得税收收入。

4）员工。员工是企业经营的主体，他们是企业治理契约或结构的重要组成部分。对于所有者、经营者来说，他们相互之间及各自与员工在财权和利益分配等方面的平衡，始终是其财务管理的重要内容及难题之一。

第二节　货币的时间价值

一、时间价值的概念

任何企业的财务活动都是在特定的时空中进行的。离开了时间价值，就无法正确计算不同时期的财务收支，也无法正确评价企业盈亏。货币的时间价值原理正确地揭示了在不同时点上资金之间的换算关系，是财务决策的基本依据。

并不是所有货币都有时间价值，只有把货币作为资本投入生产经营过程才能产生时间价值。也就是说，资金被投入生产经营以后，劳动者会生产出新的产品，创造出新的价值，产品销售以后得到的收入要大于原来投入的资金，形成资金的增值，即时间价值是在生产经营中产生的。在一定时期内，资金从投放到回收形成一次周转循环。在特定时期之内，资金周转需要的时间越少，资金的增值就越大，投资者获得的报酬也就越多。因此，随着时间的推移，资金总量在循环周转中不断增长，使得资金具有时间价值。

由于所有的生产经营都不可避免地具有风险，而投资者承担风险也要获得相应的报酬，此外，通货膨胀也会影响货币的实际购买力。因此，货币在生产经营过程中产生的报酬不仅包括时间价值，还包括货币资金提供者要求的风险报酬和通货膨胀贴水。因此，时间价值是扣除风险报酬和通货膨胀贴水后的真实报酬率。

银行存款利率、贷款利率、各种债券利率、股票的股利率都可以看作投资报酬率，它们与时间价值都有区别的，只有在没有风险和通货膨胀的情况下，时间价值才与上述各报酬率相等。为了简化分析过程，在论述货币时间价值时通常假定没有风险、没有通货膨胀，以利率代表时间价值。

计算货币资金的时间价值，首先要清楚资金运动发生的时间和方向，即每笔资金在哪个时点上发生，资金流向是流入还是流出。现金流量时间线提供了一个重要的计算货币资金时间价值的工具，它可以直观、便捷地反映资金运动发生的时间和方向。典型的现金流量时间线如图 6-1 所示。

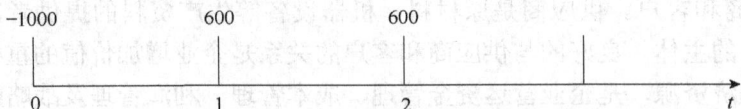

图 6-1　现金流量时间线

图 6-1 中横轴为时间轴，箭头所指的方向表示时间的增加。横轴上的坐标代表各个时点，$t=0$ 表示现在，$t=1$，2，…，分别表示从现在开始的第 1 期期末、第 2 期期末，以此类推。如果每期的时间间隔为 1 年，则 $t=1$ 表示从现在起第 1 年年末，$t=2$ 表示从现在起第 2 年年末。换句话说，$t=1$ 也表示第 2 年年初。

图 6-1 的现金流量时间线表示 $t=0$ 时刻有 1000 单位的现金流出，在 $t=1$ 及 $t=2$ 时刻各有 600 单位的现金流入。

现金流量时间线对于更好地理解和计算货币时间价值很有帮助，本书将在后面的章节中多次运用这一工具来解决许多复杂的问题。

二、复利终值和现值

利息的计算有单利和复利两种方法。单利是指一定时间内只根据本金计算利息，当期产生的利息在下一期不作为本金，不重复计算利息。而复利不仅本金要计算利息，利息也要计算利息，即通常所说的"利滚利"。复利的概念充分体现了资金时间价值的含义，因为资金可以再投资，而且理性的投资者总是尽可能最快地将资金投入合适的方向，以赚取报酬。在讨论资金的时间价值时，一般按复利计算。

1. 复利终值

终值是指当前的一笔资金在若干期后所具有的价值。复利终值的计算公式为

$$FV_n = PV (1+i)^n \qquad\qquad (6-1)$$

式中，FV_n 表示复利终值；PV 表示复利现值（资金当前的价值）；i 表示利息率；n 表示计息期数。

式（6-1）中的 $(1+i)^n$ 称为复利终值系数，可以写成 $FVIF_{i,n}$，也可以写成 $(F/P, i,n)$，则复利终值的计算公式也可以表示为

$$FV_n = PV (1+i)^n = PV \cdot FVIF_{i,n} = PV \cdot (F/P, i,n) \qquad (6-2)$$

通常可以在复利终值系数表里查到相应的终值系数。

2. 复利现值

现值是指未来年份收到或支付的现金在当前的价值。由终值求现值，称为折现，折现时使用的利息率称为折现率。复利现值的计算公式可由终值的计算公式导出。由公式 $FV_n = PV(1+i)^n$ 可以得到

$$PV = FV_n / (1+i)^n \qquad\qquad (6-3)$$

式（6-3）中 $1/(1+i)^n$ 称为复利现值系数或折现系数，可以写成 $PVIF_{i,n}$，也可以写

成 $(P/F$, $i,n)$，则复利现值的计算公式也可以表示为

$$PV = FV_n \cdot PVIF_{i,n} = PV \cdot (P/F, \ i,n) \tag{6-4}$$

通常可以在复利现值系数表里查到相应的现值系数。

三、年金终值和现值

年金是指一定时期内每期相等金额的收付款项。折旧、利息、租金、保险费等均表现为年金的形式。年金按付款方式，可分为后付年金（普通年金）、先付年金（即付年金）和永续年金。

1. 后付年金终值和现值

后付年金是指每期期末有等额收付款项的年金。在现实经济生活中这种年金最为常见，故也称为普通年金。

（1）后付年金终值

后付年金终值犹如零存整取的本利和，它是一定时期内每期期末等额收付款项的复利终值之和。

假设：A 表示年金数额；i 表示利息率；n 表示计息期数；FVA_n 表示年金终值，则后付年金终值的计算可用图 6-2 来说明。

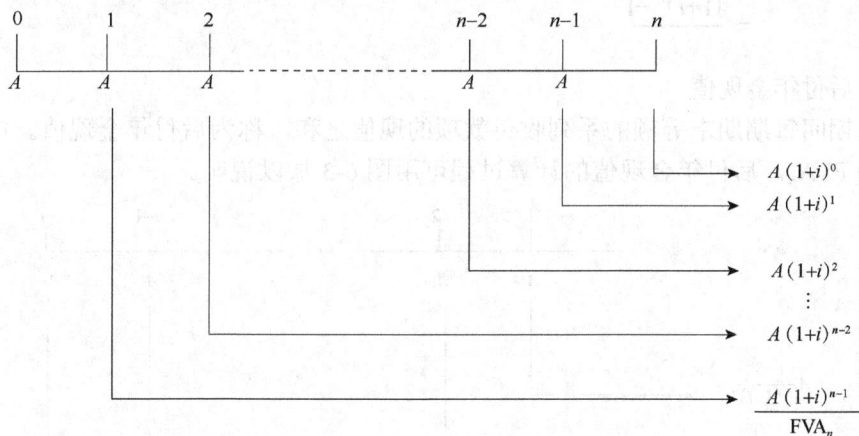

图 6-2　后付年金终值计算示意图

由图 6-2 可知，后付年金终值的计算公式为

$$FVA_n = A(1+i)^0 + A(1+i)^1 + A(1+i)^2 + \cdots + A(1+i)^{n-2} + A(1+i)^{n-1}$$
$$= A[(1+i)^0 + (1+i)^1 + (1+i)^2 + (1+i)^{n-2} + (1+i)^{n-1}]$$
$$= A\sum_{t=1}^{n}(1+i)^{t-1}$$

式中的 $\sum_{t=1}^{n}(1+i)^{t-1}$ 表示年金终值系数或年金复利系数，通常写作 $(F/A, i, n)$；其他符号含义同前。

因此，后付年金终值的计算公式也可以表示为 $FVA_n = A \cdot FVIF_{i,n} = A \cdot (F/A, i, n)$
式中，符号含义同前。

为了简化计算，也可利用年金终值系数表（简称 FVIFA 系数表），表中各期年金终值系数可按照下列公式计算

$$FVIFA_{i,n} = \frac{(1+i)^n - 1}{i} \tag{6-5}$$

式中，表示各期年金终值系数；其他符号含义同前。

公式推导过程如下。

$$FVIFA_{i,n} = (1+i)^0 + (1+i)^1 + (1+i)^2 + \cdots + (1+i)^{n-2} + (1+i)^{n-1} \tag{1}$$

将式（1）两边同乘以（$1+i$），得

$$FVIFA_{i,n} \cdot (1+i) = (1+i)^1 + (1+i)^2 + \cdots + (1+i)^{n-1} + (1+i)^n \tag{2}$$

式（2）－式（1），得

$$FVIFA_{i,n} \cdot (1+i) - FVIFA_{i,n} = -1 + (1+i)^n$$

$$FVIFA_{i,n} \cdot i = (1+i)^n - 1$$

$$FVIFA_{i,n} = \frac{(1+i)^n - 1}{i}$$

即

$$FVIFA_{i,n} = (1+i)^0 + (1+i)^1 + (1+i)^2 + \cdots + (1+i)^{n-2} + (1+i)^{n-1}$$

$$= \frac{(1+i)^n - 1}{i}$$

（2）后付年金现值

一定期间每期期末等额的系列收付款项的现值之和，称为后付年金现值。年金现值的符号为 PVA_n，后付年金现值的计算过程可用图 6-3 加以说明。

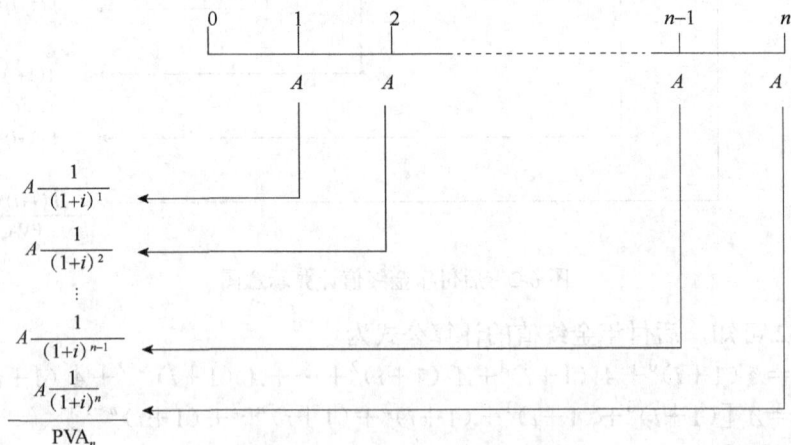

图 6-3　后付年金现值计算示意图

由图 6-3 可知，后付年金现值的计算公式为

$$PVA_n = A\frac{1}{(1+i)^1} + A\frac{1}{(1+i)^2} + \cdots + A\frac{1}{(1+i)^{n-1}} + A\frac{1}{(1+i)^n}$$

$$= A\sum_{t=1}^{n}\frac{1}{(1+i)^t}$$

式中，$\sum_{t=1}^{n}\dfrac{1}{(1+i)^t}$ 表示年金现值系数，可简写为 $PVIFA_{i,n}$ 或（P/A，i，n）；其他符号含义同前。

因此，后付年金现值的计算公式也可表示为

$$PVA_{i,n} = A \cdot PVIFA_{i,n} = A \cdot (P/A，i,n)$$

式中，$PVIFA_{i,n}$ 表示各期年金现值系数；其他符号含义同前。

也可利用年金现值系数表，表中各期年金现值系数可按下列公式计算

$$PVIFA_{i,n} = \frac{(1+i)^n - 1}{i(1+i)^n} \tag{6-6}$$

式中，符号含义同前。

此公式的推导过程如下。

$$PVIFA_{i,n} = \frac{1}{(1+i)^1} + \frac{1}{(1+i)^2} + \frac{1}{(1+i)^3} + \cdots + \frac{1}{(1+i)^{n-1}} + \frac{1}{(1+i)^n} \tag{1}$$

式（1）两边同乘以（$1+i$），得

$$PVIFA_{i,n} \cdot (1+i) = 1 + \frac{1}{(1+i)^1} + \frac{1}{(1+i)^2} + \cdots + \frac{1}{(1+i)^{n-1}} + \frac{1}{(1+i)^n} \tag{2}$$

式（2）－式（1），得

$$PVIFA_{i,n} \cdot (1+i) - PVIFA_{i,n} = 1 - \frac{1}{(1+i)^n}$$

$$PVIFA_{i,n} \cdot i = 1 - \frac{1}{(1+i)^n}$$

$$PVIFA_{i,n} = \frac{(1+i)^n - 1}{i(1+i)^n}$$

即

$$PVIFA_{i,n} = \frac{1}{(1+i)^1} + \frac{1}{(1+i)^2} + \frac{1}{(1+i)^3} + \cdots + \frac{1}{(1+i)^{n-1}} + \frac{1}{(1+i)^n}$$

$$= \frac{1 - \dfrac{1}{(1+i)^n}}{i}$$

$$= \frac{(1+i)^n - 1}{i(1+i)^n}$$

2．先付年金终值和现值

先付年金是指在一定时期内，各期期初等额的系列收付款项。先付年金与后付年金的区别仅在于付款时间的不同。由于后付年金是最常用的，因此，年金终值和现值的系数表是按后付年金编制的，为了便于计算和查表，必须根据后付年金的计算公式，推导出先付年金的计算公式。

（1）先付年金终值

n 期先付年金终值和 n 期后付年金终值的关系可用图 6-4 加以说明。

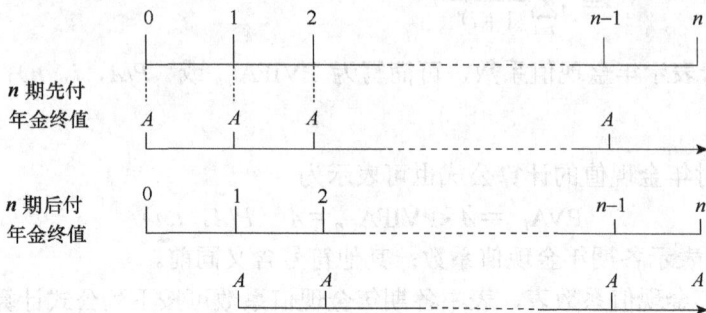

图 6-4　后付年金现值计算示意图

从图 6-4 可以看出，n 期先付年金与 n 期后付年金的付款次数相同，但由于付款时间的不同，n 期先付年金比 n 期后付年金终值多计算一期利息。因此，可先求出 n 期后付年金的终值，然后乘以（$1+i$），便可求出 n 期先付年金的终值。其计算公式为

$$XFVA_n = A \cdot FVIFA_{i,n} \cdot (1+i) \tag{6-7}$$

式中，表示 n 期先付年金的终值；其他符号含义同前。

此外，还可根据 n 期先付年金终值与 $n+1$ 期后付年金终值的关系推导出另一计算公式。n 期先付年金与 $n+1$ 期后付年金的计息数相同，但比 $n+1$ 期后付年金少付一次款，因此，只要将 $n+1$ 期后付年金的终值减去一期付款额 A，便可求出 n 期先付年金终值，其计算公式为

$$XFVA_n = A \cdot FVIFA_{i,n+1} - A = A (FVIFA_{i,n+1} - 1) \tag{6-8}$$

式中，符号含义同前。

（2）先付年金现值

n 期先付年金现值与 n 期后付年金现值的关系可以用图 6-5 加以说明。

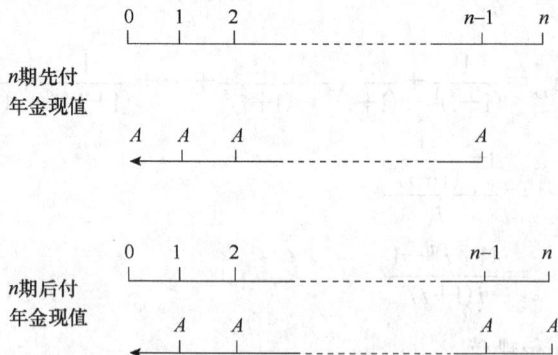

图 6-5　先付年金现值计算示意图

从图 6-5 可以看出 n 期先付年金现值与 n 期后付年金现值的付款次数相同，但由于付款时间的不同，在计算现值时，n 期后付年金比 n 期先付年金多折现一期，因此，可先求出 n 期后付年金的现值，然后乘以（$1+i$），便可求出 n 期先付年金的现值，其计算公式为

$$\text{XFVA}_n = A \cdot \text{PVIFA}_{i, n-1} + A = A (\text{PVIFA}_{i, n-1} + 1) \qquad (6\text{-}9)$$

式中，符号含义同前。

3. 永续年金现值的计算

永续年金是指期限为无穷的年金。英国和加拿大有一种国债就是没有到期日的债券，这种债券的利息可以视为永续年金。绝大多数优先股因为有固定的股利但无到期日，因而其股利也可以视为永续年金。另外，期限长、利率高的年金现值，可以按永续年金现值的计算公式计算其近似值。

永续年金现值的计算公式为

$$V_0 = A \frac{1}{i} \qquad (6\text{-}10)$$

式中，V_0 表示永续年金的现值；其他符号含义同前。

四、时间价值计算中的几个特殊问题

以上介绍了时间价值的几个基本原理，现对时间价值计算中的几个特殊问题加以说明。

1. 不等额现金流量现值的计算

前面讲的年金每次收入和付出的款项都是相同的，但在财务管理实践中，更多的情况是每次收入和付出的款项并不相等，而且经常需要计算这些不等额现金流入量或流出量的现值之和。

假设：A_0 表示第 0 年年末的付款；A_1 表示第 1 年年末的付款；A_2 表示第 2 年年末的付款；A_n 表示第 n 年年末的付款。则其现值计算公式可用图 6-6 加以说明。

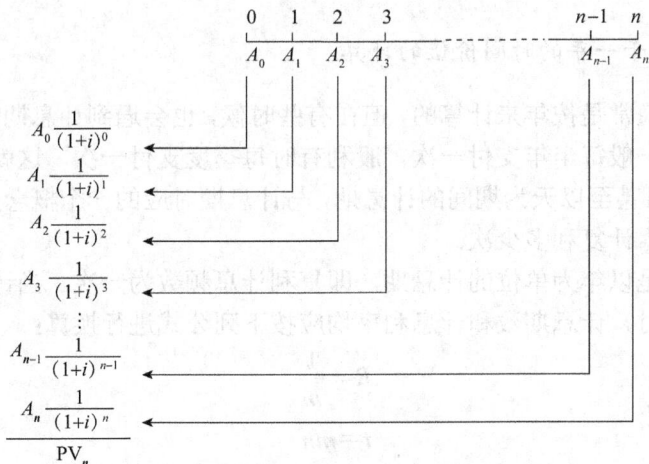

图 6-6 不等额现金流量现值计算示意图

由图 6-6 可知：

$$PV_0 = A_0 \frac{1}{(1+i)^1} + A_1 \frac{1}{(1+i)^2} + \cdots + A_{n-1} \frac{1}{(1+i)^{n-1}} + A_n \frac{1}{(1+i)^n}$$

$$= \sum_{t=0}^{n} \frac{At}{(1+i)^t}$$

2．年金和不等额现金流量混合情况下的现值

在年金和不等额现金流量混合的情况下，不能用年金计算的部分，而用复利公式计算，然后与用年金计算的部分加总，便得出年金和不等额现金流量混合情况下的现值。

3．折现率的计算

在前面计算现值和终值时，都假定利率是给定的，但在财务管理中，经常会遇到已知计息期数、终值和现值，求折算率的问题。一般来说，求折现率可以分为两步：第一步，求出换算系数；第二步，根据换算系数和有关数表求折现率。根据前述有关公式，复利终值、复利现值、年金终值和年金现值的换算系数分别用下列公式计算：

$$FVIF_{i,n} = \frac{FV_n}{PV} \tag{6-11}$$

$$PVIF_{i,n} = \frac{PV}{FV_n} \tag{6-12}$$

$$FVIFA_{i,n} = \frac{FVA_n}{A} \tag{6-13}$$

$$PVIF_{i,n} = \frac{PVA_n}{A} \tag{6-14}$$

4．计息期短于一年的时间价值的计算

终值和现值通常是按年来计算的，但在有些时候，也会遇到计息期短于一年的情况。例如，债券利息一般每半年支付一次，股利有时每季度支付一次，这就出现了以半年、一个季度、一个月甚至以天为期间的计息期，与计息期对应的一个概念是复利计息频数，即利息在一年中累计复利多少次。

前面探讨的是以年为单位的计息期，即复利计息频数为一次。当计息期短于一年，而利率是年利率时，计息期数和计息利率均应按下列公式进行换算：

$$R = \frac{1}{m} \tag{6-15}$$

$$t = mn \tag{6-16}$$

式中，R 表示期利率；i 表示年利率；m 表示每年的复利计息频数；n 表示年数；t 表示换算后的计息期数。

第三节　企业财务管理的主要职能

一、企业融资决策

企业融资是企业作为融资主体，根据自身生产经营、对外投资、调整资本结构等需要，通过一定的融资渠道，经济有效地筹措资本的活动。融资要解决的问题就是，向谁、在什么时候、以什么方式、融通多少资金，而融资所要达到的理想境界就是适时、适量、合理、合法地融通资金。

1. 股票融资

（1）私募股权融资

私募股权融资是指公司以非公开方式向潜在的投资者筹集股权资本的行为，风险投资公司、天使投资公司、机构投资者是私募股权融资的主要投资者。风险投资公司解决了公司创业发展阶段的融资问题，打破了公司发展初期的瓶颈，但投资对象的选择比较严格；机构投资者是用自有的资本或者从分散的公众手中筹集的资本专门进行有价证券投资活动的法人机构；天使投资者则使用自己的资金进行投资。

（2）新股发行

上市公司首次公开发行股票募集资金，简称 IPO（inital public offerings）。IPO 发行机制是指首次公开发行股票的上市公司与其承销商，在上市前对股票发行价格进行定价，并将股票出售给投资者进而实现其融资目的的一种制度安排。

（3）股权再融资

上市公司首次向社会公开发行的股票并上市的行为称为初始融资，之后的融资行为统称为再融资。目前的股权再融资的主要形式有配股和增发新股。

1）配股是指上市公司获得证券管理部门批准后，向现有股东按其持股的一定比例配售股份的行为，是我国公司上市后融资的主要方式，可将更多的优质资产注入上市公司，实现公司的快速发展。

2）增发新股是指已经经历过 IPO 并已挂牌交易的上市公司，根据其发展战略和经营需要，经证券监管部门批准，再次通过证券市场向社会投资者发售股票的融资行为，其为证券市场股权融资开辟了新途径，有利于上市公司股东多元化及股权结构调整。

2. 长期债务融资

（1）长期借款融资

长期借款融资是指公司向银行和非银行的金融机构及其他单位借入的、期限在一年以上的借款，主要用于构建固定资产和满足长期流动资产占用的需要。公司申请借款的条件有独立核算、自负盈亏、有法人资格；经营方向业务范围符合国家产业政策；具有偿还贷款的能力；在银行开立账户，办理结算。其偿还方式主要有一次性偿付法、等额利息法、等额本金法和等额本息法。长期借款的优点表现在融资速度快、借款成本较低、借款弹性大，可发挥杠杆作用；缺点表现在融资风险较高、限制条件多、融资数量有限。

（2）公司债券融资

公司债券是指公司依照法律程序发行，承诺按约定的日期支付利息和本金的一种书面债务凭证。它代表债权人与债务人之间的契约关系，这种关系使债权人对公司收益具有固定的索取权，对公司财产具有优先清偿权。

债券融资的品种有如下几种：抵押债券、信用债券、次级信用债券、零息债券、浮动利率债券、收益债券、指数债券、可转换债券、可赎回债券、可退还债券、附认股权证债券、信用敏感债券、商品链债券、双重货币债券、垃圾债券、灾难债券。

影响公司债券发行价格的因素包括发行者的类型、发行人的资信、债券期限、赎回与转换条件。债券融资的优点表现在债券成本较低，可利用财务杠杆，便于调整资本结构，保障股东的控制权；缺点表现在财务风险较高，限制条件较多。

3．租赁融资

（1）租赁融资的种类

1）经营租赁。经营租赁也称服务租赁，它是与租赁资产所有权相关的风险与收益在租赁期内不发生转移的一种租赁方式。一般情况下，经营租赁属公司短期融资方式，而在经营租赁不断续租的情况下，它才成为公司的长期融资方式。

2）融资租赁。融资租赁又称资本租赁，它是与租赁资产所有权相关的风险与收益在租赁业务发生时，由出租方转移至承租方的租赁方式。融资租赁的期限一般较长，租赁期占租赁资产使用寿命的大部分，租赁资产的购置成本必须在租赁期内全部计入各期租赁费中，同时出租方的租赁投资收益也要计入租金总额。

3）杠杆租赁。杠杆租赁是在传统融资租赁方式上派生出来的一种租赁方式。杠杆租赁将贷款银行加入租赁业务，出租人只需筹措 10%～20%的资金，其余的租金由出租方以租赁资产做抵押向贷款银行借入。

4）售后回租。售后回租是指资产的所有者在出售某项资产后，立即按照特定条款从购买者手中租回该项资产。一方面可以使公司取得出售资产的现金收入，另一方面可以继续使用该项设备，因此，它具有融资租赁的基本特征。

（2）租金的确定

在确定租金时，需考虑以下因素：租赁资产的购置成本、租赁资产的预计残值、贷款利息、租赁手续费、租赁费用的支付方式及租赁期限。

（3）租赁对资产负债表的影响

一般情况下，租赁资产的租金支出作为公司的一项经营费用将反映在公司的利润表上，但租赁资产不出现在公司的资产负债表上，只需在资产负债表的附注中披露这一信息，由于这一原因，经营租赁融资被称为"资产负债表外的融资"。而在融资租赁中，与租赁资产有关的风险和收益实质上已经转移给了承租人，因此，租赁资产应在资产负债表中反映，即融资租赁产生了一项与租赁费用现值相等的资产和负债，分别列示在资产负债表的左右两方。

（4）租赁融资的优缺点

优点主要表现在：租赁是一种融资与融物相结合的融资方式，融资速度比较快；融资租赁支出可以抵减公司的所得税；融资限制少；可以转移资产贬值的风险。缺点主要表现在：租赁融资成本高；当事人发生违约风险的可能性增大；存在利率和税率的变动风险。

4．短期融资

（1）商业信用

商业信用是指在商品交易中以延期付款或预收货款进行的购销活动而形成的借贷关系，它是公司间直接的信用行为。

1）应付账款融资。应付账款即赊购商品，这是一种典型的商业信用形式。应付账款融资是否付出代价，可分为免费信用、有代价信用和展期信用。公司在一定时期应付账款融资额的多少不仅与公司生产经营状况有关，也与供应商（卖方）提供的信用条件有关。供应商为了促使购货方按期付款、及早付款，通常给予购货方一定的信用条件。

2）应付票据融资。应付票据是购货方根据购销合同，向供应商签发或承兑的，反映供销双方债权债务关系的一种信用凭证。

3）预收账款融资。预收账款是供货方根据合同或协议规定，在提供商品之前向购货方收取部分或全部货款的信用形式。

（2）短期银行借款。

短期银行借款分为信用借款、担保借款。利息支付方式主要有利随本清法、贴现法和加息法。贷款银行的选择有贷款银行的风险政策、贷款银行的金融服务水平、贷款银行与借款企业的合作关系。

（3）短期融资

短期融资的要素包括发行方式、发行价格、发行期限、利率。其优点主要表现在融资成本较低、融资数额较大、可以提高发行公司的知名度；缺点表现在融资风险较大、融资弹性小。

二、企业投资决策

企业投资是指企业对现在所持有资金的一种运用，如投入经营资产或购买金融资产，或者取得这些资产的权利，其目的是在未来一定时期内获得与风险相匹配的报酬。在市场经济条件下，企业能否把筹集到的资金投放到报酬高、回收快、风险小的项目上去，对企业的生存和发展十分重要。

1．企业投资的分类

根据不同的划分标准，企业投资可进行如下分类。

1）按投资与企业生产经营的关系，企业投资可分为直接投资与间接投资。在非金融性企业中，直接投资所占比重很大。间接投资又称证券投资，是指把资金投入证券等金融资产，以取得利息、股利或资本利得收入的投资。

2）按投资回收时间的长短，企业投资可分为长期投资和短期投资。长期投资则是指一年以上才能收回的投资。由于长期投资中固定资产所占的比重较大，因此，长期投资有时专指固定资产投资。短期投资又称流动资产投资，是指能够并且也准备在一年内收回的投资，主要是指对现金、应收账款、存货、短期有价证券等的投资，长期证券如能随时变现亦可作为短期投资。

3）根据投资的方向，企业投资可分为对内投资和对外投资。对内投资是指把资金投向企业内部，购置各种生产经营用资产的投资。对外投资是指企业以现金、实物、无形资产等方式或者以购买股票、债券等有价证券方式向其他单位的投资。对内投资是直接投资，对外投资主要是间接投资，也可以是直接投资。

4）根据投资在生产过程中的作用，企业投资可分为初创投资和后续投资。

5）根据不同投资项目之间的相互关系，可以将投资分为独立项目投资、相关项目投资和互斥项目投资。独立项目的选择既不要求也不排斥其他的投资项目。若接受某一个项目就不能投资于另一个项目，并且反过来也是如此，则这些项目之间就互斥。若某一项目的实施依赖其他项目，这些项目就是相关项目。

6）根据投资项目现金流入与流出的时间，可以将投资分为常规项目投资和非常规项目投资。常规项目是指只有一期初始现金流出，随后是一期或多期现金流入的项目。非常规项目的现金流量形式有所不同，如现金流出不发生在期初，或者期初和以后各期有多次现金流出等。

2．折现现金流量方法

折现现金流量指标主要有净现值、内含报酬率、获利指数等。通过折现现金流量的思想，即将未来的现金流量折现，再用现金流量的现值计算各种指标，作为决策的依据。

（1）净现值

投资项目投入使用后的净现金流量，按资本成本率或企业要求达到的报酬率折现为现值，减去初始投资以后的余额称为净现值，即 NPV（net present value）（注：如果投资期超过一年，则应是减去初始投资的现值以后的余额，后面计算内含报酬率、获利指数的公式中初始投资额的确定与此相同）。其计算公式为

$$NPV = \left[\frac{NCF_1}{(1+K)^1} + \frac{NCF_2}{(1+K)^2} + \cdots + \frac{NCF_n}{(1+K)^n} \right] - C$$

$$= \sum_{t=1}^{n} \frac{NCF_t}{(1+K)^t} - C \tag{6-17}$$

式中，NPV 表示净现值；NCF_t 表示第 t 年的净现金流量；K 表示折现率（资本成本率或公司要求的报酬率）；n 表示项目使用年限；C 表示初始投资额。

1）净现值的计算步骤。

第一步，计算每年的营业净现金流量。

第二步，计算未来净现金流量的总现值。这又可分成三步：首先，将每年的营业净

现金流量折算成现值。如果每年的净现金流量相等，则按年金法折算成现值；如果每年的净现金流量不相等，则先对每年的净现金流量折现，然后加以合计。其次，将终结现金流量折算成现值。最后，计算未来现金流量的总现值。

第三步，计算净现值。其计算公式为

$$净现值＝未来净现金流量的总现值－初始投资 \qquad (6\text{-}18)$$

净现值还可以有另外一种表述，即从投资开始至项目寿命终结时所有净现金流量（包括现金流入和现金流出）的现值之和。其计算公式为

$$NPV=\sum_{t=0}^{n}\frac{NCF_t}{(1+K)^t} \qquad (6\text{-}19)$$

式中，n 表示项目使用年限，第一期投资发生在 $t=0$ 的时刻；NCF_t 表示第 t 年的净现金流量；K 表示折现率。

2）净现值法的决策规则。净现值法的决策规则是，在只有一个备选方案时，净现值为正者则采纳，为负者不采纳。在有多个备选方案的互斥项目选择决策中，应选用净现值为正中的最大者。

3）净现值法的优缺点。其优点是考虑了货币的时间价值，能够反映各种投资方案的净收益。缺点是净现值法并不能揭示各个投资方案本身可能达到的实际报酬率是多少，内含报酬率法则弥补了这一缺陷。

（2）内含报酬率

内含报酬率（internal rate of return，IRR）也称内部报酬率，它实际上反映了投资项目的真实报酬。其计算公式为

$$\frac{NCF_1}{(1+r)^1}+\frac{NCF_2}{(1+r)^2}+\cdots+\frac{NCF_n}{(1+r)^n}-C=0 \qquad (6\text{-}20)$$

即

$$\sum_{t=1}^{n}\frac{NCF_t}{(1+r)^t}-C=0$$

式中，NCF_t 表示第 t 年的净现金流量；r 表示内含报酬率；n 表示项目使用年限；C 表示初始投资额。

1）内含报酬率的计算步骤。

① 每年的净现金流量相等时，则按下列步骤计算。

第一步，计算年金现值系数。

$$年金现值系数＝初始投资额/每年的净现金流量$$

第二步，查年金现值系数表，在相同的期数内，找出与上述年金现值系数相邻近的较大和较小的两个折现率。

第三步，根据上述两个邻近的折现率和已求得的年金现值系数，采用插值法计算出该投资方案的内含报酬率。

② 如果每年的净现金流量不相等，按如下步骤计算。

第一步，先预估一个折现率，并按此折现率计算净现值。如果计算出的净现值为正

数，则表示预估的折现率小于该项目的实际内含报酬率，应提高折现率，再进行测算；如果计算出的净现值为负数，则表明预估的折现率大于该方案的实际内含报酬率，应降低折现率，再进行测算。经过如此反复测算，找到净现值由正到负并且比较接近于零的两个折现率。

第二步，根据上述两个邻近的折现率，用插值法计算出方案实际内含报酬率。

2）内含报酬率法的决策规则。内含报酬率法的决策规则是，在只有一个备选方案的采纳与否决策中，如果计算出的内含报酬率大于或等于公司的资本成本率或必要报酬率，就采纳；反之，则拒绝。在有多个备选方案的互斥选择决策中，选择内含报酬率超过资本成本率或必要报酬率最多的投资项目。

3）内含报酬率法的优缺点。内含报酬率法的优点是考虑了资金的时间价值，反映了投资项目的真实报酬率，概念也易于理解。但这种方法的缺点是计算过程比较复杂，特别是对于每年净现金流量不相等的投资项目，一般要经过多次测算才能算出。

（3）获利指数

获利指数（profitability index，PI）又称利润指数或现值指数，是投资项目未来现金流量的总现值与初始投资额之比。其计算公式为

$$PI=\left[\frac{NCF_1}{(1+K)}+\frac{NCF_2}{(1+K)^2}+\cdots+\frac{NCF_n}{(1+K)^n}\right]/C \qquad (6\text{-}21)$$

即

获利指数＝未来现金流量的总现值/初期投资额

如果投资是多期完成的，则计算公式为

获利指数＝未来净现金流量的总现值/现金流出的总现值

1）获利指数的计算步骤。

第一步，计算未来净现金流量的总现值。这与计算净现值时所采用的方法相同。

第二步，根据未来净现金流量的总现值和初始投资额之比计算获利指数。

2）获利指数的决策规则。获利指数法的决策规则是，在只有一个备选方案的采纳与否决策中，获利指数大于或等于1，则采纳；否则，就拒绝。在有多个备选方案的互斥选择决策中，应采用获利指数大于1更多的投资项目。

3）获利指数法的优缺点。获利指数可以看作1元的初始投资渴望获得的现值净收益。其优点在于：考虑了资金的时间价值，能真实地反映投资项目的盈利能力。由于获利指数是用相对数表示的，因此，有利于在初始投资额不同的投资方案之间进行对比。但是其缺点在于：获利指数不代表实际可能获得的财富，它忽略了互斥项目之间投资规模上的差异，所以在多个互斥项目的选择中，可能会得到错误答案。

3．非折现现金流量方法

非折现现金流量指标主要有投资回收期和平均报酬率。

（1）投资回收期

投资回收期（payback period，PP）代表收回投资所需的年限。回收期越短，方案越有利。在初始投资一次支出，且每年的净现金流量相等时，投资回收期可按下列公

式计算：

$$投资回收期＝初始投资额/每年的净现金流量$$

如果每年净现金流量不相等，那么，计算回收期要根据每年年末尚未回收的投资额加以确定。

投资回收期法容易理解和掌握，但它的缺点在于不仅忽视了货币的时间价值，而且没有考虑回收期满后的现金流量状况。目前仅作为辅助方法使用，主要用来测定投资方案的流动性而非营利性。

（2）平均报酬率

平均报酬率（average rate of return，ARR），也称平均报酬投资率，它是投资项目寿命周期内平均的年投资报酬率。其最常见的计算公式为

$$平均报酬率＝平均现金流量/初始投资额×100\% \tag{6-22}$$

在采用平均报酬率这一指标时，应先确定一个企业要求达到的平均报酬率，或称必要平均报酬率。进行决策时，只取高于必要平均报酬率的方案。在有多个互斥方案的选择中，则选用平均报酬率最高的方案。

平均报酬率的优点是简明、易算、易懂。其缺点：①没有考虑货币的时间价值，第一年的净现金流量与最后一年的净现金流量被看作具有相同的价值，因此，有时会做出错误决策；②必要平均报酬率的确定具有很大的主观性。

4. 项目投资决策

（1）固定资产更新决策

固定资产更新是对技术上或经济上不宜继续使用的旧资产，用新的资产更换，或用先进的技术对原有设备进行局部改造。固定资产更新决策就是对这种投资进行分析并做出决策。

1）新旧设备使用寿命相同的情况下采用差量分析法。

2）新旧设备使用寿命不同的情况下采用最小公倍寿命法和年均净现值法。

① 最小公倍寿命法。最小公倍寿命法又称项目复制法，是将两个方案使用寿命的最小公倍数作为比较期间，并假设两个方案在这个比较区间内进行多次重复投资，将各自多次投资的净现值进行比较的分析方法。

② 年均净现值法。年均净现值法是把投资项目在寿命期内总的净现值转化为每年的平均净现值，并进行比较分析的方法。

年均净现值的计算公式为

$$ANPV＝NPV/PVIFA_{k,n} \tag{6-23}$$

式中，ANPV 表示年均净现值；NPV 表示净现值；$PVIFA_{k,n}$ 表示建立在资本成本率和项目寿命期基础上的年金现值系数。

由年均净现值法的原理还可以推导出年均成本法。当使用新旧设备的未来收益相同，但准确数字不好估计时，可以比较年均成本，并选取年均成本最小的项目。年均成本是把项目的总现金流出值转化为每年的平均成本现金流出值。其计算公式为

$$AC＝C/PVIFA_{k,n} \tag{6-24}$$

式中，AC 表示年均成本；C 表示项目的总成本的现值；$PVIFA_{k,n}$ 表示建立在公司资本成

本率和项目寿命期基础上的年金现值系数。

（2）资本限额投资决策

资本限额投资是指企业可以用于投资的资金总量有限，不能投资于所有可接受的项目，这种情况在很多公司都存在，尤其是那些以内部筹资为经营策略或外部筹资受到限制的企业。在有资本限额的情况下，为了使企业获得最大利益，应该选择那些能使净现值达到最大的投资组合。可以采用获利指数法和净现值法。

1）使用获利指数法的步骤。

第一步，计算所有项目的获利指数，并列出每个项目的初始投资额。

第二步，接受所有获利指数≥1的项目。如果资本限额能够满足所有可接受的项目，则决策过程完成。

第三步，如果资本限额不能满足所有获利指数≥1的项目，就要对第二步进行修正。修正的过程是，对所有的项目在资本限额内进行各种可能的组合，然后计算出各种可能组合的加权平均获利指数。

第四步，接受加权平均获利指数最大的投资组合。

2）使用净现值法的步骤。

第一步，计算所有项目的净现值，并列出每个项目的初始投资额。

第二步，接受所有净现值≥0的项目。如果资本限额能够满足所有可接受的项目，则决策过程完成。

第三步，如果资本限额不能满足所有净现值≥0的项目，就要对第二步进行修正。修正的过程是，对所有项目在资本限额内进行各种可能的组合，然后计算出各种可能组合的净现值合计数。

第四步，接受净现值合计数最大的投资组合。

（3）投资时机选择决策

投资时机选择决策可以使决策者确定开始投资的最佳时期。进行投资时机选择的标准仍然是净现值最大化。由于开发时间不同，应该折算成同一个时点的现值再进行比较。

（4）投资期选择决策

投资期是指项目从开始投入资金至项目建成投入生产所需要的时间。较短的投资期，需要在初期投入较多的人力、物力，但是后续的营业现金流量发生得比较早；较长的投资期，初始投资较少，但是由于后续的营业现金流量发生得比较晚，也会影响投资项目的净现值。因此，在可以选择的情况下，公司应运用投资决策的分析方法，对延长或缩短投资期进行认真比较，以权衡利弊。在投资期选择决策中，最常用的方法是差量分析法。采用差量分析法计算比较简单，但是不能反映不同投资期下项目的净现值。

三、营运资本管理

1．营运资本的概念

（1）营运资本及其分类

1）营运资本的含义。公司的营运状况通常用营运资本指标来判断。营运资本又称营运资金，是用以维持公司日常经营活动正常进行所需要的资金，是指公司在经营过程中占用在短期资产上的资金。营运资本有广义和狭义之分，广义的营运资本又称毛营运资本，是指一个企业流动资产的总额。而狭义的营运资本又称净营运资本，是指流动资产减去流动负债后的余额。

2）流动资产与流动负债的财务分类。

① 流动资产的分类。在财务上，出于决策和控制的目的，对流动资产按经济用途划分为临时性流动资产和永久性流动资产。临时性流动资产是指那些受季节性、周期性影响的流动资产；永久性流动资产是指那些满足企业正常经营尤其是在企业经营淡季时仍需保留的流动资产，是通常意义上的流动资产。

② 流动负债的分类。与流动资产划分方法相对应，流动负债也可以分为临时性负债和自发性负债。临时性负债指为了满足临时性流动资金需要所发生的负债；自发性负债是指直接产生于企业持续经营中的负债。

（2）营运资本管理在财务管理中的地位

从系统论的角度来看，营运资本管理构成了现代财务管理的基本内容，是企业活动的一个必要组成部分，营运资本管理的成效必然影响长期投资管理乃至整个财务管理的成效。

1）财务分析中的营运资本问题。财务分析主要是对企业的短期偿债能力、长期偿债能力、营运能力和盈利能力的分析。营运资本的问题直接地与流动资产的营运能力和短期偿债能力有关，而按照系统财务分析法可知，企业短期偿债能力与长期偿债能力和盈利能力是相互矛盾的。对营运资本管理成效的分析可以推断或者印证长期投资与长期筹资管理成效的分析。

2）财务预测中的营运资本问题。资金需要量预测主要运用两个模型：可持续增长模型和销售百分比法预测模型。在可持续增长模型中并不区分敏感资产与非敏感资产，也不区分敏感负债和非敏感负债；而销售百分比法预测模型则做了这种区分，一般认为，流动资产是敏感资产而流动负债是敏感负债。因此，销售百分比法预测模型主要是预测营运资本的需要量。总而言之，营运资本问题是财务预测要解决的优先的或主导的问题。

3）财务决策中的营运资本问题。长期投资决策的核心问题是选择净现值最大的项目。筹资决策的核心问题是寻求最佳资本结构。营运资本决策的核心问题是确定流动资产的最佳持有量和流动负债的最佳持有期。虽然三种决策在内容上各有千秋，但是三种决策在原则上都应贯彻财务目标的要求，即实现股东财富的增值。

4）财务预算中的营运资本问题。财务预算主要是指现金预算，而现金预算的编制基础主要是反映供、产、销三个营运活动的专门预算。事实上，营运资本是日常活动中现金的主要来源及运用。

5）财务控制中的营运资本问题。现代财务控制的基本特征是以预算为基础的控制。既然营运资本问题是财务预算的主要问题，那么它就自然也是财务控制的主要问题。对成本中心而言，财务控制的核心是降低经营成本；对收入中心而言，除了降低成本还需要提高收入；对投资中心而言，则除了提高收入、降低成本之外，还要提高投资报酬率。三种责任中心财务控制的落脚点都在于控制营运活动、提高营运资本的使用效率。

2. 营运资本政策

营运资本政策包括营运资本持有政策和营运资本筹集政策。它们分别讨论如何确定营运资本持有量和如何筹集营运资本两个方面的问题。两个方面的问题是并列而递进的关系。

（1）营运资本持有政策

营运资本包括流动资产和流动负债两部分，是企业日常财务管理的主要内容。流动资产是营运资本的主要方面，流动负债是次要的、依附于流动资产而产生的问题方面。因此，营运资本持有政策的关键就是确定流动资产投资量的问题。

流动资产的投资量，即营运资本持有量的高低，会受到企业对其风险和收益的把握程度的影响。较高的营运资本持有量，使企业有较大把握按时支付到期债务，及时供应生产原料和向客户发送产品，从而保证经营活动平稳地进行，风险较小。但是，由于流动资产的收益性一般低于固定资产的收益性，所以较高的营运资本持有量会降低企业的收益水平；反之，较低的营运资本持有量则会提高企业的收益水平，但是风险较大。

因此，营运资本持有量的确定，就是在收益和风险之间进行权衡。持有较高的营运资本量被称为宽松的营运资本政策；持有较低的营运资本量被称为紧缩的营运资本政策。前者的收益和风险都低于后者。介于两者之间的是适中的营运资本政策。适中的营运资本政策下，营运资本的持有量恰好满足日常的经营活动之需，收益和风险适中。在理论上，适中的营运资本政策对于股东财富最大化的财务目标而言是最为恰当的。但在现实中，管理者会因为最佳营运资本持有量的数额是难以定量描述的等原因，不一定总是会去制定适中型的营运资本持有政策。所以，管理者制定出来的营运资本持有政策，其结果要么宽松，要么紧缩，不一而足。

（2）营运资本筹集政策

营运资本筹集政策解决的是适合于企业自身的最佳营运资本持有量的具体实现途径问题，主要是就如何安排临时性流动资产和永久性流动资产的资金来源而言的策略。一般可区分为三种政策，即配合型筹资政策、风险型筹资政策和稳健型筹资政策。

1）配合型筹资政策。配合型筹资政策的要点：对于临时性流动资产，运用临时性负债筹集资金满足其资金需要；对于永久性流动资产和固定资产（统称为永久性资产，下同），则运用自发性负债、长期负债和权益资本筹集资金满足其资金需要。配合型筹资政策是一种理想的、对企业有着较高资金使用要求的营运资金筹集政策。其模型如图 6-7 所示。

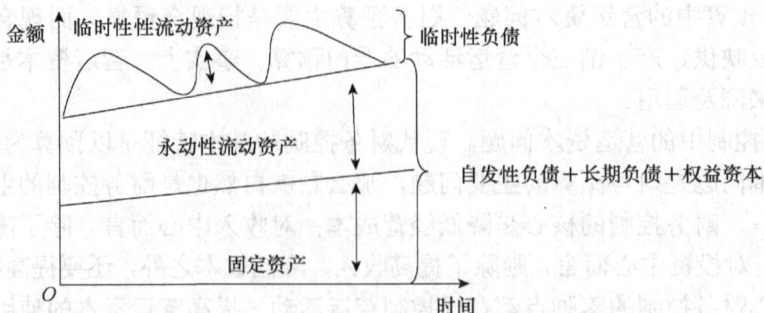

图 6-7　配合型筹资模型

2）风险型筹资政策。风险型筹资政策的要点：临时性负债不但融通临时性流动资产的资金需要，还解决部分永久性资产的资金需要。风险型筹资政策是一种收益性和风险性均较高的营运资金筹集政策。其模型如图6-8所示。

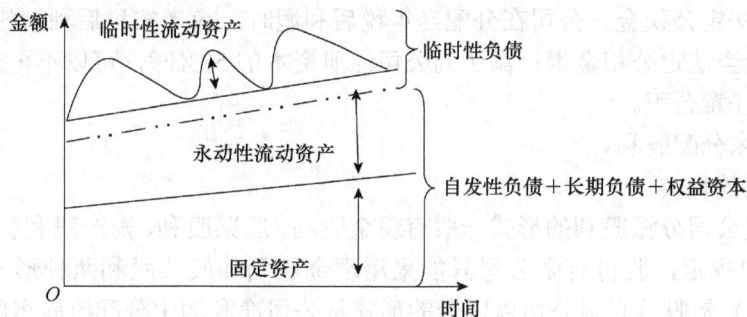

图6-8　风险型筹资政策

3）稳健型筹资政策。稳健型筹资政策的要点：临时性负债只融通部分临时性流动资产的资金需要，另一部分临时性流动资产和永久性资产，则由自发性负债、长期负债和权益资本来解决资金来源。稳健型筹资政策是一种风险性和收益性均较低的营运资金筹集政策。其模型如图6-9所示。

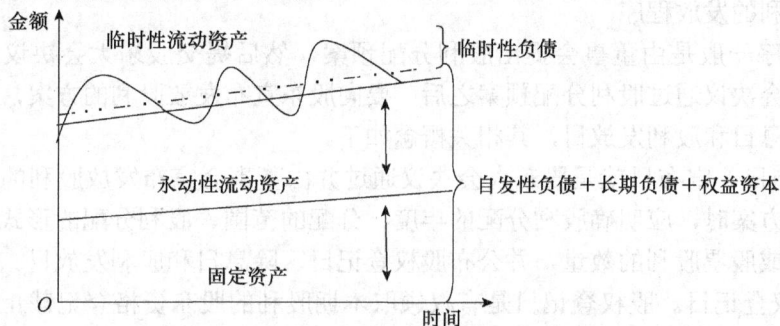

图6-9　稳健型筹资政策

一般而言，如果企业能够驾驭资本的取得和使用，采用收益和风险配合得较为适中的配合型筹资政策是有利的。但是，如何准确地预计各种资金（含临时性流动资产和永久性资产）及其来源渠道（含临时性流动负债、自发性负债和权益资本）的绝对数量，以及各个企业的管理对待收益和风险的态度，依然是一个实践性很强的问题。因此，以上只能描述各种营运资本筹集政策的性质特点，至于如何选择则无定论。

四、股利分配决策

1．股利及其分配

（1）利润分配程序

利润分配就是对企业所实现的经营成果进行分割和派发的活动。企业利润分配的基础是净利润，即企业缴纳所得税后的利润。税后利润应按照下列基本程序进行分配。

1）弥补以前年度亏损。公司发生亏损，可以用下一年度税前利润弥补亏损，下一年度税前利润不足弥补时，可以在 5 年内延续弥补，5 年后仍未弥补完的，可用税后利润弥补。

2）提取法定公积金。公司在分配当年税后利润时，应当按税后利润的 10%提取法定公积金，但当法定公积金累计额达到公司注册资本的 50%时，可以不再提取。

3）提取任意公积。

4）向股东分配股利。

（2）股利的种类

股份有限公司分派股利的形式一般有现金股利、股票股利、财产股利和负债股利等。我国有关法律规定，股份有限公司只能采用现金股利和股票股利两种形式。现金股利（cash divided）是股份有限公司以现金的形式从公司净利润中分配给股东的投资报酬，也称"红利"或"股息"。现金股利是股份有限公司最常用的股利分配形式。优先股通常有固定的股息率，在公司正常经营并有足够利润的情况下，优先股的年股利额是固定的。股票股利（stock divided）是股份有限公司以股票的形式从公司净利润中分配给股东的股利。分配股票股利不会增加其现金流出量，如果公司现金紧张或者需要大量的资本进行投资，可以考虑采用此形式。

（3）股利的发放程序

法定程序一般是由董事会提出股利分配预案，然后提交股东大会决议才能进行分配。股东大会决议通过股利分配预案之后，要向股东宣布发放股利的方案，并确定股权登记日、除息日和股利发放日，其相关概念如下。

1）宣布日。宣布日就是股东大会决议通过并由董事会宣布发放股利的日期。在宣布股利分配方案时，应明确股利分配的年度、分配的范围、股利分配的形式、分配的现金股利金额或股票股利的数量，并公布股权登记日、除息日和股利发放日。

2）股权登记日。股权登记日是有权领取本期股利的股东资格登记截止的日期。只有在股权登记日这一天登记在册的股东才有资格领取本期股利。

3）除息日。除息日也称股权日，是指从股价中除去股利的日期，即领取股利的权利与股票分开的日期。投资者只有在除息日之前购买股票，才能领取本次股利。

4）股利发放日。股利发放日也称股利支付日，是公司将股利正式支付给股东的日期。

2．股利政策及其内容

（1）股利政策的内容

股利政策是确定公司的净利润如何分配的方针和策略。在实践中，公司的股利政策主要包括四项内容：①股利分配的形式，即采用现金股利还是股票股利；②股利支付率的确定；③每股股利的确定；④股利分配的时间，即何时分配和多长时间分配一次。

（2）股利政策的评价指标

用来评价公司股利政策的指标主要有两个：股利支付率和股利报酬率。

1）股利支付率。股利支付率是公司年度现金股利总额与净利润总额的比率，或者是公司年度每股股利与每股利润的比率。其计算公式为

$$P_d = D/E \times 100\%$$
$$P_d = DPS/EPS \times 100\%$$ (6-25)

式中，P_d 表示股利支付率；D 表示年度现金股利总额；E 表示年度净利润总额；DPS 表示年度每股股利；EPS 表示年度每股利润。

股利分配率用来评价公司实现的净利润中有多少用于给股东分派红利。股利支付率反映了公司所采取的股利政策是高股利政策还是低股利政策。

2）股利报酬率。股利报酬率也称股票报酬率或股利收益率，是公司年度每股股利与每股价格的比率。其公式计算为

$$K_d = DPS/P_0 \times 100\%$$ (6-26)

式中，K_d 表示股利报酬率；DPS 表示年度每股股利；P_0 表示每股价格。

股利报酬率是投资者评价公司股利政策的一个重要指标，它反映了投资者进行股票投资所取得的红利收益，是投资者判断投资风险、衡量投资收益的重要指标之一。

（3）股利政策的类型

在实践中，股份公司常用的股利政策主要有四种类型：剩余股利政策、固定股利政策、稳定增长股利政策、固定股利支付率政策。

1）剩余股利政策。在制定股利政策时，公司的投资机会和筹资能力是两个重要的影响因素。剩余股利政策反映了股利政策与投资、筹资之间的关系。剩余股利政策，就是在公司确定的最佳资本结构下，税后利润首先要满足项目投资所需要的股权资本，然后若有剩余才用于分配现金股利。剩余股利政策是一种优先投资的股利政策。采用这种股利政策的先决条件是公司必须有良好的投资机会，并且该投资机会的预期报酬率要高于股东要求的必要报酬率，才能为股东所接受，否则股东会更愿意公司发放现金股利，以便他们自己寻找其他的投资机会。

采取剩余股利投资可以降低企业的资本成本，也有利于提高公司价值。但是，由于剩余股利政策往往导致各期股利忽高忽低，这种股利政策不会受到希望有稳定股利收入的投资者的欢迎，如那些依靠股利生活的退休者。

实施剩余股利政策，一般应按以下步骤来确定股利的分配额：①根据选定的最佳投资方案，测算投资所需的资本数额；②按照公司的目标资本结构，测算投资所需要增加的股权资本的数额；③税后利润首先用于满足投资所需要增加的股权资本的数额；④满足投资需要后的剩余部分用于向股东分配股利。

目标资本结构可视为公司的最佳资本结构，剩余股利政策要符合目标资本结构的要求，才能使公司的综合成本最低。

2）固定股利政策。固定股利政策是指公司在较长时期内每股支付固定股利额的股利政策。固定股利政策在公司盈利发生一般的变化时，并不影响股利的支付方式，而是使其保持稳定的水平；只有公司对未来利润增长确有把握，并且认为这种增长不会发生逆转时，才会增加每股股利额。

实施固定股利政策的理由：①固定股利政策可以向投资者传递公司经营状况稳定的信息。公司支付的股利稳定，说明公司的经营业绩稳定，经营风险较小，投资者要求的必要报酬率降低，有利于股票的价格上涨；②固定股利政策有利于投资者有规律地安排

股利的收入和支出。那些希望每期都有固定收入的投资者非常欢迎公司采取此种政策；③固定股利政策有利于股票价格的稳定。尽管为维持稳定的股利水平，有时可能会使某些投资方案延期，或使公司资本结构暂时偏离目标资本结构。但持固定股利政策观点的公司认为，即便这样，也比突然减少股利有利于股票价格的稳定。

然而，尽管固定股利政策有以上优点，它仍可能会给公司造成较大的财务压力，尤其是在公司净利润下降或现金紧张的情况下，公司为了保证股利的照常支付，容易导致现金短缺、财务状况恶化。在非常时期，可能不得不降低股利支付额。因此，这种股利政策一般适合经营比较稳定的公司采用。

3）稳定增长股利政策。稳定增长股利政策是指在一定的时期内保持公司每股股利额稳定增长的股利政策。采用这种股利政策的公司一般会随着公司盈利的增加，保持每股股利平稳地提高。公司确定一个稳定的股利增长率，实际上是向投资者传递该公司经营业绩稳定增长的信息，可以降低投资者对公司经营风险的担心，从而有利于股票价格上涨。稳定增长股利政策适合于处于成长或成熟阶段的公司，在公司的初创阶段或衰退阶段则不适合采用这种股利政策。行业特点和公司经营风险也是影响公司是否应当采用稳定增长股利政策的重要因素。通常，公共事业行业的公司经营活动比较稳定，受经济周期影响较小，比较适合采用稳定增长股利政策，而一些竞争非常激烈的行业则不适合。

4）固定股利支付率政策。固定股利支付率政策是一种变动的股利政策，公司每年都从净利润中按固定的股利支付率发放现金股利。这种政策使得公司的股利支付与盈利状况密切相关。它不会给公司造成较大的财务负担，但是，公司的股利水平变动较大，可能会向投资者传递公司经营不稳定的信息，树立不稳定的公司形象。但在实践中，许多公司都有一个长期稳定的目标股利支付率，虽然实际股利支付率可能会偏离这个目标股利支付率，但基本是在一定范围内变动，相差不大。

（4）股利政策制定的程序

股份有限公司在制定股利政策时，应遵循一定的程序，不同股利政策的制定程序有所不同。

1）测算公司未来剩余的现金流量。公司在制定股利政策时，首先应当预测公司未来年度的盈利和现金流量，预测的期限一般应为 5 年左右，这样才能保证经营活动的长期规划得以实现。

2）确定目标股利支付率。确定目标股利支付率是公司政策的一项重要内容。公司在确定股利支付率时，应考虑自身的发展阶段、经营规模、财务状况和股东构成等因素，并参照同行业具有可比性公司的股利支付率。

3）确定年度股利额。理论上，公司支付的现金股利额应等于投资于所有净现值为正的投资项目之后的剩余现金数量，但实践中，考虑到投资预算的不确定性、股东的偏好、筹资的约束等因素，现金股利额应在此基础上进行适当的调整。

4）确定股利分派日期。在西方国家，许多公司按季度支付股利，我国公司大多半年或一年支付一次股利。现金股利分派会发生大量的现金流出，公司确定了年度股利额后应当根据经营预算、投资项目进展情况和现金流量状况合理地安排股利分派的日期。

第四节　企业绿色会计

一、国内外绿色会计的产生及发展

1. 国外绿色会计的产生及发展

绿色会计（green accounting）源于环境保护，也称环境会计（environmental accounting）。绿色会计在国外的产生和发展情况如下。

对绿色会计的研究始于 20 世纪 60～70 年代。环保运动的兴起，推动西方发达国家发布环保法规，会计学家对绿色会计进行研究，形成了一些初步的理论框架。

20 世纪 70 年代，1971 年比蒙斯（Beams）在英国《会计学月刊》（*Journal of Accounting*）发表《控制污染的社会成本转换研究》和 1973 年马林（Marlin）在英国《会计学月刊》发表《污染的会计问题》论文，揭开了绿色会计研究的序幕。

1992 年，世界绿色发展会议提出可持续发展战略，掀起世界性绿色会计研究与实践的高潮。1993 年，英国的格雷（Grey）教授的《绿色会计》一书，奠定了绿色会计的研究基础，确立了绿色会计的基本框架。

1995 年 6 月，丹麦国会通过《绿色会计法》，成为全球第一个推行绿色会计的国家。各国也纷纷研究建立本国的绿色会计体系。

1999 年，联合国通过的《绿色会计和报告立场公告》明确定义了有关要素，以及对要素的确认、计量及披露的建议，形成了初步完整的国际绿色会计与报告框架指南。

2. 国内绿色会计的产生及发展

20 世纪 70 年代，国内对绿色会计进行了初步研究。1992 年，葛家澍、李若山在《会计研究》上发表了有关绿色会计的论文《九十年代西方会计理论的一个新思潮——绿色会计理论》，标志着我国会计学界学者开始致力于绿色会计理论和实务的研究。

2001 年 6 月，经财政部批准，中国会计学会成立了"绿色会计专业委员会"，标志着中国绿色会计研究进入新阶段。

2006 年，《中国会计师审计准则第 1631 号——财务报表审计中对环境事项的考虑》规定：对环境事项的恰当确认、计量和列报是被审计单位管理层的责任。至此，上市公司环境会计信息披露的管理层责任得以明确，拉开了我国环境会计信息披露的新篇章。

2007 年，实施的新会计准则中的《企业会计准则第 5 号——生物资产》，将生物资产的确认、计量和相关信息的披露，应用了多种计量模式，强调了公允价值计量模式在计量中的可执行性、可操作性，规范了企业农业经济活动的会计行为，同时也为企业对生物资产污染赔偿的计量提供了依据。

二、实施绿色会计的意义

实施绿色会计会给企业带来什么益处？

1) 可持续发展的理论，促进了绿色会计的产生和发展。可持续发展理论强调经济、社会与环境的和谐统一。经济发展的同时，强调环境的保护，需要对用以计量、记录环境污染、防治、开发的成本费用，对环境维护和开放形成的效益进行合理的计量与报告，从而综合评估绿色绩效及绿色活动对企业财务成果的影响，促进了绿色会计的产生和发展。

2) 实施绿色会计，能促进企业履行社会责任，提高环保意识，有助于企业建立竞争优势，提高企业的环境管理水平。传统的企业发展模式是高投入低产出，必然造成过度开发消耗资源；高污染低效益必然造成生态环境补偿能力严重滞后，这些阻碍了企业自身的发展。从企业长远利益看，只有增大环保投入，重视绿色会计，才能始终保持竞争优势。

3) 实施绿色会计，有助于协调社会经济发展与生态环境之间的关系，改善我国的环境现状。绿色会计能够引导和监督企业通过一定的社会经济活动保护资源，维护生态平衡。

学习了实施绿色会计的意义后，我们来思考讨论一个问题：如何正确理解和看待企业实施绿色会计与企业效益之间的关系？

讨论：绿色会计与企业效益的关系（视频）

我们可以看到实施绿色会计带来的经济后果是明显的，有助于提高财务绩效、提升企业价值、降低财务风险。中国会计学会绿色会计专业委员会 2011 年年会的代表，李连华、陈钰实证检验了企业社会责任与其财务绩效之间的关系，发现两者之间存在相互促进的作用：企业积极履行社会责任将促进其当期财务绩效的显著提高，企业对社会责任的积极履行将对其后期财务业绩的提高起到积极性推动作用，因此，认为企业应当积极履行社会责任，以实现社会绩效与财务绩效的"双赢"。此处所涉及的企业社会责任就包括企业实施绿色会计的责任。

当然，企业在履行其社会责任的同时，会加大企业的成本，影响企业短期的效益。但从长期来看，绿色会计的推行与企业利益不矛盾，它有利于生态环境的保护，从而有利于企业的可持续发展；同时有利于提升企业的形象，进而提升企业的效益。

三、绿色会计的理论框架

1. 绿色会计的概念

关于绿色会计，目前尚无统一定义，具有代表性的概念有以下几种。

美国芝加哥洛约拉大学（Loyola University of Chicago）会计学教授布莱恩·斯坦科（Brian Stanko）认为，绿色会计源于环境保护，又称环境会计，是指通过环境成本的确认、计量和分配情况，提供为企业日常的生产经营决策的相关信息，并且向公司管理层和股东反映此类信息。

英国格雷（Grey）1990 年提出：绿色会计是一种关于经济活动和自然资源相互影响、

相互制约的会计，这种关系具有不确定性，一定情况下，会向对立面转化。

鲁本斯坦（Rubenstein）1992年提出：通过使用环境系统来了解环境影响和相关的绿色会计信息，确认、分配和分析物质流和与它们相关的货币流。

孟凡利（1997）、张博莉（2004）将绿色会计概括为以自然资源消耗应如何补偿为中心而展开的会计。此概念简明扼要概括了绿色会计的精髓。

伯里特（Burritt）2005年提出：绿色会计作为一种机制，确认和计量本期生产过程的全部绿色环境成本、环境治理，以及由此带来的经济效益，并在日常生产经营决策过程中考虑将这些因素予以考量。

本书采用孙恒《企业绿色会计理论与实践应用研究》一书的观点：绿色会计是围绕"自然资源和社会环境资源耗费应如何补偿"这一主题开展的一门新兴会计学科。将现代绿色经济理论、环境经济学理论、可持续发展理论和传统的会计学基本理论相互结合，以货币、实物单位或文字说明等多种计量形式，参照有关财经和环境法律、法规，对企业所发生的各项绿色经济活动进行单独核算、反映、控制并进行管理，为会计信息使用者进行决策提供有关企业资源环保全方位信息的一种经济管理信息系统。

对绿色会计的理解和界定：绿色会计是传统会计的分支"一个新兴会计分支学科"，是对因环境污染和环境破坏而产生的一系列活动进行专项处理的会计。广义上它包含绿色财务会计、绿色管理会计和绿色审计三个专业方向。其中，绿色财务会计是基础，因此，本书将学习的内容限定于绿色财务会计的范围，是狭义上的绿色会计。

2. 传统会计与绿色会计的区别

主要从绿色会计的定义、产生的根本原因、基本职能、组成部分，将传统会计与绿色会计进行比较，如表6-1所示。

表6-1　传统会计与绿色会计的区别

项目	传统会计	绿色会计
定义	是经济管理的重要组成部分，是以提供经济信息、提高经济效益为目的的一种管理活动。它以货币为主要计量单位，采用一系列专门的程序和方法，对社会再生产过程中的资金运动进行反映和监督	是围绕"自然资源和社会绿色资源耗费应如何补偿"这一主题开展的一门新兴会计学科。将现代绿色经济理论、绿色经济学理论、可持续发展理论和传统的会计学基本理论相互结合，以货币、实物单位或文字说明等多种计量形式，参照有关财经和绿色法律、法规，对企业所发生的各项绿色经济活动进行单独核算、反映、控制并进行管理，为会计信息使用者进行决策提供有关企业资源环保全方位的信息
产生的根本原因	对生产活动进行管理	可持续发展理论（强调经济、社会与绿色的和谐统一）
基本职能	反映、监督、控制会计主体的经济业务	反映、监督、控制会计主体的对因绿色污染和绿色破坏而产生的一系列活动
组成部分	理论会计学：会计史、会计理论　应用会计学：财务会计、管理会计、审计	绿色财务会计、绿色管理会计、绿色审计

通过以上比较，我们可以看到绿色会计与传统会计最本质的区别就在于：绿色会计的理论基础是可持续发展理论，是围绕"自然资源和社会绿色资源耗费应如何补偿"这

一主题开展的一门新兴会计学科，它反映、监督、控制会计主体的对因绿色污染和绿色破坏而产生的一系列活动，它强调为会计信息使用者提供有关企业资源环保全方位的信息。

3．理论框架的内容

绿色会计的理论框架包括会计目标、会计假设、会计对象、会计要素、计量方法。

1）会计目标，即为谁提供什么会计信息。传统会计与绿色会计在上会计目标上的比较如表 6-2 所示。

表 6-2　传统会计与绿色会计的比较（会计目标）

传统会计	绿色会计
① 决策有用观。为会计信息使用者进行经济决策提供有用信息。 ② 受托责任观。如实地向委托方报告受托责任的履行过程及结果	向企业利益相关者提供有关环境污染和环境保护措施及效果等决策有用的信息，反映企业管理层受托责任的履行情况，有助于绿色会计信息的使用者对企业可持续发展的分析、决策需要

2）会计假设，即会计基本前提，是对会计核算所处的时间和空间范围所做的合理假设，是从事会计工作、研究会计问题或会计确认、计量和报告的前提条件。

本书沿用会计的"四假设说"：会计主体、持续经营、会计分期、多元计量。传统会计与绿色会计在会计假设上的比较如表 6-3 所示。

表 6-3　传统会计与绿色会计的比较（会计假设）

项目	传统会计	绿色会计
会计主体	企业等经济组织	宏观——国家或政府；微观——企业等社会基本组织
持续经营	以会计主体持续、正常的经营活动为前提，而不考虑其破产和清算等特殊情况	以会计主体在自然资源不枯竭、生态资源不降级的基础上，保证社会、经济可持续发展
会计分期	将企业持续不断的生产经营过程（资金运动）划分为相等的会计期间，分期结算账目和编制财务会计报告	将持续的生产经营活动划分为若干期间，以定期核算经营成果
多元计量	以货币为主要计量单位，辅之以实物量、劳动工时等计量单位	以货币、实物单位或文字说明等多种计量形式为主

3）会计对象，即绿色会计核算和监督的内容，是企业日常经营活动对环境资源的利用和影响过程。传统会计与绿色会计在会计对象上的比较如表 6-4 所示。

表 6-4　传统会计与绿色会计的比较（会计对象）

项目	传统会计	绿色会计
定义	① 会计所反映和监督的经济活动内容。 ② 社会再生产过程中的资金运动	绿色会计核算和监督的内容，是企业日常经营活动对绿色资源的利用和影响过程
内容	① 资金：社会再生产过程中各种物资的货币表现及货币本身，是会计主体进行生产经营或其他经济活动的前提。 ② 资金运动：在使用中发生的形态上的序列变化过程	① 对绿色资源的耗用过程。 ② 企业排放剩余废弃物对外部环境产生的环境污染。 ③ 企业对环境污染的治理活动

4）会计要素，是对会计对象（资金运动）的基本分类，是会计对象的具体化，是反映会计主体财务状况和经营成果的基本单位。它可分为静态会计要素与动态会计要素两大类，如图 6-10 所示。

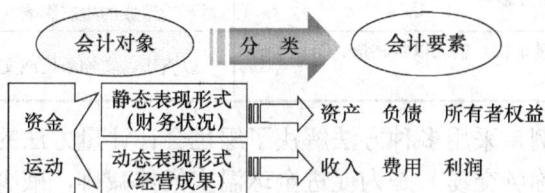

图 6-10　会计要素分类

本书采用陆玉明（1999）六要素论：环境资产、环境负债、环境权益、环境收入、环境费用、环境利润。传统会计与绿色会计在会计要素上的比较如表 6-5 所示。

表 6-5　传统会计与绿色会计的比较（会计要素）

要素	传统会计	绿色会计	要素	传统会计	绿色会计
1	资产	绿色资产	4	收入	绿色收入
2	负债	绿色负债	5	费用	绿色费用
3	权益	绿色权益	6	利润	绿色利润

传统会计与绿色会计在会计要素上的具体比较如表 6-6 所示。

表 6-6　传统会计与绿色会计的具体比较（会计要素）

传统会计	绿色会计
资产：由过去的交易或者事项形成的、由企业拥有或控制的、预期会给企业带来经济利益的资源	绿色资产：特定会计主体过去的交易或事项形成的、与绿色活动相关的、已经取得或加以控制的、能以货币计量的、预期很可能带来未来效益的绿色资源
负债：由过去的交易或事项所形成的、预期会导致经济利益流出企业的现实义务	绿色负债：企业过去的交易或事项所带来的对环境的不良影响，需要企业以资产和劳务偿付的未来将要发生的环境支出，或对受到损害的第三方进行赔偿或补偿的现实义务
权益：所有者权益，也称股东权益，是指资产扣除负债后的剩余权益。它在数值上等于企业全部资产减去全部负债以后的余额。其实质是企业从投资者手中所吸收的资本及其增值，是企业进行经营活动的"本钱"，是投资者以出资比例享受的所有权	绿色权益：所有者在主体资产中享有的经济利益，是绿色资产减去绿色负债后的剩余量，是企业拥有的可以自由支配的资产。它与环境、地域、自然资源、某种权利等密切相关
收入：企业在日常活动中形成的、会导致所有者权益增加的、与所有者投入资本无关的经济利益的总流入	绿色收入：企业涉及绿色经营活动带来的经济利益的总流入
费用：企业在日常活动中发生的、会导致所有者权益减少的、与向所有者分配利润无关的经济利益的总流出	绿色费用：企业在生成或经营活动中从资源的立项、勘探、开采，到采购、生产、销售、运输，再到使用、回收处理及解决环境污染和生态破坏所需的全部费用
利润：企业在一定会计期间内的经营成果，包括收入减去费用后的净额、直接计入当期利润的利得和损失	绿色利润：广义上指企业在一定会计期间内的绿色经营成果或绿色财务成果

5）计量方法，即记录和反映会计主体的生产经营活动，解决了会计核算的方法。传统会计与绿色会计在计量方法上的比较如表 6-7 所示。

表 6-7　传统会计与绿色会计的比较（计量方法）

项目	传统会计	绿色会计
对象	计量经济活动的财务影响	不仅计量经济活动的财务影响，还要计量经济活动对环境造成的生态影响
方法	以货币为主要计量单位，辅之以实物量、劳动工时等计量单位	以货币、实物单位或文字说明等多种计量形式为主

以碳排放交易为例，采用多种方法解决了绿色会计计量方法的问题。

碳排放交易（简称碳交易）是为促进全球温室气体减排，减少全球二氧化碳排放所采用的市场机制。把二氧化碳排放权作为一种商品，从而形成了二氧化碳排放权的交易，有碳排放的指标、交易所。中国碳排放交易门户网站（www.tanpaifang.com）为中国最权威的碳排放交易行业资讯网站，为碳交易行业从业者和投资人提供碳排放交易最新资讯、碳市场行情走势和碳交易市场行业数据分析报告。

四、绿色会计核算体系的构建

1. 构建绿色会计的核算体系——账户体系的设置

本书采用公认的会计核算体系方法，去套用绿色会计核算，即在传统账户体系的基础上，增设二级科目。例如，在"应收账款"科目下设"应收环保款"科目，在"短期借款"科目下设"环保借款"科目等。具体设置如表 6-8 所示。

表 6-8　账户体系的设置——绿色会计科目表

资产类、成本类		负债类、损益类、所有者权益类	
一级科目	二级科目	一级科目	二级科目
一、资产类		三、负债类	
应收票据	应收环保款	短期借款	环保借款
应收账款	应收环保款	应付账款	应付环保款
其他应收款	应收环保款	应交税费	应交环保税费、应交矿产资源补偿费等
原材料	环保材料、资源材料等	其他应付款	应付排污费、应付环保资产租金、应付环境赔偿款等
库存商品	环保产品等	长期借款	环保设施借款
固定资产	环保固定资产	长期应付款	应付融资租入环保设备款
无形资产	环保无形资产	预计负债	环境保护或有负债
长期待摊费用	环境保护支出待摊费用	四、损益类	
二、成本类		管理费用	环保支出、环保材料、环保工资
		营业费用	环保支出、环保材料、环保工资
基础生产成本	环保材料费、环保人工费等	主营业务收入	环境收益
辅助生产成本	环境保护辅助生产成本	其他业务收入	环境收益
制造费用	环境保护支出	补贴收入	环保补贴收入
		营业外收入	环保收入
		营业外支出	环保支出

资产类、成本类		负债类、损益类、所有者权益类	
一级科目	二级科目	一级科目	二级科目
		五、所有者权益类	
		实收资本（股本）	环境投资
		资本公积	环境拨款转入
		盈余公积	法定环保基金
		利润分配	提取法定环保基金
		本年利润	环境利润

2．具体核算

以绿色资产、绿色负债、绿色权益、绿色收入、绿色费用、绿色利润的核算为例，从分类、特征、确认等方面，与传统的加以比较学习。

（1）绿色资产

传统资产与绿色资产在特征、确认方面的比较如表 6-9 所示。

表 6-9　传统资产与绿色资产的比较

项目	传统会计——资产	绿色会计——绿色资产
特征	① 是由以往事项导致的现实权利。 ② 必须为一定的会计主体所拥有或控制。 ③ 预期能为企业带来未来的经济利益	不可恢复性、稀缺性
确认	① 符合资产的定义及确认条件。 ② 有关经济利益很可能流入企业。 ③ 有关价值可靠计量	能以货币计量、能为企业带来未来收益的自然资源；企业对该资产具有所有权或实际控制权；已经发生的交易或事项；能够可靠地计量

绿色资产按不同标准的分类如表 6-10 所示。

表 6-10　绿色资产的分类

分类标准	类型
按流动性分类	流动资产（环保材料、半成品）；非流动资产（绿色固定资产、绿色无形资产）
按在自然界的存在状态分类	有形资产（矿山、森林、水域等）；无形资产（治理污染专利技术、资源开采权、排放污染物许可证等）
按形态分类	自然资源（土地、森林、海洋等）；生态资源（独特的地形地貌、野生生物群、自然风景等）
按能否再生分类	可再生资源、不可再生资源

（2）绿色负债

传统负债与绿色负债在特征、确认方面的比较如表 6-11 所示。

表 6-11　传统负债与绿色负债的比较

项目	传统会计——负债	绿色会计——绿色负债
特征	① 是由以往事项所导致的现实义务。 ② 将来必须以债权人所能接受的经济资源加以偿还。 ③ 清偿负债会导致经济利益流出企业	① 成因的特殊性和后果显现的滞后性。 ② 可追溯性和连带性。 ③ 不确定性。 ④ 危害的广泛性、严重性、长远性及确认的复杂性
确认	① 符合负债的定义及确认条件。 ② 有关经济利益很可能流出企业。 ③ 有关价值可靠计量	① 符合要素定义。 ② 能以货币计量。 ③ 确认内容与环境相关

传统负债与绿色负债在分类上的比较如表 6-12 所示。

表 6-12　传统负债与绿色负债的比较（分类）

分类标准	传统会计——负债	绿色会计——绿色负债
按流动性分	流动负债：短期借款、应付账款、预提费用、应交税费；非流动负债：长期借款、应付债券、长期应付款	流动负债：短期负债；非流动负债：长期负债
按赔偿责任是否确定分类		绿色负债、或有负债
按偿还形式分类		货币性负债、非货币性负债
按是否可补偿分类		可补偿性负债、不可补偿性负债
按环境责任分类		六大类：服从性、补救性、罚款与处罚、赔偿性、惩罚性、自然资源损失责任

（3）绿色权益

传统负债与绿色负债在特征方面的比较如表 6-13 所示。

表 6-13　传统权益与绿色权益的比较

项目	传统会计——权益	绿色会计——绿色权益
特征	① 投资者对企业净资产的所有权。 ② 投资者有权按投资比例分享企业利润等。 ③ 投资者有法定的管理企业的权利	与环境、地域、自然资源、某种权利等密切相关

（4）绿色收入

传统收入与绿色收入在特征、内容方面的比较如表 6-14 所示。

表 6-14　传统收入与绿色收入的比较

项目	传统会计——收入	绿色会计——绿色收入
特征	① 从企业日常活动中产生，而不是从偶发的交易或事项中产生。 ② 可增加资产、减少负债（如以销售的产品抵债）或二者兼而有之。 ③ 增加利润，因而最终能导致所有者权益增加。 ④ 仅指属于本企业经济利益的流入，不包括代收款项等	① 企业涉及绿色经营活动产生的。 ② 增加经济利益
内容	① 广义的收入：企业的主营业务收入、其他业务收入、投资净收益和营业外收入等。 ② 狭义的收入：企业的主营业务收入、其他业务收入和投资收益	① 绿色经营活动带来的收入。 ② 对环境保护、资源利用、节能减排做出贡献得到的各类奖金和税收优惠。 ③ 从金融机构或环保机构取得低息或无息贷款优惠。 ④ 销售绿色产品或进行环境治理从政府取得的各类补贴

（5）绿色费用

传统费用与绿色费用在特征、内容方面的比较如表 6-15 所示。

表 6-15　传统费用与绿色费用的比较

项目	传统会计——费用	绿色会计——绿色费用
特征	① 从过去的交易或事项中产生。 ② 会引起资产减少或负债增加（如预提费用），或二者兼而有之。 ③ 会导致所有者权益减少，但与向使用者分配利润无关	① 不均衡性与不确定性。 ② 多样性与滞后性。 ③ 政府政策导向性与强制性。 ④ 间断性与持续增长性
内容	① 广义的费用：企业的主营业务成本、营业税金及附加、其他业务成本、期间费用（销售费用、管理费用、财务费用）、投资净损失、营业外支出和所得税费用等。 ② 狭义的费用：企业的主营业务成本、主营业务税金及附加、其他业务支出和期间费用	① 预防性绿色费用。 ② 治理性绿色费用。 ③ 恢复性费用或再生费用。 ④ 废弃物回收再利用费用。 ⑤ 补偿性绿色费用

传统费用与绿色费用在分类上的比较如表 6-16 所示。

表 6-16　传统费用与绿色费用的比较（分类）

分类标准	传统会计——费用	绿色会计——绿色费用
按广义和狭义分类	① 广义的费用。 ② 狭义的费用	① 广义的费用：企业发生的外部环境成本和内部环境成本的统一，包含资源耗减费用、环境降级费用、资源维护费用和环境保护费用。 ② 狭义的费用：仅指属于企业负担的环境费用，不含由社会、政府为保护环境负担的环境费用
从管理过程的角度分类		绿色控制费用（履行绿色责任而产生的支出）、绿色故障费用（控制成本之外的与环境问题有关的支出）
从产品周期的角度分类		获取资源环境费用，制造与加工环境费用，生产环境费用，使用、流通或消费过程绿色费用，再生循环绿色费用，废弃绿色费用

（6）绿色利润

传统利润与绿色利润在特征方面的比较如表 6-17 所示。

表 6-17　传统利润与绿色利润的比较

项目	传统会计——利润	绿色会计——绿色利润
特征	① 企业在一定会计期间的经营成果。 ② 会增加企业的资产。 ③ 为投资者所有，增加所有者权益	涉及绿色经营活动带来的经济利益。既可以是货币收入，也可以是非货币形式的社会利益的增加

五、规范绿色会计信息的披露

1. 西方企业信息披露的内容

西方企业广泛开展绿色会计核算与绿色信息披露工作。克罗热（Kreuze）和纽厄尔（Newell）把环境信息披露的内容归纳为以下几个方面。

1）与公司有关的环境法规的简要介绍。

2）公司现在和未来要负担的环境义务与责任，包括由于环境而导致的政府对公司的诉讼案件。

3）提供与环境事故有关的详尽信息。

4）阐述公司解决环境问题的计划或策略。

5）说明履行环境义务或责任所发生的成本支出和结构。

6）指出与已揭示环境事故有关的保险赔偿。

7）说明环境责任对公司财务状况可能带来的影响。

8）说明企业的生产工艺、产品、原材料等在各个环节造成的对生态环境的影响。

9）讨论公司在废品回收、利用和能源节约方面的政策，以及它们在企业内部的执行情况，不仅要说明生产过程，还要包括其他的经营环节。

10）说明公司在环境方面已得到的认可或受到的奖励，如得到环境保护方面的奖励等。

2. 信息披露的报告主体、披露的基本内容

针对绿色会计信息的报告主体有两种观点：政府主体论和企业主体论。本书采用企业主体论观点，即会计信息的报告主体应定位为企业组织。政府负责宏观调控，制定出合理的政策和运行机制，绿色会计的核算责任和最终风险由企业来承担。

本书围绕"六个要素"展开的信息披露的基本内容如表 6-18 所示。

表 6-18　信息披露的基本内容

要素	基本内容
绿色资产	绿色流动资产（环保基金存款、环保材料）；绿色固定资产（环保不动产、环保工程设施）；绿色无形资产（环保专利权、专有技术、资源开采权等）；绿色递延资产（预付且受益期超过一年或正常营业周期的支出，如排污权）

续表

要素	基本内容
绿色负债	预防性支出形成的负债；绿色治理支出形成的负债；违规罚款、赔偿金等形成的负债；依法应交的相关税费，排污费、资源税、环保税等；其他支出形成的负债，如环保捐赠、环保绿化费等
绿色权益	所有者在主体资产中享有的经济利益，是绿色资产减去绿色负债后的剩余量，是企业拥有的可以自由支配的资产。与环境、地域、自然资源、某种权利等密切相关
绿色收入	绿色经营活动带来的收入；对环境保护、资源利用、节能减排做出贡献得到的各类奖金和税收优惠；从金融机构或环保机构取得低息或无息贷款优惠；销售绿色产品或进行环境治理从政府取得的各类补贴
绿色费用	预防性绿色费用、治理性绿色费用、恢复性费用或再生费用、废弃物回收再利用费用、补偿性绿色费用
绿色利润	涉及绿色经营活动带来的经济利益。既可以是货币收入，也可以是非货币形式的社会利益的增加

3. 信息披露的模式

信息披露的模式包括补充报告模式和独立报告模式。顾曙生（2014）通过对我国部分上市公司样本分析发现：我国上市公司对外披露的绿色财务与非财务信息多为文字说明，分散在董事会报告、报表附注中，方法单一、数量化指标少，通过互联网、电视、报纸等媒体对外披露绿色财务、非财务信息的更是少见。而国外发达国家很多上市公司已采用独立的绿色会计报告模式进行披露。

补充报告模式是指在传统三大财务报表：资产负债表、利润表和现金流量表的基础上增加一些项目，以及在报表附注中披露企业相关绿色会计信息。下面以表 6-19 和表 6-20 为例说明。

表 6-19　补充报告模式——资产负债表（部分补充内容简表）

编制单位：　　　　　　　　　年　月　日　　　　　　　　　单位：元

资产	负债及股东权益
流动资产：	流动负债：
货币资产	短期借款
其中：绿色存款	其中：短期绿色借款
应收账款	应付账款
其中：应收绿色账款	其中：应付绿色账款
其他应收款	应付职工薪酬
其中：应收其他绿色账款	其中：应付绿色职工薪酬
存货	应交税费
其中：绿色存货	其中：应交绿色税费
非流动资产：	非流动负债：
固定资产	长期应付款
其中：绿色固定资产	其中：应付环保项目款
无形资产	预计负债
其中：绿色无形资产	其中：预计绿色负债
长期待摊费用	所有者权益：
其中：绿色长期待摊费用	实收资本
	其中：绿色资本
	盈余公积
	其中：绿色盈余公积
	未分配利润
	其中：绿色未分配利润
资产总计：	负债及所有者权益总计：
其中：绿色资产总计	其中：绿色负债及所有者权益总计

表 6-20 补充报告模式——利润表

编制单位：　　　　　　　　　　　年　月　日　　　　　　　　　　　单位：元

项目	金额
一、营业收入	
其中：绿色营业收入	
减：营业成本	
其中：绿色营业成本	
营业税金及附加	
其中：绿色营业税金及附加	
销售费用	
管理费用	
财务费用	
其中：绿色期间费用	
二、营业利润	
其中：绿色营业利润	
加：营业外收入	
其中：绿色营业外收入	
减：营业外支出	
其中：绿色营业外支出	
三、利润总额	
其中：绿色利润总额	
减：所得税费用	
其中：绿色所得税费用	
四、净利润	
其中：绿色净利润	

补充报告模式——现金流量表的列示方法，同资产负债表及利润表。具体体现在经营活动、投资活动和筹资活动产生的现金流量中加入环境因素，形成绿色现金流量表。

附注信息的披露内容包括企业重要绿色收入的主要构成内容、企业绿色费用的构成及计量方法、企业绿色经营采用的绿色会计政策及目标、企业实施绿色审计的情况、绿色会计重要的或有负债、其他与绿色会计相关的需要说明的情况。

讨论：国外独立绿色会计报告模式的信息披露（视频）

4．披露的质量要求

规范信息披露的质量要求，即披露会计信息的质量要求及质量标准。它分为在传统会计原则基础上赋予新内涵的原则，以及在传统会计原则基础上补充和发展的原则两大类。

1）在传统会计原则基础上赋予新内涵的原则如表 6-21 所示。

表 6-21　在传统会计原则基础上赋予新内涵的原则

原则	传统会计	绿色会计
可靠性（客观性）	企业应当以实际发生的交易或事项为依据进行会计确认、计量和报告，如实反映符合确认和计量要求的各项会计要素及其他相关信息，保证会计信息真实可靠、内容完整	从实际出发，将其对外部环境造成的不利影响客观表达出来
相关性	企业提供的会计信息应当与财务会计报告使用者的经济决策需要相关，有助于财务会计报告使用者对企业过去、现在或将来的情况做出评价或者预测	不仅要满足会计信息使用者原有的一些需求，还要满足绿色经济活动所需要的相关信息
明晰性（可理解性）	企业提供的信息应当清晰明了，便于财务会计报告使用者理解和运用	绿色会计涉及的环境、污染、资源、环保、健康等信息，必须普及化和通俗化
可比性	企业提供的会计信息应当具有可比性：同一企业在不同时期的纵向可比；不同企业在同一时期的横向可比	绿色会计同样适用
实质重于形式	企业应当按照交易或者事项的经济实质进行会计确认、计量和报告，不应仅以交易或者事项的法律形式作为依据	真实展现开展绿色经济活动过程中的实质情况和结果
重要性	企业提供的会计信息应当反映与企业财务状况、经营成果和现金流量有关的所有重要交易或者事项	选取对社会经济发展影响较重要的绿色事项进行核算，运用时需配合强制性或自愿原则
谨慎性	对交易或者事项进行会计确认、计量和报告应当保持应有的谨慎，不应高估资产或收益、低估负债或费用	充分估计因环境因素引起的风险和损失，既不高估绿色资产或者绿色收益，也不低估绿色负债或者绿色费用
及时性	企业对于已经发生的交易或者事项，应当及时进行会计确认、计量和报告，不得提前或者延后	重大的涉及环境、安全等信息，必须及时披露

2）在传统会计原则基础上补充和发展的原则如表 6-22 所示。

表 6-22　在传统会计原则基础上补充和发展的原则

原则	补充说明
效益协调一致原则	兼顾经济效益、社会效益和环境效益协调一致原则
外部成本内部化原则	将其对外部造成的不利影响即外部经济成本内部化
自愿与强制相结合原则	严格遵守国家的法规履行义务，超出规定之外的，可以自愿选择是否履行

问答题

1. 简述财务管理的概念与内涵、目标及方法。
2. 如何计算货币的时间价值？
3. 简述投资决策的内容及方法。
4. 简述绿色会计的内容、框架及信息披露的方式。

能力训练题

1. 调查某上市公司近年来资本运作状况及其对经营绩效的影响。

2. 从财务报表使用者的角度，选择一家上市公司，就其披露的绿色信息内容进行分析，并提出完善绿色信息披露的方法及措施。

案例分析

中石油的绿色会计信息披露

课后阅读

一　作为环境经营工具的环境会计
二　蚂蚁金服的绿色和可持续发展模式

拓展阅读

国际会计师联合会的《可持续发展框架》（web.ifac.org/sustainability-framework）.

环境与可持续管理会计网站（http://www.eman-eu.org/）.

卢相君，时军，2016. 绿色会计. 北京：中国环境出版社.

社会与环境会计研究中心（http://www.st.andrews.ac.uk/management/csear）.

苏宜，2011. 投资项目评估. 2版. 北京：清华大学出版社.

孙恒，王彦卓，2014. 企业绿色会计理论与实践应用研究. 北京：经济科学出版社.

曾平华，2009. 财务报表看什么？上海：立信会计出版社.

第七章

企业设备管理

知识目标

1. 掌握设备管理的概念，了解设备管理的发展历程。
2. 掌握设备选择的经济评价方法。
3. 掌握设备磨损的分类及度量方法。
4. 熟悉设备故障发生的规律。
5. 了解设备更新的常用决策方法。

能力目标

1. 学会正确选择评价设备。
2. 应用设备管理知识进行设备更新、改造决策。

关键词

设备管理　设备前期管理　设备选择　设备磨损　设备故障　设备改造
设备更新　设备的劣化

导入案例

上海宝钢设备前期管理"386"方式

宝钢是我国大型钢铁企业集团，在引进国外先进设备和技术的同时，引进了国外先进的企业管理思想和模式，结合本国、本企业的实际，创造了有特色的设备前期管理经验——"386"管理方式。

"386"管理方式是指通过"三大方案""八个阶段""六项标准"实现集中一贯制的管理。其主要特点是建设单位对新建工程实行设计、制造、施工一贯制的经济合同管理，严格按照工程程序，以一次投产成功为总目标，按照设备一生管理方式，编制各种技术文件、资料和定量的网络计划，做到步步按标准、精度检查确认，控制和把握工程的各个节点及随时发生的问题，争取一环扣一环，从设计、制造、施工到生产准备共同确保总目标的实现。这样，可以根本改变我国多年来生产、基建、设计，甲、乙、丙三方"三足鼎立"的传统工程建设或设备前期管理方式。

1. 三大方案

宝钢通过"三大方案"的编制和实施来实现一贯制管理。"三大方案"是指"生产准备方案""开工方案"和"试生产方案"。

"生产准备方案"是从工程立项开始到单体试运转之前生产准备所必须做的工作，主要是管理方式设计（包括施工管理和投产后的管理方式）、技术、组织、物资准备、市场开发及人才培训等工作。

"开工方案"是完成了全部市场准备工作之后，对总体工程及单体设备如何进行开工生产的指导方案。它是一套各种不同类型设备、工艺所特有的非常具体而严密、技术性很强的开工指导计划及其技术组织实施细则，是生产准备结果的最终目的。

"试生产方案"是开工之后向达标、达产过渡阶段所进行的初期生产实施方案。它的主要任务是对设备进行功能、机能考核及设计保证指标体系的鉴定，通过各种考核与鉴定以保证顺利达到设备规定的设计能力，并在试生产过程中进行岗位练兵、反事故演习，理顺管理关系和善后处理好工程遗留问题。

"三大方案"是工程建设一贯制管理的总体设计，三者各有侧重而又是相互依存的整体，是纲领性的指导资料。这套资料已将工程建设过程的全部内容融为一体，是建设总计划的核心部分。

2. 八个阶段

八个阶段是指设计审查、设备监造、设备检验、施工监察、单体试车、无负荷联动试车、负荷联动试车、生产考核，这也是项目建设者合同管理的具体实施过程。

这八个阶段共有20项工作内容，即：技术消化；技术消化中各种问题的清理；八个阶段为保证工作正常进行所花费的资金预算；各阶段检查验收标准的制定；资料档案的归档管理；综合管理；试运转方案的编制；各种规章制度的制定；岗位练兵考核；专业检查确认，包括机、电、仪表、土建、炉等10多个专业；专业检查出问题的管理；反馈给施工单位处理的问题的管理；与外商谈判；对外索赔交涉及管理；合格证签证；资料交接；专用工具；建立正常生产秩序；财产转移；验收签证。宝钢对这20项工作建立详细的标准化作业体系，按照标准管理。

3. 六项标准

根据《中华人民共和国合同法》签订的设计合同，设计单位不仅提供图纸，同时应保证设计的工厂、设备、装置在投产后达到规定的性能指标。若达不到规定的保证值，建设单位可按照损失的大小索赔。为了实现设计保证值，设计单位必须在提供图纸资料的同时，对设备制造、施工安装、试运转验收提出包括下述六个方面的软件技术，即六项标准。

1）设计保证指标及考核办法。

2）设备制造标准。

3）设备精度检查表，包括每台设备运转下的精度点，每个精度点规定的精度标准，如振动、噪声、温升、间隙等的最高值、最低值。

4）安装要领书，包括设备安装精度、检查部位和检查方法。

5）试运转要领书，包括单体试车、无负荷联动试车、负荷联动试车方案。

6）功能、机能考核鉴定表，包括试运转阶段和投产后对设备的设计性能、系统功能、设备精度及生产能力规定指标的考核鉴定。

　　宝钢设备的试运转验收过程按照以上六项标准进行，具体验收工作流程包括检查（五步检验制：驻厂检验、运输与口岸检验、开箱检验、安装检验和生产考核功能检验）、确认、签证三个步骤。

　　三大方案相互衔接、配合，体现了系统的整体性和连续性特征；八个阶段体现系统时间维和逻辑维上的运动，是三大方案的落实过程；六项标准是系统质量控制的准则，也是避免出现系统薄弱环节的有效保证。

（资料来源：http://www.tnpm.org/tpm/alfx/8178.html.）

　　思考：宝钢在设备管理过程中，是如何确保决策、效益、生产和经营协调发展的？

第一节　设备管理概述

一、设备管理的概念

　　设备是指可供企业在生产中长期使用，并在反复使用中基本保持原有实物形态和功能的劳动资料和物质资料的总称，它是固定资产的主要组成部分。它反映了两个方面的含义。一是设备是企业生产的物质技术基础的必要条件。只有设备经常处于良好的技术状态，才能保证生产的正常进行，有利于企业获取更大的经济效益。二是设备反映了企业现代化程度和科学水平。设备的技术性能决定了企业的生产效率和产品质量，只有不断采用先进的设备，才能提高生产技术水平。

　　设备管理（equipment management）又称设备工程（equipment engineering），是以企业生产经营目标为依据，以设备为研究对象，追求设备综合效率，应用一系列理论、方法，通过一系列技术、经济、组织措施，对设备的物质运动和价值运动进行全过程（从规划、设计、选型、购置、安装、验收、使用、保养、维修、改造、更新直至报废）的科学型管理。设备管理包括对设备两种运动形态的管理，即设备的技术管理和经济管理。

二、设备管理的分类

　　设备管理分为自有设备管理和租赁设备管理。自有设备按照设备折旧、使用台班进行自有机械费的核算；租赁的机械费按照租赁时间和单价核算机械租赁费。自有机械使用费、机械租赁费共同构成工程项目的机械费，进行成本核算。

　　1．自有设备管理

　　系统根据设备使用计划进行设备的调配，提高设备使用效率，合理调配设备资源，保证工程顺利施工，主要处理现场设备的日常管理及机械费的核算业务。主要包括使用计划、采购管理、库存管理、设备台账管理、设备使用、设备日常管理、机械费核算等。

2．租赁设备管理

根据工程预算和整体进度计划，结合自有设备情况制订设备租赁计划，合理调配资源，提高设备利用率，确保工程顺利施工。根据租赁数量、租出时间、退租时间、租赁单价核算租赁费，根据租赁费、赔偿费结合工程项目进行机械料费的核算。主要包括租赁计划、租赁合同管理、设备进场、机械出场、租赁费用结算等费用结算支付。

三、设备管理的要求

设备管理有经济和技术两大目标：经济目标是设备的寿命周期费用最少；技术目标是设备的综合效率最高。要达到这两个目标，就应当综合考虑影响这两个目标的各个因素，统筹规划，全面加强管理。

1．全过程管理

设备综合管理是将设备的整个周期作为一个整体进行的综合性管理，即从选购设备或自行设计制造设备开始，直到设备报废退出生产领域为止的全过程管理。以设备的寿命周期费用为评价设备工作的主要技术经济指标，追求最经济的寿命周期费用。设备寿命周期要根据生产技术发展水平、设备更新策略、设备折旧率等因素决定，从总体上保证和提高设备的可靠性、维修性、经济性，做到安全、节能、保护环境，提高企业技术装备水平，以求得设备整个寿命周期的最佳效益。

2．全员管理

在加强设备的技术管理的同时，还应加强设备的经济管理和组织管理工作。现代企业中，设备数量众多，型号规格复杂，并分散在企业生产、科研、管理等各领域，如果单靠专业管理机构与人员是难以管理好的。因此，要把与设备有关的人员组织起来参加设备管理，使设备管理建立在员工积极参加的基础之上。

3．综合管理

设备综合管理本质上是对设备运动过程的管理。设备运动有两种形态：一是物质形态，表现为设备的研究、设计、制造、选购、安装调试、使用、维修、改造、更新、报废等；二是设备价值运动形态，表现为设备的最初投资、维修费用支出、折旧、改造更新资金的筹措、积累、支出等。前者形成设备的技术管理，后者形成设备的经济管理，它们分别受技术规律和经济规律支配。设备管理的目的就是要达到最佳的技术状态和经济效果。因此，在设备决策的方案论证中，应追求设备的寿命周期费用最优化，而不能单纯地只考虑某一阶段（如制造或使用）的经济性，并在此基础上使设备的综合效率最高。其主要内容包括设备的合理购置、设备的正确使用与维护、设备的检查与修理、设备的更新改造、设备的安全经济运行以及设备的生产组织等。

四、设备管理的内容

设备管理的内容，主要有设备物质运动形态和设备价值运动形态的管理。企业设备物质运动形态的管理是指设备的选型、购置、安装、调试、验收、使用、维护、修理、更新、改造，直到报废；对企业的自制设备还包括设备的调研、设计、制造等全过程的管理。不管是自制还是外购设备，企业有责任把设备后半生管理的信息反馈给设计制造部门。同时，制造部门也应及时向使用部门提供各种改进资料，做到对设备实现从无到有到应用于生产的一生的管理。

企业设备价值运动形态的管理是指从设备的投资决策、自制费、维护费、修理费、折旧费、占用税、更新改造资金的筹措到支出，实行企业设备的经济管理，使其设备一生总费用最经济。前者一般称为设备的技术管理，由设备主管部门承担；后者称为设备的经济管理，由财务部门承担。将这两种形态的管理结合起来，贯穿设备管理的全过程，即设备综合管理。

五、设备管理的发展历程

自从人类使用机械以来，就伴随有设备的管理工作，由最初的仅凭操作者个人的经验行事，到如今的科学管理，大致经历了以下五个发展阶段。

1. 事后维修阶段

资本主义工业生产刚开始时，由于设备简单，修理方便，耗时少，一般在设备出现故障时才进行修理，这就是事后维修制度，此时设备修理由设备操作人员承担。后来随着工业生产的发展，结构复杂的设备大量投入使用，设备修理难度不断增大，技术要求也越来越高，专业性越来越强，于是，企业主、资本家便从操作人员中分离一部分人员专门从事设备修理工作。为了便于管理和提高工效，他们把这部分人员统一组织起来，建立相应的设备维修机构，并制定适应当时生产需要的最基本管理制度。在西方工业发达国家，这种制度一直持续到 20 世纪 30 年代，而在我国，则延续到 20 世纪 40 年代末期。

2. 预防维修阶段

随着社会化大生产的出现，机器设备故障造成的经济损失不容忽视，于是 1925 年前后美国首先提出"预防维修"的概念，对影响设备正常运行的故障采取"预防为主""防患于未然"的措施。即加强维护保养，预防故障发生，尽可能多做预防维修，降低停工损失费用和维修费用。主要做法是以日常检查和定期检查为基础，并从中了解设备状况，以此为依据进行修理工作。

20 世纪 30～40 年代，苏联随后也提出了"计划预防维修制度"，以修理复杂系数和修理周期结构为基础的制度，按待修设备的复杂程度制定出各种修理定额作为编制预防性检修计划的依据，除了对设备进行定期检查和计划修理外，还强调设备的日常维修。

20 世纪 50 年代初期我国引进计划预修制度，对于建立我国自己的设备管理体制、促进生产发展起到了积极的作用。经过多年实践，在"以我为主，博采众长"精神的指导下，对引进的计划预修制度进行了研究和改进，创造出具有我国特色的计划预修制度。

3．生产维修阶段

1954 年，美国通用电气公司提出了"生产维修"的概念，强调系统地管理设备，对关键设备采取重点维护政策，以提高企业综合经济效益。20 世纪 60 年代，美国企业界又提出设备管理"后勤学"的观点，在设备设计阶段就开始考虑其可靠性、维修性及其必要的后勤支援方案。设备出厂后，在资料、技术、检测手段、备件供应以及人员培训方面为用户提供良好、周到的服务，使用户达到设备寿命周期费用最经济的目标。设备管理从维修管理转为设计和制造的系统管理，进入新阶段。

4．设备综合管理阶段

设备综合管理是根据企业生产经营的宏观目标，通过采取一系列技术、经济、管理措施，对设备的一生进行管理，以保持设备良好状态并不断提高设备的技术素质，保证设备的有效使用和获得最佳的经济效益。设备综合管理的两个典型是英国丹尼斯·帕克斯（Dennis Parkes）提出的"设备综合工程学"和以此为基础日本提出的"全民生产维修制"，分别以设备寿命周期费用最经济和综合效率最高为目标。

5．设备智能管理阶段

随着企业设备水平的日益提高，规模的不断扩大，各种设备、系统和设施正朝着大型化、连续化、复杂化、精密化和柔性化方向发展，企业设备管理越来越需要满足特殊环境下的苛刻要求。需要对企业设备管理活动中的信息进行收集、提取、加工、输出，从而更有利于支持组织决策。"互联网＋"、现代信息通信技术的发展，为企业设备管理带来了机遇。利用计算机系统来控制设备管理的整个流程，并即时传递影响生产的设备运行和维护信息，实现设备寿命周期费用的数字化统一管理，将设备维修人力资源、技术资源、资金资源、物质资源统一组织与配置，执行统一的绩效考核和管理评价体系，在一个优化的管理体系中，确保设备的生产能力得到最大限度的发挥，在尽量短的时间内，让设备产出最大化的经济价值，实现向设备要效益的目标，形成数字化、信息化、智能化的设备管理。

第二节　企业设备的前期管理

一、设备前期管理的概念

设备前期管理是指设备从规划到投产阶段的过程管理，是设备管理中的重要环节，它对提高装备技术水平和投资技术经济效果具有决定性的作用。

前期管理阶段决定了企业装备的技术水平和系统功能，可影响企业的生产效率和产品质量；前期管理阶段决定了装备的适用性、可靠性和维修性，可影响企业装备效能的发挥和可利用率；前期管理阶段决定了设备全部寿命周期费用的绝大部分，可影响企业的产品成本。由此可见，设备前期管理不仅决定了企业技术装备素质，关系着企业战略目标的实现，也决定了投资效益的实现。因此，设备前期管理水平的优劣，不仅体现了企业设备管理的整体水平，也制约了企业经济效益的提高。

二、设备前期管理的主要内容

1. 设备规划及可行性研究

设备规划是指根据企业经营方针、目标，考虑生产发展和市场需求、科研、新产品开发、节能、安全、环保等方面的需要，通过调查研究，进行技术经济的可行性分析，并结合现有设备的能力、资金来源等综合平衡，以及根据企业更新、改造计划等而制订的企业中长期设备投资的计划。

设备规划可行性研究的内容一般情况下应包括：确定设备规划项目的目的、任务和要求；规划项目技术经济方案论述；环保与能源的评价；实施条件的评述；总结等。

2. 设备选择

设备选择包含型号和厂家的选择，是指通过技术与经济方面的分析、评价和比较，从可以满足相同需要的多种型号、规格的设备中选购最佳者，为企业选择最优的技术装备，是企业设备经营决策中的一项重要工作。合理地选择设备，可使有限的投资发挥最大的技术经济效益。相反，如果在设备选择中不仔细甄别，使不适用的设备进入企业的固定资产范围，企业的技术装备结构就会处于不合理的状态，也会给企业的营运经济效果带来不利的后果。

企业在进行设备选择时，要以企业发展战略作为依据，以满足企业今后发展的需要，遵循生产上适用、技术上先进和经济上合理的原则，即：选择的设备适合企业生产工艺的需要；以生产适用为前提，选择技术处于国内或行业内领先水平的设备，既不可脱离企业的需要而一味追求技术上的先进，也要防止选择技术上即将落后的设备；将追求投资的高性价比作为目的。

3. 建立设备台账

设备台账是设备全过程管理的一项基础性工作，所有主要设备和主要辅助设备（包括冷、热备用设备）都必须建立设备台账，其他生产设备可根据情况建立台账或卡片。设备台账的主要内容包括设备规范表、重要故障记录、检修经历、重要记事等。

企业应认真对待设备的台账录入、保存等管理工作，要求数据翔实和准确、专业术语规范。机组正常运行后应及时将在调试阶段的原始信息导入正规设备台账，做好电子台账的管理工作，要确保台账的完整性，以便查阅使用。

三、设备选择应考虑的因素

选择设备是企业发展的一项长期投资决策，必须进行技术上、经济上的可行性分析和评价，对各种方案进行投资效果的核算与比较，才能做出正确的选择，为企业取得良好经济效益创造条件。因此，应综合考虑以下几个因素。

1. 生产性

设备的生产性即设备的生产效率，它是由设备单位时间的效率和设备的工作时间决定的。设备的效率，是以单位时间（昼夜、工时）内生产的产品数量表示，也可用流水线上的节拍表示，往往表现为功率、速率、效率等。

2. 工艺性

设备的工艺性指的是设备满足生产工艺要求的能力。机器设备首先要符合产品工艺技术要求。其次，设备的操作应轻便、控制灵活。对于产量大的设备，自动化程度要高；对于有害有毒作业的设备，要求能自动控制及远距离监督控制。总体而言，选择的设备应具备好的工艺性。

3. 可靠性

设备的可靠性是指设备在规定的时间和规定的条件下，完成规定功能的能力，主要指设备的精度和准确度的保持性、平均故障时间及零件的耐用性、安全可靠性等。一般可以用所加工产品的物理、化学性能以及所完成工程的可靠性等技术参数来表示，也可用工序能力指数来表示设备对产品质量或工程质量的保证程度。

4. 可维修性

设备的可维修性是指设备维修的难易程度。如果设备的维修性好，可以大大节省维修的工作量和维修费用。维修费用是设备整个寿命周期内的一项主要费用。可维修性是与可靠性设计相联系的。设备越可靠，故障次数就越少，维修费用也越低。因此，在选择设备时，应考虑设备是否易修、修理费用多少等因素。

5. 互换性

机器设备的互换性主要指零件、部件的互换性，是指在同一规格的一批零件或部件中，任取其一，不需任何挑选或附加修配（如钳工修理）就能装在机器上，达到规定的性能要求。互换性通常包括几何参数（如尺寸）和力学性能（如硬度、强度）的互换。遵循互换性原则，不仅能显著提高劳动生产率，而且能有效保证产品质量和降低成本。

6. 经济性

选择设备时必须对设备进行经济可行性分析，核算设备的投资效果，进行经济评价。投资效果评价的方法主要有投资回收期法、年费用法或现值法等，也可利用价值工程的方法对设备进行价值分析。

7. 安全性

设备的安全性是指要确保设备使用过程中的安全。机器设备一旦发生事故，直接威胁到工人的健康和生命，将给企业带来巨大的经济损失。因此，在选择设备时，必须考虑设备是否有安全防护装置，保证使用时能安全生产。

8. 配套性

选择设备时要配套，应按工艺技术和生产要求，使设备在性能等方面相互配套，以尽快形成生产能力。应考虑新旧设备的配套，即新旧设备之间要有兼容性。单机配套，即备件、配件、随机工具要成套；机组配套，即一组机器的主机、辅机、控制装置等要配套；工程项目配套，即一个新建项目的各种机器设备要配套。

9. 节能性

设备的节能性是指机器设备节约能源和原材料的能力。能源的消耗一般以设备单位开动时间或单位产品的能源消耗量来表示，如每小时耗电量、火力发电设备每小时耗煤量等。材料的消耗是指原材料的利用程度，要选择能源消耗低、原材料利用程度高的设备。

10. 环保性

设备的环保性是指机器设备在使用过程中是否会产生有毒有害物质，影响正常的工作环境，危害人的身心健康。考核机器质量时，机器的环保状况必须引起足够的重视，要把排放的有害物质和噪声予以控制和消除，并配有相应的治理"三废"的附属设施，严格遵循环境保护法。

四、设备选择的经济评价方法

选购设备时，除了充分考虑上述因素外，还要通过对几种方案进行经济评价和对比分析，从而选出最优方案。具体评价方法如下。

1. 费用效率分析法

费用效率分析法又称寿命周期费用法。它是通过计算、分析和比较不同设备的单位寿命周期费用所取得的有效成果，即费用效率，来评价设备经济的一种方法。其计算公式为

$$C_1 = \frac{E_1}{C_2} \tag{7-1}$$

式中，C_1 表示设备费用效益；E_1 表示系统效率；C_2 表示寿命周期费用。

系统效率是指选择和评价设备的一系列因素，如生产性、节能性、耐用性所表现的效果。其中凡可用数量表示的，如设备的生产性（生产率）、节能性（能源节约率）、耐用性（经济寿命）等可进行定量分析；凡不能用数量表示的，如设备的维修性、安全性、

环保性等，可进行定性比较分析。

设备寿命周期费用是指设备的总费用，包括设备投入使用前的设置费（或称原始费）和设备投入使用后的维持费两部分。设备设置费是一次支出或集中在短期内支出的费用。外购设备的设置费包括设备的购价、运输费和安装调试费。自制设备的设置费包括研究、设计、制造、安装调试、设备使用和维修、技术资料的制作等费用。设备维持费是在设备寿命周期内，由于使用设备而需要经常和定期支出的有关费用，主要包括能源消耗费、维修费、操作工人工资和教育培训费、固定资产税、保险费、环境保险费等。

应用式（7-1）的评价步骤：首先，对每个效率因素分别按不同的等级（或程度）规定标准，并按各个因素的重要程度对不同的等级规定不同的分值；其次，对照每种备选设备的各项性能（因素）所达到的等级评定应得的分数；最后，以单位寿命周期费用得分最高的设备为最优。其计算公式为

$$C_1 = \frac{E_2}{C_2} \tag{7-2}$$

式中，E_2 表示设备的综合效率，包括六个因素（产量、质量、成本费用、交货期、安全）以及"5M"[材料（material）、人力（man）、设备（machine）、资金（money）、方法（method）]。选择设备时，应选择综合效率最高的设备。

2. 投资回收期法

设备投资回收期是指由于使用该设备带来的每年净收益回收全部设备投资所需的时间。投资回收期是反映设备投资回收速度的重要指标，通常以年表示。标准投资回收期是国家根据行业或部门的技术经济特点规定的平均先进的投资回收期；追加投资回收期是指用追加资金回流量来回收投资的年限，包括追加利税和追加固定资产折旧两项。

（1）静态投资回收期法

静态投资回收期是在不考虑资金时间价值的条件下，以使用该设备的净收益回收其全部投资所需要的时间。投资回收期可以自设备投资开始年算起，也可以自设备安装调试完毕的投产年开始算起，但应予注明。

一般情况下，计算设备静态投资回收期可用累计计算法。根据采用该设备后各年的净现金流量，从投资时刻开始，依次求出以后各年的净现金流量之和，即累计净现金流量。累计净现金流量等于零时对应的年份数，即为设备从投资开始算起的静态投资回收期。其计算公式为

$$\sum_{t=0}^{T_j} (CI-CO)_t = 0 \ (t=0,1,2,3,L,n) \tag{7-3}$$

式中，CI 表示现金流入；CO 表示现金流出；T_j 表示静态投资回收期。

式（7-3）在计算时，可能会出现累计净现金流量不是在整数年份时等于零，此时可以用线性插值法来计算静态投资回收期，其计算公式如下。

$$T_j = 累计净现金流量开始出现正值的年份数 - 1 + \frac{上年累计净现金流量的绝对值}{当年净现金量} \tag{7-4}$$

在进行设备投资时，如果是对两个方案进行比较，其中一个方案需要投资较多，但

产品的年成本低，另一个方案投资较少，但产品的年成本较高，通常采用追加投资回收期法。即考虑投资较多方案节约的成本额回收追加投资的时间。其计算公式为

$$T^*=\frac{K_2-K_1}{C_1-C_2} \tag{7-5}$$

式中，T^* 表示追加投资回收期；K_2，K_1 分别表示两个方案的投资额；C_2，C_1 分别表示两个方案的年产品成本；K_2-K_1 表示追加投资，$K_2>K_1$；C_1-C_2 表示成本节约额，$C_1>C_2$。

（2）动态投资回收期法

动态投资回收期法是在考虑资金时间价值的前提下，把每种设备投资方案各年的净现金流量按基准收益率折成现值之后，再推算投资回收期。动态投资回收期就是净现金流量累计现值等于零时的年份。动态投资回收期的计算需要在给定的基准收益率 i_0 下进行。其计算公式为

$$\sum_{t=0}^{T_d}\frac{(CI-CO)_t}{(1+i_0)^t}=0 \tag{7-6}$$

式中，T_d 表示动态投资回收期；i_0 表示基准收益率。

3．投资回收额法

（1）收益现值法

对于某些能够用于独立经营并获利的机器设备，可以采用收益法进行评估。收益现值法是指通过估算被评估资产的未来预期收益，并折算成资产现值（未来收入一定量货币的现有价值量），以此确定被评估资产价格的一种资产评估方法。

运用收益现值法评估的机器设备一般是独立经营或核算的生产线或成套设备，能够连续获得预期收益的资产，未来收益可以正确预测，并能用金额计算，资产与经营收益之间存在稳定的比例关系。基本计算公式为

评估值＝未来收益期内各期的收益现值之和

即

$$P=\sum_{t=1}^{n}\frac{F_t}{(1+i)^t} \tag{7-7}$$

式中，P 表示设备评估现值；F_t 表示第 i 年的设备预期收益；n 表示设备的使用年限；i 表示折现率。

（2）年金现值法

年金是定期或不定期的时间内一系列的现金流入或现金流出。年金现值就是在已知等额收付款金额未来本利、利率和计息期数 n 时，考虑货币时间价值，计算出的这些收付款到现在的等价票面金额。

设备的年金现值就是指未来某一段时期内，设备的预期收益 A 是稳定的，将这些收益折现，以此确定设备的价值。其计算公式为

$$P=A\frac{(1+i)^n-1}{i(1+i)^n} \tag{7-8}$$

式中，$\frac{(1+i)^n-1}{i(1+i)^n}$ 表示年金现值系数，也可记为 $(P/A,\ i,\ n)$。

第三节 设备使用中的管理

一、设备磨损

1. 设备磨损的分类

设备在使用或闲置过程中，都会发生磨损。磨损按其产生的原因不同，可分为有形磨损和无形磨损。

（1）设备的有形磨损

设备在寿命期内，无论在使用还是闲置，在其形态上都会产生变化而逐渐被损坏，设备物质形态的这种逐渐变化造成的损耗，称为有形磨损，也称物质磨损。有形磨损又可分为第一类有形磨损和第二类有形磨损。

第一类有形磨损，也称使用磨损，是指设备在使用中，由于输入能量而运转，产生摩擦、振动、疲劳，致使相对运动的零部件实体产生磨损。第一种有形磨损结果的一般表现：设备零部件尺寸、几何形状改变，设备零部件之间公差配合性质改变，导致工作精度和性能下降，甚至零部件被损坏，引起相关其他零部件被损坏而导致事故。影响磨损发展程度的主要因素有设备的质量、负荷程度、操作工人的技术水平、工作环境、维护修理质量与周期等。

第二类有形磨损，也称自然磨损，是指设备寿命期内，由于自然力量的作用或保管不善而造成的锈蚀、老化、腐朽，甚至引起工作精度和工作能力的丧失的磨损。这种磨损无论在设备使用还是闲置中容易失去正常的维护，因此设备闲置中的自然磨损比使用中更明显。加强设备的保管，如油封、防潮、防尘等，就可避免设备的自然磨损。

（2）设备的无形磨损

设备的无形磨损亦称经济磨损或精神磨损，它是指由非使用和非自然力作用引起的机器设备价值的损失，在实物形态上无法看出。无形磨损按形成原因划分，也可分为第一类无形磨损和第二类无形磨损。

第一类无形磨损是指由于设备制造工艺不断提高、成本不断降低、劳动生产率提高，生产同样机器设备所需的社会必要劳动消耗减少，因而使原机器设备相应贬值。这类无形磨损虽然使原有机器设备贬值，但设备本身的性能并未受到影响，设备的使用价值没有降低，因而不会影响现有设备的使用。

第二类无形磨损是由于新技术的发明和应用，市场上出现了结构更先进、性能更加完善、生产效率更高、经济效益更好的新型机器设备，使原机器设备相对技术陈旧落后、经济效益相对贬值，此时其价值不取决于其最初的生产耗费，而取决于其再生产的耗费。

2. 设备磨损的规律

不同的设备有不同的磨损结构，同一设备在使用和维修保养不同的情况下，也有不同的磨损情况。但有形磨损，特别是设备零件的第一种有形磨损，是比较有规律的，其磨损规律曲线如图 7-1 所示。

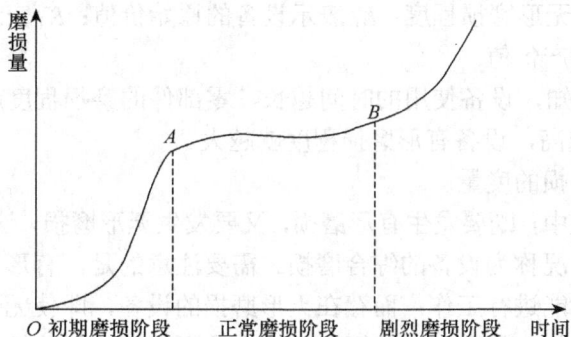

图 7-1　设备有形磨损规律

1）初期磨损阶段（也称磨合磨损阶段），是新设备或大修理后设备在早期故障期的磨损状态，磨损速度快、时间短，主要原因是零件加工时粗糙表面在负载运转中的快速磨损，低可靠度零件在负载下的迅速失效，安装不良，操纵职员对新使用设备不熟悉等。随着粗糙表面被磨平，失效零件被更换，安装经过磨合调整，操纵者逐渐熟悉设备，设备的磨损速度逐渐减小。

2）正常磨损阶段，磨损速度缓慢，磨损量的增加缓慢。在这个阶段，设备处于最佳技术状态，设备的生产效率、产品质量最有保证。应留意维护保养，采用正确的操纵技术和使用规程，加强点检，预防偶发故障劣化，尽量延长该阶段的使用时间。

3）剧烈磨损阶段，当主要零部件的磨损程度已经达到正常使用极限时，继续使用，磨损就会急剧上升，造成设备精度、技术性能、生产效率明显下降，故障率急剧上升。如果不及时停止使用，及时进行修理或更新，就会发生事故。在设备进入剧烈磨损阶段以前进行维修，能取得较好效果。

3．设备磨损的度量

（1）设备有形磨损的度量

设备有形磨损程度 α_p 可以用修复全部磨损零件的修理费用 R 与在确定设备磨损程度时该类设备的再生产价值 K_1 之比进行度量。其计算公式为

$$\alpha_p = \frac{R}{K_1} \tag{7-9}$$

式中，α_p 表示设备的有形磨损程度；R 表示修复全部磨损零件的修理费用；K_1 表示在确定设备磨损程度时该类设备的再生产价值。

从式（7-9）可知，设备使用的时间越长，零部件的磨损程度越严重，全部磨损零件的修理费用 R 就越高，设备有形磨损程度就越大。

（2）设备无形磨损的度量

设备无形磨损程度 α_1 可以用设备的原始价值 K_0 与在确定设备磨损程度时该类设备的再生产价值 K_1 之差，和设备的原始价值 K_0 的比值来进行度量。其计算公式为

$$\alpha_1=\frac{K_0-K_1}{K_0}=1-\frac{K_1}{K_0} \qquad (7\text{-}10)$$

式中，α_1 表示设备的无形磨损程度；K_0 表示设备的原始价值；K_1 表示在确定设备磨损程度时该类设备的再生产价值。

从式（7-10）可知，设备使用的时间越长，零部件的磨损程度越严重，全部磨损零件的修理费用 R 就越高，设备有形磨损程度就越大。

（3）设备综合磨损的度量

设备在使用过程中，既要发生有形磨损，又要发生无形磨损，这两种磨损同时作用，使设备发生贬值的情况称为设备的综合磨损。需要注意的是，有形磨损严重的设备，常常需要进行修理后才能进行工作；而存在无形磨损的设备，即使无形磨损很严重，都不会影响设备的使用价值，只是继续使用在经济上是否合算就得分析研究了。

如果设备的有形磨损程度为 α_p，那么设备遭受有形磨损后的尚存价值程度为 $1-\alpha_p$；无形磨损程度为 a_1，那么设备遭受无形磨损后的尚存价值程度为 $1-\alpha_1$。因此，设备遭受综合磨损后尚存价值程度可以表示为 $(1-\alpha_p)(1-\alpha_1)$。假设设备同时发生两种磨损的设备综合磨损程度为 α_m，那么 α_m 可以表示为

$$\alpha_m=1-(1-\alpha_p)(1-a_1) \qquad (7\text{-}11)$$

因此，设备遭受综合磨损后的残存价值 K 可表示为

$$K=(1-\alpha_m)K_0 \qquad (7\text{-}12)$$

将式（7-9）、式（7-10）、式（7-11）代入式（7-12）中，有

$$K=K_1-R \qquad (7\text{-}13)$$

式（7-11）表示设备遭受综合磨损后的残存价值 K 等于在确定设备磨损程度时该类设备的再生产价值 K_1 减去修复全部磨损零件的修理费用 R。实际中，可用来估算已使用设备的市场转让价格。

二、设备寿命

设备寿命在使用中有以下几个不同的含义。

1. 设备自然寿命

设备自然寿命又称物理寿命，它是指设备从投入使用开始，直到因物理磨损而不能继续使用、报废为止所经历的全部时间。它主要是由设备的有形磨损所决定的，并与设备的使用、维护和保养状况有关。做好设备的保养和维修，可以延长设备的自然寿命，但不能从根本上避免设备的磨损，因为随着设备使用时间的延长，设备不断老化，维修所支付的费用也逐渐增加，从而出现经济上不合理的使用阶段。

2. 设备技术寿命

由于科学技术的迅速发展，不断出现比现有技术更先进、经济性更好的新型设备，从而使现有设备在物质寿命尚未结束前就被淘汰。技术寿命是指一台设备可能在市场

上维持其价值的时间，也就是说一台设备从开始使用到因技术落后而淘汰为止所经历的时间，也叫设备的技术老化周期。技术寿命的长短，主要取决于技术进步的速度，而与有形磨损无关，一般比自然寿命短。通过现代化改装，可以延长设备技术寿命。

3．设备经济寿命

设备经济寿命指设备从开始使用（或闲置）时起，到由于遭受有形磨损和无形磨损再继续使用在经济上已经不合理位置的全部时间，即设备从全新状态安装投入使用之日起，到其年寿命总费用最低年份而被迫退出原定服务功能为止的时间。它是由有形磨损和无形磨损共同决定的，一般说经济寿命短于自然寿命。设备的更新一般取决于设备经济寿命。只要设备的年平均使用成本得到最小值，即可确定设备经济寿命。设备的年平均使用成本包括设备购置费的年分摊额和设备的年运行费用两个部分。随着设备使用时间的增长，设备购置费的年分摊是逐年下降的，年运行费用上升。综合考虑这两个方面的因素，设备的年平均使用成本的变化规律是先降后升，呈"U"形。

4．设备折旧寿命

设备的投资通常是通过折旧的方式逐年回收的。折旧寿命是指设备开始使用到其投资通过折旧的方式全部回收所延续的时间。它的长短取决于国家或企业所采取的技术政策和方针。

三、设备维护

1．设备故障的概念

设备故障（equipment failure）一般是指设备降低或失去其规定功能的事件或现象，表现为设备的某些零件失去原有的精度或性能，使设备不能正常运行、技术性能降低，致使设备中断生产或效率降低而影响生产。

设备在使用过程中，由于磨损、外力、应力及化学反应的作用，零件总会逐渐磨损和腐蚀、断裂导致设备因故障而停机。加强设备保养维修，及时掌握零件磨损情况，在零件进入剧烈磨损阶段前，进行修理更换，就可防止故障停机所造成的经济损失。

设备的劣化是指设备由于磨损（有形磨损和无形磨损）而使其性能、精度、效率随之降低，其运转费、维修费逐年增加的现象。设备劣化一般分为使用劣化、自然劣化和灾害劣化。

2．设备故障的分类

设备故障按其发生原因可分为突发性故障和渐发性故障。突发性故障一般是由偶然性原因造成的，这种故障一旦发生，对设备造成的损害一般很大，可能使设备完全丧失其功能，必须停机修理，甚至报废处理。渐发性故障是指由于设备性能逐渐劣化，技能慢慢降低引起的故障。

设备故障按技术性原因可分为四大类，即磨损性故障、腐蚀性故障、断裂性故障及老化性故障。

（1）磨损性故障

磨损性故障是指由于运动部件磨损，在某一时刻超过极限值所引起的故障。磨损是指机械在工作过程中，互相接触做相互运动的对偶表面，在摩擦作用下发生尺寸、形状和表面质量变化的现象。按其形成机理又分为黏附磨损、表面疲劳磨损、腐蚀磨损、微振磨损四种类型。

（2）腐蚀性故障

腐蚀性故障按腐蚀机理不同又可分为化学腐蚀、电化学腐蚀和物理腐蚀三类。

1）化学腐蚀：金属和周围介质直接发生化学反应所造成的腐蚀，反应过程中没有电流产生。

2）电化学腐蚀：金属与电介质溶液发生电化学反应所造成的腐蚀，反应过程中有电流产生。

3）物理腐蚀：金属与熔融盐、熔碱、液态金属相接触，使金属某一区域不断熔解，另一区域不断形成的物质转移现象。

在实际生产中，常以金属腐蚀不同形式来分类，常见的有八种腐蚀形式，即均匀腐蚀、电偶腐蚀、缝隙腐蚀、小孔腐蚀、晶间腐蚀、选择性腐蚀、磨损性腐蚀、应力腐蚀。

（3）断裂性故障

断裂性故障可分为脆性断裂、疲劳断裂、应力腐蚀断裂、塑性断裂等。

1）脆性断裂：可由于材料性质不均匀引起；或由于加工工艺处理不当所引起（如在锻、铸、焊、磨、热处理等工艺过程中处理不当，就容易产生脆性断裂）；也可由于恶劣环境所引起，如温度过低，使材料的机械性能降低，主要是指冲击韧性降低，因此低温（−20℃以下）容器必须选用冲击值大于一定值的材料。再如放射线辐射也能引起材料脆化，从而引起脆性断裂。

2）疲劳断裂：由于热疲劳（如高温疲劳等）、机械疲劳（又分为弯曲疲劳、扭转疲劳、接触疲劳、复合载荷疲劳等）以及复杂环境下的疲劳等各种综合因素共同作用所引起的断裂。

3）应力腐蚀断裂：一个有热应力、焊接应力、残余应力或其他外加拉应力的设备，如果同时存在与金属材料相匹配的腐蚀介质，则将使材料产生裂纹，并以显著速度发展的一种开裂，如不锈钢在氯化物介质中的开裂、黄铜在含氨介质中的开裂、氢脆和碱脆现象造成的破坏。

4）塑性断裂：由过载断裂和撞击断裂所引起。

（4）老化性故障

老化性故障是指由于元件老化、磨损、疲劳发生故障，使其性能老化或功能丧失。

3．设备故障发生的规律

设备故障的规律，是指设备在寿命周期内故障的发展变化规律。图 7-2 中故障率曲线反映了设备使用时间 t 与故障率 $Z(t)$ 的关系。曲线形似浴盆，故又称为浴盆曲线。该曲线可划分为以下三个阶段。

第 I 阶段为初期故障发生阶段，又称饱和阶段。这个阶段由于设备刚刚投入使用，

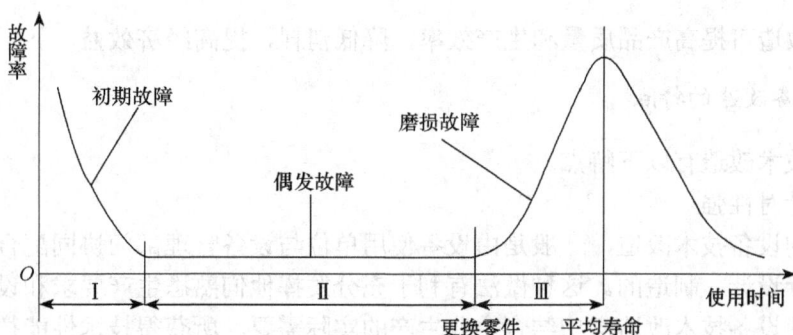

图 7-2　一般机械设备故障率曲线

设备制造、安排上的缺陷也逐渐暴露，或者操作上的不熟悉等，往往会发生比较多的故障。随着设备使用过程中的不断调整改进，故障发生率会随着时间延长而下降。

第Ⅱ阶段为偶发故障阶段，又称正常磨损阶段。这段时间内设备处于正常运转状态，故障率较低。偶发故障是因操作失误、保养不善、使用不当等外部随机因素引起的。偶发故障期是设备的实际使用期，通常持续相当长的时间。在使用过程中应严格注意故障发生前的异常现象并及时消除，使故障率得到适当降低。

第Ⅲ阶段是磨损故障阶段，又称过度磨损阶段。在这一阶段，设备的某些零件由于长时间的磨损与疲劳已经老化，寿命衰竭，导致磨损故障率上升，设备的性能、精度迅速降低。通过有计划地更换零件与维护保养可以减少故障，延长设备的使用寿命。

故障发生率的统计描述是决定设备维修管理的重要依据。在初期故障期，主要找出设备可靠性低的原因，进行调整和改进，保持设备故障率稳定；在偶发故障期，应注意提高操作工人与维修工人的技术水平；在磨损故障期，应加强设备的日常维护保养、预防检查和计划修理工作。

4. 设备维护策略

设备维护是设备维修与保养的结合，指为防止设备性能劣化或降低设备失效的概率，按事先制订的计划或相应技术条件的规定进行的技术管理措施。

设备维护策略是维修系统的关键组成部分，旨在最大限度地降低设备维修的总成本和由此造成的停机时间。设备策略工具通常包括工作计划、详细的模板和电子表格。

四、设备改造

1. 设备改造的概念

设备改造是指把科学技术新成果应用于企业的现有设备，通过对设备进行局部革新、改造，以改善设备性能，提高生产效率和设备的现代化水平。

设备改造有设备的改装和设备的技术改造两种形式。设备的改装是指为了满足增加产量或加工要求，对设备的容量、功率、体积和形状的加大或改变。设备的技术改造也称现代化改造，是指把科学技术的新成果应用于企业的现有设备，改变其落后的技术面貌。技术改造可提高产品质量和生产效率，降低消耗，提高经济效益。

2．设备改造的特点

设备技术改造有以下特点。

（1）针对性强

企业的设备技术改造，一般是由设备使用单位与设备管理部门协同配合，确定技术方案，进行设计、制造的。这种做法有利于充分发挥他们熟悉生产要求和设备实际情况的长处，使设备技术改造密切结合企业生产的实际需要，所获得技术性能往往比选用同类新设备具有更强的针对性和适用性。

（2）相关性强

企业的设备技术改造，不仅与设备本身性能、特点等相关，也与企业员工的素质、管理水平等息息相关。企业在进行设备技术改造时，不仅需要熟悉设备的现实情况，更需要考虑员工掌握新技术新技能的素质，以及企业自身管理水平的提高，这样才能让设备改造带来应有的经济效益。

（3）经济性好

设备技术改造可以充分利用原有设备的基础部件，比采用设备更新的方案节省时间和费用。此外，进行设备技术改造常常可以替代设备进口，节约外汇，取得良好的经济效益。

（4）现实性强

企业能否保持技术优势是制胜的关键因素，企业只有积极主动深入地推进科技创新，才能保持竞争优势。企业设备的改造既需要设备更新方面的硬件投入，更需要技术改造方面的软件投入。一个国家所拥有的某种设备的生产能力总是有限的，即使把每年生产的某种设备全部用来更换原有设备，也远远不能满足所有企业的需求。因此，单靠设备更新这种方式显然难以满足企业发展生产的要求，采用设备技术改造更具有现实性。

（5）风险性高

企业设备的技术改造是高风险的投资项目，尽管许多技术改造项目采用的是成熟技术，但企业的技术改造还是存在很强的市场风险、技术风险和经营风险。因此，企业在进行设备技术改造前，必须进行可行性研究以及立项后的全过程管理。

由此可知，应用先进的科学技术成果对原有设备进行技术改造与设备更新同等重要，它是补偿设备无形磨损并提高装备技术水平的重要途径。

3．设备改造的决策依据

企业在进行设备改造时，必须充分考虑改造的必要性、技术上的可能性和经济上的合理性。具体应注意以下几点。

1）设备改造必须适应生产技术发展的需要，针对设备对产品质量、数量、成本、生产安全、能源消耗和环境保护等方面的影响程度，在能够取得实际效益的前提下，有计划、有重点、有步骤地进行。

2）必须充分考虑技术上的可能性，即设备值得改造和利用，有改善功率、提高效率的可能。改造要经过大量试验，并严格执行企业审批手续。

3）必须充分考虑经济上的合理性。改造方案要由专业技术人员进行技术经济分析，并进行可行性研究和论证。设备改造工作一般应与大修理结合进行。

4）必须坚持自力更生方针，充分发动群众，总结经验，借鉴国外企业的先进技术成果，同时也要重视吸收国外领先的科学技术。

五、设备更新

1．设备更新的概念

设备使用到一定年限后，设备的性能不能满足原有的要求，设备的生产效率下降，而经营费用逐年增加。为了保证设备的运行性能必须对设备进行技术改造或更新。

设备更新是指对在技术上或经济上不宜继续使用的设备，用新的设备更换或用先进的技术对原有设备进行局部改造。或者说是以结构先进、技术完善、效率高、耗能少的新设备，来代替物质上无法继续使用，或经济上不宜继续使用的陈旧设备。

2．设备更新的类型

设备更新有原型更新和技术更新两种形式。原型更新又称简单更新，是指用相同结构、性能、效率的同型号设备来替代原有设备。这种更新主要是用来更换已损坏的或陈旧的设备。技术更新是以结构更先进、技术更完善、性能更好、效率更高的设备代替原有设备。这种更新主要用来更换遭到第二类无形磨损，在经济上不宜继续使用的设备。

3．设备更新的对象

由于企业用于设备更新的资金有限，因此如何选择设备更新对象，以提高企业的装备水平十分重要。企业应当从生产经营的实际需要出发，对下列设备优先安排更新。

1）役龄过长、设备老化，技术性能落后、生产效率低、经济效益差的设备；

2）原设计、制造质量不良，技术性能不能满足生产要求，而且难以通过修理、改造得到改善的设备。

3）经过预测，继续进行大修理，其技术性能仍不能满足生产工艺要求、保证产品质量的设备。

4）严重浪费能源、污染环境、危害人身安全的设备。

5）按国家有关部门规定，应当淘汰的设备。

4．设备更新决策

设备更新决策往往是企业成败的关键。企业在进行设备更新时，应掌握设备的真实具体状况，同时对所需更新设备的市场供应及技术发展状况进行详细调研，依据需要与可能相结合的原则，制订目标明确、针对性强又切实可行的更新计划，以确保设备更新的顺利进行。

一般来说，在做出设备更新的决策时，应从技术和经济两个方面进行分析。

在更新设备时，通常面对若干个不同的更新方案，这些方案往往都能满足产品的技术要求和产量要求。同时，这些方案又都有自己特有的经济优劣性。因此，同样需要对这些方案进行经济分析，以便进行最佳选择。

比较更新方案时，要注意方案的可比性。对于设备更新方案的比较要考虑设备性能、效率、使用年限、购置费用、经营成本、产品质量等的可比条件，否则进行适当的处理后，才能进行计算、比较。在缺乏可比条件下的比较是无意义的。

（1）劣化数值法

设备投入使用之后，使用时间越长，设备的有形磨损越大，其维护修理费用及燃料、动力消耗等（运行费用）越高，这称为设备的劣化。

K_0 代表设备的原始价值，S 代表设备的残值，T 代表使用年限，则每年的设备分摊费用为 $(K_0-S)/T$。随着 T 的增长，年平均设备分摊费用不断减少。若设备的劣化呈线性变化，如运行费用按等差序列逐年递增，则设备运行费用的劣化程度可用劣化值 λ 来表示，则第 T 年的劣化数值为 $(T-1)\lambda$，年平均劣化为

$$\frac{\lambda+2\lambda+\ldots+(T-1)\lambda}{T}=\frac{T-1}{2}\times\lambda$$

故设备的年平均总费用 AC 为

$$AC=C_1+\frac{T-1}{2}\lambda+(K_0-S)/T \tag{7-14}$$

式中，C_1 表示初始运行费用，即第一年的运行成本费用。

为求使 AC 最小的设备使用年数 T^*，令 $\frac{dAC}{dT}=0$，得

$$T^*=\sqrt{\frac{2(K_0-S)}{\lambda}} \tag{7-15}$$

【例 7.1】某设备的原始价值为 48 000 元，每年劣化值为 600 元，残值为 4 800 元，试求设备的最优使用期。

解：

$$T^*=\sqrt{\frac{2(K_0-S)}{\lambda}}=\sqrt{\frac{2\times(48\,000-4\,800)}{600}}=12（年）$$

即设备的最优使用期（也是设备的最优更换期）为 12 年。

如果逐年加以计算，也可得到同样结果。如表 7-1 所示，首先计算出逐年的设备分摊费用，然后计算每年的平均劣化值，最后按年计算出年平均总费用，即前两项之和。

表 7-1　设备最优更新期计算（未考虑资金的时间价值）

使用年限（T）	年平均设备分摊费用 $[(K_0-S)/T]$/元	年平均劣化值 $[(T-1)\lambda/2]$/元	年平均总费用（AC）/元
1	43 200	600	49 200
2	21 600	900	3 060
3	14 400	1 200	15 600
4	10 800	1 500	12 300
5	8 640	1 800	10 400
6	7 200	2 100	9 300

续表

使用年限（T）	年平均设备分摊费用 $[(K_0-S)/T]$/元	年平均劣化值 $[(T-1)\lambda/2]$/元	年平均总费用（AC）/元
7	6 171	2 400	8 571
8	5 400	2 700	8 100
9	4 800	3 000	7 800
10	4 320	3 300	7 620
11	3 927	3 600	7 527
12	3 600	3 900	7 500
13	3 323	4 200	7 523

在未考虑资金时间价值的情况下，由表7-1可见，该设备在使用的第12年，年平均总费用最低，为7 500元，即设备最优更新周期为12年。

若考虑资金的时间价值，假定利息率 $r=10\%$，其计算结果如表7-2所示。

表7-2　设备最优更新期计算

单位：元

使用年限 T	①当年劣化值 ①=T×600	②现值系数[1] ②	③劣化现值 ③=①×②	④累计劣化现值 ④	⑤资本回收系数[2] ⑤	⑥年平均劣化值 ⑥=④×⑤	⑦年平均设备分摊费用 ⑦=43 200×⑤	⑧年平均总费用 ⑧=⑥+⑦
1	600	0.909 1	545.46	545.46	1.1	600.006	47 520	48 120.006
2	1 200	0.826 4	991.68	1 537.14	0.576 2	885.700 07	24 891.84	25 777.54
3	1 800	0.751 3	1 352.34	2 889.48	0.402 1	1 161.859 9	17 370.72	18 532.58
4	2 400	0.683 0	1 639.2	4 528.68	0.315 5	1 428.798 5	13 629.6	15 058.399
5	3 000	0.620 9	1 862.7	6 391.38	0.263 8	1 686.046	11 396.16	13 082.206
6	3 600	0.564 5	2 032.2	8 423.58	0.229 6	1 934.054	9 918.72	11 852.774
7	4 200	0.513 2	2 155.44	10 579.02	0.205 4	2 172.930 7	8 873.28	11 046.211
8	4 800	0.466 5	2 239.2	12 818.22	0.187 5	2 403.416 3	8 100	10 503.416
9	5 400	0.424 1	2 290.14	15 108.36	0.173 7	2 624.322 1	7 503.84	10 128.162
10	6 000	0.385 5	2 313	17 421.36	0.162 8	2 836.197 4	7 032.96	9 869.157 4
11	6 600	0.350 5	2 313.3	19 734.66	0.154	3 039.137 6	6 652.8	9 691.937 6
12	7 200	0.318 6	2 293.92	22 028.58	0.146 8	3 233.795 5	6 341.76	9 575.555 5
13	7 800	0.289 7	2 259.66	24 288.24	0.140 8	3 419.784 2	6 082.56	9 502.344 2
14	8 400	0.263 3	2 211.72	26 499.96	0.135 8	3 598.694 6	5 866.56	9 465.254 6
15	9 000	0.239 4	2 154.6	28 654.56	0.131 5	3 768.074 6	5 680.8	9 448.874 6
16	9 600	0.217 6	2 088.96	30 743.52	0.127 8	3 929.021 9	5 520.96	9 449.981 9

1. 现值系数 $(P/F,i,n)=\dfrac{1}{(1+i)^n}$。

2. 资本回收系数 $(A/P,i,n)=\dfrac{i(1+i)^n}{(1+i)^n-1}$。

由表 7-2 可知，考虑资金的时间价值时，设备的经济寿命为 15 年，即最优更新期为 15 年。

（2）最小年费用法

但是，在实际工作中，设备的劣化值不是常数，而是变化的，各年均不相等；设备在不同时点进行处理时，残值也是不同的，不能视为常数。因此，需要计算不同使用年限的平均总成本费用，采用最小年费用法，计算设备的最优更新期。

为了确定设备的最优更新期，需计算在整个更新期内各年消耗的平均费用，从中找出平均费用最小的一年，就是设备的最优更新期。在不考虑资金时间价值时，最小年费用法的计算公式为

$$AC = \frac{\sum_{t=1}^{T} C_t + K_0 - S_T}{T} \tag{7-16}$$

式中：AC 表示某一确定年份的年平均费用（元）；C_t 表示某年运行费用（元）；T 表示某一确定年份；S_T 表示设备在 T 年年末的残值。

若考虑资金的时间价值，则

$$AC = \left[K_0 - \frac{S_T}{(1+i)^t} + \frac{\sum_{t=1}^{T} \frac{C_T}{(1+i)^t}}{T} \right] \times \frac{i(1+i)^t}{(1+i)^t - 1} \tag{7-17}$$

当某年的运行费用 C_t 为常数 AC_0 时，式（7-17）可简化成

$$AC = K_0(A/P, i, t) + AC_0 - S_T(A/F, i, t) \tag{7-18}$$

【例 7-2】某设备原始价值 22 000 元，其各年残值及维持费用资料如表 7-3 所示，试求设备最优更新期。

表 7-3 各年残值及维持费用

单位：元

使用年限	1	2	3	4	5	6	7	8
年维持费用（C_t）	2 000	2 500	3 500	4 500	5 500	7 000	9 000	11 000
年末设备残值（K_T）	15 000	10 000	7 000	5 000	4 000	3 000	2 000	1 500

解：不考虑资金的时间价值，其计算结果如表 7-4 所示。

表 7-4 最小费用法（静态）最优更新期计算

单位：元

①使用年限	②累计运行费	③设备费用	④总使用费用=②+③	⑤年平均费用=④/①
1	2 000	7 000	9 000	9 000.00
2	4 500	12 000	16 500	8 250.00
3	8 000	15 000	23 000	7 666.67
4	12 500	17 000	29 500	7 375.00

续表

①使用年限	②累计运行费	③设备费用	④总使用费用＝②＋③	⑤年平均费用＝④/①
5	18 000	18 000	36 000	7 200.00
6	25 000	19 000	44 000	7 333.33
7	34 000	20 000	54 000	7 714.29
8	45 000	20 500	65 500	8 187.50

由表 7-4 可见，该设备使用到第 5 年，年最小费用为 7 200 元，故第 5 年为最优更新期。如果考虑资金的时间价值，其计算结果如表 7-5 所示。

表 7-5 最小费用法（动态）最优更新期计算表（$i=10\%$）

单位：元

使用年限	①设备原值 ①	②设备残值 ②	③现值系数 ③	④残值现值 ④＝②×③	⑤年维持费用 ⑤	⑥维持费用现值 ⑥＝⑤×③	⑦维持费用累计现值 ⑦	⑧总使用费用 ⑧＝①－④＋⑦	⑨资本回收系数 ⑨	⑩年平均费用 ⑩＝⑧×⑨
1	22 000	15 000	0.909 1	13 636.5	2 000	1 818.2	1 818.2	10 181.7	1.1	11 199.87
2	22 000	10 000	0.826 4	8 264	2 500	2 066	3 884.2	17 620.2	0.576 2	10 152.759
3	22 000	7 000	0.751 3	5 259.1	3 500	2 629.55	6 513.75	23 254.65	0.402 1	9 350.694 8
4	22 000	5 000	0.683	3 415	4 500	3 073.5	9 587.25	28 172.25	0.315 5	8 888.344 9
5	22 000	4 000	0.620 9	2 483.6	5 500	3 414.95	13 002.2	32 518.6	0.263 8	8 578.406 7
6	22 000	3 000	0.564 5	1 693.5	7 000	3 951.5	16 953.7	37 260.2	0.229 6	8 554.941 9
7	22 000	2 000	0.513 2	1 026.4	9 000	4 618.8	21 572.5	42 546.1	0.205 4	8 738.968 9
8	22 000	1 500	0.466 5	699.75	11 000	5 131.5	26 704	48 004.25	0.187 5	9 000.796 9

由表 7-5 可见，考虑资金的时间价值，其设备的最优更新期为第 6 年。

（3）最低总成本法（总费用现值法）

对可能采用的方案，分别计算它们的使用总成本现值（主要包括设备购置费用和运行费），从中选取使用总成本最低的方案为最佳方案。各种可能方案的使用总成本可用下列公式计算：

$$\beta_j = \frac{\text{方案} j \text{的生产能力}}{\text{同类型新设备的生产能力}} \tag{7-19}$$

式中，β_j 表示 j 方案的设备生产能力系数，其中 $\beta_n=1$（以更换新设备新生产能力为基准）。

① 设备继续使用（下标用"o"表示）

$$C_{To} = \frac{1}{\beta_o}\left[\sum_{t=1}^{T}\frac{G_{ot}}{(1+i)^t}+S_o-\frac{S_{on}}{(1+i)^T}\right] \tag{7-20}$$

② 设备大修理（下标用"r"表示）

$$C_{Tr} = \frac{1}{\beta_r}\left[K_r+\sum_{t=1}^{T}\frac{G_{rt}}{(1+i)^t}+S_o-\frac{S_{rn}}{(1+i)^T}\right] \tag{7-21}$$

③ 设备更新（下标用"n"表示）

$$C_{Tn}=\frac{1}{\beta_n}\left[K_n+\sum_{t=1}^{T}\frac{G_{nt}}{(1+i)^t}+S_o-\frac{S_{nn}}{(1+i)^T}\right] \tag{7-22}$$

④ 设备技术改造（下标用"m"表示）

$$C_{Tm}=\frac{1}{\beta_m}\left[K_m+\sum_{t=1}^{T}\frac{G_{mt}}{(1+i)^t}-S_o-\frac{S_{mn}}{(1+i)^T}\right] \tag{7-23}$$

⑤ 设备更新（下标用"nn"表示）

$$C_{Tnn}=\frac{1}{\beta_{nn}}\left[K_{nn}+\sum_{t=1}^{T}\frac{G_{nnt}}{(1+i)^t}-S_o-\frac{S_{nnn}}{(1+i)^T}\right] \tag{7-24}$$

公式（7-20）～式（7-24）可归纳成通式表示：

$$C_{Tj}=\frac{1}{\beta_j}\left[K_j-\sum_{t=1}^{T}\frac{G_{jt}}{(1+i)^t}\pm S_o-\frac{S_{jn}}{(1+i)^T}\right] \tag{7-25}$$

式中，j 表示各种不同的方案，即 $j=o$, r, n, m, nn；C_{Tj} 表示 j 方案的总费用现值；K_j 表示 j 方案的设备投资费；C_{jt} 表示 j 方案第 t 年的经营费用；S_o 表示 j 方案的旧设备在待处理（决策）年份的残值；S_{jn} 表示 j 方案的第 T 年年末的设备残值；t 表示设备使用年份，$t=1,2,\cdots,T$。

使用以上公式进行对比选择时应注意两点：①相比较的各方案计算时间应相同，即均按计算期 T 计算；②各方案的生产能力相同，因此用生产能力系数 β 加以调整，使诸方案满足产量（数量）的可比性。

【例 7-3】假定某设备的各种更新方案的投资和各年经营费用如表 7-6 所示，年利率为 10%，不计年末残值，试对各种设备更新方案进行综合分析。

表 7-6　各种更新方案的投资和各年经营费用

可行方案	基本投资/元	生产能力系数	各年经营费用/元								
			1	2	3	4	5	6	7	8	9
旧设备继续使用	$K_o=0$	$\beta_o=0.7$	300	380	460	540	620	700	750	1 000	1 200
用相同结构新设备更换	$K_n=2\,400$	$\beta_n=1$	45	92	175	250	330	420	530	650	800
用高效率新设备更新	$K_{nn}=3\,000$	$\beta_{nn}=1.3$	40	90	170	240	310	390	480	570	670
旧设备技术改造	$K_m=2\,000$	$\beta_m=1.25$	55	100	200	270	350	440	550	670	820
旧设备大修理	$K_r=1\,200$	$\beta_r=0.98$	115	200	300	400	500	600	700	850	970
新设备在更换年份残值			300								

解：根据表 7-6 所列数据，计算各方案逐年的使用成本（总费用现值）。以第 2 年的 C_{Tn} 为例说明计算方法。

$$C_{Tn}=\frac{1}{1}\left(2400+\frac{45}{1.1}+\frac{92}{1.1^2}-\frac{300}{1.1^2}\right)=2\,269.01$$

其他计算结果如表 7-7 所示。

表 7-7 各种更新方案逐年的总成本

单位：元

年份	更新方案				
	C_{To}	C_{Thn}	C_{Thnn}	C_{Tm}	C_{Tr}
1	389.61*	2 168.18	2 125.87	1 640.00	1 331.17
2	838.25*	2 269.01	2 202.16	1 706.12	1 499.83
3	1 331.97*	2 423.03	2 317.75	1 826.33	1 729.83
4	1 858.87	2 614.27	2 459.61	1 729.83*	2 008.61
5	2 408.83	2 837.80	2 262.00	2 147.71*	2 325.40
6	2 973.30	3 091.82	2 804.37	2 346.41	2 326.54*
7	3 523.11	3 379.19	3 005.68	2 572.20*	3 037.54
8	4 189.55	3 696.41	3 221.00	2 822.25*	3 422.16
9	4 916.58	4 048.41	3 449.36	3 100.46*	3 861.93

*为该年份各方案中总成本最低者。

从以上计算结果可以看出，如果设备只考虑使用 3 年，那么继续使用原设备最佳。这时不仅没有更换的必要，就连修理也是多余的。如果只打算使用四五年，那么最佳方案是对设备进行技术改造。如果估计设备将使用 6 年，那么最佳方案是对设备进行大修理。如果使用期在 7 年以上，则对旧设备进行技术改造为最佳方案。

应当指出，最低总成本法同样适用于上述方案中的不同子方案的选优。例如，准备采用高效率的新设备来更换旧设备时，由于可能存在多种高效率的新设备可以选择，仍可采用最低总成本法中的 C_{Thnn} 公式对不同高效率新设备进行计算，通过比较，选择某种最佳的高效率新设备来代替旧设备。

第四节 企业设备的后期管理

设备后期管理从初期管理开始，包括使用、维修、改造、更新到报废为止的全部工作。这阶段时间较长，管理得当可提高设备可利用率，降低维持费，以获得寿命的周期费用最少和企业的经济效益最大。

一、设备封存管理

设备封存是对企业暂时不需用的设备的一种保管方法，对暂不需用或需要停用 6 个月以上的设备应进行封存。设备封存由使用单位提出封存申请，报生产管理科、财务科审查，经生产管理科科长批准，可正式办理封存手续。使用单位现场封存设备，做好停用记录，挂封存牌。封存设备必须检修完好，妥善保管，切断电源，定期保养，严禁拆套，防止丢失损坏。封存设备可以不提折旧。

二、设备报废管理

设备报废是指设备使用超过其自然寿命或在其自然寿命结束前因技术原因被淘汰而采取的一种废弃处理方法。凡符合下述条件之一者，即应申请报废。

1）超过经济寿命和规定的使用年限，由于严重磨损，已达不到最低的工艺要求，且无修理或技术改造价值者。

2）设备虽然没有超过规定的使用年限，但由于严重损坏，不具备使用条件，而又无修复价值者。

3）影响安全，严重污染环境，虽然通过采取一定措施能够得到解决，但在经济上很不合算的设备。

4）设备老化、技术性能落后、耗能高、效率低、经济效益差，或由于新设备的出现，若继续使用可能严重影响企业经济效益的设备。

5）国家强制淘汰的高耗能设备。

6）因为其他原因而不能继续使用，也不宜转让给其他企业，又无保留价值的设备。

三、设备闲置管理

根据能源部规定，企业除了在用、备用、维修、改装、特种设备、抢险救灾所必需的设备以外，其他连续停用一年以上的设备或所购进企业两年以上不能投产的设备称为闲置设备。企业闲置设备不仅不能为企业创造价值，而且占用生产场地、资金，消耗维护保管费用，因此，企业应及时积极地做好闲置设备的处理工作。企业除应设法积极调剂利用外，对确实长期不能利用或不需用的设备，要及时处理给需用单位。企业闲置设备的处理方式主要有出租、有偿转让等。

第五节　绿色设备管理

自20世纪末，"绿色浪潮"由口号、概念逐步变成现实，绿色设计、绿色制造等绿色技术已开始有限地运用到机械工业和相关产业中。作为现代化的设备管理，我们有必要从理论上、实践上将绿色技术引入设备管理工作中。

一、绿色设备管理的概念

绿色设备指企业整个寿命周期内，对生产环境危害较小，符合特定的环境要求，能源消耗量低，资源利用率高，对设备操作人员的健康不会产生危害，有相应的安全保护装置的设备。

绿色设备管理是指企业依据环境保护、节约能源和确保员工生命安全等方面的要求，坚持可持续发展形成的绿色生产理念及其实施的一系列管理活动。绿色设备管理是相对于传统设备管理而言的，它是在现代市场经济条件下，将经济效益与环境保护结合在一起的新型设备管理。

二、绿色设备管理的新要求

1．选购标准综合化

绿色设备管理围绕设备全寿命周期费用，坚持设备一生管理一体化，配置设备时以设备全寿命周期费用最经济为原则，降低设备维持成本。购置重大、关键设备前认真开展技术、经济论证，除了对设备的适用性、可靠性、维修性和经济性提出明确要求外，还要十分注重设备的能耗指标与安全环保性。

2．评价指标模糊化

传统设备管理评价指标一般包括维修属性、经济属性等，而绿色设备管理评价目标包括维修属性、资源属性、能源属性、环境属性、安全属性和经济属性，同时加入了环境影响、资源消耗、能源消耗和安全性等因素，采用定性和定量相结合的分析方法。由于人在分析和思考时具有模糊性，绿色设备管理的评价指标也充分考虑到这一特点，使指标逐渐模糊化。根据评价目的不同，所采用的评价方法也多种多样，如TOPSIS（technique for order preference by similarity to an ideal solution，逼近理想解排序法）法、模糊综合评价法、灰色评价法、加权评分法、层次分析法、可拓评价法、模糊物元法等。

3．管理体系系统化

相比于传统设备管理，绿色设备管理以可持续发展理念为指导，建立符合清洁生产和节能减排的设备发展战略和保障体系，通过技术创新、管理创新、优化运行和精细管理等多种手段，尽可能减少设备及其高碳能源、材料等相关资源的占用与消耗，综合考虑设备技术管理水平的提升与生态环境保护双赢。

问答题

1．设备管理的发展经历了哪几个阶段？每个阶段的主要特征是什么？
2．简述设备管理的目标和内容。
3．企业制定设备选择方案时主要应考虑哪些因素？
4．什么是设备的无形磨损？其产生的原因是什么？
5．设备故障有哪几类？设备故障发生有何规律？
6．什么是设备的经济寿命和折旧寿命？为什么要进行设备的更新改造？
7．什么是绿色设备管理？它与传统设备管理有何区别？

能力训练题

1. 选择一家制造企业，分组对该企业设备管理现状进行调研，重点了解其设备选择依据、使用寿命、设备运行中常见的故障及解决对策、设备使用中的能耗等问题，撰写调研报告，并进行小组交流。

2. 分组阅读《中国制造 2025》《装备制造业标准化和质量提升规划》《中华人民共和国国民经济和社会发展第十三个五年规划纲要》，通过网络、报纸、杂志等多种途径对全球制造业格局进行了解，了解企业实行绿色设备管理的新要求，谈谈在低碳经济和"互联网＋"时代，我国制造企业该如何有效应对竞争，真正实现绿色管理。

案例分析

海尔集团设备管理思路创新带来管理创新

课后阅读

日照港设备全面健康管理模式助力企业发展

拓展阅读

陈延德，2014. 图说工厂设备管理（实战升级版）. 北京：人民邮电出版社.
何庆，2006. 绿色设备管理与维修. 北京：机械工业出版社.
韦林，2015. 设备管理. 北京：机械工业出版社.

第八章
企业信息管理

知识目标

1. 掌握企业信息管理的概念、特征及内容。
2. 了解企业信息管理组织的分类与主要内容。
3. 掌握企业信息管理系统中各系统的概念与主要内容。
4. 熟悉知识管理的概念及与企业信息管理的内在联系。
5. 理解绿色管理与企业信息管理的内在联系。

能力目标

1. 认识企业信息管理中的主要工具。
2. 能够将管理信息系统的知识运用到企业供应链管理、客户关系管理、办公自动化管理、绿色管理等关键管理问题中。

关 键 词

企业信息管理　企业信息管理组织　企业信息管理系统　企业信息管理变革

导入案例

沃尔玛管理信息系统战略

沃尔玛公司是一家美国的世界性连锁企业，总部位于美国阿肯色州的本顿维尔。沃尔玛主要涉足零售业，是世界上雇员最多的企业之一。之前，沃尔玛百货公司以每年 10%的增长速度膨胀，业务迅速扩张到亚洲、欧洲和南美洲。进入 20 世纪 90 年代以来，沃尔玛以其骄人的销售业绩，在世界 500 强企业的排名榜上，由 1994 年排名第 12 位稳步上升为 2000 年的第 2 位；《财富》杂志在 2002 年度公布的世界 500 强企业中，拥有 45 年历史的沃尔玛以 2198 亿美元的销售额列居榜首，2003 年，再次以 2465 亿美元的销售额居于首位，2013~2016 年，沃尔玛更是连续四年蝉联榜首，而所有这一切同其富有远见的信息系统战略应用是分不开的。

沃尔玛把信息技术与经营活动进行密切配合，开发出沃尔玛管理信息系统。该系统的应用使其如虎添翼，管理者可以迅速得到所需的货品层面数据、观察销售趋势、存货水平和订购信息甚至更多。

　　沃尔玛公司的管理信息系统来自强大的国际系统支持。沃尔玛在全球拥有 3000 多家商店、40 多个配销中心、多个特别产品配销中心，它们分布在美国、阿根廷、巴西、加拿大、中国、法国、墨西哥、波多黎各等国家。公司总部与全球各家分店和各个供应商通过共同的计算机系统进行联系。它们有相同的补货系统、相同的 EDI（electronic data interchange，电子数据交换）条形码系统、相同的库存管理系统、相同的会员管理系统、相同的收银系统。这样的系统能使企业从一家商店了解全世界的商店的资料，对沃尔玛的管理提供了极大的帮助。沃尔玛的计算机系统仅次于美国军方系统，比微软总部的服务器还多。总部的高速计算机与全世界沃尔玛商店连接。通过商店付款台激光扫描器售出的每一件货物，都会自动记入计算机。当某一货品库存减少到一定数量时，计算机就会发出信号，自动订货并提醒商店及时向总部要求进货。总部安排货源后送往离商店最近的一个发货中心，再由发货中心的计算机安排发送时间和路线。在商店发出订单后 24 小时内所需货品就会出现在仓库的货架上。这种高效率的存货管理，使公司能迅速掌握销售情况和市场需求趋势，及时补充库存不足。这样可以减少存货风险、降低资金积压的额度，加速资金运转速度。

　　沃尔玛之所以能打出"天天低价"的标语，离不开沃尔玛的管理信息系统的运用。1985～1987年，沃尔玛安装了公司专用的卫星通信系统，该系统的应用使得总部、分销中心和各商店之间可以实现双向的声音和数据传输，全球沃尔玛分店也都能够通过自己的终端与总部进行实时的联系。这一切的优势都来自于沃尔玛积极地应用最新的技术成果。通过采用最新的信息技术，员工可以更有效地做好工作，更好地做出决策以提高生产率和降低成本。

　　另外，在沃尔玛的管理信息系统中最重要的一环就是它的配送管理。

　　1）高效的配送中心。沃尔玛的供应商根据各分店的订单将货品送至沃尔玛的配送中心。配送中心则负责完成对商品的筛选、包装和分检工作。沃尔玛的配送中心具有高度现代化的机械设施，送至此处的商品 85% 都采用机械处理，这样就大大减少了人工处理商品的费用。

　　2）迅速的运输系统。沃尔玛的机动运输车队是其配送系统的另一个无可比拟的优势。沃尔玛可以保证货品从仓库运送到任何一家商店的时间不超过 48 小时，相对于其他同业商店平均两周补发一次，沃尔玛可保证分店货架平均一周补两次。通过迅速的信息传送与先进的计算机跟踪系统，沃尔玛可以在全美范围内快速地输送货物，使各分店即使只维持极少存货也能保持正常销售从而大大节省了存储空间和存货成本。

　　3）先进的卫星通信网络。1983 年，沃尔玛投资了 2400 万美元开始建立自己的卫星通信系统，通过这个系统，沃尔玛每天直接把销售情况传送给 5000 家供应商。就拿深圳的几家沃尔玛商场来说，公司计算机与总部相连，通过卫星通信系统，可以随时查货、点货。任何一家沃尔玛商店都具有自己的终端，并通过卫星与总部相连，在商场设有专门负责排货的部门。沃尔玛每销售一件商品，都会即时通过与收款机相连的计算机记录下来，每天都能清楚地知道实际销售情况。沃尔玛各分店、供应商、配送中心之间建立的卫星通信网络系统使沃尔玛的配送系统完美无缺。这套系统的应用，使配送中心、供应商及每一分店的每一销售点都能形成在线作业，在短短数小时内便可完成"填妥订单—各分店订单汇总—送出订单"的整个流程，大大提高了营业的高效性和准确性。

　　20 世纪 90 年代，沃尔玛提出了新的零售业配送理论：集中管理的配送中心向各商店提供货源，而不是直接将货品运送到商店。其独特的配送体系大大降低了成本，加速了存货周转，形成了沃尔玛的核心竞争力。在信息技术的支持下，沃尔玛能够以最低的成本、最优质的服务、最快速的管理反应进行全球运作。

近年来，美国公司普遍把信息技术应用于生产实际，大多数公司采用了 MRP（material requirement planning，物料需求计划）管理系统，根据产品外部需求订单、广泛应用信息系统推算原料需求量及交货时间，以最大限度减少资金占用，减少库存，降低生产成本。美国通过运用信息技术改造传统产业，使传统产业的国际竞争力在 20 世纪 90 年代得以快速提升。

（资料来源：https://wenku.baidu.com/view/5818f93067ec102de2bd894f.html.）

思考：沃尔玛信息管理的主要特征是什么？

第一节　企业信息管理概述

一、信息的概念、特征及要素

1. 信息的概念

随着时代及人们认识的不同，信息的定义也有所不同。综合各种定义，可以归纳为以下三种类型。

1）信息是加工后的数据。

2）信息是对客观事物的反映。

3）信息是表征事物状态的普遍形式。

我们认为，信息是经过加工并对人类社会实践和生产经营活动产生影响的数据。人们收集到的数据是杂乱无章的，只有通过加工才能为人们提供信息。随着人类社会进入信息时代，人们越来越清晰地认识到信息的价值和意义，信息与能源、物质构成了信息社会的三大支柱，信息对我们的生产、生活发挥的作用日益显著，它是社会生活的重要组成部分。

2. 信息的特征

信息具有多种性质，理解信息的各种性质，可以促进人们对信息进行管理并利用信息进行决策。信息的主要特征有以下 8 个方面。

1）客观性。信息的客观性是指一切事物都是信息的来源。客观性是信息的基本性质，信息无处不在、无时不有。

2）共享性。信息不同于能源和物质，它具有非消耗性，可以同时被多方使用，共同享有，如新闻里播报的一条经济信息可以同时被收听和收看者获得，并让人们在第一时间有效地获得。

3）时效性。信息的时效性是指一条信息如果没有及时地发布出去，就不能及时、充分地发挥它的作用，随着时间的推移，信息的效用会越来越小，直到全部消失。例如，天气预报中播报的一天的天气情况，只有当天才能发挥它的最大作用，随着时间的流逝，它的作用会越来越小。

4）可存储性。信息表征事物的存在和运动，但信息不是事物本身，而是通过竹、帛、纸、软盘、光盘等载体进行记录和存储，并通过光、声、电等能量来传递。离开了这些物质载体，信息就无法存在。这说明信息既具有可存储性，又具有依附性。信息通过载体来存储，为人类和社会的进步提供资料。

5）可传递性。信息的可传递性是指人们利用各种手段将信息传递出去。例如，通过电话、邮件、光缆、卫星向全世界进行信息的传递。信息的传递既方便又快捷，成本也很低，因此，在信息社会的今天，我们应尽可能地将物流转换为信息流，减少传递的时间、物质成本。

6）可处理性。人们可以通过一定的方法和手段处理信息，如扩充、压缩、分解、提取、排序等。依据接受者的特定需求，对信息处理的方法和手段也有所不同。处理后的信息反映了信息源和信息接受者之间的相互联系和相互作用。信息的内容是语法信息、语用信息、语义信息相结合的统一体。信息在处理过程中应该注意保证三者的统一而不使信息受到损害，以免造成信息失真，信息失真是指信息内容在处理过程中被歪曲或丢失。

7）再生性（增值性）。随着时间的推移及环境的变化，信息可能会失去它原有的效用。例如，今天的天气预报在第二天才播报则已失去意义。但是，气象部门需要今天的信息及历史同期的信息来推测第二天，以及未来几天的天气。这就是信息的再生性（增值性）。信息的再生性说明，不能将过去的信息直接扔掉，而应适当保存，以便为预测未来提供有用的资料。

8）可转换性。信息的可转换性表现为信息可以转化为价值。能源、物质、信息是人类的三大资源，它们既相互联系，又相互转换。能源、物质可以换取信息，有了信息，也可以间接获得物质和能源。

总之，信息是对客观事物的变化和特征的反映，是客观事物之间相互作用和相互联系的表现形式。因此，全面认识和理解信息的性质，能够有效地加工、利用组织的信息，从而发挥信息的最大效用。

3. 信息的要素

1）信源，即信息的发布者或信息的来源。

2）信宿，即信息的接收者。

3）信道，即信息传递的途径或渠道。

4）媒介，信息依附的载体，如纸张、光盘、软盘、云盘等。没有媒介，信息就无法存在，更谈不上传递和沟通。

二、信息管理的概念、特征及分类

1. 信息管理的概念

信息管理（information management，IM）是人类为了有效地开发和利用信息资源，以现代信息技术为手段，对信息资源进行计划、组织、领导和控制的社会活动。简单地说，信息管理就是人对信息资源和信息活动的管理。信息管理是指在整个管理过程中，人们收集、加工和输入、输出的信息的总称。信息管理的过程包括信息收集、信息传输、信息加工和信息储存。

2．信息管理的特征

（1）管理特征

信息管理是管理的一种，因此，它具有管理的一般性特征。例如，管理的基本职能是计划、组织、领导、控制，管理的对象是组织活动，管理的目的是实现组织的目标等，这些在信息管理中同样具备。但是，信息管理作为一个专门的管理类型，又有自己独有的特征。

1）管理的对象是信息资源和信息活动。

2）信息管理贯穿于整个管理过程之中，有其自身的管理，同时支持其他管理活动。

（2）时代特征

1）信息量迅速增长。随着经济全球化，世界各国和地区之间的政治、经济、文化交往日益频繁；组织与组织之间的联系越来越广泛；组织内部各部门之间的联系越来越多，以至产生大量信息。同时，信息组织与存储技术迅速发展，使得信息储存积累可靠便捷。

2）信息处理和传播速度更快。信息技术的飞速发展，使得信息处理和传播的速度越来越快。

3）信息的处理方法日益复杂。随着管理工作对信息需求的提高，信息的处理方法也就越来越复杂。早期的信息加工，多为一种经验性加工或简单的计算。加工处理方法不仅需要一般的数学方法，还要运用数理统计、运筹学和人工智能等方法。

4）信息管理所涉及的研究领域不断扩大。从科学角度看，信息管理涉及管理学、社会科学、行为科学、经济学、心理学、计算机科学等；从技术上看，信息管理涉及计算机技术、通信技术、办公自动化技术、测试技术、缩微技术等。

3．信息管理的分类

1）按管理层次分类，信息管理分为宏观信息管理、中观信息管理、微观信息管理。

2）按管理内容分类，信息管理分为信息生产管理、信息组织管理、信息系统管理、信息产业管理、信息市场管理等。

3）按应用范围分类，信息管理分为工业企业信息管理、商业企业信息管理、政府信息管理、公共事业信息管理等。

4）按管理手段分类，信息管理分为手工信息管理、信息技术管理、信息资源管理等。

5）按信息内容分类，信息管理分为经济信息管理、科技信息管理、教育信息管理、军事信息管理等。

三、企业信息管理的概念、特征及主要内容

1．企业信息管理的概念

企业信息管理是企业管理者为了实现企业目标，把信息作为待开发的资源，把信息

和信息活动作为企业的财富和核心，充分利用信息技术，对信息的采集、加工、传播、存储、共享和利用进行管理，对企业信息活动中的人、技术、设备和时间进行协调和运行，以谋求企业可能的最大效益的实践活动的全过程。

在企业信息管理中，与企业相关的信息和信息活动是管理的客体对象，以信息流代替常规管理中的物质流、资金流，管理原则遵循信息活动的固有规律，建立相应的管理方法和体系，可以实现企业的各项管理职能。

2．企业信息管理的特征

（1）企业信息管理的类型特征

企业信息管理是管理的一种，所以它具有管理的一般属性特征，诸如管理是为了实现组织的目标、管理主体是具有一定知识和水平的管理者、管理对象是组织活动、管理本身是一个过程等，在企业信息管理中同样具备。

企业信息管理是信息管理的一种，所以它具有区别于其他管理的特征：一是管理的对象是非人、财、物的信息和信息活动；二是管理行为不限，即在工作现场，企业信息管理行为无时不有、无处不在。

企业信息管理作为一个专门的独立的信息管理类型，还具有区别于其他信息管理、为自己所独有的特征：管理的客体对象是企业信息和企业信息活动。

（2）企业信息管理的时代特征

当代的企业信息管理和过去相比，有如下4个特点。

1）信息量猛增。随着经济全球化、一体化，各个国家各个地区之间的政治、经济、文化的交往越来越频繁；任何一个企业组织同其他外部实体的联系越来越多；企业组织对本领域内部、本领域与相邻领域之间的关系以及环境的信息都要了解，以致信息量猛增。

2）信息处理和传播的速度加快。当今社会的各级企业管理决策中，时间要素越来越重要；在管理控制中，反馈信息越快，控制越有效，损失也就越小，所以，就对信息的处理和传播的速度提出了更高的要求。

3）信息处理的方法日趋复杂。随着管理工作对信息加工的要求越来越高，信息处理的方法也就越来越复杂。过去在信息加工中，多数是一种经验性的加工，有计算也只是简单的算术运算。如今，人们将数理统计方法、运筹学方法、计量经济学方法、计算机方法都引入企业管理的范畴，不仅计算方法复杂，而且计算的工作量也非常之大，还需要借助计算机来处理数据。

4）信息处理所涉及的领域不断扩大，关系更加复杂。从知识范畴上看，信息处理工作涉及经济理论、管理科学、企业管理学、社会科学、行为科学、心理学、计算机科学等学科的知识；从技术上看，信息处理涉及计算机技术、通信技术、办公自动化技术、测试技术、复印复制技术、缩微技术等。

3．企业信息管理的主要内容

企业信息管理是信息管理的一种，一般包括两个方面，一是对企业信息的管理，二是对企业信息活动的管理。

（1）企业信息管理是对企业信息的管理

对企业信息的管理应该按照"采集—加工—存储—传播—利用—反馈"的内容和程序进行，如图 8-1 所示。

图 8-1 规定了对信息进行管理的六项工作及其先后次序，哪一项都不能缺少，否则信息管理工作就会出现差错；这六项工作的先后次序也不能颠倒，因为每一步都是在为下一个步骤做准备，提前做下一步的工作，不是无法进行，就是浪费劳动。

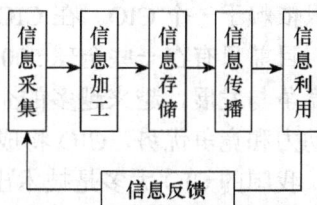

图 8-1　对企业信息进行管理的内容和程序

（2）企业信息管理是对企业信息活动的管理

企业信息活动指的是企业管理者为了达到生产、采集、传播、加工、使用、保护信息和充分实现信息资源意义的目的所开展的各种活动。

人类的信息活动分为三个基本层次：一是个人的信息活动，二是组织的信息活动，三是社会的信息活动。企业信息活动属于组织的信息活动。

企业信息活动的类型很多。例如，企业信息生产活动有信息开发、技术创新、流程再造、组织创新、竞争情报、电子商务、虚拟企业等；企业信息发布活动有新闻发布会、产品展览会、商品交易会、市场营销会等；企业信息保护活动有申请专利、签订合同、注册商标和域名、著作权保护、信息存储安全等；企业信息利用活动有商务洽谈、个别谈话、CIO（chief information officer，首席信息官）体制的实施、品牌塑造、企业形象塑造、信息化工程、管理控制、战略信息管理、信息行为的法律道德管理等；企业信息服务活动有企业信息提供服务、企业信息咨询服务等。

正因为企业信息活动是以实现企业信息资源意义为目的的，所以它是企业管理者的有意识、有目的的活动，不是自然发生的，需要事先精心策划，必须成为企业信息管理的对象加以管理，才可能达到管理者预期的目的。单纯地把信息作为管理对象而忽略信息活动是不全面的。

第二节　企业信息管理组织

一、CIO

1．CIO 的概念

CIO 是负责一个公司信息技术和系统所有领域的高级官员。他们通过指导职工对信息技术的利用来支持公司的目标。他们具备技术和业务过程两个方面的知识，常常是将组织的技术调配战略与业务战略紧密结合在一起的最佳人选。

显然，CIO 是指处于该职位并负责一个组织战略信息管理活动的高层管理人员。但是负责战略信息管理并不意味着无视战术层次和操作层次的信息管理，CIO 实质上是站在战略的高度统筹一个机构或组织的信息管理者。也就是说，组织中的信息管理不能仅仅只依赖于一个 CIO。在 CIO 的统筹之下，还应设有健全的信息管理部门。

目前只有在一些全球 500 强的大企业中才设立 CIO 职位。但是随着商业领域多极化的竞争与发展，越来越多的企业开始将 Innovation（创新）这一概念作为企业持续发展的动力和竞争优势，CIO 将成为未来企业最为重要的职位领导人之一。

我国的 CIO 大多是技术出身，是计算机专家，很多 CIO 缺乏企业管理知识，这就影响了其对信息化的理解，也影响了应用 IT（information technology，信息技术）对传统管理业务的提升效果的发挥。所以 CIO 在提升计算机水平的同时，也应该提升自己的企业管理水平。这可以从两个方面入手，一是通过培训提高现有 CIO 的企业管理知识，如某些企业的 CIO 参加了 MBA（master business administration，工商管理硕士）培训；二是企业在招聘新的 CIO 时，要同时考虑对方的计算机，以及企业管理能力，而不是只看前者。作为过渡时期的做法，企业也可以通过将计算机专家和管理专家组合成一个团队，以弥补个人知识的不足。

2．CIO 的职责

总体来说，CIO 的主要职责包括以下 10 个方面。

1）参与制定企业发展战略，领导企业制定信息战略。

2）为高层管理者提供决策所需的信息支持和信息能力支持。

3）确立信息处理和利用及其所需设备方面的政策、标准和程序，制定企业制度和信息政策。

4）领导企业内所有信息部门为操作部门和业务功能提供咨询或服务。

5）进行信息化项目规划，领导重要信息化项目的实施。

6）监控所有信息化项目的实施、现有信息系统的运行。

7）与业务部门一起，考虑如何使信息和知识为产品或服务增值。

8）提升企业和员工的信息素质、信息能力。

9）培育良好的信息文化。

10）将自己的经验和教训贡献给行业协会和社会。

CIO 的职责主要是由企业信息功能的集成程度等因素所决定的，它也受信息部门内部分工的制约。但无论从企业分工的角度，还是信息部门内部分工的角度，CIO 都应立足于从战略层次来审视自己的职责。

3．CIO 的价值和作用

（1）CIO 的价值

CIO 的价值直接与 CIO 的职责有关。CIO 在一个组织中的价值主要体现在以下几个方面：持续关注和主动满足业务的迫切需求；在组织内部演绎外部技术的成功案例；建立、维护信息系统（information system，IS）与经理的关系；建立和交流信息系统的性能纪录；致力于信息系统的发展；对 CIO 角色拥有可共享的、具有挑战性的见解；超越信息技术的个人贡献。

（2）CIO 的作用

CIO 是领导班子成员之一，是企业一把手推进信息化的主要助手。实践表明，CIO 对推进信息化的作用主要有以下几个方面。

1）CIO 是组织信息化的鼓动者。要以满腔热情宣传和贯彻党中央和国务院关于信息化战略决定的精神，提高单位全员职工对信息化的认知度和理解力。信息化事业要"以人为本"，最终要求全员参与，才能成功。不能满足于"IT 部门热，非 IT 部门冷"的状况，也不能停留在"领导层明白，基层人员不了解"的阶段。提高全员信息化认识度，是 CIO 的首要作用。

2）CIO 是组织信息化战略的制定者。制定信息化战略要比确立一个具体项目重要得多。例如，我国一些后起的商业银行深知与历史悠久的大银行不在一个起跑线上，因而选择了信息化加速形成竞争力的战略，有的已取得明显的成效。CIO 的作用就在于根据企业业务发展全局需要制定正确且符合实际的信息化发展战略。实践证明，CIO 的这种贡献和作用往往是不可替代的，不是一般信息技术部门能做到的。

3）CIO 是重大信息化项目实施的组织者。根据发展需要，企业可能会设立一些重大信息化工程项目。这些项目规模大、投资多、涉及面广、关键成功要素多元化。有时项目的规划和方案都是好的，方向也是对的，往往缺乏科学的组织实施和严格的项目管理，最后以失败而告终，其损失不言而喻。一个懂得项目管理知识又善于领导实施团队的CIO，对于重大项目的成功是不可缺少的。

4）CIO 是信息系统正常可靠运行的保障者。经验表明，重要信息系统的建设是一个过程，不可能毕其功于一役。对系统日常运行维护的管理，对信息资源的不断积累和利用潜力的挖掘，对信息网络及信息安全的制度化审计，以及根据业务发展需求实现技术升级和采用新技术，都要求做出持续不懈的努力，才能使信息系统具有生命力，成为增强组织机构竞争力的原动力之一。

二、企业信息系统中心

1．企业信息系统中心的概念

信息系统中心（information systems center）是一个提供信息技术服务的正式的组织单元，该部门负责对构成公司 IT 基础设施的硬件、软件、数据库管理技术，以及网络进行维护。它由相关专业人员组成，如程序员、系统分析员和信息系统管理员。程序员（programmers）是负责编写计算机软件指令的技术人员。系统分析员（systems analysts）主要担任信息系统部门与企业其他部门间的联络员，其职责是将商业问题和需求转换成信息需求和系统。信息系统管理员（information systems managers）是程序员、系统分析员、项目管理员、设备管理员、通信管理员，以及数据库管理员的领导，也是计算机操作员和数据输入员的领导。同时，外部的专家，如硬件制造和供应商、软件公司、咨询公司等，也经常参与到信息系统的日常运营和长期规划工作中。

在很多公司中，信息系统中心都有 CIO。CIO 是一个高层管理者，负责管理一个公司的信息技术。CIO 需要强大的商业背景和丰富的信息系统知识，在把技术融入企业经营策略中发挥主导作用。如今一些大型企业还设有首席安全官（chief security officer，CSO）、首席隐私官（chief privacy officer，CPO）和首席知识官（chief knowledge officer，CKO）等职位，与 CIO 密切配合。

首席安全官负责公司的信息系统安全并负责执行公司的信息安全政策（有时为了将信息系统安全与物理安全进行区分，首席安全官也可称为首席信息安全官（chief information security officer，CISO）。CISO 主要负责对用户和信息系统专业人员进行安全方面的教育和培训，警惕和防范管理中的安全威胁和安全故障，维护安全工具，执行和完善安全策略等。

信息系统安全与个人资料保护在企业运营中至关重要，因此那些涉及大量个人资料信息的企业设立了首席隐私官一职。首席隐私官主要负责企业贯彻落实与个人隐私相关的现行法律。

首席知识官负责公司的知识管理项目，帮助设计项目和系统，发掘新的知识来源或更好地利用组织和管理方面的现有知识。

在信息化的早期，信息系统中心主要由程序员组成，这些人的工作非常专业化，但仅限于技术性工作。如今，信息系统部门中系统分析员和网络技术人员的比例越来越大，同时信息系统部门也在组织中扮演了强有力的改革角色。信息系统中心就新的商务战略、新的基于信息的产品和服务提出建议，并协调技术发展与组织变革间的关系。

2．企业信息系统中心的服务职能

信息系统中心提供的服务职能包括以下几个方面。

1）计算机平台服务，即将员工、客户、供应商连接到一个统一的数字化环境中，其中包括大型主机、台式机、笔记本计算机、个人数字助理，以及其他上网工具。

2）通信服务，即向员工、客户、供应商提供数据、声音、图像的链接。

3）数据管理服务，即存储并管理公司的数据，并提供数据分析服务。

4）应用软件服务，即为公司的信息系统提供开发和支持服务，其中既包括各部门的信息系统，也包括全企业范围的系统，如企业资源计划系统、客户关系管理系统、供应链管理系统，以及知识管理系统，这些系统可以为公司各部门所共享。

5）硬件设备管理服务，即提供用于计算、通信和数据管理服务的硬件设施的开发、安装等。

6）IT 管理服务，即规划和开发 IT 基础架构，与业务部门一起协调 IT 服务，管理IT 开支，提供项目管理服务。

7）IT 标准服务，即为公司及各部门提供信息技术的使用标准，包括用什么、何时用、怎么用。

8）IT 教育服务，即为员工提供使用系统的培训，为管理层提供规划和管理 IT 投资的培训。

9）IT 研发服务，即为公司提供关于未来潜在信息系统项目的研究和投资，帮助公司在竞争市场中脱颖而出。过去，公司一般自己开发软件系统，自己管理公司的计算机设备。如今，许多公司转向寻求外部服务商来提供这些服务，并由公司的信息系统中心来管理这些服务提供商。

第三节　企业管理信息系统

一、管理信息系统

1．管理信息系统的概念

管理信息系统（management information system，MIS）一词最早出现在 1970 年，瓦尔特·肯尼万（Walter Kennevan）给出了一个定义："以书面或口头的形式，在合适的时间向经理、职员及外界人员提供过去的、现在的、预测未来的有关企业内部及其环境的信息，以帮助他们进行决策。"很明显，这个定义是出自管理的，而不是出自计算机的。它强调了用信息支持决策，但没有强调应用模型。

直到 20 世纪 80 年代，管理信息系统的创始人高登·戴维斯（Gordon Davis）才给出管理信息系统一个较完整的定义："它是一个利用计算机硬件和软件，手工作业，分析、计划、控制和决策模型，以及数据库的用户-机器系统。它能提供信息，支持企业或组织的运行、管理和决策功能。

它说明了管理信息系统是一个人机系统，这意味着管理信息系统的工作必须由人和机器协同进行。人员包括高层决策人员、中层职能人员和基层业务人员；机器包含计算机软硬件及各种办公机械及通信设备。因此，系统设计者应分析把什么工作交给人做比较合适，什么工作交给计算机做较合适，人和机器如何联系，如何构成他们的最佳配合，从而充分发挥人和机器的特长。

2．管理信息系统的结构

管理信息系统由四大部件组成，即信息源、信息处理器、信息用户和信息管理者。

1）信息源是信息的产生地，是指被采集和输入的原始数据来源，有内部信息源、外部信息源之分。内部信息源产生于企业自身的系列活动，如生产、人事、销售、成本等方面的信息；外部信息源主要产生于企业涉及的外部环境的信息来源，如国家经济政策、同行业竞争、市场需求等方面的信息。

2）信息处理器负责信息的传输、加工、存储，是指读取数据并将它们转换成信息，向信息用户提供这些信息的一套完整的装置。

3）信息用户是系统的用户，他们应用信息进行决策。应当注意的是，信息系统的输出也可向存储介质输出，是为进一步处理所用或者进行备份。

4）信息管理者是指对包括信息系统在内的信息要素进行协调、控制的人员，负责系统规划、分析、设计、实现、运行和维护。

二、供应链管理系统

1. 供应链管理的概念

供应链管理（supply chain management，SCM）就是指对整个供应链系统进行计划、协调、操作、控制和优化的各种活动和过程，其目标是要将客户所需的正确的产品（right product）能够在正确的时间（right time）按照正确的数量（right quantity）、正确的质量（right quality）和正确的状态（right status）送到正确的地点（right place），即"6R"，并使总成本最小。

供应链管理兴起缘于企业试图消除因信息传递太慢或错误而误导的生产及存货计划。20 世纪 90 年代，一些计算机的制造商或生产家庭用品的公司开始将信息系统进行上、下游整合，希望通过正确和快速的信息传递、分析和整合，达到对市场的需求做出快速反应并降低库存等目的。因此，有效的供应链管理建立在高质量的信息传递和共享的基础上。

2. 供应链管理系统的内容

（1）信息技术在供应链中的作用

在信息社会中，信息已成为企业生存和发展的最重要资源。为了实现企业的目标，必须通过信息的不断传递，一方面进行纵向的上下信息传递，把不同层次的经济行为协调起来。另一方面进行横向的信息传递，把各部门、各岗位的经济行为协调起来，通过信息技术处理人、财、物和产、供、销之间的复杂关系。

供应链作为一种"扩展"的企业，其信息流动和获取方式不同于单个企业下的情况。企业通过网络从内外两个信息源中收集和传播信息，捕捉最能创造价值的经营方式、技术方式创建网络化的企业运作模式。研究供应链管理模式，首先要从改变原有的企业信息系统结构、建立面向供应链管理的新的企业信息系统入手，这是实施供应链管理的前提及保证。

（2）供应链中的信息流动

如今，信息成了决定企业生存与发展的关键因素，任何一个企业都要面对如何集成信息的问题。信息既有来自上下游企业的纵向信息，也有来自企业内部的横向信息，还有来自宏观层面上的信息。如何传递和共享这些信息，将上下游企业的经济行为及企业内部各部门、各岗位的职能行为协调起来，就是供应链管理所要解决的核心问题。与单个企业情况相比，供应链作为一种扩展企业，其信息流动和获取方式表现出自己的特色：覆盖范围广、获取途径多、信息质量高。

（3）企业间供应链信息共享系统

为了实现高质量和高效的信息共享，就必须建立企业间的供应链信息共享系统。系统的实现一般分为以下两个步骤：①创建网络化的企业运作模式；②建立统一的信息系统架构。

这种企业间的供应链信息共享系统可以给企业带来的好处包括：缩短需求响应时

间；减少需求预测偏差；提高送货准确性和改善客户服务；降低存货水平，缩短订货提前期；节约交易成本；降低采购成本，促进供应商管理；减少生产周期；增强企业竞争优势，提高客户的满意度。

（4）信息技术支撑体系

供应链信息系统的建立是需要大量信息技术来支撑的，从供应链管理涉及的主要领域可了解信息技术在其中的作用。供应链管理涉及的主要领域有产品（服务）设计、生产、市场营销（销售）、客户服务、物流供应等。它以同步化、集成化生产计划为指导，通过采用各种不同信息技术来提高这些领域的运作绩效。

三、客户关系管理系统

1．客户关系管理的概念

客户关系管理是指在企业的运营过程中不断积累客户信息，并使用获得的客户信息来制定市场战略以满足客户个性化需求。其最主要的功能模块是客户服务、市场营销、销售。通过将客户关系管理应用于企业之间的信息共享，可以提升供应链上各企业之间的服务水平、提高客户满意度、维持较高的客户保留，对客户收益和潜在收益产生积极的影响等。

2．客户关系管理的内容

客户关系管理通过深入研究各类客户的特性，制定不同的客户服务条款。例如，对于社会关系客户就必须清楚地了解机构的管理流程和所需要提交的各类报表及填制方法，并进行沟通，有的部门还要求企业必须设置专门的工作岗位与其进行沟通或者工作配合；对于销售客户必须建立产品的市场培育途径，进行销售心理调查，产品试销、促销、回访、售后服务等工作；对于采购客户必须进行调查、评估等。不论对于何种客户进行何种服务，都必须进行客户服务记录与档案查询。这些有赖于建立一个客户关系管理系统。

四、办公自动化系统

1．办公自动化的概念

办公自动化是随着计算机科学与技术发展而提出的新概念，它基于数据库、电子邮件、远程通信及互联网技术来实现单位内部业务信息流转、信息交流和信息共享，快速有效地接收各种上级机关文件、所属机关的上报信息，组织、协调办公自动化系统内的各种信息，使用户能够方便、快捷地获取所需信息。一般来说，办公自动化没有统一的定义，凡是在传统的办公室中采用各种新技术、新机器、新设备从事办公业务，都属于办公自动化的领域。

总之，办公自动化是一门综合技术，它将办公业务活动物化于人之外的各种设备，并由设备与各种办公人员构成服务于某种目标的人机信息系统。

2．办公自动化的功能

（1）提供电子邮件功能

电子邮件系统作为办公自动化的通信基础设施，主要提供了办公自动化系统两个方面的功能：①直接作为一种应用提供人与人之间通信的手段，适应随时需要的电子化通信要求；②为各种应用提供通用的通信平台，灵活适应不同应用系统对通信平台的要求。

（2）提供科学严密的考核体系

网络办公自动化系统对处理的每一笔业务实现了计算机的自动考核，在事务处理的每一个环节都可设置相应的考核项目，按照考核细则量化的分值由计算机逐条比对考核，对于文字、材料性的考核，计算机给出提示性的考核方案，通过人机结合方式予以考核，从而完成目标责任制考核办法。

（3）处理复合文档型的数据

复合文档型数据不同于传统数据类型，传统数据类型在表达信息时，要求信息具有严格的长度和格式，在处理信息时以关系运算和数学运算为特色，而在办公自动化所处理的信息中只有一部分符合传统数据类型的特点。此外，对复合文档数据或对象数据的表示和存储管理是数据库技术的新领域。

（4）支持工作流的应用

几乎所有的业务过程都是工作流，特别是办公自动化应用系统的核心应用，如公文审批流转处理（公文收发、起草、传阅、批办、签署、催办、会签、下发、归档、查询、统计等）、会议管理（会议计划、日程、通知、组织、纪要、归档、查询、统计等）、部门事务处理（部门值班、休假安排、工作计划、工作总结、部门活动等）等。

每一项工作以流程的形式，由发起者发起流程，经过本部门及其他部门的处理，最终到达流程的终点。工作流程可以是互相连接、交叉或循环进行的，也可以在企业，以及与企业的相关单位之间进行。

（5）支持协同工作和移动办公

在日常办公中，办公人员需要花费大量的时间进行讨论和交流意见，才能做出某种决策。而这种在群体中互相沟通、合作的工作方式就是"协同工作"。随着网络技术的发展，异步协作方式（如电子邮件、网络论坛等）及同步协作方式（如网络实时会议）正在逐渐成为人们面对面开会之外的新的工作方式，它们打破了时间、地域的限制，使人们可以随时随地参加到协同工作中，大大提高了工作效率。移动办公可以提供给办公人员在办公室以外的办公手段，办公人员可以远程拨号或登录到出差地的网络，通过电话线或广域网络，随时访问到办公自动化系统。为提高工作效率和减少费用，办公人员还可以选择离线工作方式，即将需要处理的信息先下载到本地便携机上，然后切断连接，离线处理信息，工作完毕后才再次接通连接，将自己的工作结果发出，以及再次下载新的待办信息。

（6）具有完整的安全性控制功能

办公自动化系统所处理的信息一般涉及组织的机密，而且不同的办公人员在不同时刻对办公信息的处理权限也是不同的，因此安全性控制功能成为办公自动化系统得以投入使用的先决条件。办公自动化的安全性控制要求一般包括防止非法用户侵入、权限控制、存储和传输加密及电子签名。这些手段必须足够强大，难以被攻破，而且也必须足够灵活，方便使用者掌握和利用。安全性的完整实现有赖于制定和执行严格的规章制度与管理规程。

（7）集成了其他业务应用系统和互联网

办公自动化系统绝不是独立的应用系统。在任何一个单位内部都存在着其他业务应用系统，如管理信息系统专业应用系统等，它们与办公自动化系统是互相联系的。例如，专业应用系统的统计结果报表成为办公自动化应用系统的一项办公信息，反之，办公自动化系统的一项输出，如正式公文是专业应用系统的信息计算与处理依据。因此，办公自动化系统必须能够集成企事业内部的其他业务应用系统。

3．办公自动化的特点

1）办公自动化是一门综合性跨学科技术，其中计算机技术、通信技术、系统科学和行为科学显得更为重要，有人把它们称为办公自动化的四大支柱。

2）办公自动化涉及的用户有文员、专家和管理人员，另外还有系统管理员和数据库管理员；涉及的机器包括用于办公自动化的设备，它们通过网络连成一体，形成功能强大的信息管理与处理系统。

3）办公自动化处理的信息具有复杂、多样、信息量大、结构不明确（含结构化、非结构化、半结构化）等特征，一般是多媒体信息，包括语言、数据、图像、文字、影像等。

4）办公自动化总的基本目标是提高办事效率和质量，提供决策所需的信息。对于不同的部门，办公事务内容有很大差异，但所用的方法、工具和信息处理技术是相同的。

5）办公自动化系统属于管理信息系统范畴，但它比企业或部门的管理信息系统更为复杂。MIS 主要为管理层提供信息服务，而办公自动化系统除了提供信息之外，还需对办公流程进行处理，还具有决策支持系统（decision support system，DSS）的功能，所以办公自动化系统包含管理信息系统和决策支持系统两个方面的技术。

4．办公自动化系统的分类

办公自动化依据不同的服务对象，可分为政府型、事务型、生产型、经营型、案例型、专业型、控制型等，并可依据功能范畴在上述类型中进行细分。一般说来，办公自动化系统可分为事务处理型、信息管理型和分析决策型三种不同的层次。

1）事务处理型办公系统：支持一个机构内各办公室的基本事务活动，主要功能包括信息的产生、收集、加工、存储和查询，如文字处理、文档管理、电子报表、电子邮件、电子日程管理、文档整理、分类归档、检索等。

2）信息管理型办公系统：以数据库为支撑，提供日常必需的政策、法令、法规、经济动态、市场信息及计划、人、财、物等的管理，包含业务管理的部分功能，这有别于传统的管理信息系统，是事务型办公系统和支持职能管理活动的管理信息系统的结合。

3）分析决策型办公系统：包括决策支持功能，在管理型办公系统的基础上再加上决策支持系统，除具备前述的功能外，还具备对业务数据进行分析、评测等决策支持的功能。

第四节　企业信息管理与管理变革

一、企业信息管理与知识管理

1．知识管理的概念

知识管理（knowledge management）是指用于在组织中创造、存储、传播和应用知识的一系列业务流程。知识管理能够提高组织从环境中学习知识并将其应用到业务流程和政策制定中的能力。

2．企业信息化与知识管理

（1）信息化中的知识管理

互联网的高速发展，强烈地冲击着传统企业的业务模式，迫使企业推进信息化，实现电子商务。而知识管理则贯穿于企业信息化的整个过程，从最初的方案调研、方案确定，到方案的实施，及至最后的系统运营，无一不涉及知识管理的内容。

在方案选型过程中，一个信息充分的知识库无疑会给选型工作带来高效率。在方案实施过程中，企业应积极主动地向实施团队（大多由产品供应商和咨询顾问组成）学习，注意有关信息的挖掘、分析和管理，以便在项目实施结束，实施团队撤离后，能保证系统正常运营。系统进入运营后，知识管理更是起着举足轻重的作用。无论是员工技能的及时培训、客户数据的有效管理及市场分析，还是供应链和物流信息的跟踪等，都依赖于知识管理。在信息爆炸的今天，高效地筛选出有价值的信息并实现信息创新和知识共享，是企业成功实现电子商务的必要保障。有效的知识管理系统，可以为员工提供知识共享的环境，有利于员工自助培训，从而提高其业务水平和工作效率。另外，员工也可以将个人的有益经验输入系统，形成集体智慧，增强企业核心竞争力。

（2）知识管理信息化

知识管理信息化是指以信息技术作为知识管理有效运作的硬件基础，把信息技术对数据及信息的处理能力和人类的创新能力协同组合起来，使信息技术在知识管理的功能外化、内化、中介、认知）中发挥重要作用。具体说来，在外化功能中需要引入数据库系统、文件管理系统和搜索工具等信息技术，以外部存储库（如数据库、镜像系统）的方式捕获知识，并对知识进行分类，识别出各信息源间的相似之处，用聚类的方法找出企业知识库中各知识结构间隐含的关系。在内化功能中需要引入网络浏览器和搜索引擎，借助它们来发现外部存储库中与用户需求相匹配的知识资源，以解决实际中的知识利用问题。在中介功能中需要借助于群件产品、企业内部网、工作流和文件管理系统等技术自动实现知识需求与知识源的最佳匹配。对于认知功能，目前主要采用专家系统或人工智能一类技术。

总之，信息技术的运用有助于加速交流，提高知识收集和知识利用的效率，大大提高了知识管理的水平。

3．企业级知识管理系统

企业必须至少处理三种类型的知识。有些知识以结构化文本文件（报告和简报）的形式存在于企业中。决策者还需要半结构化的知识，如电子邮件、语音邮件、聊天室交流、视频、数字图片、宣传册和电子公告板。在有些情况下，企业不存在任何正式的或数字的信息，而是被企业员工存储在大脑中。这些知识大多数都是隐性知识，很少被记录下来。

企业级知识管理系统是搜集、存储、分配和应用数字内容与知识的通用企业系统，具备在企业中搜寻信息、存储结构化和非结构化数据，以及为员工查找专业知识的功能，这些系统也包含门户网站、搜索引擎、协作工具，以及学习管理系统等支持技术。

二、企业信息管理与绿色管理

尼古拉斯·卡尔（Nicholas Carr）认为，信息技术属于基础性技术，随着信息技术大众化趋势，铺张浪费所带来的惩罚只会加重，要想以信息技术投资获得竞争优势越来越难，而招致成本劣势倒容易得多。在全球范围内，IT 行业已经成为能源消耗的大户，能耗排放相当惊人。绿色和平组织敦促 IT 业必须重视信息产业发展的可持续性。

1．生产制造过程的信息化对企业绿色化发展的支撑

对制造业企业来说，企业信息化首先要实现生产制造过程的信息化，也就是运用先进的信息技术实现产品设计、生产制造过程的自动化、集成化、智能化。主要目标是利用计算机辅助设计、制造、监控等手段，通过生产制造过程信息的处理实现生产制造过程的信息化。

2．管理过程的信息化对企业绿色化发展的支撑

管理过程的信息化对企业绿色化发展的支撑主要是运用先进的管理信息系统，对企业信息资源进行全面的整合，主要是对绿色信息的收集、存储、处理、传输和优化，对绿色技术创新过程中各种信息的作用与信息的流动加以分析，从而加强了企业绿色化管理体系的快速反应能力，以及绿色技术创新过程信息传递机制的高效协调能力。

另外，信息管理对绿色管理的促进作用还体现在以下两个方面。

1）企业信息中心数据中心的节能改造，低能耗计算机的生产和应用，老旧设备的回收处理等。例如，让数据中心选择使用能耗更低的计算机；采用云计算、虚拟机等技术来降低数据中心的能耗，从而达到保护环境的效果，着手降低能耗，提高设备的运作效率。

2）进行绿色 IT 规划，应用信息技术来降低企业其他流程或者职能部门对环境的破坏。通过高效的信息管理，解决企业自身存在的管理成本高、沟通效率低、能源损耗高等问题，通过"无纸化、移动化、自动化"办公，避免了传统提升管理效率手段的高能耗和高成本，使得低碳节能办公成为现实。在传统的发展过程中，企业实现高效率的同时往往伴随着高能耗和高碳排放，而随着信息化解决方案的出现，高效的实现过程同样可以伴随着低碳。通过运用一些能耗管理系统来监控企业生产过程中各部分的能耗，从而对症下药，降低生产对环境的影响。例如，钢铁企业的能耗分析系统能够有效地帮助

钢铁企业分析出主要的能耗点，为企业降低能耗提供有效的参考依据，这使 IT 能够降低对环境的影响，提高能源的利用率。其中的关键就是信息化对企业管理方式的改造。

问答题

1. 企业信息管理的概念、特征是什么？
2. 如何理解 CIO 和企业信息中心二者之间的关系？
3. 企业管理信息系统都包括哪些系统？各系统的主要内容有哪些？
4. 简述企业信息管理与知识管理的内在联系。
5. 简述企业信息管理与绿色管理的内在联系。

能力训练题

1. 调查一个企业的信息管理运行状况。
2. 搜集近期发生的企业信息泄露事件，分析企业信息安全管理的重要性。

案例分析

海尔集团从"企业的信息化"到"信息化的企业"的转变

课后阅读

联想集团企业信息化过程中的知识转移

拓展阅读

司有和，2011．企业信息管理学．3 版．北京：科学出版社．

维克托·迈尔-舍恩伯格，肯尼思·库克耶，2013．大数据时代．盛杨燕，周涛，译．杭州：浙江人民出版社．

Martin Klubeck，2013．量化：大数据时代的企业管理．吴海星，译．北京：人民邮电出版社．

第九章

企业物流与供应链管理

知识目标

1. 了解企业物流的基本概念和内容。
2. 了解供应链管理的基本概念和内容。
3. 熟悉采购与供应商管理方法、仓储与库存管理策略、运输与配送管理优化思路。
4. 掌握绿色供应链管理的基本思想。

能力目标

1. 学会运用企业物流与供应链管理基本理论知识分析现代企业物流与供应链管理中的实践问题。
2. 运用绿色供应链管理思想分析企业供应链管理演变与趋势。

关 键 词

企业物流　供应链　供应链管理　采购　供应商管理　库存管理　配送管理
绿色供应链

导入案例

联合利华的绿色供应链

2016 年，"绿色发展共享未来"企业社会责任与创新高峰论坛暨优秀案例颁奖典礼于 7 月 27 日在上海举行，联合利华凭借可持续蘑菇项目，获得年度绿色供应链最佳案例奖。

联合利华是世界上生产快速消费品的主要企业之一，由荷兰 Margarine Unie 人造奶油公司和英国 Lever Brothers 香皂公司于 1929 年合并而成。总部设于荷兰鹿特丹和英国伦敦，分别负责食品及洗涤用品事业的经营。2016 年，联合利华在世界 500 强排行榜中排名第 147 位。

"从 2010 年发布可持续行动计划起，联合利华就致力于在增长公司业务的同时，减少对环境的不利因素，积极推动社会的变革。"联合利华北亚区副总裁徐俊在高峰论坛上说道，"我们关注全价值链和产品生产的整个生命周期，即从原材料采购到工厂生产，再到消费者使用产品的全过程。我们希望能带动供应商、客户、消费者等利益相关者共同推动可持续发展。通过贯穿整个供应链的可持续发展合作，将可持续发展植入品牌的基因中。"事实证明，联合利华得到了客户和消费者的支持，也有效提升了品牌认同度。

此次获奖的可持续蘑菇项目已有近十年的发展历程，联合利华可持续蘑菇项目已日趋完善，从对蘑菇的培育、采摘到加工的一系列环节，联合利华始终高度遵从可持续种植方式准则，从根本上实现了经济、环境、社会效益的有机统一。

在可持续蘑菇项目中，种植蘑菇所用的基质料稻草均为附近农田中回收再利用的稻草，避免了燃烧农作物秸秆造成的污染。种植过后的基质料也将用于花卉种植，循环往复。种植基地以环保蒸熏消毒和诱虫灯代替农药和杀虫剂，并通过科学方法控制外来物种侵入，大大减少了异物处理对环境带来的破坏。

联合利华的可持续蘑菇项目，实现了蘑菇传统种植到现代化菇棚种植的转变，实现了从原先的冬季采收，到现在的全年种植生产，产量实现翻番。企业不仅提高了产能、产品质量和经济效益，也加强了企业与供应商的长期合作，更好地实现了全面管理。

另外，联合利华为供应商提供专业的可持续种植培训，提升了供应商企业的行业竞争力。让小型供应商得以依托大企业的强大技术资源，从而在出口及生鲜市场赢得更强的竞争力，为其争取更多发展资源和经济效益奠定了扎实基础。

在实现可持续蘑菇种植的过程中，联合利华合理利用当地资源，在诸多环节实现了废物再利用，减少了对环境的污染，也为消费者供应了更健康的食品。

企业在易变的商业环境中，开启可持续商业模式，是确保业务长期增长的最佳方式。对于任何一家希望成为"百年老店"的商业企业来说，只有着眼未来，才能真正地实现业务的可持续增长。这是联合利华的信条，联合利华多年来开展的诸多可持续项目也证明了：可持续的商业模式可以带动增长、建立信任、降低风险、降低成本，实现多赢。

（资料来源：http://www.prnasia.com/story/archive/1757107_ZH57107_1.）

思考：企业实施绿色供应链管理能否给企业带来价值？

随着全球经济一体化发展趋势的日益显著，企业间的竞争变得异常尖锐和激烈。企业要想在多变的市场环境中立足并谋求发展，必须不断地寻求新的竞争优势，增强综合实力。企业物流与供应链管理正是为迎合这一需要而从众多的管理领域中脱颖而出的。实践表明，企业物流与供应链管理并不是简单的管理方式的变更，而是体现了一种新型的管理思想和管理理念。有效的企业物流与供应链管理不仅可以实现企业成本的降低和效率的提高，而且可以实现客户服务水平的整体提升，使企业拥有持续的市场竞争力。尤其是在当前的网络环境下，企业物流与供应链管理已成为互联网下经济管理活动的重要内容。

第一节　企业物流与供应链管理概述

一、企业物流概述

1．企业物流的概念

（1）物流的缘起与发展

物流的原始含义是指物的实体运动，即物的流通，以满足生产或生活的需要。人类通过经济活动的形式，使作为劳动产品的"物"从生产地传递到消费地。因此，如果从物体的流动来理解，物流是一种古老又平常的现象。自从人类社会有了商品交换，就有了物流活动（如运输、仓储、装卸搬运等）。因此，物流是伴随着社会分工和市场经济的发展而逐渐形成的一个概念。列宁曾指出："哪里有社会分工和商品生产，哪里就有市场。"而市场日益扩大的结果，又促使社会分工在广度和深度上不断发展，最终使社会全体成员形成更加紧密的社会关系。

从物流起源来看，在原始社会里，由于经济活动的目的是自给自足，生产与消费在时间和场所上趋于一致，其间并不存在时间间隔和场所间隔，此时，物流活动显得没有必要。在市场经济条件下，情形发生了很大的变化。因为，伴随着生产工具的改进和生产力的发展而出现的社会分工和专业化虽然极大地提高了劳动效率，使劳动产品不仅能够满足生产者自身的生存需要，而且还有了剩余，但与"自给自足"的自然经济相比，其产出毕竟不是多样化的，这必然与人类日益增长的多样化消费需求趋势相矛盾。在这样的背景下，通过物流活动来实现劳动产品的交换就显得十分必要。通过物流活动的开展，人们可以互换劳动产品，从而满足各自的生产或生活需要。物流活动将现实经济活动中的生产活动和消费活动有机地联系到一起，从而在一定程度上弥补了因社会分工和专业化而导致的时间间隔和场所间隔。显然，社会分工和市场经济的生生不息，与这一社会现象的存在不无关系。

从企业管理来看，生产制造过程的主要职能是通过一系列的生产加工活动实现资源形式的转换（例如，冶金企业通过一系列生产活动将铁矿石变为钢材产品），从而创造价值。与此截然不同的是，物流活动最直接的价值体现在将生产制造产品和创造价值的生产活动同使用产品的消费活动有机地连接起来，通过物品的有效流动，实现劳动产品由生产地向消费地的转移，从而创造时间价值和场所价值。随着经济社会的发展，物流是一个不断演进的概念，经历了由传统意义上的实物配送（physical distribution）到现代物流（logistics）的转变过程。从科学发展来看，将物流作为一门科学，却仅有几十年的历史。因此说物流是一门新学科，物流是社会生产力发展的结果。在长期的社会发展过程中，学者经过长期的理论酝酿，逐渐认识到在生产活动中，过去被人们看成生产过程、生产工艺的组成领域里，有一种活动是没有直接参与实际生产制造过程的，而是与工艺有关但另有特性的，那就是物流。如果对生产活动进行专业的细分，又可将其分成两个组成部分，一部分是生产工艺活动，另一部分是物流活动。1918 年，英国成立了即时送货股份有限公司。其公司宗旨是在全国范围内把商品及时送到批发商、零售商，以及用户的手中，这一举动被一些物流学者称为有关物流活动的早期文献记载。1921 年，《市场流通中的若干问题》（*Some Problem in Market Distribution*）一书中提出物流是与创造需求不同的一个问题，并提到物资经过时间或空间的转移，会产生附加价值。第二次世界大战期间，美国从军事需要出发，在对军火进行战时供应中，首先采用了"物流管理（logistics management）"这一名词，并对军火的运输、补给、屯驻等进行全面管理。日本于 20 世纪 60 年代引进"物流"概念，并将其解释为"物的流通"。

综上所述，物流的概念是随着交易对象和环境变化而发展的，目前比较流行的物流概念是指为了满足客户的需要，以最低的成本，通过运输、保管、配送等方式，实现原材料、半成品、成品及相关信息由商品的产地到商品的消费地所进行的计划、实施和管理的全过程。物流一般由对商品的运输、仓储、包装、搬运装卸、流通加工，以及相关的物流信息等环节构成，并对各个环节进行综合和复合化后所形成的最优系统。对物流的管理就是如何按时、按质、按量，并且以系统最低的成本费用把所需的材料、货物运到生产和流通领域中任何一个所需要的地方，以满足人们对货物在空间和时间上的需求。

（2）企业物流的概念

第二次世界大战期间，物流在美国军事活动中发挥的巨大功效给予了管理学家无限的想象空间，第二次世界大战后，物流管理被美国人用到企业管理中，称作"企业物流（business logistics）"，是指对企业的供销、运输、存储等活动进行综合管理。因此，企业物流是指企业内部的物品实体流动，它从企业角度研究与之有关的物流活动，是具体的、微观的物流活动的典型领域。

企业物流概念的正式提出，可以追溯到 20 世纪 60 年代。1962 年 4 月，美国管理学大师德鲁克在《财富》杂志上发表的《经济领域的黑暗大陆》的论文中首次提出了"物流"的概念。虽然当时德鲁克提出的物流（distribution）仅仅是针对产成品来讨论的，但很快就引起了企业界的关注，真正的企业物流（logistics）理念迅速波及原材料领域，进而成为综合物流（integrated logistics），发展到 20 世纪 90 年代，正式提出了供应链管理理念。

企业物流理念从提出到发展为相对成熟与完善，经历了近 40 年的时间。在这近 40 年的时间里，几乎每 10 年企业物流理念就得到一次极大的更新与充实。从本质上说，企业物流是企业的产品或服务的一种存在与表现形式。当初德鲁克提出的企业物流，仅仅指产品从生产出来后到消费者手中的这一段时间的存在与表现形式；而 1992 年美国物流管理协会对物流的定义为，物流是为满足消费者需求而进行的对货物、服务及相关信息从起始地到消费地的有效率和效益的流动与存储的计划、实施与控制的过程。这个时候物流已经作为一个复杂的企业运行过程而存在。1998 年，美国物流管理协会又在 1992 年物流概念的基础上引入了"供应链"的概念。2001 年，美国物流管理协会则对物流概念进一步充实、完善，将其演变为物流是供应链运作中，以满足客户要求为目的，对货物、服务和相关信息在产出地和销售地之间实现高效率和低成本的正向和反向的流动和储存所进行的计划、执行和控制的过程。

上述对物流概念的阐述过于学术化，有些晦涩，不易理解。因此，在企业实践中，对物流概念又形成了较为通俗易懂的表达方式，认为企业物流就是由 7 个"恰当"组成，即"7R"表达法，即恰当的产品（right product）、恰当的数量（right quantity）、恰当的条件（right condition）、恰当的地点（right place）、恰当的时间（right time）、恰当的客户（right customer）和恰当的成本（right cost）。7 个"恰当"描述了物流的基本活动，强调了空间和时间的重要性，也强调了成本与服务的重要性。更为简略地说，企业物流就是关于某种产品或服务在客户需要的时候，客户能够在指定的地点得到满足。事实上，现代企业物流是一个挑战与机遇共存的领域，它包括对信息、运输、存货管理、仓储、物料搬运、包装等作业领域的综合管理过程。

（3）企业物流的发展过程

概括地说，企业物流的发展过程大致可以分为以下三个阶段。

1）产品物流阶段（product distribution），又称为产品配送阶段。这个阶段的时间起止为 20 世纪 60 年代初期至 70 年代后期，属于企业物流的早期发展阶段，在该阶段中，物流的主要功能大多围绕在对产品从企业工厂生产出来到如何到达消费者手中这一过程的运作上。

在当时，企业重视产品物流的目的是希望能以最低的成本把产品有效地送达给消费者。企业重视产品物流的主要原因来自两个方面：一是为了扩大市场份额，满足不同层次消费者的需要，扩张其生产线；二是为了对付企业内部与外部市场的压力，倾向于生产非劳动密集型的高附加值产品。产品物流阶段物流管理的特征是注重产品到消费者的物流环节。

2）综合物流（integrated logistics）阶段。这个阶段的时间起止为 20 世纪 70 年代中后期至 80 年代后期，在这个阶段，企业物流集中表现为原材料物流和产品物流的融合。实践证明，综合物流管理可以为企业带来更大的效益，因此，在此期间综合物流得到了迅速的发展。

在当时，由于运输自由化及全球性竞争的日渐加剧，企业认识到把原材料管理与产品配送综合起来管理可以大大地提高企业运行效率与效益。因此，在上述因素的推动下，企业物流迅速地从产品物流阶段向综合物流阶段发生转移。

3）供应链管理阶段（supply chain management）。这个阶段开始于 20 世纪 90 年代初期，在这个阶段，企业对传统的物流管理有了更为深刻的认识，已经将单纯的个体企业之间的竞争上升到企业群、产品群或产业链条上不同企业所形成的供应链之间的竞争这个高度。

从 20 世纪 80 年代后期开始，信息技术获得了飞速的发展，信息技术的发展迅速转化为生产力，进而在生产领域掀起了一场前所未有的信息化革命。由信息技术所衍生的一系列外部因素的变化，使得企业开始把着眼点放开至物流活动的整个过程，包括原材料的供应商和制成品的分销商，进而使企业物流从综合物流阶段向供应链管理阶段发生转移。

（4）企业物流的主要内容

企业物流在不同的发展阶段包含不同的内容。随着企业物流从单纯的产品配送向综合物流直至向供应链管理阶段发展，企业物流包含的内容不断地得到增加、丰富，涉及的领域不断地得到扩大。企业物流几乎贯穿着企业的整个运营过程。概括地说，企业物流包含采购、运输、存储、物料搬运、生产计划、订单处理、工业包装、客户服务，以及存货预测等若干项内容。

1）采购。把企业采购活动归入企业物流是因为企业运输成本与生产所需要的原材料、零部件等的地理位置有直接关系，采购的数量与物流中的运输与存储成本也有直接关系。把采购归入企业物流领域，企业就可以通过协调原材料的采购地、采购数量、采购周期，以及存储方式等以有效地降低运输成本，进而为企业创造更大的价值。

2）运输。运输是企业物流系统中非常重要的一部分。事实上，运输也是企业物流最为直接的表现形式，因为物流中最重要的是货物的实体移动及移动货物的网络。通常情况下，企业的物流经理负责选择运输方式来运输原材料及产成品，或建立企业自有的运输能力。

3）存储。存储包括两个既独立又有联系的活动，即存货管理与仓储。事实上，运输与存货水平及所需仓库数之间也有着直接的关系。企业许多重要的决策与存储活动有关，包括仓库数目、存货量大小、仓库的选址、仓库的大小等。

4）物料搬运。物料搬运对仓库作业效率的提高是很重要的，也直接影响到生产效率。在生产型企业中，物流经理通常要对货物搬运入库、货物在仓库中的存放、货物从存放地点到订单分拣区域的移动，以及最终到达出货区准备运出仓库等环节负责。

5）订单处理。订单处理过程包括完成客户订单的所有活动。物流领域之所以要直接涉及订单的完成过程，是因为产品物流的一个重要方面是前置期，即备货周期（lead time），它是指从客户下达订单开始，至货物完好交于客户为止的时间。从时间或者前置期的角度来看，订单处理是非常重要的物流功能。订单处理的效率直接影响到备货周期，进而影响到企业的客户服务质量与承诺。

6）工业包装。与物流紧密相关的还有工业包装，即外包装。企业物流中运输方式的选择将直接影响到包装要求。一般来说，铁路与水运引起货损的可能性较大，因而需要支出额外的包装费用。

7）客户服务。客户服务也是一项重要的物流功能。客户服务水平与物流领域的各项活动有关，存货、运输、仓储的决策等取决于客户服务要求。

8）存货预测。准确的存货和物料、零部件的预测是有效控制存货的基础，尤其是使用零库存和 MRP 方法控制存货的企业。因此，存货预测也是企业物流的一项重要内容。

除了上述列举的几个主要功能外，企业物流还包含诸如工厂和仓库选址、维修与服务支持、回收物品处理、废品处理等内容。

二、供应链管理概述

1. 供应链管理的产生和发展

20 世纪 90 年代以前，企业出于管理和控制的目的，对与产品制造有关的活动和资源主要采取自行投资和兼并的"纵向一体化"的模式，企业和为其提供材料或服务的单位是一种所有权的关系。"大而全""小而全"的思维方式使许多制造企业拥有从材料生产，到成品制造、运输和销售的所有设备以及组织机构。甚至很多大型的企业拥有医院、学校等单位。但是，面对科技迅速发展、全球竞争日益激烈、客户需求不断变化的趋势，纵向发展不仅会增加企业的投资负担，迫使企业从事并不擅长的业务活动，而且会使企业面临更大的行业风险。进入 20 世纪 90 年代以后，越来越多的企业认识到"纵向一体化"的弊端，为了节约投资、提高资源的利用率，转而把企业主营业务以外的业务外包，自身则采取集中发展主营业务的"横向一体化"的战略。原有企业和为其提供材料或服务的企业就形成了一种平等的合作关系。在这种形式下，对同一产业链上的企业之间的合作水平、信息沟通、物流速度、售后服务以及技术支持提出了更高的要求，供应链管理就是适应这一形式产生和发展起来的。

2．供应链管理的基本概念

在理解供应链管理之前先理清供应链的含义，与物流类似，供应链是指商品到达消费者手中之前各相关者的连接或业务的衔接，是围绕核心企业，通过对信息流、物流、资金流的控制，从采购原材料开始，制成中间产品，以及最终产品，最后由销售网络把产品送到消费者手中，将供应商、制造商、分销商、零售商，直到最终用户连成一个整体的功能网链结构。供应链的概念是从扩大生产概念发展来的，它将企业的生产活动进行了前伸和后延。日本丰田公司的精益协作方式中就将供应商的活动视为生产活动的有机组成部分而加以控制和协调。美国学者史蒂文斯（Stevens）认为："通过增值过程和分销渠道控制从供应商到用户的流就是供应链，它开始于供应的源点，结束于消费的终点。"

供应链管理随着供应链的发展而发展。供应链管理源于波特在 1980 年发表的《竞争优势》一书中提出了"价值链"的概念，其后，供应链管理的概念、基本思想和相关理论在美国开始迅速发展。到 20 世纪 90 年代初，关于供应链管理的文献大量出现，与供应链管理相关的学术组织也开始涌现。到目前为止，比较公认的供应链管理的定义，是在满足一定的客户服务水平的条件下，为了使整个供应链系统成本达到最低，而把供应商、制造商、仓库、配送中心和渠道商等有效地组织在一起来进行的产品制造、转运、分销及销售的管理方法。供应链管理的经营理念是从消费者的角度，通过企业间的协作，谋求供应链整体最佳化。成功的供应链管理能够协调并整合供应链中所有的活动，最终成为无缝连接的一体化过程。

3．供应链管理的主要特点

供应链管理是一种先进的管理理念，它的先进性体现在是以最终消费者为经营导向的，以满足消费者的最终期望来生产和供应的。除此之外，供应链管理还有以下几个主要特点。

1）供应链管理把所有节点企业看作一个整体，实现全过程的战略管理。传统的管理模式往往以企业的职能部门为基础，但由于各企业之间，以及企业内部职能部门之间的性质、目标不同，造成相互的矛盾和利益冲突，各企业之间，以及企业内部职能部门之间无法完全发挥其职能效率，因而很难实现整体目标化。

供应链是由供应商、制造商、分销商、销售商、客户和服务商组成的网状结构。链中各环节不是彼此分割的，而是环环相扣的一个有机整体。供应链管理把物流、信息流、资金流、业务流和价值流的管理贯穿于整个供应链的过程。它覆盖了整个物流，即从原材料和零部件的采购与供应、产品制造、运输与仓储到销售各种职能领域。它要求各节点企业之间实现信息共享，风险共担、利益共存，并从战略的高度来认识供应链管理的重要性和必要性，从而真正实现整体的有效管理。

2）供应链管理是一种集成化的管理模式。供应链管理的关键是采用集成的思想和方法。它是一种从供应商开始，经由制造商、分销商、零售商直到最终客户的全要素、全过程的集成化管理模式，是一种新的管理策略，它把不同的企业集成起来以增加整个供应链的效率，注重的是企业之间的合作，以达到全局最优。

3）供应链管理提出了全新的库存观念。传统的库存思想认为，库存是维系生产与销售的必要措施，是一种必要的成本。因此，供应链管理使企业与其上下游企业之间在不同的市场环境下实现了库存的转移，降低了企业的库存成本。这也要求供应链上的各个企业成员建立战略合作关系，通过快速反应降低库存总成本。

4）供应链管理以最终客户为中心，这也是供应链管理的经营导向。无论构成供应链的节点的企业数量有多少，也无论供应链节点企业的类型、层次有多少，供应链的形成都是以客户和最终消费者的需求为导向的。正是由于有了客户和最终消费者的需求，才有了供应链的存在。而且，也只有让客户和最终消费者的需求得到满足，才能有供应链的更大发展。

4. 供应链管理的主要内容

作为供应链中各节点企业相关运营活动的协调平台，供应链管理的重点主要在以下几个方面。

1）战略管理。供应链管理本身属于企业战略层面的问题，因此，在选择和参与供应链时，必须从企业发展战略的高度考虑问题。它涉及企业经营思想，在企业经营思想指导下的企业文化发展战略、组织战略、技术开发与应用战略、绩效管理战略等，以及这些战略的具体实施。这主要包括供应链运作方式，为参与供应链联盟而必需的信息支持系统，技术开发与应用以及绩效管理等都必须符合企业经营管理战略。

2）信息管理。信息以及对信息的处理质量和速度是企业能否在供应链中获益大小的关键，也是实现供应链整体效益的关键。因此，信息管理是供应链管理的重要方面之一。信息管理的基础是构建信息平台，实现供应链的信息共享，通过 ERP 和 VMI（vendor managed inventory，供应商管理库存）等系统的应用，将供求信息及时、准确地传递到相关节点企业，从技术上实现与供应链其他成员的集成化和一体化。

3）客户管理。客户管理是供应链的起点。供应链源于客户需求，同时也终于客户需求，因此供应链管理是以满足客户需求为核心来运作的。通过客户管理，详细地掌握客户信息，从而预先控制，在最大限度地节约资源的同时，为客户提供优质的服务。

4）库存管理。供应链管理就是利用先进的信息技术，收集供应链各方，以及市场需求方面的信息，减少需求预测的误差，用实时、准确的信息控制物流，减少甚至取消库存，从而降低库存的持有风险。

　　5）关系管理。通过协调供应链各节点企业，改变传统的企业间进行交易时的"单向有利"意识，使节点企业在协调合作关系基础上进行交易，从而有效地降低供应链整体的交易成本，实现供应链的全局最优化，使供应链上的节点企业增加收益，进而达到双赢的效果。

　　6）风险管理。信息不对称、信息扭曲、市场不确定性，以及其他政治、经济、法律等因素，导致供应链上的节点企业运作风险，必须采取一定的措施尽可能地规避这些风险。例如，通过提高信息透明度和共享性、优化合同模式、建立监督控制机制，在供应链节点企业间合作的各个方面、各个阶段，建立有效的激励机制，促使节点企业间的诚意合作。

5. 供应链管理与物流管理

　　随着全球制造的出现，供应链管理已经成为企业的一种新管理模式。它虽然在 20 世纪 90 年代才出现，但已经引起人们的广泛关注。供应链管理不仅受限于降低库存，而且伸展到企业内外的各个环节和各个方面，是穿越不同企业界限的、一体化的物流管理，供应链管理战略的成功实施必然以成功的物流管理为基础。因此，供应链管理与物流管理既有密切联系，又存在一定的差别。

　　供应链管理是在物流发展的基础上产生的，是物流管理的延伸或扩展。"供应链管理"一词最早用来强调企业在物流管理过程中，不仅要减少企业内部库存，而且应考虑减少企业之间的库存。它是对整个供应链的整合，致力于将物流的各项职能、企业的其他管理职能（采购、生产、销售和研究开发等）、企业组织机构与信息处理平台较好地整合起来，在供应链成员和谐关系的基础上，提高物流效率，进而提高供应链成员的整体价值和市场竞争力。

　　物流贯穿于整个供应链。供应链的每一个节点代表着"供"与"需"两个方面，它亦可理解为"供应链"。物流连接供应链的各个企业，从供方开始，沿着各个环节向需方移动，是企业间合作的纽带。物流效率的高低决定了供应链管理的效率高低。

　　物流系统是供应链管理系统的一个子集。从范围来看，物流管理是供应链管理的一部分，供应链管理穿越企业间的界限，将许多物流的功能整合起来，涉及从新产品的研发、工程设计、节点选址、原料采购、生产制造、储存管理、运输、配送和履行订单直到客户服务及市场需求预测的全过程。

　　供应链管理是对物流各环节的一体化管理。供应链管理把从供应商开始到最终消费者的物流活动作为一个整体进行统一管理，它始终从整体和全局上把握物流各项活动，目标是使整个供应链的库存水平最低，实现供应链整体物流的优化。通过不同职能部门之间或不同企业之间的合作，减少不必要的作业环节，加快物流速度，从而大幅度降低整体供应链的成本，提高整个物流过程的效率。

三、供应链管理变革与发展趋势

　　在 21 世纪，全球一体化步伐日渐加快，使产品的生产和消费不再局限于同一地理范围范畴，而一个产品的不同部分来自世界的不同地方，即全球供应链，因而导致供应链越来越长且越来越复杂，对供应链管理的要求也就随着改变。由于环境、网络通信技术以及全球的动态联盟的发展和相关要求的不断提出，供应链管理也将向全球化、敏捷化、绿色化、和网络化方向发展。

1. 供应链全球化

美国里海大学于 1991 年在其《21 世纪制造企业的战略》报告中首次提出了虚拟企业（virtual organization）的概念。虚拟企业的提出人之一达夫（Dove）教授就曾指出："敏捷也可以和虚拟企业联系在一起表示畅通的供应链和各种方式的联系。"这是说，提出全球虚拟企业的最初旨意也是暗含了基于供应链这个前提。再加之，随着供应、生产和销售关系的复杂化，该过程涉及的不同地域的厂家将越来越多，最终呈现全球性。正是基于这样的理论渊源和现实需求，全球供应链应势而生。全球供应链管理的形成，将使得物流、信息流和资金流变得更加畅通，因此它不仅将增大整个供应链的总体效益，还能使单个企业借助庞大供应链的整合优势，在竞争中更主动、更有发言权。相信基于全球供应链的虚拟企业的模式将对我国大型和特大型国有企业运作机制的改革和管理体系的重组有所帮助并发挥重要作用。

然而，全球供应链的形成将导致更长的采购和运输时间，因而供应链的时延（从客户发出订单到将产品送到用户手中的总时间）将更长。同时，全球化使国外的企业进入本地市场进行竞争，市场份额的争夺更加激烈，供应链更长，竞争更激烈。同时，一条供应链中参与的经济实体将更多，供应链的集成和协调将变得越来越重要。敏捷的生产方式将在竞争中处于有利的位置，这要求具有响应灵活的供应链管理及供应链的灵活集成。

2. 供应链敏捷化

敏捷制造是一种面向 21 世纪的制造战略和现代生产模式。敏捷化是供应链和管理科学面向制造活动的必然趋势。基于互联网/企业内部网的全球动态联盟、虚拟企业和敏捷制造已成为制造业变革的大趋势，敏捷供应链以企业增强对变化莫测的市场需求的适应能力为向导，以动态联盟的快速重构为基本着眼点，以促进企业间的合作和企业生产模式的转变，提高大型企业集团的综合管理水平和经济效益为主要目标，着重致力于支持供应链的迅速结盟、优化联盟运行和联盟平稳解体。供应的敏捷性强调从整个供应链的角度综合考虑、决策和进行绩效评价，使生产企业与合作者共同降低产品的市场价格，并应该能够快速了解市场变化锁定客户的需求，快速安排生产满足客户需求，并加速物流的实施过程，提高供应链各环节的边际效益，实现利益共享的双赢目标。所以，实现供应链敏捷性的关键技术——基于网络的集成信息系统、科学管理决策方法、高效的决策支持系统将成为值得人们深入研究的课题。

3. 供应链绿色化

绿色制造是近年来研究非常活跃的课题。美国的一些国家重点试验室和国家标准技术研究所，以及麻省理工学院等著名高校均开展了这方面的研究，其学科前沿性不容忽视。1997 年，ISO 14001 和 ISO 14040 的提出更是在国际上引起巨大轰动，实施绿色制造已是大势所趋。制造的绿色化涉及的问题主要包括三部分：一是产品生命周期过程的制造问题；二是环境影响问题；三是资源优化问题。制造业的绿色理念就是这三部分内容的交叉和集成。

在这样的研究大背景之下，美国国家科学基金会资助密歇根州立大学的制造研究协会进行一项"环境负责制"研究，并于 1996 年提出了绿色供应链的概念。他旨在综合考虑环境影响和资源优化利用的制造业供应链发展。绿色供应链是绿色制造和供应链的学科交叉，是实现可持续制造和绿色制造的重要手段。其目的是使整个供应链对环境的负面影响最小，资源效率最高。今后绿色供应链研究的主要内容将会是建立绿色供应链系统的理论体系，以及进行绿色供应链的决策支持技术、运作和管理技术及集成技术等关键技术的研究。

4．供应链网络化

按照世界贸易组织电子商务专题报告定义，电子商务即通过互联网进行生产、营销、销售和流通活动，它不仅指基于互联网上的交易，也指所有利用电子信息技术来解决问题、降低成本、增加价值和创造高级的商务活动，包括通过网络实现从原材料查询、采购、产品展示、订货到出品、储运，以及电子支付等一系列的贸易活动。

企业建立自己的内部网络，再将其扩展到企业外部，与供应商和客户联结就可以从事电子商务。互联网经济对企业供应链的影响包括以下几个方面。

1）企业内部供应链。企业内部通过互联网自动处理商务操作及工作流，增加对重要系统和关键数据的存取，共享经验，共同解决客户问题，并保持组织间的联系。因而可以提高商务活动的敏捷性，对市场变化做出更快反应，更好地为客户提供服务。

2）企业与合作伙伴之间。电子商务中，企业之间可以通过电子形式将关键的商务处理构成联结起来，形成一个虚拟企业。信息的畅通有利于企业与合作伙伴之间高度共享信息，共同为整体供应链提供增值服务。

3）企业与客户之间。企业开设网上商店，使客户与企业提供双向交互通信，节省了客户和企业双方的时间和空间，提高了交易效率。更为重要的是，互联网经济和电子商务也将使供应商与客户的关系发生重大的改变，其关系将不再仅仅局限于产品的销售，更多的将是以服务的方式满足客户的需求来替代将产品卖给客户。越来越多的客户不仅以购买产品的方式来实现其需求，而是更看重未来应用的规划与实施、系统的运行维护等，本质上讲他们需要的是某种效用或能力，而不是产品本身，这将极大地改变供应商与客户的关系。企业必须更加细致、深入地了解每一个客户的特殊要求，才能巩固其与客户的关系，这是一种长期的有偿服务，而不是产品时代的一次或多次性的购买。

由此可见，互联网经济电子商务带来了供应链管理的变革。它运用供应链管理思想，整合企业的上下游的产业，以中心制造厂商为核心，将产业上游供应商、产业下游经销商（客户）、物流运输商及服务商、零售商，以及往来银行进行垂直一体化的整合，构成一个电子商务供应链网络，消除了整个供应链网络上不必要的运作和消耗，促进了供应链向动态的、虚拟的、全球网络化的方向发展。它运用供应链管理的核心技术——客户关系管理，使需求方自动作业来预计需求，以便更好地了解客户，为他们提供个性化的产品和服务，使资源在供应链网络上合理流动来缩短交货周期，降低库存，并且通过提供自助交易等自助式服务以降低成本，更重要的是提高了企业对市场和最终消费者需求的响应速度，在整个供应链网络的每一个过程实现最合理的增值，从而提高企业的市场竞争力。

第二节　采购与供应商管理

一、采购与供应环境

采购是企业等经济组织为了维持正常的生产、运营和服务而向外界购买原材料或相关服务的过程。采购环节是"供应链一体化"方案中很重要的一个环节，它对物流质量、资金流状况、产品成本等环节产生直接影响。据统计，生产型的企业至少要用销售额的50%来进行原材料、零部件的采购，而中国的工业企业中，各种物料的采购成本有的高达企业销售成本的70%。因此，采购应该是企业成本管理中很具有潜力的部分。采购成本的降低不仅意味着利润的提高，而且还可以增强企业的市场竞争力，从而提高整个供应链的最终获利水平。并且，采购的速度、效率、订单的执行情况会直接影响到企业的客户服务水平。它在供应链企业之间原材料和半成品生产合作交流方面架起一座桥梁，沟通生产需求与物资供应的联系。为使供应链系统能够实现无缝连接，并提高供应链企业的同步化协作效率，就必须加强采购管理。

与此同时，企业要保证正常的生产与运营，就必须有一批可靠的供应商为其提供必需的物资供应，其重要地位是显而易见的。供应商管理的目的，就是要建立一个稳定可靠的供应商管理队伍，为最终客户提供高质量的快捷服务保障。好的供应商是高质量的保证，卓越的供应商是组织的一项重要资产，将为组织带来丰厚的回报。为了营造良好的供需关系，供应商管理便成为非常重要的工作，是供应链上重要的一环。

进入 21 世纪，企业的重点是采购与供应商管理职能和企业全部业务过程的进一步整合。很多企业正在把职能的名称从采购管理改为供应管理，反映出采购职能正从以交易为基础的战术职能发展到以流程为导向的战略职能。

二、采购与供应商管理的作用

1. 采购与供应商管理是供应链管理的基础环节

无论从事何种经营活动的企业都非常依赖其他经济组织所提供的原材料和服务。在供应链管理模式下，采购的功能是，选择企业所需要的恰当的物料，从恰当的来源，以恰当的价格、在恰当的时间、从恰当的地点获取恰当数量的物料。

供应管理是采购部门为寻求更好的、更能迅速做出反应的供应商所提供的产品和服务的活动。通过使交易规范化和自动化，可以使采购与供应的运作得到优化和合理组织。因为，不合乎要求的质量，错误的数量以及劣质的服务都会给产品或者服务的最终消费者带来麻烦。而采购供应战略主要涉及供应管理的整个过程、与企业其他部门的协作、与外部供应商的协调等。

2．采购与供应商管理有助于提高客户对需求和服务的满意度

目前，很多客户与供应商之间仍然是相互对立而非合作伙伴关系，其交易过程仍是典型的非信息对称博弈过程。客户作为委托人，构成博弈甲方；供应商作为代理人，构成博弈乙方，双方因利害冲突而博弈。在这样的博弈过程中，从经济学的角度看，存在着机会主义倾向。根据委托—代理理论，机会主义倾向一般表现为道德风险。这就容易促使供应商采取减少要素投入、降低质量、偷工减料等道德风险行为。同时委托人无法识别潜在代理人的实际能力或者知道其实际能力但不能肯定其努力程度。由于这种信息的不对称，客户不得不在采购环节加大检验、监督管理力度，无形中加大了管理成本，减缓了对客户需求的响应速度。只有加强供应商管理，使供购双方建立起合作伙伴关系，信息共享，利益共享，才能达到低成本、高柔性的目标。

3．采购与供应商管理有助于提高供应商对客户需求反应的敏捷性

零库存管理、准时制生产、精益物流等逐渐占据生产领域、流通领域、管理领域，在这样的环境中，供应商对客户需求反应的敏捷性便成为考核当今供应商综合绩效的重要指标，这一指标将决定供应商能否在激烈的市场竞争中站稳脚跟。在产品和服务要求方面，客户在希望保证愈来愈短的交货期的同时，更看中供应商的快速满足客户渴求的敏捷能力。为提高敏捷性，仅靠单独一个组织是不可能做到的，必须运用供应链管理的思想，使链上各节点的各组织专注于自身的一两项核心竞争力，最大化地利用其他节点组织的竞争优势，迅速适应不断变化的市场。作为供应商，具有控制资源市场的能力，作为客户，要充分发挥采购职能的优势，只有加强供应商管理，使采购方与供应商建立合作伙伴关系，才能提高供应商对客户需求反应的敏捷性。

4．采购与供应商管理有助于保证采购质量、降低采购成本

供应商产品的质量是客户生产质量和研发质量的组成部分，供应商的质量管理体系同时也就是客户的质量管理体系。另外，从成本角度考虑，供应商的成本一定程度上也是采购方的成本，供应商成本增加，势必最终将附加的成本转移到采购方手中，这是显而易见的。所以，加强供应商管理，选择合适的供应商，使供应商在竞争的环境中保持提高产品质量、合理降低成本的竞争状态，对保证采购质量、降低采购成本有积极的意义。

三、采购策略与供应商选择的方法

1．采购策略

（1）准时制与准时制采购策略

准时制是由丰田公司首先提出，它的目的就是消除生产系统中任何产生间接费用、

降低生产效率或增加不必要的开支的环节。准时制的基本要义就是按需要保有存货，提高质量，实现零缺陷，通过压缩准备时间、工序长度和批量数额来缩短交货时间，逐步改进各个环节，并以最低的成本实现上述目标。在准时制系统中没有多余的存货或多余的时间，消除与不必要的存货相关联的成本。具体使用时，准时制要求尽心尽职、被赋予职权的员工能够与同样尽心尽职的管理层和供应商共同努力，建立一个低成本、高效率的采购环节。准时制是帮助企业增加价值的一种优秀工具。准时制技术可以应用于采购、生产和交货的整个周期。

进行准时制生产必须有准时的供应，因此，准时制采购是准时制生产管理模式的必然要求。准时制采购即符合准时制标准的采购。它与传统采购方法在质量控制、供需关系、供应商的数目、交货期的管理等方面有许多不同，其核心是供应商的选择和质量控制。准时制采购对于供应链管理思想的贯彻实施有重要的意义。其目标不是将多余的存货转移给卖方（他们最终会将储存费用计入其价格体系），而是与卖方合作将整个供应链中的存货水平降到最低。准时制采购不仅是采购部门的事情，企业的各部门都应为实施准时制采购创造有利条件，为实现准时制采购共同努力。实践显示，准时制采购是一个不断完善和改进的过程，需要在实施过程中不断总结经验，从降低运输成本、提高交货的准确性和产品的质量、降低供应商库存等各个方面进行改进，不断提高准时制采购的运作绩效。

要实施准时制采购策略，以下四点十分重要：①看板管理是准时制采购中有效的使用手段；②选择最佳的供应商，并对供应商进行有效的管理是准时制采购成功的基石；③供应商与客户的紧密合作是准时制采购成功的钥匙；④卓有成效的采购过程、严格的质量控制是准时制采购成功的保证。

（2）协作化电子采购策略

在电子商务改变了传统的贸易关系之后，B2B 的网上交易迅速发展起来，成为企业间贸易的新途径。而在 B2B（business to business，企业对企业）领域里，电子化采购有着很重要的地位。电子化采购取代了纸质的、低效的、人工的操作过程，使采购过程成为有效的、可控制的过程。电子化采购能降低采购成本，使企业的员工方便快速地完成采购项目。他们通过把自己的计算机与互联网连接，利用各种在线产品目录选择要购买的产品，通过网络与供应商联系。当采购请求得到同意后，它就会转变成产品订单，并自动地将订单信息传递给卖方。

企业采购的任务是减少开支并发展与供应商的关系，改善采购流程。传统的采购流程缺乏技术的支持。而电子化采购是以 IT 为基础的采购流程，它为企业节约了大量的费用，目前大多数企业采用电子化采购。

电子化采购项目的执行可分为两种：一种是直接采购，指制造商对生产原料的采购；另一种是间接采购，主要指对消费品、文具用品、旅行用品、计算机、日常维护用品的采购。

在电子化采购中，快速获得投资回报的是对自动化直接原料的采购，它通过网络来传递各种采购所需的信息，完成各种货物的采购流程。

2. 供应商的选择方法

供应商的评价与选择是企业将投入转换为产出过程的起点，是企业采购管理的重要内容，是建立供应链合作关系的基础。对供应商评价和选择已成为敏捷制造中必须解决的关键技术问题。目前国内外常用的供应商的选择方法通常有以下几种，适用于不同的情况，各有利弊。

（1）迪克森的供应商选择准则法

供应链合作伙伴的选择是建立供应链战略性合作关系的基础。对供应商的选择研究较早的是学者迪克森（Dicksion），他在 1966 年率先通过分析 170 份对采购代理人和采购经理的调查结果，得到了包含质量、交货、历史效益、保证等 23 项供应商绩效评价准则。自迪克森之后，大量学者对供应商的选择准则问题进行了广泛、深入的研究。叶海亚（Yahya）和金斯曼（Kingsman）等运用层次分析法，通过对 16 位富有经验的经理和主管的调查，得出了供应商评价体系及相应的权重。他们的评价指标与迪克森给出的评价准则差别并不大。作为供应链功能代理的节点，科学地选择恰当的合作伙伴，既是自身生产运营正常进行的基础和保证，又关系到整个供应链的效率。不良合作伙伴的选择对整个供应链来讲承担着极大的风险，有可能导致整个网络的紧张和动态联盟的崩溃。由于供需关系是供应链合作关系中基本的关系，供应链动态网络中的每个节点既是后一节点的供应商，又是前一节点的采购方，而在供需关系中通常是买方对卖方进行选择。

（2）直观判断法

直观判断法是根据征询和调查的资料并结合采购人员的经验进行分析、评判的一种方法。

（3）招标法

当订购货物的金额大，可供选择的供应商数量多时，可采用招标法选择适宜的供应商。招标方法竞争性强，使企业能在更广泛的范围内选择适当的供应商。但招标法往往手续繁杂，所需时间长。

（4）协商选择法

在可选择的供应商较多、难以抉择时，企业可以选择协商选择法，即由企业先选出供应条件较好的几个供应商，同他们分别进行协商，以确定适宜的合作伙伴。

（5）采购成本比较法

采购成本通常包括价格、订购费用、运输费用等。采购成本比较法是通过分析并比较各个供应商的采购成本，选择采购成本较低的合作伙伴的一种方法。

（6）层次分析法

层次分析法是 20 世纪 70 年代由著名运筹学家萨蒂（Satty）提出的。该方法用于供应商的选择，首先建立供应商评价指标体系，其次根据具有递阶结构的目标、子目标、约束条件建立判断矩阵来评价方案。

（7）合作伙伴选择的神经网络算法

将人工神经网络应用于供应链管理模式下供应商的选择，其目的主要在于建立接近于人类思维模式的定性和定量相结合的评价选择模型，模仿专家的经验、知识来选择合作伙伴。

第三节 仓储与库存管理

一、仓储与库存管理的内涵

"仓"也称为仓库，为存放物品的建筑物和场地，可以为房屋建筑、大型容器、洞穴或者特定的场地等，具有存放和保护物品的功能；"储"表示收存以备使用，具有收存、保管、交付使用的意思，当适用有形物品时也称为储存。"仓储"则为利用仓库存放、储存未即时使用的物品的行为。简言之，仓储就是在特定的场所储存物品的行为。仓储管理就是对仓库及仓库内的物资所进行的管理，是仓储机构为了充分利用所具有的仓储资源、提供高效的仓储服务所进行的计划、组织、控制和协调过程。仓储系统是企业物流系统中不可缺少的子系统。物流系统的整体目标是以最低成本提供令客户满意的服务，而仓储系统在其中发挥着重要作用。仓储活动能够促进企业提高客户服务水平，增强企业的竞争能力。

与仓储管理紧密相关的是库存管理（inventory control），又称库存控制，是指对制造业或服务业生产、经营全过程的各种物品，产成品，以及其他资源进行管理和控制，使其储备保持在经济合理的水平上。库存管理则要求企业控制合理的库存水平，即用最少的投资和最少的库存管理费用，维持合理的库存，以满足使用部门的需求和减少缺货损失。库存管理的内容包括物料的出入库、物料的移动管理、库存盘点、库存物料信息分析。

二、仓储与库存管理的作用

1. 仓储与库存管理是企业物料管理的核心

企业生产经营活动持续不断地进行，而物资的生产和消耗在空间和时间上往往是分离的，正是由于这种分离，决定了物资要经过运输和储存阶段，这样便形成了一定数量的库存。库存还具有保持生产过程连续性、分摊订货费用、快速满足客户需求的作用。在企业物流活动的各个环节中，合理的库存起着一定的缓冲作用，它可以满足不确定的客户需求，调整对生产能力的需求，缓解运营过程中不可预计的问题，降低单位订购费用与生产准备费用，利用数量折扣，避免价格上涨。在企业生产中，尽管库存是出于种种经济考虑而存在的，但是库存也是一种无奈的结果，它是由于人们无法预测未来的需求变化，才不得不采用的应付外界变化的手段。在流动资产中，存货的流动性最差，库存过高会造成企业的投资成本增加，影响企业的经济效益指标；库存过低或短缺则会影响销售收入或使生产脱节，两者都影响企业的正常运转。因此，加强仓储与库存管理在企业的经营活动中具有十分重要的意义。

2. 良好的仓储与库存管理能保证社会生产的连续进行

供应单位从社会和本单位的经济利益考虑，通常以一定批量和时间间隔向需求单位供应物资，而企业的生产时时刻刻都在进行，每天都要消耗一定数量的物资，所以需要足够的物资储备来加以协调。而且在生产过程中，上道工序生产和下道工序生产之间有一定的时间间隔，为了保证生产的连续性，需要有一定的物资储备保证。

3. 仓储与库存管理具有一定保值作用

任何一种物资，从生产到消费，由于本身性质、所处的条件，以及自然的、社会的、经济的、技术的因素，都可能使物资的使用价值在数量上减少、质量上降低，如果不创造必要条件，就不可避免地使物资造成损害。因此，必须进行科学管理，加强对物资的养护，搞好仓储管理，以保护好处于暂时停滞状态物资的使用价值。同时，在物资仓储管理过程中，努力做到流向合理，加快物资流转速度，注意物资的合理分配和合理供应，不断提高工作效率，使有限的物资能及时发挥最大的效用。

4. 促进资源合理利用，优化配置

当物资离开生产过程进入消费过程的准备阶段，即处于库存阶段时，对于实际的再生产过程是必需的，但此时物资处于闲置状态，不产生利润（对在库物资进行整理、加工、分类除外）。所以当部分企业储备物资超过保证再生产所必需的界限时，从整个社会来看，这就是对资源的一种浪费。在实际经济生活中，即使是同类产品，在一些行业长期闲置，而在另一些行业和企业出现短缺，使得开工不足，影响正常生产。积压和短缺并存产生的一部分原因是物资流通体制不合理和库存管理不适宜。从技术上讲，现有的仓储理论能够解决库存的合理数量问题，这就为合理利用资源提供了可能。

5. 提高企业经济效益

良好的仓储与库存管理不仅保证企业生产过程获得及时、准确、质量完好的物资供应，而且有利于企业通过占用较少的流动资金，降低产品成本，从而提高企业经济效益和竞争力。库存的首要目的是使企业获得稳定的原材料、零配件供应。库存过多，不仅造成物资积压，增加保管费用，而且过多占用流动资金。资金也是一种稀缺资源，能投资于其他方面产生利润，能存入银行产生利息。当流动资金以库存品的形式存在时，它既不产生利润，也不产生利息。积压物资，实质上是积压资金。所以一般认为，企业库存资金占资金总额比重的大小与企业性质或行业特点有关，但是在很大程度上也取决于仓库管理水平的高低。此外，在企业产成品的成本构成中，物料成本占有很大比重，仓储管理可以通过对物资订购次数的计量和储存数量的控制，降低物料成本，从而达到降低企业产成品成本、提高企业经济效益的目的。

三、企业的仓储管理模式

仓储管理模式是库存保管方法和措施的总和。企业、部门或地区拥有一定数量的库存是客观需求，库存控制和保管是企业生产经营过程和部门管理的重要环节，仓储成本是企业物流总成本的重要组成，因此，选择适当的仓储管理模式，既可以保证企业的资源供应，又可以有效地控制仓储成本。仓储管理模式按仓储活动的运作方式可以分为自建仓库仓

储、租赁仓库仓储和第三方仓储，还可以按仓储所有权划分为寄售和供应商管理库存等。

1．自建仓库仓储

自建仓库仓储就是企业自己修建仓库进行仓储，这种模式的优缺点如下。

（1）自建仓库仓储的优点

1）可以更大程度地控制仓储。由于企业对仓库拥有所有权，因此企业作为货主可以对仓储实施更大程度的控制，而且有助于与其他系统进行协调。

2）管理更具灵活性。此处的灵活性并不是指能迅速增加或减少仓储空间，而是指由于企业是仓库的所有者，因此可以按照企业要求和产品特点对仓库进行设计与布局。

3）长期仓储时成本低。如果仓库得到长期的充分利用，可以降低单位货物的仓储成本，在某种程度上说这也是一种规模经济。

4）可以为企业树立良好形象。当企业将产品储存在自有自建的仓库中时，会给客户一种企业长期持续经营的良好印象，客户会认为企业经营十分稳定、可靠，是产品的持续供应者，这有助于提高企业的竞争优势。

（2）自建仓库仓储的缺点

1）仓库固定的容量和成本使得企业的一部分资金被长期占用。不管企业对仓储空间的需求如何，仓库的容量是固定的，不能随着需求的增加或减少而扩大或减少。当企业对仓储空间的需求减少时，仍需承担仓库中未利用部分的成本；而当企业对仓储空间有额外需求时，仓库却又无法满足。

2）位置和结构的局限性。如果企业只能使用自有仓库，则会由于数量限制而失去战略性优化选址的灵活性。市场的大小、位置和客户的偏好经常变化，如果企业在仓库结构和服务上不能适应这种变化，企业将失去许多商业机会。

2．租赁仓库仓储

租赁仓库仓储就是委托营业性仓库进行仓储管理，这种模式的优缺点如下。

（1）租赁仓库仓储的优点

1）从财务角度上看，租赁仓库仓储最突出的优点是不需要企业做出资本投资。任何一种资本投资都要在详细的可行性分析研究基础上才能实施，但租赁仓库仓储可以使企业避免资本投资和财务风险。企业可以不对仓储设备和设施做出任何投资，只需支付相对较少的租金就可得到仓储服务。

2）可以满足企业在库存高峰时大量额外的库存需求。如果企业的经营具有季节性，那么采用租赁仓库仓储的方式将满足企业在销售淡旺季不同需要的仓储空间；而自建仓库仓储则会受到仓库容量的限制，并且在某些时候仓库可能闲置。大多数企业的存货水平会因为产品的季节性、促销活动或其他原因而变化，利用租赁仓库仓储，则没有仓库容量的限制，从而能够满足企业在不同时期对仓储空间的需求，尤其是库存高峰时大量额外的仓库需求。同时，仓储的成本持有将直接随着储存货物数量的变化而变动，便于管理者掌握。

3）减少管理的难度。工人的培训和管理是任何一类仓库所面临的一个重要问题。尤其是对于产品需要特殊搬运或具有季节性的企业来说，很难维持一个有经验的仓库员工队伍，而使用公共仓储则可以避免这一困难。

4）营业型仓库的规模经济可以降低货主的仓储成本。由于营业型仓库为众多企业储存大量库存，因此，与企业自建的仓库相比，前者通常可以大大提高仓库的利用率，从而降低仓库物品的单位储存成本；另外，规模经济还使营业型仓库能够采用更加有效的物料搬运设备，从而提供更好的服务。此外，营业型仓库的规模经济还有利于拼箱作业和大批量运输，降低货主的运输成本。

5）使用租赁仓库仓储时企业的经营活动可以更加灵活。如果企业自己拥有仓库，那么当市场、运输方式、产品销售或企业财务状况发生变化，或者企业搬迁需要设立仓库的位置发生变化时，则原来的仓库就有可能变成企业的负担。如果企业租赁营业型仓库进行仓储，租赁合同通常都是有期限的，企业能在已知的期限内灵活地改变仓库的位置；另外，企业不必因仓库业务量的变化而增减员工，还可以根据仓库对整个分销系统的贡献以及成本和服务质量等因素，临时签订或终止租赁合同。

6）便于企业掌握保管和搬运成本。由于每月可以得到仓储费用单据，因此租赁仓库仓储可使企业清楚地掌握保管和搬运成本，预测和控制不同仓储水平的成本；而企业自己拥有仓库时，很难确定其可变成本和固定成本的变化情况。

（2）租赁仓库仓储的缺点

1）增加了企业的包装成本。由于营业型仓库中存储了不同企业的不同种类的货物，而不同性质的货物有可能相互影响，因此，企业租赁仓库进行仓储时必须增强对货物保护性的包装，从而增加了包装成本。

2）增加了企业控制库存的难度和风险。企业与仓库经营者都有履行合同的义务，但盗窃等对货物的损坏给货主造成的损失将远大于得到的赔偿，因此租赁仓库仓储在控制库存方面将比使用自建仓库仓储承担更大的风险。另外，在租赁仓库中泄漏有关商业机密的风险也比自建仓库仓储的风险大。

3. 第三方仓储

第三方仓储即合同仓储，是指企业将仓储等物流活动转包给外部公司，由外部公司提供综合物流服务的仓储方式。第三方仓储不同于一般的租赁仓库仓储，它能够提供专业化的高效、经济和准确的分销服务。企业若想得到高水平的质量和服务，则可利用第三方仓储，因为这些仓库设计水平高，并且符合特殊商品的高标准、专业化的搬运要求；如果企业只需要一般水平的搬运服务，则可以选择租赁仓库仓储。

从本质上看，第三方仓储是生产企业和专业仓储之间建立的伙伴关系。正是由于这种伙伴关系，第三方仓储公司与传统仓储公司相比，能为货主提供存储、装卸、拼箱、订货分类、现货库存、在途混合、存货控制、运输安排、信息和货主要求的其他一整套物流服务。

1）有效利用资源。利用第三方仓储比自建仓库仓储更能有效处理季节性生产普遍存在的产品的淡、旺季存储问题，能够有效地利用设备与空间，同时，第三方仓储的管理具有专业性，管理专家拥有更具有创新性的分销理念、掌握更多降低成本的方法，因此物流系统的效率更高。

2）扩大市场。第三方仓储企业具有经过战略性选址的设备与服务，货主在不同位置得到的仓储管理和一系列服务都是相同的。许多企业将其自建仓库数量减少到有限几个，而将各地区的物流转包给合同仓储公司。通过这种自建仓库仓储与合同仓储相结合的网络，企业在保持对集中仓储设施的直接控制的同时，利用合同仓储来降低直接人力成本，扩大市场的地理位置。

3）降低运输成本。第三方仓储企业同时处理不同货主的大量商品，经过拼箱作业后可通过大规模运输大大降低运输成本。

4）测试新市场。货主企业在促销现有产品或推出新产品时，可以利用短期第三方仓储来考察产品的市场需求。当企业试图进入一个新的市场区域时，要花费很长时间建立一套分销设施，而通过第三方仓储网络，企业就能达到目的。

尽管第三方仓储具有一定的优势，但也存在一些不利因素，如对物流活动失去直接控制。企业对合同仓库的运作过程和雇佣员工等控制较少，这一因素成为商品价值较高的企业利用合同仓储的最大障碍。

四、库存管理模型与方法

1. 库存管理模型

根据供应和需求规律确定生产和流通过程中经济合理的物资存储量的管理工作。仓储库存管理应起缓冲作用，使物流均衡通畅，既保证正常生产和供应，又能合理节省库存资金，以得到较好的经济效果。

1915 年，美国学者发表关于经济订货批量的模型，开创了现代库存理论的研究。在此之前，意大利学者帕雷托在研究世界财富分配问题时曾提出帕雷托定律，用于库存管理方面的即为 ABC 分类法。随着管理工作的科学化，库存管理的理论有了很大的发展，形成许多库存模型，应用于企业管理中已得到显著的效果。按照不同的分类标准，库存管理模型主要有以下几个分类。

（1）按订货方式分类

按订货方式分类，库存管理模型可分为以下五种订货模型。

1）定期定量模型：订货的数量和时间都固定不变。

2）定期不定量模型：订货时间固定不变，而订货的数量依实际库存量和最高库存量的差别而定。

3）定量不定期模型：当库存量低于订货点时就补充订货，订货量固定不变。

4）不定量不定期模型：订货数量和时间都不固定。

以上四种模型属于货源充足、随时都能按需求量补充订货的情况。

5）有限进货率定期定量模型：货源有限制，需要陆续进货。

（2）按供需情况分类

按供需情况分类，库存管理模型可分为确定型和概率型两类。确定型模型的主要参数都已被确切知道；概率型模型的主要参数有些是随机的。

（3）按库存管理的目的分类

按库存管理的目的分类，库存管理模型分为经济型和安全型两类。经济型模型的主要目的是节约资金，提高经济效益；安全型模型的主要目的则是保障正常的供应，不惜加大安全库存量和安全储备期，使缺货的可能性降到最小限度。库存管理的模型虽然很多，但综合考虑各个相互矛盾的因素求得较好的经济效果则是库存管理的原则。

2．现代库存控制方法

（1）物资需求计划

物资需求计划（material requirement planning，MRP）是指根据产品结构各层次物品的从属和数量关系，以每个物品为计划对象，以完工日期为时间基准倒排计划，按提前期长短区别各个物品下达计划时间的先后顺序，是一种工业制造企业内物资计划管理模式。物料需求计划是由美国生产与库存管理协会在 20 世纪 60 年代初提出的。之前，企业的物资库存计划通常采用订货点法，当库存水平低于订货点时，就开始订货。这种管理办法在物资消耗量平稳的情况下适用，不适用于订单生产。由于计算机技术的发展，有可能将物资分为相关需求（非独立需求）和独立需求来进行管理。相关需求根据物料清单、库存情况和生产计划制定出物资的相关需求时间表，按所需物资提前采购，这样就可以大大降低库存。

物料需求计划基本的原理是，由主生产进度计划（master production schedule，MPS）和主产品的层次结构逐层逐个地求出主产品所有零部件的出产时间、出产数量。其中，如果零部件是由企业内部生产的，则需要根据各自的生产时间长短来提前安排投产时间，形成零部件投产计划；如果零部件需要从企业外部采购，则要根据各自的订货提前期来确定提前发出各自订货的时间、采购的数量，形成采购计划。确实按照这些投产计划进行生产和按照采购计划进行采购，就可以实现所有零部件的出产计划，从而不仅能够保证产品的交货期，而且还能够降低原材料的库存，减少流动资金的占用。

（2）分销资源计划

分销资源计划（distribution requirement planning，DRP），是管理企业的分销网络的系统，目的是使企业对订单和供货具有快速反应和持续补充库存的能力。这是一种既保证有效地满足市场需要，又使得物流资源配置费用最少的计划方法，是物料需求计划原理与方法在物品配送中的运用。它是流通领域中的一种物流技术，是物料需求计划在流通领域应用的直接结果。它主要解决分销物资的供应计划和调度问题，达到保证有效地满足市场需要又使得配置费用最省的目的。

分销资源计划基本的原理是，分销资源计划主要应用于两类企业。一类是流通企业，如储运公司、配送中心、物流中心、流通中心等。另一类是具有流通部门承担分销业务的企业。这两类企业的共同之处是以满足社会需求为自己的宗旨，依靠一定的物流能力（储、运、包装、搬运能力等）来满足社会的需求，从制造企业或物资资源市场组织物资资源。分销资源计划这种新的模式借助互联网的延伸性及便利性，使商务过程不再受时间、地点和人员的限制，企业的工作效率和业务范围都得到了有效的提高。企业也可以在兼容互联网时代现有业务模式和现有基础设施的情况下，迅速构建 B2B 电子商务的平台，扩展现有业务和销售能力，实现零风险库存，降低分销成本，提高周转效率，确保获得领先一步的竞争优势。

第四节　运输与配送管理

一、运输与配送管理的内涵

随着社会分工越来越细，物品的种类越来越多，不同场所之间的物品交换活动也越来越频繁。运输与配送管理就是从场所上给物品定位的一个物流作业领域，其任务在于物理性地移动物品，从而产生场所功效。物流部门通过运输活动，实现了物品生产与消费之间的有机联系，满足了国民经济和社会的需要。因此，运输与配送系统常常被认为是国民经济的动脉系统，也是企业物流系统的中心环节。运输与配送业的发展状况和水平，不仅反映了某一区域的物流能力，而且对各行各业的生产和销售活动产生影响，体现着国民经济的发展水平。可见，加强运输与配送环节管理，具有十分重要的现实意义。

运输和配送在习惯上是两种提法，即运输和配送。二者本质上相似，都是将物品由甲地运送到乙地，从而创造场所价值，但也存在一些细微的差别：运输一般是指地区之间或仓库（物流中心）之间长距离、大宗物品的输送活动。例如，商品被生产出来后，由工厂仓库到全国各主要物流中心的大规模输送活动，以及由物流中心向各批发商或大型零售商的配送中心的输送，就是一种运输行为。配送一般是指由配送中心或商店向客户提供的短距离、少量物品的输送活动，在配送前，需要将物品分拣，使之小单位化。

中华人民共和国国家标准 GB/T 18354—2006《物流术语》对运输的定义是："用设备和工具，将物品从一地点向另一地点运送的物流活动。其中包括集货、分配、搬运、中转、装入、卸下、分散等一系列操作。"同时，《物流术语》将配送定义为："在经济合理区域范围内，根据用户要求，对物品进行拣选、加工、包装、分割、组配等作业，并按时送达指定地点的物流活动。"可以从以下两个方面认识配送的概念。第一，从经济学资源配置的角度，对配送在社会再生产过程中的位置和配送的本质行为来说，配送是以现代送货形式实现资源的最终配置的经济活动。第二，从配送的实施形态角度来看，配送是按用户订货要求，在配送中心或其他物流结点进行货物配备，并以最合理方式送交用户，整个概念描述了接近用户资源配置的过程。简单地说，配是配用户、配时间、配货品、配车辆、配路线，送是指运输。一般来说，在运输和配送同时存在的物流系统中运输处在配送的前面，先通过运输实现物品长距离的位置转移，然后交由配送来完成短距离的输送。

二、运输与配送管理的作用

1. 运输与配送能够促进物流资源的合理配置

现代物流正朝着科学化、合理化、全球化、信息化、网络化和智能化等方向发展。而就现代物流的本质而言，无非是保障物品移动低成本运作和面向客户的高效率服务的实现，配送在这一过程中发挥着重要作用。配送对现代物流的意义，不仅在于保证货物的及时送达，还在于其调动了其他物流环节的合理布局和优化配置。随着现代物流的不断发展和配送率的不断提高，体现在物流资源配置这一方面的科学化和合理化发展对整个经济形势，以及流通格局的发展影响已经越来越大。

1）完善了输送和整个物流系统，减少了交叉运输。第二次世界大战之后，大吨位、高效率运输力量的出现，使得干线运输无论是在铁路、公路或者海运等方面都达到了较高的水平，长距离、大批量的运输实现了低成本化。但是在所有干线运输之后，往往都需要辅以支线运输和小搬运，这种支线运输或者小搬运成了物流过程的一个薄弱环节。这个环节有和干线运输不同的许多特点，如要求灵活性、适应性、服务性，致使运力往往利用不合理、成本过高等问题难以解决。采用配送方式，从范围来说，将支线运输和小搬运统一起来，使输送过程得以优化和完善。

2）简化事务，方便用户，提高物流服务水平。采用配送方式，用户只需向一处订货或者和一个进货单位联系就可以订购到以往需要去很多地方才能够订到的货物，只需要组织对一个配送单位的接货便可以代替现有的高频率接货，因而大大减少了客户的工作量和负担，也节省了事务开支。

3）运输与配送对于整个社会和生态环境来说，作用很大。可以节约运输车辆、缓解交通紧张状况、减少噪声和尾气污染，从而保护环境。

4）运输与配送有利于促进物流设施和装备的技术进步，包括促进信息处理技术的进步，促进物流处理技术的进步，推动物流规划技术的开发与应用。

5）运输与配送促使仓储的职能发生变化。仓储业将从储存、保管的静态储存转向以保管储存、流通加工、分类、拣选、商品输送等连为一体的动态储存。建立配送中心后，仓储业的经营活动将由原来的储备型转变为流通型。不仅要保证商品的使用价值完好无损，还要做到货源充足、品种齐全、供应及时、送货上门，其经营方式将从等客上门向主动了解客户的需求状况，以满足用户的各种需求的方向转变。

2．运输与配送是降低物流成本的有效途径

现代运输与配送是以专业化为基础的综合性的流通活动。运输与配送对于降低物流成本的意义体现在供应链物流和整体社会物流上，具体说来就是集中社会库存和分散运力，以运输与配送企业的库存取代分散于各家各户的库存，进而以社会供应系统取代企业内部的供应系统。

1）通过集中库存使企业实现低库存或零库存。实现了高水平的配送之后，尤其是采取准时配送方式之后，生产企业可以完全依靠配送中心的准时配送而不需要保持自己的库存。或者，生产企业只需要保持少量保险储备，而不必留有经常储备，这就可以实现生产企业的"零库存"，将企业从库存的包袱中解脱出来，同时解放出大量的储备资金，从而改善企业的财务状况。实行集中库存，集中库存的总量远低于不实行集中库存时各个企业分散库存的总量。同时增加了调节能力，也提高了社会经济效益。此外，采用集中库存可以利用规模经济的优势，使单位存货成本下降。

2）提高了末端物流的效益。采用运输与配送方式，通过增大经济批量来达到经济的进货，又通过将各种商品用户集中起来进行一次发货，代替分别向不同用户小批量发货来达到经济的发货，使末端物流经济效益提高。

此外，运输与配送对于降低物流成本的作用不仅仅体现在供应方面和库存方面，运输与配送的完善与不断发展又为高新技术的开发与应用提供了良机，正是随着各种专用配送设备的广泛使用和各种自动化装置和设施的相继建立，许多生产技术和现代化物流技术（如集装箱运输技术、条形码标识技术、自动拣选技术等）才陆续被开发出来。

3. 运输与配送能够有效促进流通的组织化和系列化，提高供应保证程度

运输与配送作为现代物流的重要内容，其发展体现着社会分工的专业化和物流资源配置的整合化，从而也促进了流通的组织化和系列化。生产企业自己保持库存，维持生产，供应保证程度很难提高（受库存费用的制约），采取配送方式，配送中心可以比任何单位企业的储备量更大，因而对每个企业而言，中断供应、影响生产的风险便相对缩小，使用户免去了短缺之忧。

4. 运输与配送为电子商务的发展提供了有力的支持

电子商务通过快捷、高效的信息处理手段可以比较容易地解决信息流、商流和资金流的问题，而将商品及时地配送到用户手中，即完成商品的空间转移（物流）才标志着电子商务过程的结束，因此物流配送系统的效率高低是电子商务成功与否的关键，而物流配送效率的高低很大一部分取决于物流配送现代化的水平。在实践中，客户对物流要求的提高，直接体现在电商各大渠道平台对"物流分数"评价系统的重视。京东商城能在中国电商圈站稳脚跟，最主要的原因便是其早就开始着手布局京东商城物流线，当阿里巴巴要进入物流行业的时候，京东商城已经有了自己完善的自营配送体系，这就是优势。所以物流配送的好坏，也直接影响了电子商务平台的寿命。

三、运输与配送方式及其特征

1. 铁路运输

在绝大多数国家和地区，铁路运输担负着城市间中长距离陆地运输的任务，特别是对煤炭、水泥、粮食、农产品、化工产品、矿建材料等大宗物资，铁路运输具有明显的优势。由于铁路车辆购置成本高，铁路运输的干线及其附属设施的建设又离不开国家的规划和投资，因此，对于一般物流企业来说，铁路运输属于租用的方式。

2. 公路运输

随着高速公路的快速增长和城市间高速公路网的形成，公路运输在最近几十年取得了很大的发展，活动空间和范围不断拓展，形成了较强的市场竞争力。公路运输主要以卡车为运输工具，包括专用运输车辆，如集装箱、散装、冷藏、危险品等运输车辆。这些车辆有大型和中小型之分，前者适合长距离的大宗物品运输，后者适合短距离的物品配送。由于公路车辆购置成本低，因此，公路运输可以采用自行运输和委托运输两种方式。

公路运输的优点：不受行驶路线和停车站的约束，较灵活、机动，可以直接把物品从发货处送到收贷处，实现"门到门"运输；集散速度较快，适合市内配送，近距离运输费用低；可以简化包装。缺点：不适合大批量的长途运输，运输能力较小，运输质量和安全性较低。

3．水路运输

水路运输是一种较为经济的水上运输方式。它依托自然的海洋、河流和湖泊，成本低廉，在远洋越海的大宗物品运输和国际贸易中具有重要作用。我国是一个拥有漫长的海岸线的传统海运国家，对外贸易的 70% 以上都是通过海运实现的。水路运输主要有远洋、近洋、沿海、内河和湖泊运输等几种形式。它以船舶为运输工具，包括专用船（如矿石专用船、木材专用船、粮食专用船、汽车专用船、油轮等）、集装箱船、冷藏船、泥装船、汽车轮渡等。

水路运输的优点：长距离运输费用低廉；特别适合超大型、超重物和大批量的物品运输。缺点：受天气、航道等自然条件限制，使用范围相对较窄，运输速度慢，航行周期长，运输时间难以保证；港口设施要求高（如集装箱运输需要配备专用集装箱码头）；搬运成本比较高。

4．航空运输

随着飞机制造技术的发展，航空运输成本不断降低。航空运输主要有客运飞机、客货混载机和专用货物运输机三种运输工具，但从发展趋势来看，专用货物运输机具有良好的应用前景，尤其是其单元化的装载系统，有效地缩短了物品装配时间。航空运输的最大优点是速度快，因此适合高附加值、高时效性的小批量货运（如保鲜物品的运输）。特别在一些对速度要求较高的货运领域具有良好的市场发展前景。此外，航空运输还具有安全系数大、物品损坏少、不受地理条件的限制等优点。航空运输的缺点：费用高，重量受限制，物流中心或仓库不能离机场太远。

5．管道运输

管道运输有地面、地下和架空安装三种方式，主要适合自来水、石油、煤气、煤浆、成品油、天然气等液态、气态物品的运输。近年来，随着技术的发展，管道运输已发展到粉粒状物品（如矿石粉）的短距离配送。管道运输的优点：不占用或较少占用地上位置；维修成本低，运输效率和设备运转效率高；安全系数大。缺点：对管道运输技术水平有较高的要求，不适合固态物品的运输。

四、运输与配送流程及系统优化

1．运输与配送流程

运输与配送流程（图 9-1）是指配送的工作过程，在实际的运作过程中，由于产品形态、企业状况及用户要求存在差异，因此，配送过程也会有所不同，甚至会存在较大的差异。

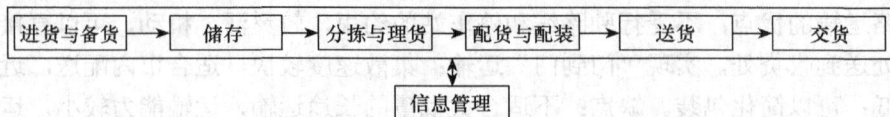

图 9-1　运输与配送流程

1）进货与备货，是运输与配送的准备工作或基础工作。进货与备货工作包括筹集货源、订货或购货、集货、进货及有关的质量检查、结算、交接等。配送的优势之一，就是可以集中用户的需求进行一定规模的备货。进货与备货是决定配送成败的初期工作，如果进货与备货成本太高，会大大降低配送的效益。

2）储存。储存是进行配送的第二环节，也是进行配送的一个重要而必要的环节。运送中的储存有储备及暂存两种形态。储备是按一定时期配送规模要求合理的储存数量，它形成了配送的资源保证。暂存是在进行配送过程中，为方便作业在理货场所进行的货物储存。一般来说，储备的结构相对稳定，而暂存的结构易于变化；储备的时间相对较长，而暂存的时间较短。

3）分拣与理货。这是对货物按照进货和配送的先后次序、品种规格和数量大小等所进行的整理工作，是运输与配送不同于其他物流形式的功能要素，也是运输与配送成败的一项重要支持性工作。

4）配货与配装。配货是依据用户的不同要求，从仓库中提取货物而形成的不同货物的组合。配装是根据运能及线路等形成的货物装配组合。在该方面，满足用户的要求，提高配送效率，关键是要充分利用科学的管理方式以及先进的科学技术等，以实现分拣、配货及配装的有效衔接和组合。

5）送货。这是依靠运输工具等将装配好的货物送达目的地的一种运输活动，属于末端运输。一般来说，其运输的距离较短、规模较小且频率较高。要提高进货的效率，需要科学合理地规划和确立配送据点的地理位置。就一次送货过程而言，不仅要考虑客户的要求，而且要考虑送达的目的地、运输线路、运输时间以及运输工具等。

6）交货。这是指将货物送达目的地后，将货物交付给用户的一种活动，是一项配送活动的结束。交货人员应向用户办理有关的交接手续，而快捷方便的交接手续是提高效率的关键。

运输与配送作业过程的六个环节紧密连接、相互促进和相互制约。因此，要提高配送效率及客户的满意度，就应有效地处理好这些环节之间的衔接关系。除此之外，在以上各阶段操作过程中，特别需要注意的要点有：①明确订单内容；②掌握货物的性质；③明确具体配送地点；④适当选择配送车辆；⑤选择最优的配送线路；⑥充分考虑各作业点的装卸货时间。

7）信息管理。通过信息管理可以将运输与配送中的各个环节实现有机结合。信息数据交换为物流企业提供实时运输与配送信息服务，不仅可以帮助企业提高服务水平，提升效率、降低成本，同时还可以辅助决策。

2．运输与配送系统的优化

由于每一类运输方式有不同的特点和要求，物流效率也不一样。运输与配送优化，对于实现良好的物流服务，提升企业竞争能力，提高整个社会经济系统的效率具有十分重要的意义。运输与配送系统的优化包括以下几个方面。

（1）运输与配送方式最佳化

在某一特定运输实践中，究竟应该选用何种运输方式，主要考虑输送物品的种类和性质、运输量、运输距离、运输时间、运输成本、运输网络和节点（如物流中心、仓库）、运输频率、运输安全性、运输可靠性、运输可获得性、网络及运输方式的衔接便利性、信息的及时性与准确性、客户的实际需要、行业性政策和规定等因素。例如，长距离的运输常常采用大型货车、铁路或水路集装箱运输方式，而短距离的配送则主要采用中型或小型货车运输方式；又如，煤炭、矿石等生产性资源常常采用水路或铁路运输方式，而精密仪器、高档和保质期短的商品则可以考虑采用航空运输方式。

在上述各因素中，运输时间和运输成本最为重要，运输业的竞争主要体现于这两个方面的竞争。以运输成本为例，据日本通产省调查分析，在物流成本中，运输与配送成本约占40%的比例。在我国，目前运输与配送成本约占国民经济总成本的20%，而发达国家为10%。也就是说，运输成本降低的空间还很大。但要注意的是，运输时间和运输成本之间存在着相互制约的关系。例如，与水路运输方式相比，航空运输方式虽然缩短了运输时间，加快了物流速度，但运输成本十分高昂。因此，在运输与配送实践中，究竟应该选择何种方式，并没有固定的模式，一般采取复合一贯制运输（combined transportation），这是吸取铁路、汽车、船舶、飞机等所有运输方式的长处，把它们有机地复合起来，实行多环节、多区段、多工具相互衔接进行商品运输的一种方式。

（2）有效配置运输网络和节点

不论是何种方式的运输，都体现为物品在两个地理位置之间的移动，即物品在运输网络上流动，网络节点充当的是物品集散地的角色。因此，形成畅通的运输网络，并合理规划和设置网络节点具有十分重要的意义。总的原则是，运输网络应当覆盖主要城市和生产地、消费地，网络节点的设置应有利于物品直送比率的提高，有利于物品的周转。

（3）提高运输效率

各种运输工具在运送物品时都存在耗费燃油，磨损工具，占用运输通道、装卸机具和车站（码头、港口、机场）等问题，还需要在运输中管理和维护物品。因此，需要设法降低运输成本，提高运输效率。主要措施有合理选择和配置运输工具，尽量满载行驶；防止或减少返回时出现空载的现象；缩短装载时间，加快运输速度；加强信息沟通。

（4）采用新的信息技术

为降低运输成本、提高运输效率，使运输活动更加趋于合理化，运输行业已开始推广使用新的信息技术。例如，在 GPS（global positioning system，全球卫星定位系统）、GIS（geographic information system，地理信息系统）等的支撑下，中国交通网可以通过监控中心对系统内营运的车辆进行全方位、高额度、高精度的监控调度，从而保证车辆安全快速地完成运输任务，提高了系统内车辆的服务质量。

第五节 绿色供应链管理

一、传统供应链管理与绿色供应链管理

1. 传统供应链管理对环境的负面影响

由于在各个环节中，传统供应链管理缺乏对环境因素的考虑，通常会导致以下几个环境问题。

（1）原材料环节对环境的影响

原材料是供应链管理的源头和关键环节。在工业生产中，原材料对环境的影响主要体现在以下几个方面：非清洁材料的使用、不可更新材料的使用、高能源成分材料的使用。具体来讲，非清洁材料就是指具有一定毒性或被禁止使用的材料，如含有 PCB（多氯联苯）、锡、汞等有毒物质和重金属的材料；不可更新材料是指没有替代品的材料；高能源成分材料是指能源密集型材料。使用这些材料会产生很多危害，如影响产品质量、浪费自然资源、危害人类赖以生存的自然环境、危害人类健康。

（2）生产加工环节对环境的影响

各种生产加工活动均会对环境造成负面影响，表现为加工中资源的浪费或过度消耗，加工产生的废气、废水和废物都对环境和人体构成危害。具体的环境影响类型和程度由生产加工的方式直接决定，采用清洁生产方式可以很好地解决流通加工的环境影响问题。

（3）物流运输环节对环境的影响

物流运输环节是供应链系统中一个非常重要的功能要素，而物流包装、运输、装卸这些方面都会对环境产生污染。据 2009 年世界经济论坛报告估计，"人类活动中 5.5%的碳排放来自于供应链中的物流与运输，其中，60%来自物流与运输本身，而 40%可以通过改善供应链上企业之间关系得以减少"。

（4）包装环节对环境的影响

过度包装增加了商品的重量、体积，增加了对运输能力、储存能力的需求。相当一部分工业品特别是消费品的包装都是一次性使用，这些包装材料不仅消耗了大量的自然资源，废弃的包装材料还是城市垃圾的重要组成部分，处理这些废弃物要花费大量人力、物力和财力，造成资源的浪费，不利于可持续发展，同时也无益于生态经济效益。

综上所述，由于在各个环节中，局限于考虑内部资源的利用，缺乏对环境因素的考虑，即没有充分考虑在供应过程中所选择的方案会对周围环境和人员产生何种影响、是否合理利用资源、是否节约能源、废弃物和排放物如何处理与回收、环境影响是否做出评价等。随着政府、公众，以及部分企业对环境保护的重视，在供应链中有必要考虑所有产品与供应链流程对整体环境的影响，绿色供应链概念营运而生。

2．绿色供应链管理的内涵

在供应链管理中增加环境因素的思想最早是在 20 世纪 70 年代提出的，当时只是作为物流管理研究中相对次要方面提出的。直到 1996 年，在美国国家科学基金资助下，密歇根州立大学的制造研究协会进行了"环境负责制造"研究，提出了绿色供应链的概念，并将绿色供应链作为一个重要的研究内容。他们认为，企业考虑产品对环境的影响时，不应仅考虑其自身流程的影响，也应回溯到原料的取得、产品制成后的使用，以及产品废弃后的处理处置情况，即降低产品在其整个生命周期各个阶段对环境的负荷与影响，通过供应链管理，发挥杠杆效应，促进相关企业遵守环境法规与标准，提高环境绩效。

绿色供应链管理的核心是，使用最少的资源及在不造成环境破坏及污染的情况下，生产及使用、回收该产品。

3．传统供应链管理与绿色供应链管理的差异

传统供应链管理的重点是注重产品面、生产导向、节省成本；绿色供应链管理更加注重用户面、环境管理，提升能源、资源效率，减少环境负荷力。

而与传统供应链管理相比，绿色供应链管理注重实现以下五个方面的转变。

1）目标的转变。传统供应链追求的目标是降低成本支出，提高供应链企业的效率，实现经济效益的最大化；而绿色供应链所追求的则是节约资源能源投入，减少污染物的排放，使自身成为具有社会责任的企业，实现经济效益、社会效益和环境效益的均衡。

2）供应链管理结构的转变。与传统供应链管理不同，绿色供应链管理中，环境绩效因素被纳入企业内部和外部供应管理的各个环节。

3）商业模式的转变。绿色供应链发展，意味着更为完善的商业模式，其必须将低碳、绿色、环保思维融入所有的物流和供应链环节之中，形成从原材料采购到产业设计、制造、交付等生命周期支持的完整绿色、低碳的供应链体系。

4）商业流程的转变。传统供应链始于供应商而止于用户，物质流动是单向、不可逆的，是一种"从摇篮到坟墓"（cradle to grave）的管理，而绿色供应链必须实现该流程的转变，做到"从摇篮到再现"（cradle to reincarnation）。绿色供应链中，物质流动是循环、可逆的，所有产品必须实现全生命周期流程管理。

5）消费模式的转变。传统供应链的消费模式多是商业活动下消费者的自发行为，而绿色供应链的消费模式中，更为注重政府的引导作用，通过政府绿色采购、鼓励公众绿色消费，引导各级政府和公众改变不合理的消费行为与习惯，倡导合理的消费模式和适度的消费规模，进而有效地促进绿色消费市场的形成。

讨论：理解绿色供应链管理（视频）

二、绿色供应链管理运营的影响因素

1. 绿色供应链管理的优势

绿色供应链运营的共生原理和替代转换原理均说明了生产、消费和环境三个子系统之间应均衡发展。随着资源的日益枯竭，环境的日益恶化，人类要实现可持续发展，绿色供应链管理是其必然的选择。企业实施绿色供应链管理，除了具有一般供应链管理具有的优势外，还具有一般供应链管理所不具有的优势，具体来说，有以下 5 个方面。

（1）有利于企业规避绿色壁垒

进入 21 世纪以来，世界发达国家的绿色贸易壁垒日趋严重，非绿色产品将不能进入发达国家的市场。因为生产的产品达不到发达国家的环境标准而被禁止进入市场的例子屡见不鲜。我国已经加入世界贸易组织，人们必然将全方位参与到国际市场的竞争中，而绿色贸易壁垒势必对我国产品进入国际市场造成困难，但同时也带来了新的市场机遇。企业只有实施绿色供应链管理，才有可能在世界市场中占有一席之地。

（2）有利于企业提升竞争力

绿色供应链的基本目标在于实现资源的最优配置（效率最大化）、增进福利和实现与环境相容。随着资源的日益枯竭、环境的日益恶化和日趋严格的环境规制，企业若想得到长久发展和可持续发展，必须采取积极主动的措施解决生产中与环境不兼容的问题，建立绿色供应管理体系，采用绿色生产技术，使其对环境污染降到最低程度，生产绿色产品，提高市场占有率，从而获得比竞争者更强的竞争优势，进而提升整个供应链的效益。

（3）有利于企业得到社会的支持

在面临日益严重的能源问题和环境问题情况下，各国政府为了实现本国（本地区）经济的可持续发展，一方面制定了一系列日趋严格的环境规制，强迫企业采取措施，降低对环境的污染和资源的浪费。另一方面则制定了一系列鼓励企业采取绿色技术的优惠政策，引导和扶持企业采取与环境兼容的绿色供应链管理模式，从而实现经济的可持续发展。因此，企业若采取绿色供应链管理，不但可以避免因为采取传统生产活动对环境的污染而受到的惩罚，而且可以获得很多的优惠，还可以提升企业绿色形象。实施绿色供应链的企业，通过及时正确追踪与申报系统，减少有害物质使用，可以树立产品的安全可靠、重视社会责任的信息，赢得客户青睐。

（4）有利于资源的合理高效配置

现在各国政府为了实现本国经济可持续发展的目标，都对企业的运作进行了必要的干预。因此，越来越多的企业选择采用与环境相容的绿色生产技术，随着大众环保意识的日益增强，越来越多的消费者倾向消费绿色产品。这将使得社会资本越来越多地流向采用绿色供应链管理的企业，而绿色供应链管理可促进社会资源的合理高效配置，使其达到效益最大化。

（5）企业风险管理的需要

采取绿色供应链管理是为了避免因为环境规制等因素，导致的供应中断的风险、污染或废弃物产生的环境风险，以及因为市场竞争要素变化而失去竞争优势的风险等。

2. 绿色供应链运营中存在的挑战

关于绿色供应链管理的挑战与问题，国内外理论和实践都进行了相关的探讨，主要有以下几个方面。

（1）面临成本上升挑战

由于绿色供应链管理需要采取有效的环境保护措施，这将使得生产成本上升，从而会提高实施绿色供应链管理的企业的生产成本。但是，通常当客户提出供应商应提升其环境管理绩效时，客户并没有或者只承担了很少一部分成本。所以成本因素也就成了影响绿色供应链运营的一个重要因素。特别是我国企业的市场化时间短、资本积累少，成本因素将对我国企业组建的绿色供应链参与国际竞争形成最大的考验。

（2）面临绿色技术壁垒

绿色供应链管理中的绿色技术涉及方方面面，单个企业或几个企业很难靠自己的研发和自身的技术积累来实现整个绿色供应链的运作。实行绿色供应链管理的企业需要对已有的生产技术进行全面改造和升级，技术壁垒将是我国技术薄弱企业顺利实施绿色供应链管理的关键障碍。尽管不同行业实施绿色供应链管理对技术的要求不尽相同，但客户对供应商提供的材料替代要求是共同的挑战。因为在很多情况下，对供应商而言，在现有的技术水平下根本无法找到满足要求的替代材料。例如，客户对煤炭中硫的含量提出较高要求时，在现有的生产技术条件下，根本无法做到对大量煤炭的除硫。

（3）面临环境规制不完善挑战

自改革开放以来，我国一直比较重视经济的发展，在工业化的进程中重复西方国家工业化的道路，即先污染后治理。加之我国环境立法滞后，环境规制还很不完善，虽然已颁布了《中华人民共和国环境保护法》《中华人民共和国水土保持法》《中华人民共和国环境噪声污染防治法》《中华人民共和国大气污染防治法》等一系列环境保护的法律和法规，但部分法律法规已经过时，需要修改；部分法律制度在实际工作中可操作性差、执行效率低；有的对一些常见的环境违法行为缺乏有针对性的处罚规定；有的对严重污染行为的处罚过轻，缺乏足够的约束力和震慑力。在规范政府环境行为方面，地方政府对环境质量负责缺乏约束机制和责任追究制度，环境法律体系中缺乏调整和约束政府行为的法律法规；在规范企业环境行为方面，对违法行为处罚软弱无力，缺少量化标准。这将导致绿色供应链的运行存在很大的障碍，使人们缺乏环境意识。不明确的环境标准及供应链内成员间烦琐的报告要求会导致人们产生沟通冲突。

（4）信息不对称

绿色供应链各成员间拥有的信息不对称，为供应链运作过程产生内部性提供了可能。信息不对称进而导致信息的搜索存在成本，将导致在供应链运营过程中出现"逆向选择"的现象，这一点在绿色供应链中的各行为主体之间的行为都有存在的可能性。例如，制造商与供应商之间在原材料的采购问题上就存在这种可能。供应商对自己能否提供与环境相容的原材料或者中间产品的能力是很清楚的，而制造商对于供应商的能力不是十分清楚，因而供应商有可能在自己并不具备为制造商提供与环境相容的原材料与中间产品的条件下谎称能够提供。在绿色供应链的运作过程中出现的逆向选择现象除上述所说的行为外，更为明显的是制造商与消费者之间的行为，制造商与消费者之间的"逆向选择"行为的存在会导致绿色产品与传统产品的销售过程中出现"柠檬市场"的现象，其最终的结果是绿色产品不能有效地占领市场，在该条件下，绿色供应链的运作则不存在市场基础，因而其运作将出现致命性的约束。

三、绿色供应链管理的实施途径

在绿色供应链管理实施体系中，可以说企业是行为主体，政府和消费者是发起者和推动者。企业要考虑如何实施绿色供应链管理，政府需要重视如何推动绿色供应链管理，而消费者对环保产品的偏好才能最终促进企业的绿色供应链管理。

1. 政府行为

为了有效推动绿色供应链管理，政府角色非常重要。首先，环境问题是一个公共问题，如果没有恰当的管理和强制性措施，就会出现"公共的悲剧"。对于大多数企业来说，遵守环保法规是它们环境管理最大的动机。因此，要保护好环境，就必须推动更多企业实施正确的环境行为，这是政府的责任。事实上，环境法规越严格的国家或地区，如德国、美国、日本等，其企业实施绿色战略的数量越多，程度也越高。而随着国际资源紧张和环境问题日益突出，这些国家的企业也越发具有竞争优势。

根据国内外研究和实践，政府推动企业实施绿色供应链管理可以采取"胡萝卜加大棒"的方法。政府在制定和执行严格的环境保护措施的同时，也应该通过绿色采购、财税政策等鼓励和支持企业的绿色供应链管理。除此之外，政府还可以通过一些激励措施推动企业实施绿色战略。这在发展中国家企业刚刚启动绿色战略时显得尤为重要。政府可以为企业提供信息、培训，甚至给予必要的补贴，如对冰箱、空调、洗衣机，以及新能源汽车方面实施的节能补贴。

在实践中，从供应链管理的角度讲，每条链条上总存在一个或几个核心企业。这些核心企业的贡献往往最大，同时产生的环境影响也常常最大，因此这些核心企业应该担负起整个供应链条上绿色供应链的核心作用。在实施中，政府部门的相关政策措施可以指向这些企业，以此为关键抓手；另外，可以通过这些核心企业的杠杆作用，推动其他企业实施绿色战略。

2. 企业行为

企业是实践绿色供应链管理的行为主体。企业通过与上、下游企业的合作，提升环境绩效并获得经济收益。企业的绿色供应链管理实践具体包括：与供应商合作开展绿色采购；面向下游企业进行绿色营销；减少产品和服务生命周期环境影响的生态设计与管理；减少运输和使用过程中产生的负面环境影响。企业通过分析产品和服务在整个生命周期中造成环境影响的主要环节，进一步分析自身在供应链中所处的位置，确定重点或者说应首先开展的绿色供应链管理实践。

供应链中的每个企业都影响其直接的供应商和客户，每个企业的绿色供应链管理水平提升了，通过耦合作用，最终就能实现整条供应链的环境、经济和运营总体绩效的提升。

3．可持续消费行为

（1）消费者可持续产品偏好与企业绿色供应链管理

消费者作为产品和服务的最终使用者，其可持续产品偏好是企业开展绿色实践的动力源泉。消费者对可持续产品或服务的偏好越高，企业生产可持续产品或服务的积极性也会越高。发达国家青睐绿色产品的消费者越来越多，他们优先选择在整个生命周期环境中影响最小的产品。随着人们生活水平的提高，以及环境资源问题突出，中国消费者也开始关注和倾向于选择绿色产品。为此，企业必须了解消费者对该类产品的需求，进而根据企业实际情况制定合适的绿色供应链管理战略。

根据学者研究，基于消费者绿色战略的选择，需要分析企业产品或服务的消费者偏好。首先，消费者希望在关注环境要素的同时不牺牲质量和增加成本；其次，消费者对"绿色度"的信任也是一个重要因素。因此，消费者偏好受到妥协度和信任度的影响。妥协度越低，也就是绿色产品或服务不会影响质量和提高价格，绿色产品或服务越受到人们的青睐；相应地，如果信任度越高，绿色产品或服务也就越受欢迎。

（2）中国推行可持续消费行为的挑战与途径

作为一个人口大国，中国推行可持续消费行为是鼓励企业开展绿色供应链管理的最终解决方法。但是，作为一个发展中国家，中国推行可持续消费行为将面临与发达国家不同的挑战。必须权衡可持续消费和经济发展、社会公平的关系。

中国经济飞速发展，尤其是为了应对金融危机，政府大量投资基础设施，并出台政策刺激消费，因此，中国的可持续消费行为必须同时考虑经济发展和资源环境保护。在保证经济发展和人民生活水平不断提高的基础上，必须杜绝过度浪费，寻求实现可持续消费的模式。鼓励消费者购买节能环保的产品，在提高人民生活品质的同时，引导绿色消费。另外，中国存在严重的东西部和城乡经济差异，因此，中国需要同时考虑公平发展，消除贫困。必须从重点产品出发，鼓励可持续消费行为。从全世界范围来看，交通、食物和房屋带来的环境影响最大，对于中国来说，这个问题更为突出。随着人民生活水平的提高，私人轿车数量不断增加，旅游更是日益成为城市居民的时尚。因此，鼓励乃至促进环保型轿车消费以及推广绿色旅游至关重要。

问答题

1．什么是企业物流？
2．供应链管理有什么特点？
3．供应链管理与企业传统管理有什么区别？

4. 绿色供应链管理的特色与特征是什么？

能力训练题

1. 对一家中小制造企业或者零售企业进行实地调查，了解其供应链的构成情况，并绘出其供应链系统结构图。

2. 结合我国当前绿色发展的要求，选择一家物流企业或电商企业，列举其中存在的典型非绿色现象及其关键因素并进行综合分析，针对可能问题提出相应的见解。

案例分析

合并运输改善宝洁物流配送作业水平

课后阅读

一　从宝洁与沃尔玛合作看企业物流与供应链管理
二　绿色茅台发展之路：绿色供应链管理的先行者

拓展阅读

马士华，林勇，2016. 供应链管理. 5 版. 北京：机械工业出版社.

唐纳德·J. 鲍尔索克斯，戴维·J. 克劳斯，M. 比克斯比·库珀，2009. 供应链物流管理. 2 版. 马士华，黄爽，赵婷婷，译. 北京：清华大学出版社.

朱庆华，阎洪，2013. 绿色供应链管理：理论与实践. 北京：科学出版社.

中国物流学会（http://csl.chinawuliu.com.on）.

中国物流与采购网（http://www.chinawuliu.com.cn/）.

第十章
企业生产管理

知识目标

1. 了解生产管理的概念、任务、发展历史。
2. 熟悉生产系统的功能目标和结构。
3. 掌握结构化要素和非结构化要素及两者的区别。
4. 熟悉制造企业的生产过程及先进组织形式。
5. 熟悉生产作业计划、MRP、MRP Ⅱ。
6. 掌握绿色制造的概念、主要内容。
7. 了解相关质量管理体系及其内容。

能力目标

1. 能够理解生产计划和生产作业计划的关系，联系实际进行生产计划的识别。
2. 能够理解绿色制造的概念和重点内容。

关键词

生产管理　生产过程组织　企业作业计划　生产计划　MRP　MRP Ⅱ
绿色制造　生产周期评价　质量保证体系

导入案例

企业生产管理无小事

三星手机因其产品可靠的质量、时尚的外观受到了众多消费者的青睐，而 2016 年最悲情智能手机，非三星 Galaxy Note 7 莫属。2016 年 9 月初，三星电子客服中心在全球范围内接到有关 Galaxy Note 7 爆炸的报告总计 35 起；而另据加拿大卫生部门透露，该产品在美国的电池起火报告已超过 70 起。为此，公司开始在全球 10 多个国家召回 250 万台有缺陷的 Note 7 手机，并声明已确定了缺陷手机的所有库存，号召消费者在一周内通过各种渠道进行换机。但是，其品牌市场受到了严重影响，澳洲航空公司、维珍澳洲航空公司、新加坡航空有限公司、美国航空公司、达美航空公司、联合航空公司等多家航空公司先后对该款手机发布警告、禁令；9 月 8 日，美国联邦航空管理局（Federal Ariation

Administration，FAA）宣布禁止使用该款手机的旅客在飞机上打开或充电，也不可将此款手机随行李托运。而后，各国交通部门及航企陆续加入封杀该手机的名单中。

三星电子手机部门负责人在接受媒体采访时称，Note 7设备的爆炸是由电池缺陷引起的，与手机本身无关，并表示电池制造工艺中存在一个瑕疵，Note 7中电池电芯的一个缺陷导致正负极反常相遇，从而容易引发爆炸。另外，不少专家分析认为，比较常见的是手机防过充系统失效，导致手机充电过度，电池无法承受而爆炸，这属于电池本身的问题。而这一案例中，Note 7手机在电路设计和品控方面均有可能存在问题，但更多的是生产管理中出现了问题。

在Note 7的官网介绍中，"大容量电池、急速充电"成为宣传亮点之一。在手机厂商抓住快充的需求，而锂电池技术又颇为成熟的当下，该产品出现的起火、爆炸现象令人咋舌，产品形象也大受打击。截止到2016年10月11日，三星电子表示在全球暂停Note7手机的销售，并召回全球范围内该款已售手机。然而这一过程仍然对公司产生了巨大影响，在宣传产品召回政策当日，三星电子股价大跌8%。三星为此付出170亿美元的惨痛代价。

从这一案例可以看出企业生产管理对产品质量、企业发展的重要性。任何一个产品的生产，都会经历产品设计、计划管理、采购管理、制造管理、品质管理等环节复杂的组织、控制，而任何一个环节出现的问题都可能造成巨大影响。虽然随着制造资源计划（manufacturing resource planning，MRP）管理系统、制造企业生产过程管理系统等企业生产管理信息化手段的出现，生产管理水平得到了不断提升，但企业生产管理一个小瑕疵仍然可能产生后续连锁反应，进而造成重大影响。因此，有效认识、实践生产管理仍然是企业管理当中的一个重要议题。

（资料来源：http://tech.sina.com.cn/e/2016-10-12/doc-ifxwrhpn9740208.shtml.）

思考：哪些生产管理环节不到位可能导致这一事件的出现？

第一节　生产管理概述

生产管理的基本概念如下。

1. 生产

提及企业的"生产"，人们往往会联想到工厂、机器和流水线，会认为生产即制造企业创造产品的活动。企业通过自身的生产活动将诸生产要素转换成产品或服务，为社会创造财富，满足用户的需求，同时通过附加价值的实现，使企业自身价值不断增加。在经济迅速发展的今天，生产的内涵和外延得到了扩展，从传统意义上狭义的生产概念扩展到了包括服务性企业提供服务在内的过程。也就是说，生产是企业（包括制造业和服务业）创造产品或提供服务的一切活动的总称，而很多书中也将与企业生产产品或提供服务直接相关的所有活动统称为"运作"，并将"生产"的概念扩展为"生产和运作"。

对于任何一个企业来说，生产和运作活动是其核心内容。企业的产品生产或服务正是通过生产与运作职能来实现的，即投入、转换、产出的过程。为确保生产与运作的顺利进行，必须在整个过程、各个阶段进行目标控制，并对产出情况进行信息反馈，以决定是否需要对生产与运作过程进行必要的修订。其实现过程如图 10-1 所示。

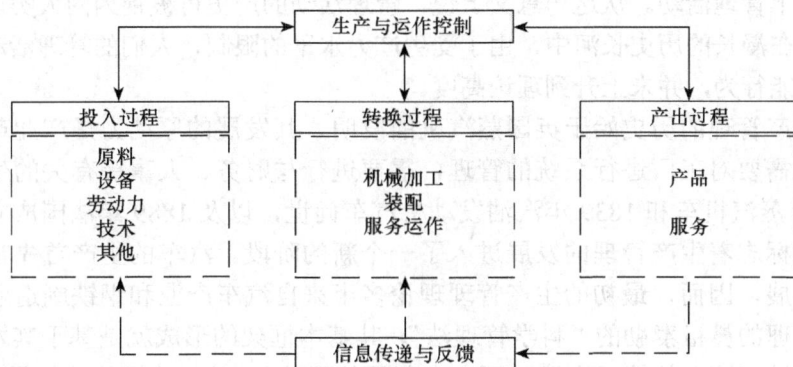

图 10-1　生产与运作过程

　　生产活动是一个由投入、转换、产出所构成的综合体。投入过程就是企业根据生产目标组织各种资源的过程，包括原材料的采购、生产设备的准备、工艺流程及技术手段的制定、劳动力的配置等。转换过程是真正从事产品制造或提供服务的过程，它是通过对投入过程的生产诸要素经过一系列多种形式的变换，使其成为可供人们享用的产品或服务的过程。产出是投入和转换过程的最终表现结果，产出包括有形产品和无形产品两大类，前者是指汽车、食品等物质产品，后者是指某种形式的服务。例如，邮局通过信件和物品的位置移动所提供的邮递服务，宾馆所提供的住宿服务等。在这一过程中，通过信息的移动确保了生产与运作活动过程受到统一控制，使企业根据生产计划确定要生产何种产品或提供何种服务，决定投入相应的人力、物力等资源。

2. 生产管理

（1）生产管理的概念

　　管理的基本职能是计划、组织、领导和控制。生产管理就是对生产与运作过程的计划、组织、领导和控制活动。

　　根据生产概念的演变，学者们认为应把"生产管理"的概念加以扩展，使生产管理的对象包含制造业与服务业。为了区别于传统的生产管理，西方的生产管理学教科书把书名由 production management 改为 operation management 或 production/operation management。英文 production 含有生产有形物质产品的意思，而 operation 的含义较广泛，可以指既包含制造有形产品的制造活动，又包含提供无形产品的劳务活动。目前，我国很多生产管理书籍按英文翻译，书名采用"运作管理"或"生产运作管理"，表示书中内容已兼顾制造业与服务业的管理。

　　本书内容不仅考虑了生产制造，同时也兼顾服务，考虑内容章节的划分，将服务相关的管理内容放到了其他章节，而本章主要关注生产制造过程，即生产系统、围绕生产制造所开展的计划和组织、以环保趋势为主题的生产制造管理及相应质量管理。

（2）生产管理的发展历史

生产管理的历史可以追溯到古代埃及金字塔和中国万里长城的建设，人类有组织的活动也带来了管理活动。从这一意义上说，管理活动的历史可被视为同人类历史一样悠久。但是，在漫长的历史长河中，由于受生产力水平的限制，人们的管理活动更多的是人的一种本能行为，并未上升到理论高度。

现代生产管理的历史始于英国蒸汽机的发明，其发展的原动力是产业革命。大量生产开始后需要对工厂进行系统的管理，需要进行与财务、人事等有关的生产经营活动。1814年蒸汽机车和1839年汽油发动机汽车问世，以及1889年法国成立第一家汽车制造厂，标志着生产管理的发展进入了一个新的阶段。汽车的生产首先带动了钢铁制造业的发展，因而，最初的生产管理理论多半来自汽车产业和钢铁制造业。例如，近代生产管理的鼻祖泰勒的"科学管理法"，其基本框架的形成就是基于其本人在美国米德比尔钢铁制造厂的管理实践和研究中积累的经验与知识。"福特的大量生产方式"是美国福特汽车公司的生产管理方式，而JIT则是由日本丰田汽车公司的生产管理负责人大野耐一（Taiichi Ohno）开创的丰田生产方式（Toyota production system，TPS）的核心内容。

我们可以简要地将现代生产管理的发展划分为五个阶段：第一阶段，是始于泰勒的"科学管理法"的提出，通过工作定额、标准化、能力与工作适应、差别计件工资制等管理理论的实施，奠定了现代生产管理的基石。第二阶段，福特在汽车工厂的专业化分工、流水作业等实践，使工业制造生产率得到大幅提高，揭开了现代化大生产的序幕。第三阶段，进入20世纪80年代，随着第三产业的迅猛发展，生产管理的研究范围不断扩大，由原来单纯的制造业生产管理研究，扩展到了非制造业管理的动作研究。第四阶段，20世纪90年代后，随着经济全球化和知识经济时代的到来，信息技术、计算机技术不断推进生产管理的发展，供应链管理、精益生产等管理模式不断深入实践。第五阶段，进入21世纪后，工业制造达到了一个空前的规模，但随之而来的环境恶化、资源枯竭等问题日益严峻，另外，大数据技术、人工智能等技术的发展，绿色生产工艺的不断出现，又使生产管理发展到一个全新阶段。

现代生产管理的历史演变过程如表10-1所示。

表10-1　现代生产管理的历史演变过程

时间	主要管理概念	主要方法或工具	主要代表
20世纪初	科学管理	时间与工作研究	泰勒
	工业心理学	动机研究	弗兰克（Frank），莉莲·吉尔布雷思（Lillian Gilbreth）
	装配流水线	活动规划表	亨利·福特（Henry Ford），亨利·甘特（Henry Gant）
20世纪30年代	质量控制	抽样检验和统计	沃尔特·休哈特（Walter Shewart），道奇（Dodge）
	研究工人动机的霍桑实验	抽样调查和分析	蒂皮特（Tippett），梅奥

续表

时间	主要管理概念	主要方法或工具	主要代表
20世纪40年代	复杂系统的多约束问题	线性规划的单纯形法	行动研究小组（operations research groups）
20世纪50~60年代	运筹学	仿真、排队理论、决策理论、数学规划、PERT（program/project evaluation and review technique，计划评审技术）和CPM（critical path method，关键路径法）项目计划等	
20世纪70年代	计算机的商业应用	车间计划、库存控制、项目管理、MRP等	
20世纪80年代	制造战略	竞争武器的制造	
	准时化生产	看板管理、CAD/CAM、机器人技术等	
	同步制造	瓶颈分析和约束优化理论	艾利·高德拉特（Eliyahu Goldatt）
20世纪90年代	全面质量管理	ISO 9000、价值工程、并行工程和持续改进	
	业务流程重构	基本变化图	哈默
	电子企业	Internet、World Wide Web	
	供应链管理	SAP/R3、C/S MIS	
21世纪	电子商务	Internet、World Wide Web	
	智能制造	大数据技术、人工智能	
	绿色制造	清洁生产、循环利用	

（3）生产管理的任务和意义

1）生产管理的任务。企业是实行自主经营、自负盈亏的经济实体，其基本任务是为社会提供用户所需要的产品或服务，同时要求以较小的投入获取较大的产出，以期获得必要的经济效益和社会效益。而生产与运作活动是企业最基本的活动，是企业基本任务赖以实现的基础。企业正是通过生产与运作活动，才能为社会提供用户所需要的产品和服务，为社会创造价值和财富，同时实现自身价值的增值。

企业生产管理任务的完成，就是其自身目标的实现。生产管理的目标可用一句话来概括："在需要的时候，以适宜的价格，向客户提供具有适当质量的产品和服务。"可见生产与运作管理就是严格按客户要求的质量、品种、数量和交货期制造产品或提供服务的管理过程。其中提高质量、降低成本和适时交货则成为现代生产与运作管理的基本问题。

生产与运作活动是企业向社会提供有用产品或服务的过程。有用产品或服务必须具备一定的使用价值，由于用户的需求具有多样性特点，只有当某种产品或服务在用户需求时满足了用户的需求，才真正实现了其使用价值。因此，产品的质量和提供产品的适时性成为实现产品使用价值的必要条件，也是构成生产价值必不可少的两大"功效"要素。而产品的成本则是以产品价格的形式来决定产品能否为用户所接受，只有用户接受了产品的价格条件，才标志着生产价值的最终实现。由此可见，生产与运作管理目标是建立在能否实现企业生产价值的基础之上的、以用户为导向的企业生产与运作战略。

从一般意义上讲，社会生产的最终目的是消费，正是人类的消费需求引发了生产行为，指示着生产方向和规模，推动了生产的发展。特别是在社会分工和商品生产条件下，任何企业必须面向市场，不断提供能满足消费者需求和欲望的产品与服务，才能实现企业的生产价值，企业才能生存和发展。这也就决定了企业的生产与运作管理目标只能是"在需要的时候，以适宜的价格，向客户提供具有适当质量的产品和服务"。

由此可见，企业生产与运作管理任务的核心就是如何解决生产与运作的基本问题，实现生产与运作管理目标。这主要表现为以下几个方面。

① 提高产品质量。美国著名的质量管理权威约瑟夫·朱兰（Joseph Juran）给质量下了如下定义："质量就是适用性。"适用性就是产品或服务满足客户要求的程度，具体体现在产品的使用功能、操作性能、社会性能和保全性能等特性上，相应转化为生产与运作管理中的设计质量、制造质量和服务质量——质量管理。

② 降低产品成本。产品成本是制定产品价格的基础，只有努力降低产品成本，才能真正实现产品的价值，既为客户所接受，又为企业带来一定的利润。这就要求企业能合理利用人力、物力、财力，努力提高劳动生产率，降低产品的生产成本，即生产与运作管理中的成本管理问题。

③ 把握产品进度。适时适量就是要求企业严格按用户订货的时间要求和数量要求提供产品或服务。这将取决于生产与运作管理中的产品数量和交货期的控制问题。在现代市场竞争中，企业即使能够提供客户所希望的质量和价格，但不能按客户所希望的交货期提供他们所需要的产品，那么客户也不会向企业订货，而转投其他企业寻求货源，企业将逐渐失去自己稳定的用户。可见，满足用户交货期要求将会大大增强企业的竞争力，并带来巨大的经济效益。而要保证适时适量地将产品投放市场，企业就必须将生产所涉及的各种生产要素在需要的时候组织起来，筹措到位，进行生产。这将是一项十分复杂的系统工程，也正是生产与运作管理所要解决的一个主要问题——进度管理。

从生产与运作管理的三个基本问题不难看出，生产与运作管理蕴含了相当丰富的内容。无论是质量管理、成本管理还是进度管理，都将是人员的管理、物料的管理、设备的管理的统一体。传统管理认为，质量管理、成本管理和进度管理三者之间存在一种内在制约，一个因素的改变，往往导致其他因素的劣化。例如，强调产品的质量，可能就会相应增加产品的加工时间或产品的检验强度，虽能确保产品的质量，却增加了产品的生产成本，延长了产品的交货时间，这就与成本管理和进度管理相悖。相反，强调生产进度，就有可能带来产品质量上的若干问题，或靠增加成品库存来确保交货期，从而使成本上升。这种现象被称为"功能悖论"，这是传统生产与运作管理的一个痼疾。产生这种现象的根本原因是在传统的生产与运作管理中，把三者作为不同的单项管理来分别进行研究，而忽略了它们之间的相互作用和内在联系，这正是现代生产与运作管理的一个基本任务——克服"功能相悖"现象，最大限度地满足客户对产品质量、价格和交货期不断变化及日益增长的要求。这就要求我们在生产与运作管理中，必须树立系统的、集成的观念，把三者及所涉及的各种管理问题看成一个有机的整体，作为一项系统工程，努力从根本上解决现代生产与运作管理中所面临的各种问题。

2）生产管理的意义。

① 生产与运作管理是企业完成基本任务的根本保证。企业的基本任务就是向社会提供有用的产品或服务，为社会创造价值的同时，使企业自身的价值增值。无论是有形产品还是无形产品，都要通过企业的生产与运作活动才能实现。从人类社会经济发展的角度来看，物质产品的生产是人类能动地创造财富的最主要活动。即使是自然界天然合成的可再生资源，如粮食、木材、海洋资源等，其成为人们可利用的物质产品，也大都需要人类生产活动的参与。为此，制造业直接决定了人们的生活方式。其生产活动既为社会创造财富，也为企业创造利润，是企业生存和发展的根本保证。同时，随着社会经济的迅猛发展，生产规模的不断扩大，企业专业化程度的不断提高，市场交换活动的日益频繁，进一步推动了金融、保险、咨询、运输、仓储等与制造业生产密切相关行业的发展，使这些服务行业在人类创造财富的整个过程中起到越来越重要的作用。服务性企业为制造业提供各种服务，使制造业的生产经营活动正常进行的同时，自身也创造了价值，其价值转移到制造业所创造的社会财富中，从而使服务业的生产与运作活动成为人类最主要的生产活动，也是企业服务社会、创造价值、完成企业基本任务的根本保证。

② 生产与运作是企业的基本职能。任何一个企业组织，都要追求一定的目标。尽管不同的企业所追求的目标可能不尽相同，但它们的职能和运作方式大同小异。典型的企业有三个基本职能：财务、营销和生产与运作。这三个主要职能和其他辅助职能，分别完成不同但又相互联系的活动，使企业的生产经营活动得以正常运行。通常情况下，一个企业的成功不仅依赖各个职能发挥得如何，更依赖这些职能相互的协调程度。企业为了实现自己的经营目标，在确定了经营方针即生产什么产品或提供何种服务的前提下，首先要做资金准备，即企业的财务职能。只有在确保资金充足的基础上，企业才能进行产品的设计、工艺设计、原材料的购买、产品加工等一系列生产活动。产品生产出来之后，需要通过销售使产品价值得以实现，即进行营销活动。可见，各种职能对企业经营来说都是必不可少的，并且每个职能都起到重要的作用，相互之间的协调性也显得尤为重要。

在这里我们不得不再次强调生产与运作管理中的三个基本问题，因为这三个基本问题能否解决，不仅反映企业生产与运作管理的绩效水平，还是企业竞争能力的重要标志。因此，我们有理由要求企业加强生产与运作管理工作。在这方面，各国的生产实践经验也给了我们很大的启示。在 20 世纪 80 年代之前，美国的汽车、电器等产品在全球占有绝对领先的地位。但是，进入 80 年代以后，美国企业的管理者更注重企业的资本运营、营销手段的研究，而对决定企业竞争能力的生产与运作活动，缺乏应有的重视。相反，同时期的日本，在企业生产与运作管理方面进行潜心研究，不断采用先进的生产管理技术和方法。例如，丰田汽车公司采取准时化生产方式，提高了产品的质量，降低了成本，使企业的竞争力极大地增强，一举占领了全球市场。可见，一个企业即使资本运营、营销手段做得天衣无缝，如果在生产与运作管理上不能推陈出新，企业的竞争力必将成为"无源之水，无本之木"。

在人类进入 21 世纪的今天，伴随着经济全球化和一体化，绝大多数企业已经意识到生产与运作管理对企业竞争力的重要意义，更加强调管理创新。很多企业正在着力建立自己的供应链管理系统，以适应更先进生产方式的要求，提高企业的核心竞争能力。

③ 生产与运作管理是企业形象的重要标志。良好的企业形象是企业发展必不可少的条件，在现代企业发展战略中，大都围绕着产品战略展开。如企业产品的名牌战略，企业通过自己的产品形象，反射到企业自身形象上，使社会公众在认可企业产品的同时，更进一步认知企业。很多知名的企业正是通过这种方式来展现自身的，如我国的海尔、日本的丰田等无不如此，并因此形成企业的一种文化象征。如海尔文化更是作为我国企业文化的典范登上了美国哈佛大学的讲坛，并引起西方文化界的关注。我们注意到，无论企业的产品如何知名，理论界更注重企业的内涵，即企业形象的内在表现形式——企业的经营理念及管理模式。反映企业经营管理特征的因素很多，生产与运作活动作为企业最直接创造产品、创造价值的过程，无疑是企业经营管理特征的最主要载体。从这一意义上讲，生产与运作管理是企业形象的重要表现方式。

第二节　生　产　系　统

生产系统是企业大系统中的一个子系统。工业企业生产系统的主要功能是制造产品，要制造什么样的产品，决定了需要什么样的生产系统。研究企业生产系统应该具有什么样的功能和结构，可以从分析市场、用户对产品的要求入手。

一、生产系统的功能目标

用户对产品有各种各样的要求。归纳起来可以分 7 个方面：①品种款式；②质量；③数量；④价格；⑤服务；⑥交货期；⑦环保与安全。实际上用户对产品的要求是多样的。虽然上述 7 个方面较全面地概括了用户对产品的基本要求，但是不同的用户对同一种产品的要求往往有很大的差异。例如，有的用户追求款式新颖；有的希望产品经久耐用，并有良好的服务；有的注重价格是否便宜；有的则不惜高价只要求迅速交货。

在现实的经济生活中，尤其是在竞争激烈的市场条件下，企业为了争夺市场，常常根据不同用户的不同需求，采用市场细分化的经营战略，此时企业要求自己的产品不仅能满足用户对上述七个方面的基本要求，而且要求它具有一定的特色，能满足目标市场中用户提出的特殊需求。例如，高速开发某种款式的新产品；按用户提出的期限快速供货；与其他企业的同类产品相比，要求达到更低的成本水平。这就要求企业的生产系统在创新、交货期及产品成本方面具有更强的竞争能力。

因此，一个有效的生产系统的功能目标是：它制造的产品不仅能满足用户对产品 7 项要求的基准水平，而且要适应企业经营战略的要求，使企业能够在价格竞争、质量竞争、时间竞争及其他方面的竞争中取得和保持竞争优势。

用户的需求和企业的竞争战略对产品的要求，都是依靠生产系统制造出相应的产品来实现的。产品把用户的要求和企业竞争战略的要求转化为对生产系统的要求，即创新、质量、弹性（应变能力）、成本、继承性、按期交货和环保与安全。用户对产品的要求，在转化为对生产系统的要求的过程中受到企业竞争战略的影响，使上述 7 项要求中的某些要求得到强化。

二、生产系统的功能结构

从系统的目标来分析，生产系统的七项功能可分为两组。第一组功能是指创新、弹性（市场应变能力）、继承性和环保与安全，是由外部环境提出的，是使系统适应环境要求的功能。第二组功能是指质量、成本和按期交货，是按照生产过程的运行规律，合理组织生产过程所体现的与生产效率相关的功能。这里第一组功能是决定生产系统的服务方向的。如果系统生产的产品不符合社会的需要，那么第二组功能就会失去意义，甚至生产得越多，产品积压得越多，其后果也越严重。同样，如果系统拥有良好的第一组功能，但是得不到第二组功能的支持和保证，那么产品仍然不会有市场竞争力，不能为企业带来竞争优势。例如，企业能够适应市场需求的变化，及时开发款式新颖的产品，但是产品的质量不过关，或者成本过高，那么产品仍然不会有好的销路。所以一个设计合理和有效的生产系统这两组功能应该相辅相成，共同为实现企业的经营战略服务。上述两组功能分别与马歇尔·费舍（Marshal Fisher）的"market mediation"和"physical efficiency"的概念相对应。

在实际生活中生产系统的这七项功能相互之间常常是相悖的。通常当系统的七项功能达到一定水平之后，某些功能水平的提高会导致另一些功能水平的下降，或某些功能的改善需以其他功能的劣化为代价。例如，要迅速提高系统的创新功能，则会对保持产品的继承性提出挑战，还会因产品的标准化、通用化、系列化水平下降和生产达不到规模经济等原因引起成本指标的劣化。又如，强化系统的弹性功能后，会由于降低了生产过程的稳定性而带来产品质量和成本方面的问题。生产系统各项功能之间的矛盾关系是由生产系统的结构特性决定的，所以如何正确设计生产系统的功能与结构是企业经营战略和生产战略中的重要问题。

生产系统的功能取决于生产系统的结构形式，生产系统的结构则是系统的构成要素及其组合关系的表现。生产系统的构成要素有很多，为了研究方便起见，常把它们分为两类——结构化要素和非结构化要素。

1. 生产系统的结构化要素

生产系统的结构化要素是指构成生产系统主体框架的要素，主要包含生产技术、生产设施、生产能力和生产系统的集成度等。上述结构化要素的内涵说明如下。

1）生产技术（technology），即生产工艺特征、生产设备构成、生产技术水平等。

2）生产设施（facility），即生产设施的规模、设施的布局、工作地的装备和布置等。

3）生产能力（capacity），即生产能力的特性、生产能力的大小、生产能力的弹性等。

4）生产系统的集成度（integration），即系统的集成范围、系统集成的方向、系统与外部的协作关系等。

结构化要素是指生产系统中的硬件及其组合关系。这里是指采用何种工艺和设备，要求达到什么样的技术水平，生产线和设备如何布局，生产能力达到多大的规模，生产过程集成的范围等。结构化要素是形成生产系统框架结构的物质基础。正确选择系统的结构化要素对形成系统的功能起决定性作用。建立这些要素需要的投资多，一旦建立起来并形成一定的组合关系，要想改变或进行调整是比较困难的。但是，在产品更新换代十分频繁的现代社会里，生产系统的不断改建和重建是必然的和不可避免的。因此，如何正确选择系统的结构化要素，并进行合理组合，就显得十分重要。而且，由于它涉及的投资量大，所以决策时应该慎重。

2. 生产系统的非结构化要素

生产系统的非结构化要素是指在生产系统中支持和控制系统运行的软件性要素，主要包含人员组织、生产计划、库存管理和质量管理等。非结构化要素的内涵如下。

1）人员组织，即人员的素质特点、组织形式和对人员的管理政策等。

2）生产计划，即计划体系、计划编制方法及其相关技术。

3）库存管理，即库存类型、出入库管理制度、库存控制方式等。

4）质量管理，即质量检验制度、质量控制方法、质量保证体系等。

建立非结构化要素一般不需花很大的投资，建成以后对它的改变和调整较为容易，因此，采用何种非结构化要素，决策的风险性不像结构化要素那样大。但是，在实施过程中非结构化要素容易受其他因素的影响，这类要素的实施在掌握和控制上比较复杂。

结合本书内容在各章节的分布，本章将重点对生产计划和质量管理进行介绍。

3. 生产系统功能结构关系

生产系统中的结构化与非结构化要素各有自己的作用。结构化要素的内容及其组合形式决定生产系统的结构形式，非结构化要素的内容及其组合形式决定生产系统的运行机制。具有某种结构形式的生产系统要求一定的运行机制与之相匹配，系统才能顺利运转，充分发挥其功能。生产系统的结构形式对系统的功能起决定性作用。因此，设计生产系统时首先应根据所需的功能选择结构化要素及其组合形式，形成一定的系统结构，进而根据系统对运行机制的要求选择非结构化要素及其组合形式。

生产系统投入运行后随着外部环境的变化，会对系统提出改变原有功能或增加新功能的要求。此时需改变系统的有关构成要素及其组合关系，以改变系统的结构及其运行机制。改变系统的构成要素及其组合关系是调整系统功能的重要杠杆。

第三节　生产过程组织与生产作业计划

一、生产过程组织

生产过程组织是企业生产管理的重要内容，它研究工业企业怎样从空间上和时间上合理地组织产品生产，将生产活动中各项生产要素有机地组织起来，使生产过程能以尽可能少的劳动消耗和劳动占用，生产出尽可能多的符合市场需要的产品，从而获得最好的经济效益。

1．制造企业的生产过程

（1）生产过程的概念

任何制造企业的产品生产，都需要经过一定的生产过程。生产过程是指从准备生产开始，一直到成品生产出来为止的全部过程，这是广义的概念。狭义的概念是指从原材料投入生产开始，直到成品生产出来为止的全部过程。产品生产过程的基本内容，是人的劳动及机器对原材料加工的过程，即劳动过程。在某些情况下，实现产品的生产，还需要借助自然力的作用，使劳动对象发生物理变化，如铸件的时效处理、自然冷却，林木和油漆的自然干燥，食品的自然发酵等。这时，生产过程就是劳动过程和自然过程的有机结合。

（2）生产过程的组成

不论哪一类生产过程，其组成可按生产各阶段的不同作用分为以下几个组成部分。

1）生产技术准备过程，是指产品在投入生产前所进行的全部生产技术准备工作，如产品设计、工艺设计、工装设计制造、材料与工时定额的制定修改、标准化工作、劳动组织调整等。

2）基本生产过程，是指直接把劳动对象变为企业基本产品的生产过程，如纺织企业的纺纱、织布和印染等过程；钢铁企业的炼铁、炼钢、轧钢；机械企业的铸锻（造）、机械加工、装配；汽车厂零部件的加工、装配；纤维板生产的流水生产等。这一过程是企业主要的生产过程，基本产品代表着企业的专业方向。

3）辅助生产过程，是指为了保证基本生产过程的正常进行所必需的各种辅助性生产活动，如机械企业中的动力生产（如电力、蒸汽、压缩空气）、工具与量具制造、设备维修等。

4）生产服务过程，是指为基本生产和辅助生产所进行的各种生产服务活动，如原材料、半成品的供应、采购与运输等。

5）附属或副业生产过程，是指为基本生产提供附属材料或为市场提供某些非专业化方向的产品的生产过程。前者是企业自行生产的包装箱过程；后者，如飞机制造厂生产日用铝制品过程等。例如某飞机制造厂，主产品为飞机，副产品为客车、旅游车及日用铝制品等。

上述几个部分既有区别，又有联系。核心是基本生产过程，其他部分可根据企业具体情况，或包括在企业的生产过程中，或由独立的专门单位来完成。例如，生产技术准备过程可由公司、总厂研究所、设计单位完成，动力生产、工具制造、设备修理可由专门的协作厂来完成；分析化验、运输等可由专门的生产服务单位（如化验站、运输公司）来完成。

（3）基本生产过程的组成

企业的基本生产过程，按照工艺加工性质不同，可分为若干相互联系的工艺阶段。工艺阶段是按照使用的生产手段的不同和工艺加工性质的差别而划分的局部生产过程。每个工艺阶段又由若干工序组成。工序是构成生产过程的基本单位，是指一个或几个工人，在同一个工作地（或同一台机床）上，对一个或几个劳动对象连续进行的生产活动。工序按其作用不同，可以分为基本工序和辅助工序两类。凡直接使劳动对象发生变化，使其成为产品的工序，称为基本工序，也称工艺工序；凡为基本工序的生产活动创造条件的称为辅助工序，如产品的检验工序、运输工序。检验工序是指对原材料、半成品、成品的质量进行检验的工序；运输工序是指在工艺工序之间、工艺工序与检验工序之间运送劳动对象的工序。正确划分工序，对于组织生产、制定劳动定额、配备工人、检验质量和编制生产作业计划等工作有着重要的影响。工作地是工人使用劳动工具对劳动对象进行生产活动的地点，由一定的场地面积、机器设备和辅助工具组成。在生产过程中，一件或一批相同的劳动对象，顺序地经过许多工作地，这时，在每一个工作地内连续进行的生产活动，就是一道工序，超过了一个工作地的范围，那就是另一道工序。如果劳动对象固定在工作地上不移动，而由不同工种的工人顺序地对它进行加工，这时，每个或每组工人在这个工作地上连续进行的生产活动，就是一道工序。当一组工人共同完成一个比较复杂的工序或该工序劳动量较大时，可分为几个较小的工序（岗位），交由几个工作地去完成；也可将几个工作地完成的较小的工序（岗位），合并为一个较大的工序，由一个工作地完成。前者称为工序的分散，后者称为工序的集中。

由于各企业的生产技术和生产组织条件等不同，从而导致各企业生产过程的组成也不相同。影响企业生产过程组成的因素：①企业的产品特色和工艺特色；②企业的生产规模；③生产类型；④专业化和协作化水平；⑤企业的多种经营。

影响企业生产过程构成的因素很多，故要根据企业的内外条件，应用系统分析的方法确定先进合理的生产过程构成，以取得最大的经济效益。

2．生产过程组织

（1）生产过程的空间组织

企业产品生产过程，不仅要有一定的场地、厂房、设备等，还要把这些物质生产条件按一定的原则加以组合，使它们在空间布局上形成一个有机整体。这部分主要包含两个方面的内容，即厂址选择和工厂布置。

1）厂址选择。企业为了执行市场战略，需要寻求合适的能够扩大公司市场的运营位置。当一个组织及时扩充现有地点也不能满足产品生产和服务需求增长时，通常会为了完善现有系统而增加新的生产或服务地点；在渔业、伐木业、采矿业等面临区域资源暂时耗尽时也需要重新选址。大多数企业的选址决策是由于市场的变动或者某一特定地区的经营费用很高而不得不换到别的地区。选址的重要性在于投资固定成本耗费巨大，不容易变更厂址，厂址的选择对于工厂建成后的生产经营费用、产品和服务质量、成本等都有极大而长久的影响。

厂址选择的程序一般包括收集数据、分析各种影响因素，拟定初步候选方案；对候选方案进行详细的分析和评价；综合分析，选定最终厂址方案。而整个过程的实现需要进行科学的实施和决策，因此出现了众多选址方法，包括加权分等评分法、线性规划法等。

2）工厂布置。工厂布置是指在一个选定的厂区范围内，对工厂的车间、科（室）、设施等各组成部分进行合理配置。它是生产系统设计的综合阶段，其基本目标是制定一种生产体系，使之能以最经济的方式满足生产经营的要求。这一工作的主要方法包括物料流向图解法、作业相关图法、从至表试验法等。

（2）生产过程的时间组织

产品的生产过程，是在一定的空间和时间内进行的。在研究生产过程的空间组织之后，就有必要探讨产品在时间上的运动形式。生产过程的时间组织，主要研究劳动对象在工序间的移动方式。劳动对象的移动方式，是指零部件从一个工作地到另一个工作地之间的运送方式。生产过程时间组织研究的目的，就是要节约产品的生产时间，缩短生产周期。产品的生产周期是指劳动对象自投入生产开始，到制成成品验收入库为止，在生产过程中所经历的全部时间。

如果某种产品只生产一件，那么就只能加工完一道工序之后，再把零件运送到下一个工作地去加工下一道工序；如果同时加工一批（不小于两个）相同的零部件，那么就可以采用以下三种不同的移动方式。一般来说，一批零件在工序间的移动方式有顺序、平行、平行顺序三种方式。

3．生产过程的先进组织形式

一般来说，生产过程的先进组织形式有流水生产组织、生产平准化及自动线生产组织等形式。

（1）流水生产组织

在对象原则组织的基础上进一步提高，就可以组成流水生产线，即流水生产组织。流水生产线是指劳动对象按一定的工艺路线和统一的生产速度，连续不断地通过各个工作地，顺序地进行加工并出产产品（零件）的一种较先进的生产组织形式。

（2）生产平准化

生产平准化是指在多品种生产条件下，科学地组织和管理可变流水线若干种产品投产顺序的一种最优化方法。它有以下特点：①属于多品种流水线方式，且要减少批量，增加批次；②同一条流水线上多品种变换生产；③选择一个最优化的投产顺序。

生产平准化可给企业带来极大的效益。最大优点为减少批量、增加批次，创造了条件，使企业生产能满足不同品种规格的各种需要。但实现生产平准化一般需要电子计算机的帮助。故应用电子计算机是实现生产平准化的一个重要条件。

（3）自动线生产组织

流水线的进一步发展是自动线，自动线生产组织是最先进、最完善、最高级的生产组织形式，它是将按工艺顺序排列的若干自动机床和设备，用一套自动化的传送装置和自动控制装置联系起来的自动作业线。主要特点：①整个生产过程具有高度连续性；②产品生产完全自动化进行。

自动线按运输装置的性质，可分为分配式自动线与工作式自动线；按工序间的联结方式，有硬联结自动线、软联结自动线、混合联结自动线和子联结自动线；按工艺的封闭程度，可分为完全自动线、工艺阶段自动线与工种自动线；按工艺的集中程度，可分为分散工序自动线、集中工序自动线；按自动线上零件移动方式，可分为脉冲式自动线和连续式自动线。

自动线组织适合于制造技术特别复杂、工作速度快、产品危险性不易控制和其他恶劣环境等情况。近年来，自动线采用电子计算机、机器人进行控制，由微电子控制的智能机器人正逐步应用到自动线生产中去，前景广阔。

二、生产作业计划

如果说企业的生产过程组织为制造活动提供了硬件条件，完成生产管理第一阶段的目标，那么，我们可以将企业的生产计划设定为生产管理第二阶段的目标，是实现最终生产目的的管理活动。下面主要从企业计划体系、生产计划及生产作业计划三个方面来介绍。

1．企业计划体系

计划管理是企业管理的首要职能。现代工业生产都是社会化大生产，企业内部的分工、协作十分精细和严密。任何一个单位离开了其他单位的协作配合，都无法单独完成企业的目标任务，企业需要通过统一的计划来组织、指挥和协调各部门、各单位的工作。计划就像乐队的乐谱，各种乐器只有在统一指挥下，按照乐谱的要求演奏，才能奏出一支和谐悦耳的乐曲。一个现代企业需要编制各种各样的计划来组织和指挥其生产经营活动。企业的各种计划一般可以分为战略层、战术层和作业层三个层次。这三个层次的计划构成一个完整的计划体系。

1）战略层计划是指企业的长远发展规划，一般涉及企业的产品发展方向、企业发展规模、技术发展水平、企业发展的组织形式、人才资源规划等。其规划的时间跨度常为3～5年。"人无远虑，必有近忧。"在技术进步日新月异、市场需求瞬息万变的今天，企业如不对未来的市场环境认真地进行预测分析，不对自己的明天进行很好的规划，目光短浅，一旦社会环境发生某些变化，在竞争十分激烈的情况下，企业必然会措手不及，难以适应，危及生存。因此，制定企业的长远发展规划是企业计划管理工作的重要组成部分。

2）战术层计划主要是企业的年度综合计划，包括企业的经营计划和各职能部门的工作计划，如生产计划、财务计划、物资供应计划、销售计划、劳动工资计划等。战术层计划与战略层计划的最大不同点：制订战术层计划的依据是，计划的实现主要依赖企业现有的生产资源条件；而战略层计划则不受现有资源条件的限制，制定长远发展规划的主要依据是企业发展的需要，是企业未来要实现的目标。战术层计划是确定计划期企业经营目标的纲领性计划，它是企业年度综合计划的延续，是各项职能计划的细化和具体化。

3）作业层计划内部还分多个层次，从时间上分，在年度计划以下，可以有季度计划、月度计划、周计划，以至每天每班的作业计划。从计划涉及的范围，则包括从整个企业到各分厂、各职能部门、各车间、各工段，直至基层的班组和生产者个人的各个层次的计划。

上述三个层次的计划，构成计划管理的企业计划体系。计划管理是一个确定目标、分配资源和组织计划实施的过程，通常包含四个环节：①明确目标，编制计划；②合理配置资源，组织实施计划；③检查计划完成情况，根据发展变化的情况，修改调整计划和拟定必要的措施；④评价与考核计划执行的结果。上述三个层次的计划，在计划管理上其管理过程是大体相同的。

下面将着重介绍企业综合计划中的生产计划和生产作业计划。

2．生产计划

生产计划是综合计划的重要组成部分。它是决定企业生产经营活动的重要的纲领性计划，很多企业称之为生产大纲。它要确定企业在计划年度内生产哪些产品，各个品种生产的数量和要达到的质量水平，计划年度应完成的总产值和商品产值，并规定各类产品的交货期。编制生产计划的主要任务，就是对品种指标、产量指标、质量指标和产值指标等计划指标的水平做出正确的决策。这一活动主要有以下几个方面的决策内容。

（1）产品品种组织决策

对于大量大批生产类型的企业，品种比较单一而且相对稳定，所以品种的选择和决策比较简单，而多品种批量生产企业的品种选择和决策则需要认真考虑。这一决策过程经常使用的方法包括销售额利润额顺序法、象限法等。

（2）产量决策

在企业的生产方向——产品品种确定之后，应确定每类产品的生产数量。由于计划期企业生产能力的限制，在确定各产品的产量时，应分析计算计划期企业的生产能力与生产负荷，进行负荷与能力的平衡。这一决策过程经常使用的方法包括盈亏平衡点法、线性规划法等。

（3）质量指标和产值指标决策

产品质量指标是指企业在计划期内生产的产品应当达到的质量水平。这里所指的产品质量应包括内在质量和外观质量两个方面。内在质量是指产品的性能、使用寿命、工作精度、安全性、节能性、可靠性和可维修性等。外观质量是指产品的式样、美观性、包装质量等。在我国产品的质量标准有国家标准、行业标准和企业标准等几个档次。产品质量指标是反映一个企业的产品满足顾客需求和社会要求的重要标志，也是一个企业能否赢得竞争优势的关键因素。

生产大纲中的质量指标是指计划规定企业在计划期内哪些产品的质量标准要升级。例如，由行业标准提高为达到国家标准，或者规定哪些产品的优等品率要达到多少，哪些产品的一级品率要达到多少，废品率要降为多少等。

产值指标是指用货币表示的企业生产的产量。产值指标通常有商品产值、总产值和净产值三种形式。

3．生产作业计划

生产作业计划按照对象的不同划分为产品生产进度计划（master production schedule，MPS）和 MRP 两个层次。其中，产品生产进度计划是以企业的最终产品（不展开为零部件）为对象的生产进度计划；而 MRP 是在产品生产进度计划的基础上，将产品展开为零部件，以零部件为对象的生产进度计划。此外，在 MRP 中，产品生产进度计划也称作主生产计划。

（1）生产进度计划

生产进度计划通过编制产品生产进度计划把计划期内要生产的全部产品在生产进度上进行统筹安排，尽量使计划期各时段的生产负荷比较均匀，以实现均衡生产，充分利用企业的生产能力。在制定生产大纲时，已做了计划期内生产负荷和生产能力的总量平衡，此时，在编制产品生产进度计划时，通过对各产品投产和出产日期的具体安排，要进一步对计划期各时段的生产负荷与生产能力进行平衡，以保证计划的可执行性。

不同生产类型的产品生产进度计划的形式和编制方法是不同的。例如，采用均衡策略、跟踪策略、混合策略的方法来指导大量生产类型的产品生产进度计划的安排；而对于成批生产类型的产品生产进度计划，通常会通过合理搭配产品品种、平衡生产负荷与生产能力的方法来实现。

（2）MRP

MRP 是一种将库存管理和生产进度计划结合在一起的计算机辅助生产计划管理系统。20 世纪 20 年代以来，在生产计划和库存管理方面一直流行的是订货点法。1965 年，美国约瑟夫·奥列基（Joseph Orlicky）博士提出独立需求与相关需求的概念，并指出订货点法适用于独立需求项目，对于相关需求，则应根据与独立需求的相关关系编制计划。如果将订货点法用于相关需求项目，则会引起人为的需求误差，从而造成过多的库存和浪费。基于这一理论，IBM 公司随后推出了用于解决相关需求的 COPICS 软件，这就是最初的 MRP。

随着计算机在产业界的广泛应用，MRP 迅速得到推广，并在降低库存方面取得了显著的效果。20 世纪 70 年代在美国生产与库存管理协会（American Production and Inventory Control Society，APICS）的大力宣传与推动下，在美国掀起了一个应用 MRP 的热潮，当时采用 MRP 系统的企业已超过千家，并随着这一理念的不断优化和扩展、信息技术的进一步整合，逐步形成 MRP Ⅱ 和 ERP 等理念。

由于这一方法应用的普遍性，下面对此块内容进行深入的介绍。

三、MRP

1. MRP 的原理

MRP 是以零部件为对象的生产进度计划。但是它并不是孤立地安排各种零件的生产进度，而是以产品结构为依据，保持各零件在产品结构中的层次关系，以此来编排各零件的生产进度。它是通过物料清单（bill of materials，BOM）文件来描述各零件在产品中的层次关系和数量。

MRP 系统的重要功能之一，是可以根据产品设计文件、工艺文件、物料文件和生产提前期等资料自动生成 BOM 表。BOM 的内容包含一项产品的所有物料，不仅包含产品本身的所有零部件和原材料，还包含产品的包装箱、包装材料和产品的附件、附带工具等。BOM 要反映各种零部件在产品中的层次关系和数量关系，还要表明它们的出产提前期和投入提前期；它们的制造性质，是自制，还是外购；它们的物料分类，是 A 类，还是 B 类或 C 类。对于有些物料还要注明它的有效期限。BOM 文件中包含十分丰富的信息，是企业各主要业务部门都需要使用的基本的而且重要的管理文件。BOM 文件中数据的准确性直接影响 MRP 系统的质量。由于产品的结构设计和制造工艺经常要修改，材料也可以代用，BOM 中的数据经常需要修改，所以必须建立严格的制度保证及时对 BOM 文件的数据进行维护，以保证 BOM 的准确性。

在编排零部件的生产进度时，MRP 是以产品的交货期（或计划完工日期）为基准，朝着工艺过程的逆向，按生产提前期的长度，采用倒排法来编制的。在确定各零件的生产进度时，暂不考虑生产能力的约束，因此这种计划编制方法又称无限能力计划法。

假设产品 A 由部件 A1 和 A2 及零件 A3 构成，A1 和 A2 又分别由 A11、A12、A13 和 A21、A22 组成。A12 由 A121 及 A122 组成。A 的产品结构如图 10-2 所示。

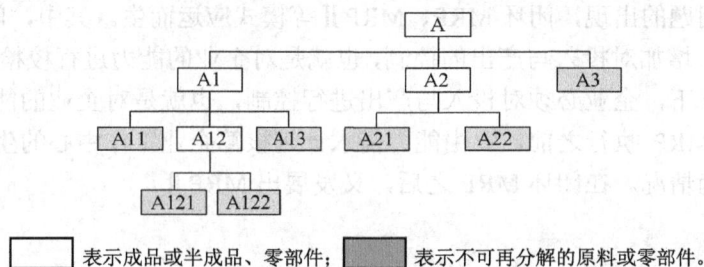

图 10-2　A 的产品结构

通过对 A 产品的分解，可以确定单位产品中各组成部分的数量、投入时间等信息，形成产品的 BOM。

2. MRP 编制的步骤和方法

MRP 的依据是生产进度计划。生产进度计划规定了各产品的产量和要求的完工日期及大致的开工日期。编制 MRP 的步骤如图 10-3 所示。

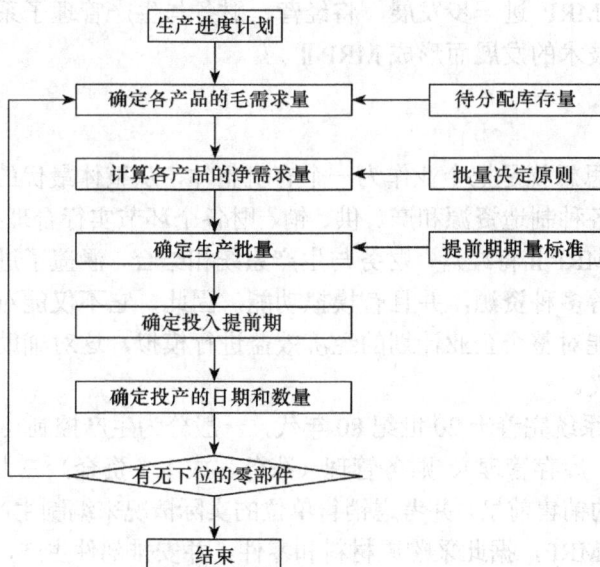

图 10-3　编制 MRP 的步骤

计算机按图 10-3 所示的编制步骤，根据 BOM 表的资料，可自动生成 MRP，而且是对计划期要生产的所有产品同时编制，一次完成。

3．存在的问题及其发展

在实际的应用中，物料需求的执行和实现必须考虑能力的约束，或者对能力提出需求计划，在满足能力需求的前提下才能有效实施。此外，企业的 MRP 实践中也发现，由于其无法反映财务信息、经营规划和销售规划等信息，企业生产部门和财务、市场等其他部门无法形成有效整体。

针对这些问题的出现，闭环 MRP、MRP Ⅱ 等模式应运而生。其中，闭环 MRP 是在 MRP 的基础上，增加对投入与产出的控制，也就是对企业的能力进行校检、执行和控制。在这种思想指导下，企业必须对投入与产出进行控制，也就是对企业的能力进行校检和执行控制。在 MRP 执行之前，要由能力需求计划核算企业工作中心的生产能力和需求负荷之间的平衡情况。在闭环 MRP 之后，又发展出 MRP Ⅱ。

四、MRP Ⅱ

1．源起

20 世纪 70 年代末，一些企业提出，希望 MRP 系统能同时反映财务信息，如产品销售计划用金额来表示，说明销售收入；对物料以货币计价，以计算成本，方便定价；采购计划以金额来表示，用以预算；库存以金额表示，以反映库存资金占用情况。此外，货币信息还必须符合企业长远的经营目标，满足销售和利润要求，也就是说，在系统的执行过程中，既要反映出发生的成本，又要把企业的经营规划和销售与生产规划作为系统的宏观层。这样 MRP 进一步发展，将经营、财务与生产管理子系统相结合，并随着计算机技术、信息技术的发展而形成 MRP Ⅱ。

2．基本思路

MRP Ⅱ 的基本思想就是把企业作为一个有机整体，从整体最优的角度出发，通过运用科学方法把企业各种制造资源和产、供、销、财各个环节实行合理有效地计划、组织、控制和协调。由于 MRP Ⅱ 将经营、财务与生产系统相结合，涵盖了进行生产制造活动的设备、物料、资金等多种资源，并且有模拟功能，因此，它不仅能对生产过程进行有效的管理和控制，还能对整个企业计划的经济效益进行模拟，这对辅助企业高级管理人员进行决策有重大意义。

现代的 MRP Ⅱ 系统完善于 20 世纪 80 年代，一般分为生产控制（计划、制造）、物流管理（分销、采购、库存管理）、财务管理（账务、成本、资金）三大子系统。生产控制子系统将按照预测的销售前景，并考虑销售单位的实际情况来编制生产大纲；再按生产进度计划的排程编制 MRP，据此采购原材料和零件，并安排部件生产，以使在制品、原材料及成品控制在最优水平上。此外，根据 MRP 的结果对生产能力进行核算，调整生产进度计划，尽量维持生产平衡。生产线（车间管理或重复生产）的信息反馈也可以与财务系统、物流管理系统集成。物流管理系统将向供销部门和库存管理部门提供灵活的日常业务处理功能，并能自动将信息转达到财务部门和其他有关部门。财务管理系统除对各往来账目和日常发生的货币支付账目进行处理外，根据销售部门的销售单或发票、采购单，库存资金还能够向管理人员提供目前库存资金占用情况和企业运营情况。

MRPⅡ系统在开环条件下对生产过程控制的子系统仍然是 MRPⅡ系统最核心的部分，主要包括三个环节的内容。

（1）粗能力平衡计划

粗能力平衡计划是在 MRP 制订之前就进行的计划，通过对初步确定的生产进度计划进行生产能力上的初步分析，判断生产进度计划的可行性，如果是不可行的，就需要对生产进度计划进行适当的调整和修正，得到切实可行的生产进度计划。这种能力平衡是粗线条的，一般采用模拟的方法进行平衡。

（2）能力需求计划

在生产计划经过粗能力平衡之后，可以确定这样的生产计划是可以完成的，接着就同 MRP 一样，需要考虑物料需求的情况。这里的能力需求计划就是考虑了生产能力之后的 MRP，按照时间进行分段，按照设备的负荷判断加工能力是否能够达到要求的加工数量，如果能力无法平衡，则还需要对生产进度计划进行调整。

（3）生产活动控制

能力需求计划的通过意味着系统可以进入生产制造过程，在制造过程中，生产活动控制就是对生产的输入和输出信息的控制，把 MRP 的输出作为生产过程的输入，编制生产作业的顺序和完成的具体日期，验证生产进度计划的可行性。

经过三个环节的反馈和控制，提高了生产过程的模拟准确性，也提高了计划的准确性和可行性。

由于 MRPⅡ系统的广泛使用，使得企业的整个生产过程成为一个有机的系统整体，物料和资金的流动在系统中得到了具体的体现，这样的系统为企业也带来了巨大的收益。

五、ERP

1．ERP 的概念

ERP 是指在 MRPⅡ的基础上，通过反馈的物流、信息流、资金流，把客户需要和企业内部的生产经营活动及供应商的资源整合在一起，体现完全按用户需要进行经营管理的一种全新的管理方法。这一方法的具体展现是一个使财务、分销、制造和其他经营业务达到均衡协调的应用软件系统。ERP 的核心管理思想就是实现对供应链的有效管理。

2．ERP 与 MRPⅡ的区别

ERP 是在 MRPⅡ基础上进一步发展起来的企业管理信息系统，它与 MRPⅡ之间的区别主要表现在以下几个方面。

（1）在资源管理范围方面的差别

MRPⅡ主要侧重对企业内部人、财、物等资源的管理，ERP 提出了供应链概念，即

把客户需求和企业内部的制造活动及供应商的制造资源整合在一起，并对供应链上的所有环节进行有效管理。

（2）在生产方式管理方面的差别

MRPⅡ主要适用于离散型制造企业，ERP不仅能支持离散型制造业，也支持连续型生产和服务型企业。

（3）在管理功能方面的差别

ERP增加了支持整个供应链上物料流通体系中供、产、需各个环节之间的运输管理和仓库管理，支持生产保障体系的质量管理、实验室管理等。

（4）在跨国（或地区）经营事务处理方面的差别

ERP可以支持跨国经营的多国家或地区、多工厂、多语种、多币制应用需求。

3．实施ERP的基本条件

ERP是一种在市场经济条件下组织现代化大生产的技术，是一种科学的管理工具。它的实施在宏观上有赖于市场经济的完善。在微观层面上，实施ERP除需要计算机硬件、软件系统以外，还需要以下基本条件。

1）客观需要是企业实施ERP的动力。企业要实施ERP必须有明确的目的和需求，才能有的放矢地引入所需要的系统并坚持实施。

2）组成以企业主管领导为首的决策机构，是实施成功的重要条件。

3）完整和准确的数据是ERP实施的基础。

4）教育培训提高职工队伍素质，是实施ERP的重要保证。

第四节　清洁生产与绿色制造

一、产生的背景

以蒸汽机为代表的第一次工业革命开创了人类的大机器工业时代；以电机为代表的第二次工业革命使人类进入了电气化时代；以互联网计算机为代表的第三次工业革命迅速席卷全球。通过三次革命，工业制造为人类带来巨大财富的同时，也产生了众多的不良影响，其中表现最为明显的就是环境污染。

工业生产过程中所形成的废气、废水和固体排放物对环境的污染，不仅破坏了生物的生存环境，而且直接危害人类的健康。据国际能源署（International Energy Agency，IEA）的最新数据显示，2014年全球二氧化碳的排放量为323亿吨，达到了历史最高值。我国自改革开放以来，从贫穷落后的状态一跃成为"世界制造工厂"，以电子产品为例，有近200项电子产品产量位居世界首位，全球超1/3的电子产品产自中国，但是也有70%的电子垃圾流向中国，中国已成为世界最大的电子垃圾场，而非生态的分解方式使得铅、镉、水银、塑料等大量有毒物质进入土壤、污染水源。

传统大规模工业制造为人类带来巨大财富的同时，也带来了严重的环境问题，导致这一发展模式的不可持续性；在这一背景下，国家制定了更加绿色的工业发展规划，出台了更加严格的环保法规；同时，绿色制造也是企业发展的内在要求。所有这些都说明，企业的制造管理不能是原先的粗放式生产管理，而应实施绿色制造管理。

情景剧：绿色制造（视频）

二、清洁生产与绿色制造的概念

1. 概念的提出

清洁生产、绿色制造的概念生成可追溯到 20 世纪 60 年代，始于人们对工业繁荣背后人与自然的冲突的系统研究。1962 年，美国生物学家卡森出版了《寂静的春天》（*Silent Spring*）一书，用触目惊心的案例、生动的语言披露了大量使用杀虫剂对人与环境产生的危害，敲响了工业社会生态危机的警钟；1968 年，来自 10 个国家的约 30 名科学家、教育家、人类学家，聚集在罗马山猫科学院，成立了罗马俱乐部，经过一系列持续地研究，在 1972 年公开发表了《增长的极限》（*The Limits to Growth*）的研究报告，报告中提出了"自然界的资源供给与环境容量无法满足外延式经济增长模式"的观点，同年，联合国人类环境会议发表了《人类环境宣言》，郑重声明"人类只有一个地球"。1987 年，世界环境与发展委员会提交了《我们共同的未来》（*Our Common Future*）的报告，正式提出了"既满足当代人的需要，又不对后代人满足其需要的能力构成危害"的可持续发展战略；此后，由各国政府参与并陆续通过了《里约环境与发展宣言》《21 世纪议程》和《可持续发展世界首脑会议执行计划》，确定经济、社会、环境是可持续发展不可或缺的三大支柱。

在这一过程中，人们也对制造业重新进行了审视，认识到制造业一方面是创造人类财富的支柱产业，另一方面是当前环境污染的主要源头。因此，可持续制造、环境和谐制造、环境意识制造、环境负责制造和清洁生产等一系列与绿色制造相近的概念也陆续形成，而但比较系统地提出绿色制造的概念、内涵和主要内容的文献是美国制造工程师学会于 1996 年发表的《绿色制造蓝皮书》（*Green Manufacturing*）。此后，绿色制造及其相关问题的研究非常活跃，众多学者和研究机构对绿色制造及相关问题进行了大量的研究，形成了一系列成果。

传统制造业在将资源转化为产品的制造过程及产品使用和处理过程中，同时产生废弃物和噪声、废气、污水等环境污染物，而这一过程是一个如图 10-4 所示的开环结构，制造企业仅关注产品生产活动本身。

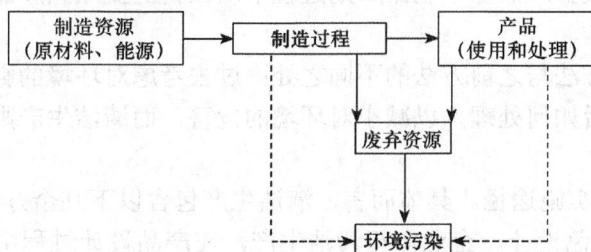

图 10-4 传统制造业对环境的影响

2. 清洁生产

（1）清洁生产的概念

清洁生产（cleaner production）在不同的发展阶段或者不同的国家有不同的叫法，如"废物减量化""无废工艺""污染预防"等。《中国 21 世纪议程》将清洁生产定义为："清洁生产是指既可满足人们的需要又可合理使用自然资源和能源并保护环境的实用生产方法和措施，其实质是一种物料和能耗最少的人类生产活动的规划和管理，将废物减量化、资源化和无害化，或消灭于生产过程之中。同时对人体和环境无害的绿色产品的生产亦将随着可持续发展进程的深入而日益成为今后产品生产的主导方向。"

虽然不同视角下存在不一样的表述，但其基本内涵是一致的，即对产品和产品的生产过程服务采取预防污染的策略来减少污染物的产生。或者说，清洁生产的定义包含两个全过程控制：生产全过程和产品整个生命周期全过程。对生产过程而言，清洁生产包括节约原材料与能源，尽可能不用有毒原材料并在生产过程中减少它们的数量和毒性；对产品而言，则是从原材料获取到产品最终处置过程中，尽可能将对环境的影响减少到最低。

清洁生产从本质上来讲，就是对生产过程与产品采取整体预防的环境策略，减少或者消除它们对人类及环境的可能危害，同时充分满足人类需要，使社会经济效益最大化的一种生产模式。具体措施包括不断改进设计；使用清洁的能源和原料；采用先进的工艺技术与设备；改善管理；综合利用；从源头削减污染，提高资源利用效率；减少或者避免生产、服务和产品使用过程中污染物的产生和排放。清洁生产是实施可持续发展的重要手段。

（2）清洁生产的目标和实施途径

1）清洁生产的目标。根据经济可持续发展对资源和环境的要求，清洁生产谋求达到以下两个目标。

① 通过资源的综合利用、短缺资源的代用、二次能源的利用，以及节能、降耗、节水，合理利用自然资源，减缓资源的耗竭。

② 减少废物和污染物的排放，促进工业产品的生产、消耗过程与环境相融，降低工业活动对人类和环境的风险。

对生产过程而言，清洁生产包括节约原材料和能源，淘汰有毒有害的原材料，并在全部排放物和废物离开生产过程以前，尽最大可能减少它们的排放量和毒性。对产品而言，清洁生产旨在减少产品整个生命周期过程中从原料的提取到产品的最终处置对人类和环境的影响。

清洁生产思考方法与之前方法的不同之处：过去考虑对环境的影响时，把注意力集中在污染物产生之后如何处理，以减小对环境的危害，而清洁生产则要求把污染物消除在它产生之前。

2）清洁生产的实施途径。具体而言，清洁生产包含以下几个方面的微观措施。

① 实施产品绿色设计。企业实行清洁生产，在产品设计过程中，一要考虑环境保护，减少资源消耗，实现可持续发展战略；二要考虑商业利益，降低成本、减少潜在的

责任风险，提高竞争力。具体做法是，在产品设计之初就注意未来的可修改性，容易升级及可生产几种产品的基础设计，提供减少固体废物污染的实质性机会。产品设计要达到只需要重新设计一些零件就可更新产品的目的，从而减少固体废物。在产品设计时还应考虑在生产中使用更少的材料或更多的节能成分，优先选择无毒、低毒、少污染的原辅材料替代原有毒性较大的原辅材料，防止原料及产品对人类和环境的危害。

②　实施生产全过程控制。清洁的生产过程要求企业采用少废、无废的生产工艺技术和高效生产设备；尽量少用、不用有毒有害的原料；减少生产过程中的各种危险因素和有毒有害的中间产品；使用简便、可靠的操作和控制；建立良好的操作规范（good manufacturing practices，GMP）、卫生标准操作程序（sanitation standard operation procedure，SSOP）和危害分析与关键控制点（hazard analysis and critical control point，HACCP）；组织物料的再循环；建立全面质量管理系统（total quality management system，TQMS）；优化生产组织；进行必要的污染治理，实现清洁、高效的利用和生产。

③　实施材料优化管理。材料优化管理是企业实施清洁生产的重要环节。选择材料，评估化学使用，估计生命周期是提高材料管理的重要方面。企业实施清洁生产，在选择材料时要关心再使用与可循环性，具有再使用与再循环性的材料可以通过提高环境质量和减少成本获得经济与环境收益；实行合理的材料闭环流动，主要包括原材料和产品的回收处理过程的材料流动、产品使用过程的材料流动和产品制造过程的材料流动。

原材料的加工循环是自然资源到成品材料的流动过程，以及开采、加工过程中产生的废弃物的回收利用所组成的一个封闭过程。产品制造过程的材料流动，是材料在整个制造系统中的流动过程，以及在此过程中产生的废弃物的回收处理形成的循环过程。制造过程的各个环节直接或间接地影响材料的消耗。产品使用过程的材料流动是在产品的寿命周期内，产品的使用、维修、保养及服务等过程和在这些过程中产生的废弃物的回收利用过程。产品的回收过程的材料流动是产品使用后的处理过程，其组成主要包括可重用的零部件、可再生的零部件、不可再生的废弃物。在材料消耗的各个环节里，都要将废弃物减量化、资源化和无害化，或消灭在生产过程之中，不仅要实现生产过程的无污染或不污染，而且要使生产出来的产品也没有污染。

3．绿色制造

（1）绿色制造的概念

综合现有文献的观点和研究，我们将绿色制造定义如下：绿色制造是一种综合考虑环境影响和资源消耗的现代制造模式，其目标是使产品在设计、制造、包装、使用到报废处理的整个生命周期内，对环境负面影响小、资源利用率高、综合效益大，使得企业经济效益与社会效益得到协调优化。绿色制造涉及制造问题、环境保护问题和资源优化利用问题，是一个多领域交叉学科。因此，绿色制造是一个涉及产品全生命周期、考虑制造业资源和环境问题的复杂系统工程问题，其概念示意如图10-5所示。

（2）绿色制造的理论体系

绿色制造的理论体系可以从可持续发展战略、资源主线论、运行特征、决策属性和

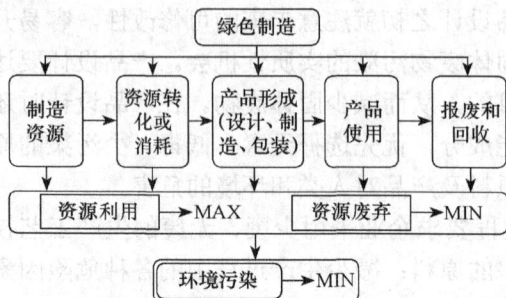

图 10-5　绿色制造概念的示意

集成特性这五个方面来理解。

1）可持续发展战略。学者们普遍使用可持续发展的"三度"理论来解析可持续发展战略理论内涵的基础。在该理论中，可持续发展战略的发展度是指人类社会发展的程度；而持续度是从"时间维"上去把握发展度，强调人类长远发展的需要；协调度强调了发展度与持续度的平衡关系，强调了当代人的利益与子孙后代利益的协调。

以此为基础，学者们进而形成了绿色制造的"三度"理论来表述其可持续发展理念。

首先，将"绿色制造"分解为"绿色"和"制造"。其中，"制造"的目的是创造财富，推动人类社会的发展，因此，"制造"应对应"发展度"；结合制造业的特点，可用"生产度"来代替"发展度"。"绿色"强调的是"环境影响极小""资源效率极高"，应与"持续度"相对应；结合制造业的特点，以及绿色工艺、绿色产品等一系列的习惯性叫法，可用"绿色度"来代替"持续度"。而"协调度"表示"绿色度"与"生产度"的协调关系。因此，绿色制造中的"三度"变为"生产度""绿色度"和"协调度"，可持续发展战略就是指"生产度""绿色度"和"协调度"的平衡发展。

2）资源主线论。环境问题的主要根源是资源消耗后的废弃物。制造业在将制造资源转变为产品的制造过程中及产品的使用和处理过程中，同时产生废弃物，废弃物是制造业对环境污染的主要根源。由于制造业量大面广，因而对环境的总体影响很大。

因此，绿色制造的根本途径是优化制造资源的流动过程，使得资源利用率尽可能高，废弃资源尽可能少，这就是所谓的资源主线论。

3）运行特征。

① 物流的闭环性。传统制造的物料流是一个开环系统。物料流的终端是产品使用到报废为止。绿色制造的物料流是一个闭环系统，其中开环物料流和产品报废后的反馈形成大闭环系统，在此过程中，又可能形成若干小闭环系统，如绿色包装，加上包装件的回收就形成了一个小闭环系统。

② 产品生命周期的外延性（时间维特性）。传统制造中的产品生命周期是到产品使用报废为止。绿色制造则将产品生命周期大大外延，提出了产品多生命周期和产品多生命周期工程的概念。

产品多生命周期工程是指从产品多生命周期的时间范围来综合考虑环境影响与资源综合利用问题和产品寿命问题的有关理论及工程技术的总称，其目标是在产品多生命周期时间范围内，使产品循环利用的时间最长，对环境的负影响最小，使资源综合利用率最高。

③ 产品系统空间的外延性（空间维特性）。国际生产工程学会（CIRP）1990 年公布的定义："制造系统是制造业中形成制造生产（简称生产）的有机整体；具有设计、生产、发运和销售的一体化功能。"从中可看出，制造系统的主要空间范围还在企业内部，当然

与外部有着各种物料、信息和能量的交换。

　　绿色制造及相应的绿色制造系统将传统制造系统的空间范围大大外延，与外部的各种交换也大大拓展。

　　4）决策属性。制造中的决策属性（decision attributes）主要指企业在制造决策过程中需要考虑的主要因素或追求目标。

　　传统制造常用的决策属性为"TQCF 四面体模型"，即 T（time）——制造系统对市场的快速响应能力；Q（quality）——产品质量；C（cost）——成本；F——制造系统柔性。

　　而对于绿色制造，因为产品制造过程要实现对市场的快速响应，必须要求系统柔性化程度高；属性 T 中实际隐含了对 F 的要求，因此减少了 F。同时，决策模型中增加了 E 和 R，分别代表环境影响（environmental impact）和资源消耗（resource consumption）。

　　5）集成特性。由于绿色制造的综合性，决定了它的集成特性，包括领域的集成、问题的集成、效益的集成、信息的集成和过程的集成。具体包括以下内容。

　　① 绿色制造是制造、环境、资源三个领域的集成，这在前面已提及。

　　② 绿色制造的内容涉及产品整个生命周期的所有问题，因此，绿色制造是绿色设计、绿色材料、绿色工艺、绿色包装、绿色处理这"五绿"问题的集成。

　　③ 绿色制造不仅是一种社会效益显著的行为，也是企业取得显著经济效益的有效手段，是效益的集成。

　　④ 绿色制造系统除了涉及普通制造系统的所有信息及其集成考虑外，还特别强调与资源消耗信息和环境影响信息有关的信息应集成地处理和考虑，并且将制造系统的信息流、物料流和能量流有机地结合，是信息的集成。

　　⑤ 绿色制造所揭示的概念表明，绿色制造覆盖了产品生命周期的每一过程，是过程的集成。

三、与相关概念的区别

　　与传统制造所体现出来的开环系统不同，绿色生产、绿色制造，甚至生态责任制造等概念中，工业产品是一个闭环系统，但各概念之间仍然有较大的区别和侧重点。

　　从定义来看，企业的绿色制造管理不是某个岗位、某个部门的工作，而是基于产品从资源到回收物的全过程管理。如果把产品的整个生命周期所涉及的资源供应单位、生产企业、主管部门、消费市场等视为一个系统，那么绿色制造与其相近的概念可用图 10-6 来表示：绿色生产（或清洁生产）是指某个生产部门对制造过程的管理过程；绿色制造是企业对产品设计、制造过程、产品回收（设计）的全过程管理；而生态责任制造是该产品全系统参与者对产品设计、制造过程、产品回收的综合管理，更像一个行业的宏观管理体系。

四、绿色制造的重点内容

1. 绿色制造的主要研究内容

　　要实现绿色制造所定义的目标，我们需要研究和实践的内容很多，总体来说包含以

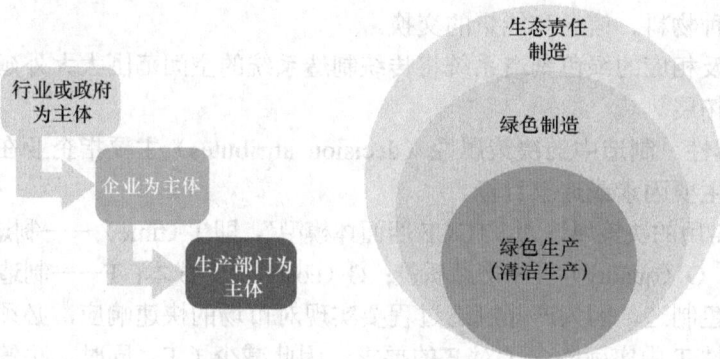

图 10-6　相关概念的区别示意

下内容。

1）由理论体系、生命周期工程、系统运行模式和物能资源系统所组成的绿色制造理论体系和总体技术。

2）由绿色设计、绿色材料选择、绿色工艺规划、绿色包装和绿色处理所组成的绿色制造专题技术。

3）由绿色制造数据库和知识库、环境影响评价系统、绿色 ERP 和供应链、实施工具所组成的绿色制造支撑技术。

2. 绿色制造运行模式

从绿色制造理论体系可以看出，绿色制造在企业的运行与实施中不仅是一个技术问题，也是一个管理问题、一个企业文化问题和战略问题。绿色制造的运行模式如图 10-7 所示。

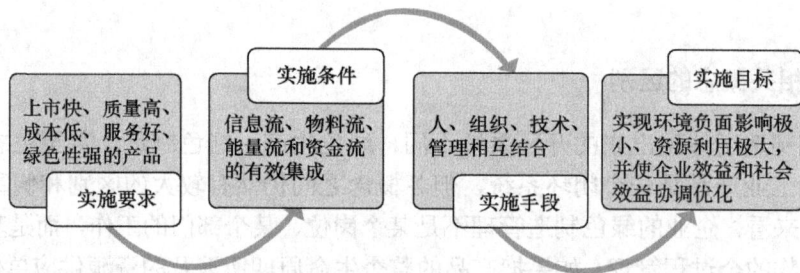

图 10-7　绿色制造的运行模式

这一过程的实现，可以用一个五层结构来构建企业绿色制造运行模式，即战略目标层、过程目标层、设计过程主线层、生命周期过程主线层和支撑系统层。

3. 绿色制造实施方法和工具

在企业实施绿色制造过程中，需要使用具体的方法来解决实际问题。例如，如何选择、制定绿色制造战略；如何评价产品的能源消耗和环境影响，进而实现过程优化，等等。而物料资源消耗模型法、基于投入产出的能耗分析法、生命周期评价法等方法已在实际应用中得到了验证，这里，我们简要地来了解下生命周期评价法。

生命周期评价（life cycle assessment，LCA）法的定义根据研究目标的不同有一定差异，目前较为认可的定义如下：对一种产品及其包装物、生产工艺、原材料、能源或其他某种人类活动行为的全过程，包括原材料的采集、加工、生产、包装、运输、消费和回用及最终处理等，进行资源和环境影响的分析与评价。因此，可以说生命周期评价法是对产品"从摇篮到坟墓"全过程产生的环境相关问题进行评估的方法。

生命周期评价法出现于 20 世纪 60 年代末，美国中西部研究所（Mid West Research Institute，MRT）对可口可乐公司饮料容器全生命周期所进行了影响评估。目前生命周期评价法已发展成为一种产品环境特征分析和决策工具，并逐渐应用到各个层次和领域，被认为是 21 世纪最具潜力的环境管理工具。生命周期评价是指对一个产品系统的生命周期中输入、输出及其潜在环境影响的汇编和评价，它的应用包括互相联系、不断重复进行的四个步骤，即目的和范围的确定、清单分析、影响评价和结果解析及优化，如图 10-8 所示。

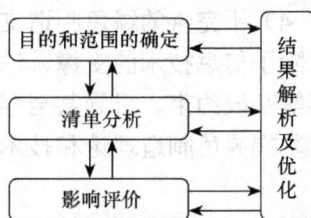

（1）目的和范围的确定

生命周期评价法需要确定评价的目标和范围：目标定义主要明确实施生命周期评价法的原因和应用意图；范围界定则主要描述所研究产品系统的功能单位、系统边界、数据分配程序、数据要求及原始数据质量要求等。这一过程也需随着评价的深入而不断调整和完善。

図 10-8　生命周期评价法的实施步骤

（2）清单分析

清单分析是为了得到各阶段的生命周期输入和输出清单，主要包括数据的收集和计算，以此来量化产品系统中的相关输入和输出。清单数据包括产品产出、原料、能源消耗、"三废"排放等。

（3）影响评价

环境影响评价包括数据分类、特征化、标准化、加权评估四个步骤。经分类后，通过特征化处理将每一个影响类目中的不同物质转化和汇总成统一的单元，得到不同生产环节对温室效应、酸化效应、人体毒性和能量消耗的影响。

特征化数据再经标准化后，使不同环境影响有了比较相对大小的依据，进而对不同环境影响的标准化赋予权值，形成不同环境影响类型的环境影响潜值。

（4）结果解析及优化

对各环境影响潜值进行解析，并对结果进行评估，包括完整性、敏感性和一致性检查，进而给出结论、局限和建议，实施生产优化工作。

4．绿色制造影响因素

绿色制造的应用同样面临不少障碍，这里我们综合现有相关研究成果，将绿色制造的影响因素整理为以下几点。

（1）不成熟的绿色制造技术体系

在工业制造领域，传统生产工艺和技术仍然占据主要地位，绿色设计、绿色工艺、绿色包装、绿色材料选择及绿色处理（含再制造）等绿色制造专题技术，缺乏成熟的生产工艺、技术方法、软件工具的支持，制约着绿色制造的推广实施。

（2）不环保的绿色制造观念和意识

不少制造企业观念上仍然认为环保是政府相关机构的事，在转型发展的短期成本面前，难以启动绿色制造的技术改造，仍然沿用传统粗放式制造模式；消费者环保意识不强，轻视产品回收、垃圾分类处理等绿色措施。

（3）不完整的绿色制造资源主线

面向产品全生命周期的绿色制造要求一系列完整的资源主线，包括制造过程副产品、最终废弃物等都应有具体的回收、处理措施和设施，而当前大部分工业产品缺乏这一完整的生产—回收体系。

（4）不完善的绿色制造支撑体系

除了信息技术的支撑、法律制度的保障，绿色制造的发展还需要金融、政策和行业标准等手段约束、引导甚至强制推行，也需要形成绿色制造学科和人才培养体系，培养一批掌握绿色制造理论和技术的专门人才。

第五节　质量管理体系

一、质量管理体系及认证

1．质量管理体系

生产管理的最终目的是产品的实现，产品质量的保证。而质量管理是在质量方面指挥和控制组织的协调活动，通常包括制定质量方针、目标，以及质量策划、质量控制、质量保证和质量改进等活动。实现质量管理的方针目标，有效地开展各项质量管理活动，必须建立相应的管理体系，这个体系就称为质量管理体系。

质量管理体系是指企业内部建立的、为保证产品质量或质量目标所必需的、系统的质量活动。它根据企业特点选用若干体系要素加以组合，加强从设计研制、生产、检验、销售、使用全过程的质量管理活动，并予制度化、标准化，成为企业内部质量的要求和活动程序。

2．质量管理体系的认证

针对质量管理体系的要求，国际标准化组织（International Organization for Standardization，ISO）的质量管理和质量保证技术委员会制定了 ISO 9000 族系列标准，以适用于不同类型、产品、规模与性质的组织，该类标准由若干相互关联或补充的单个标准组成。贯彻 ISO 9000 族标准已被众多企业所看重，成为企业证明自己产品质量、工作质量的一种"护照"。而质量管理体系认证是指所有经认可的认证机构发放认证证书的过程。

一个企业如果要得到相应认证机构的认证，一般会经历以下几个流程。

（1）策划与设计

企业根据自身特点，由最高管理层组建队伍、制定策略，并结合相关质量出版物、软件工具、第三方机构实施并注册质量管理体系。

（2）撰写质量手册并投入实施

撰写质量手册，列出企业对质量管理的要点，并建立支持性文件；通过沟通和培训，在企业内部落实质量手册，做到所有执行程序的人都要收集记录以证明，按质量手册规定的执行管理活动。

（3）申请认证

在此阶段认证机构将审核企业的质量管理体系，并建议是否发证。一旦企业获得认证并拿到证书，就可以对外宣传自己的企业已成功获得认证。为保证认证资格企业需要继续实施所有质量体系，认证机构要定期对标准执行情况进行检查。

二、ISO 9000 质量管理体系

全球经济的发展，要求贸易中质量管理及质量保证要有共同的语言和准则，作为质量评价所依据的基础。为适应全球性质量体系认证的多边互认、减少技术壁垒和贸易壁垒的需要，国际标准化组织在总结世界各国，特别是工业发达国家质量管理的基础上，通过协调各国质量标准的差异，于 1987 年发布 ISO 9000《质量管理和质量保证系列国际标准》，并于 1994 年发布 ISO 9000 族国际标准版本（ISO 9000 Family）。

ISO 9000 族标准发布以来，得到 100 多个国家和地区的采用，并转化为该国的国家标准，至 1999 年年底已有 30 多万个企业通过了认证，其应用的广泛和影响的深远前所未有。中国于 1988 年等效采用 ISO 9000 标准，1992 年将等效采用改为等同采用，1994 年等同采用 ISO 9000 族标准版本，至 1999 年年底已有 15 000 多家企业通过了认证。1995 年，ISO/TC 176 国际标准化组织技术委员会针对 ISO 9000 族标准的适应性及世界重大变化对其的影响，进行广泛的调查和分析，提出了 2000 年改进设想，并于 2000 年下半年发布更加协调和完善的 ISO 2000 新版本，要点是正确处理质量保证标准（ISO 9001）与质量管理标准（ISO 9004）的关系，使两者间可以对照使用。

2000 版 ISO 9000 族标准包括以下一组密切相关的质量管理体系核心标准。

1) ISO 9000《质量管理体系结构基础和术语》，表述质量管理体系基础知识，并规定质量管理体系术语。

2) ISO 9001《质量管理体系要求》，规定质量管理体系要求，用于证实组织具有提供满足顾客要求和适用法规要求的产品的能力，目的在于增强顾客满意。

3) ISO 9004《质量管理体系业绩改进指南》，提供考虑质量管理体系的有效性和效率两个方面的指南。该标准的目的是促进组织业绩改进和使顾客及其他相关方满意。

三、绿色制造质量管理体系

1. 相关质量管理体系的介绍

如何实施和运作绿色制造，是一个系统性和综合性很强的问题，当前也有众多的研究、认证机构对绿色制造的实施提供了技术服务和认证。如表 10-2 所示，国际标准化组

织下的能源管理委员会和环境管理技术委员会分别制定了能源管理体系标准、环境管理体系标准，国内外众多科研机构对具体领域的绿色制造实践开展了研究，也为众多企业制造转型提供了支持。

表 10-2　绿色制造相关质量管理体系示例

机构名称	主要工作	提供的服务或认证
国际标准化组织能源管理委员会	制定能源管理体系标准	能源管理体系 ISO 50001 认证标准
国家标准化组织环境管理技术委员会	制定环境管理体系标准	环境管理体系 ISO 14001 认证标准
加州大学伯克利分校绿色设计与制造联盟	从事污染控制、面向环境设计和环境管理等学科领域研究	环境价值分析、电子产品回收和生命终期管理、工艺设计和规划、生命周期评价
麻省理工环境友好制造小组	产品设计、制造等环节的资源环境问题研究	制造工艺环境分析、产品回收系统设计、生产使用和效率评价
剑桥大学制造中心（可持续研究团队）	温室气体排放、再生原料等研究	绿色工艺设计、可持续生产的知识管理和技术管理、逆向物流供应链等
清华至卓绿色制造研发中心	绿色设计与制造理论及方法、绿色设计与制造技术研究	绿色设计与制造技术支持及推广、绿色设计与制造普及教育及专业人才培养、绿色设计与制造技术咨询
合肥工业大学绿色设计与制造工程研究所	机电产品绿色设计与绿色制造、废旧产品再资源化理论与方法、再制造设计与再制造工艺技术及装备研究	绿色设计软件工具、家电产品绿色性能评估软件工具、线路板回收技术等技术支持
重庆大学制造工程研究所	绿色制造理论体系和技术体系、绿色工艺及评价与决策、机床再制造等研究	绿色制造理论和技术支持、绿色工艺规划应用支持系统、机床再制造技术体系、规范流程和产业化应用示范
山东大学可持续制造研究中心	绿色制造、高效制造等基础理论和应用技术方面的创新性研究	制造业节能、低碳、环保的先进理念和技术推广与应用

2. ISO 14000 环境管理系列标准

国际标准化组织于 1993 年 6 月成立了 ISO/TC 3207 环境管理技术委员会，正式开展环境管理系列标准的制定工作，以规划企业和社会团体等所有组织的活动、产品和服务的环境行为，支持全球的环境保护工作。ISO 14000 环境管理系列标准是国际标准化组织继 ISO 9000 标准之后推出的又一个管理标准。该标准由 ISO/TC 207 的环境管理技术委员会制定，有 14001～14100 共 100 个号，统称为 ISO 14000 环境管理系列标准。

ISO 14000 环境管理系列标准融合了世界上许多发达国家在环境管理方面的经验，是一种完整的、操作性很强的体系标准，包括为制定、实施、实现、评审和保持环境方针所需的组织结构、策划活动、职责、惯例、程序过程和资源。其中 ISO 14001 是环境管理体系标准的主干标准，它是企业建立和实施环境管理体系并通过认证的依据 ISO 14000 环境管理体系的国际标准，目的是规范企业和社会团体等所有组织的环境行为，以达到节省资源，减少环境污染，改善环境质量，促进经济持续、健康发展的目的。ISO 14000 系列标准的用户是全球商业、工业、政府、非营利性组织和其他用户，其目的是用来约束组织的环境行为，达到持续改善的目的，与 ISO 9000 系列标准一样，对消除非关税贸易壁垒即"绿色壁垒"，促进世界贸易具有重大作用。

问答题

1. 生产管理的任务和意义有哪些？
2. 如何理解生产、运作、生产运作管理的内涵？
3. 如何理解生产计划、生产作业计划的区别？
4. 什么是 MRP？MRP 的基本思想是什么？
5. 简述清洁生产、绿色制造及相关概念的区别。

能力训练题

1. 选择一个制造企业或者服务设施，对其选址问题进行调研，并提出建议。
2. 针对制造企业的转型发展，结合绿色制造相关知识点，选择并分析一个企业在"绿色"转型发展中可能会遇到的问题，并提出相应措施。
3. 在本章生命周期评价法的学习基础上，在课外对其进行扩展学习，并分析如何利用该方法对身边的工业产品进行资源和环境影响评价。

案例分析

格力的"总经理十二条禁令"

课后阅读

绿色制造引领东风公司可持续发展之路

拓展阅读

亨利·福特，2010. 我的工作和生活. 李伟，译. 北京：新世界出版社.

潘家铭，2011. 现代生产管理学. 3 版. 北京：清华大学出版社.

《关于印发〈绿色制造 2016 专项行动实施方案〉的通知》（工信部节〔2016〕113 号）：www.miit.gov.cn/n1146290/n4388791/ c4719303/content.html.

ISO 14000-Environmental management:www.iso.org/iso/publication/PUB100238.html.

ISO 9000-Quality management:www.iso.org/iso-9001-quality-management.html.

Steven A. M.，Richard T. S.，1996. 绿色制造蓝皮书. 迪尔伯恩：制造工程师学会计算机和自动化系统协会（SME/CASA）.

第十一章
企业营销管理

第十一章

知识目标

1. 熟悉营销管理要素的概念。
2. 了解市场调研与预测的方法和步骤。
3. 掌握 STP 战略方法和步骤。
4. 熟悉营销 4P 策略的内涵。
5. 熟悉绿色营销的定义、内涵，并掌握绿色营销策略组合。

能力目标

1. 应用 STP 战略方法进行相关分析。
2. 应用营销战略开展企业市场调研、消费者行为分析。
3. 应用营销 4P 策略制定企业的营销策略。

关 键 词

市场 营销 调研 STP 战略 购买行为 4P 策略 绿色营销

---| 导入案例 |---

耐克（NIKE）公司的绿色营销

NIKE 是全球著名的体育运动品牌，英文原意指希腊胜利女神，中文译为耐克。公司总部位于美国俄勒冈州波特兰市。公司生产的体育用品包罗万象，如服装、鞋类、运动器材等。2016 年 6 月 8 日，《2016 年 BrandZ 全球最具价值品牌百强榜》公布，耐克排第 24 名。

2005 年开始，耐克特别设计了一个强调可持续环保概念的运动鞋系列 The Considered。这个系列的产品不使用人造鞋材，能够尽可能地减少运输过程中需要消耗的能量，降低对气候变化的影响。例如，与耐克的典型产品相比，在生产过程中的溶剂使用减少了 80% 以上；各式鲜艳夺目的产品颜色来源于植物染料，传递宛如赤足的舒适感；鞋面和鞋带用的是纤维和聚酯；尽量减少使用有毒的胶粘；鞋的外底用到了"让旧鞋用起来"活动中生产出来的研磨橡胶产品。

2007 年第三代 The Considered 产品的设计更关注喜欢到户外去寻找乐趣的年轻一代。"水猫"

是一款水鞋名称，虽然制造该款鞋的使用材料量降低到了最小限度，该鞋仍然保持了对脚后跟、脚踝和脚趾的适当支持和保护；"倾盆大雨"也是一款水鞋，它比许多传统鞋的鞋层少，鞋面只是单薄的网眼层，整双鞋采用了"锁定在一起"加工手法，自然减少了对有毒胶粘的依赖。

所有这些活动让耐克的品牌形象不但有了积极进取的精神，而且得到了环保人士的青睐。调查表明，耐克被消费者认为是最环保的运动产品品牌之一。

每年，全球都会有数百万双运动鞋被遗弃在路上，或者以其他方式被处理掉。这不仅是巨大的浪费，而且这些产品不可降解，还会对环境造成污染。这些旧鞋中还有一些有价值的材料，只要发挥想象，在天才的设计师手里它们就可以变废为宝，从而实现可持续的环保理念。耐克很快推出了"让旧鞋用起来"活动——用创新的方法和先进的回收技术创建高质量的运动场地，现在已发展成为耐克一项长期的环境保护社区项目。

到 2007 年 6 月为止，耐克已经回收了超过 2000 万双各种品牌的旧运动鞋，在全球捐赠了超过 170 个运动场地，包括 250 个社区的"让我玩"投资项目的运动场地，打造社区，促进积极的社会变化。这些正体现了耐克曾经声明过的两个目标：扫除浪费和促进年轻一代多参加运动，从而提高生活质量。

"让旧鞋用起来"活动已扩展到了许多国家，加拿大、英国、荷兰、德国、澳大利亚和日本，而且还在继续扩大。而相应的信息都有网站可以查询，使得这项工作可以更好、更快地进行下去。耐克的这一项目吸引了众多媒体的聚焦，使其成为运动产业产品回收的典范。2006 年，耐克荣获 G-ForSE 环境大奖。在塑造积极健康生活方式的同时，耐克还赢得了绿色的美誉。

耐克公司的终极愿景是设计出可以全面循环的产品：产品的生产使用最少的材料、分解方便，便于回收利用并制造成其他产品，或者在产品生命周期结束之后可以安全地回归大自然。

（资料来源：http://abc.wm23.com/xiaohuiyi/92750.html.）

思考：耐克公司的绿色营销具有哪些特点？

第一节　市场营销概述

一、市场

1. 市场的定义

市场（market）是什么？在日常生活中，人们习惯将市场看成是买卖商品的场所，如大型购物商场、农村集市、批发中心、网络购物交易平台、证券交易所等。这是市场在时间和空间上的概念，是人们从现实中能感知到的交易活动。诺贝尔经济学奖获得者、美国经济学家保罗·A. 萨缪尔森（Paul A. Samuelson）在《经济学》第十六版中提出："市场是买者和卖者相互作用共同决定商品或劳务的价格和交易数量的机制。"企业是市场经济活动中的主体之一，消费者是市场经济活动的另一主体，二者围绕商品需求和供给展开的基于价格认同、公平交换的原则而进行的社会活动就是企业营销活动。市场营销学主要研究作为销售主体的企业的市场营销活动，在此过程中，企业从产品设计、生产、运输到销售推广等整个营销活动，就是为了满足作为买方的消费者的需求，以实现企业的经营目标。因此，从企业角度讲，市场就是对某种商品或服务的现实购买需求和潜在购买需求的总和。

2．市场的产生与发展

市场产生于需求，在原始社会时代，社会生产力水平极其低下，很少有剩余物品，没有交换的条件，因此也形成不了市场。随着人类文明的进步，人类掌握了改造自然和发展自然的能力，剩余物品逐渐增多，为了获得自身需要的物品，人类开始用自己的物品去交换别人的物品，市场从交换开始出现而逐渐发展起来。市场的发展大致经历了四个时期：第一个时期为社会大分工时期，即游牧业与农业的分离，这个时期原始市场开始出现，主要表现为物与物之间的交换。第二个时期是手工业时期，这个时期产生了以交换为目的的商品生产，一部分人脱离了农业生产成为满足各类需求的原始工商业主。第三个时期出现了专门从事商品流通而不从事生产的商人，商人从生产者那里购进商品，然后在市场上转售给其他买主。随着市场上商品交易的品种和数量的扩大，进而出现了从事商品流通的行业，发展了现代市场的各种机能。第四个时期是互联网时期，互联网的出现为商品交易提供了更大、更便捷的平台，使商品从生产到消费者手中的时间缩短，提升了商品交易的效率，减少了商品的流通时间，剔除了多层分销商渠道，实现了生产者和消费者的面对面，这个时期将很长一段时间影响未来市场活动，对满足需求个性化的实现提供了可能。未来市场发展趋势将不再是按照生产者的想法来生产商品，而是根据消费者的需求特点，按照商品的要求提供个性化定制生产。

3．市场的构成要素

从市场营销学的观点来看，企业希望的市场是这样的：它是一个有现实需求的有效市场，它具备人口、购买力和购买欲望三个要素，作为现实有效的市场，这三个要素缺一不可。因此有市场营销学家把市场用简单的公示概括为

市场＝人口＋购买力＋购买欲望

人口是构成市场的基本要素，哪里有人哪里就有消费，有消费就有市场。购买力是人们支付商品或劳务价格的能力购买力高低由购买者收入的多少决定。一般购买者收入越高，购买力就越高；反之，则越低。购买欲望是指消费者购买商品的动机、意愿和要求，它是消费者把潜在的购买欲望变为现实购买行为的主要条件。市场的这三个因素相互制约、缺一不可，只有三者结合起来才能构成有效的现实市场。

从不同角度区分的市场如表 11-1 所示。

表 11-1　从不同角度区分的市场

划分标准	类型
按商品交换的地理区域分	国际市场：欧洲、美洲、中东等 国内市场：东北、华北、西南等 城乡：城市市场、农村市场

续表

划分标准	类型
按不同商品的交换场所分	粮食、金属、矿产、蔬菜市场等
按不同商品购销方式的场所分	批发、零售、商场、购物中心等
按虚拟与现实购物平台分	线上、线下、直销、微商场等

二、市场营销

1. 市场营销的定义

市场营销（marketing）一词在中国有译为"销售""行销"的，有译为"市场经营""市场营销"和"营销"的。最终经过国内理论界的反复研讨，认为"marketing"是动名词，因此译成"市场营销"，本书中的"市场营销"和"营销"具有相同的含义。市场营销是一种企业在市场环境中从事的经营活动，是在市场营销观念指导下产生的一种现代企业行为。美国营销学者菲利普·科特勒（Philip Kotler）对市场营销的核心概念描述为："市场营销是个人或群体通过创造、提供并同他人交换有价值的产品，以满足各自的需要和欲望的一种社会活动和管理过程。"这个核心概念包含的要素如图 11-1 所示。

图 11-1　市场营销的核心

麦卡锡（McCarthy）把市场营销定义为一种社会经济活动过程，其目的在于满足社会或人类需要，实现社会目标。美国市场营销协会（American Marketing Association，AMA）定义委员会在 1960 年给市场营销这样定义："市场营销是引导产品及劳务从生产者到达消费者或使用者手中的一切企业经营活动。"这一定义以产品制成后作为市场营销的起点，以送达消费者手中为终点，把市场营销仅仅看作沟通生产环节与消费环节的商业活动过程，因而此定义存在明显的局限性。

随着社会经济的发展和人类认识的深化，市场营销的内涵和外延已经极大地丰富和扩展，已经按照供应链的模式在发展，向前延伸到生产领域和生产前的各种活动，向后延伸到流通结束后的消费过程，甚至涵盖产品的回收和利用。其内容扩大到市场调研、市场细分、产品设计和开发、制定价格、选择分销渠道、广告促销、售后服务、信息反馈和产品回收利用等全产业链，为人类提供必要需求的同时，实现人类与地球的可持续发展需求。

因此，根据现代市场营销的发展，可以给出如下定义：市场营销是企业在变化的市场环境中，为满足消费者需要和实现事业目标及整个社会的可持续发展，综合运用各种市场营销手段，把商品和劳务完整地销售给消费者的一系列市场经营活动。

2. 市场营销的内涵

市场营销包含两种含义：一种是动词解释，是指企业的具体营销活动或营销行为，这时称为市场营销或市场经营；另一种是名词解释，是指研究企业的市场营销活动或行为的学科，称为市场营销学、营销学或市场学等。市场营销的内涵包含三点：营销活动的起点是买方的需要、需求和欲望；交换是营销活动的核心；买卖双方交换的不仅包括产品或劳务，还可以包括思想、创意和想法。

三、企业营销管理核心概念

1. 消费者

企业的服务对象就是消费者，消费者就是使用产品、消耗产品的人。消费者与生产者及销售者不同，其必须是产品和服务的最终使用者而不是生产者、经营者。也就是说，其购买商品的目的主要是用于个人或家庭需要而不是经营或销售，这是消费者最本质的一个特点。作为消费者，其消费活动的内容不仅包括因个人和家庭生活需要而购买和使用产品，而且包括因个人和家庭生活需要而接受他人提供的服务。但无论是购买和使用商品还是接受服务，其目的只是满足个人和家庭需要，而不是生产和经营的需要。

2. 需要、欲望和需求

人们的需要（need）是多样化的，是指没有得到某些满足的感受状态，如渴了想喝水，饿了想充饥，害怕受到伤害或产生恐惧而寻求安全。需要是心理学名词，美国心理学家马斯洛的需要层次理论（Marlow's theory of motivation）把人生既有的"基本需要"概括为生存需要、安全需要、社会需要、尊重需要和自我价值实现需要（表11-2），并指出一个人总是首先满足最基本、最重要的需要，然后才能向需要的高级形式发展。欲望是指想得到一些具体的满足品的愿望，是个人受不同文化及社会环境影响而表现出来的对基本需要的特定追求，如人在饥饿和口渴的时候想得到食物和水的欲望特别强烈。人类为得到某种具体满足物的想法，并不涉及购买的支付能力能否达到。例如，某人想要得到一款新的 iPhone 手机的欲望，不管现在有没有支付新款 iPhone 手机的能力都不影响其拥有这个想法。当人的欲望在有购买能力的时候，欲望便能转化为需求，需求是指对某个有能力购买并愿意购买的具体产品的欲望，需求与欲望的区别在于：需求有明确的物品和服务，具备购买能力或支付能力，有购买意愿，这三者缺一不可。企业是无法创造需要的，但可以根据需要而影响欲望，开发及销售特定的产品来满足需求。

表 11-2　马斯洛需要层次模式

层数	需要层次	具体内容	需要类型
第五层	自我价值实现需要	想要取得事业上的成功，实现自我发展目标	心理需要
第四层	尊重需要	要求受到尊重，获取名誉	
第三层	社会需要	希望得到友谊	
第二层	安全需要	从长远生产利益考虑希望得到安全、稳定的环境	生理需要
第一层	生存需要	满足起码的生存条件	

3．产品

人们通常理解的产品是指具有某种特定物质形态和用途的物品，是看得见、摸得着的东西。在营销学中，产品特指能够满足人的需要和欲望的任何东西。产品的价值不在于拥有它，而在于它给我们带来的对欲望的满足。人们买衣服不仅是消费衣服的实际价值，还在于消费衣服带来的心理满足和愉悦感。因此产品不仅是能够提供给人们消费和使用，并能满足人们某种需求的实实在在的物品，也包括无形的服务、想法、观念或它们的组合。但企业也要清醒地认识到，不管是有形的产品或无形的服务，其创造的产品形态必须是能满足人们的需要和欲望，不然再好的产品和服务也是失败的。

4．交换、交易和关系

交换是营销的核心概念，也是营销产生的前提。交换是指从他人处取得所需之物，而以自己的某种东西作为回报的行为。交易是交换的基本组成单位，是交换双方之间的价值交换，交换是一个过程，在这个过程中，如果双方达成一项协议，我们就称发生了交易。交易通常有两种方式：一是货币交易，如支付1000元购买一套西服；二是非货币交易，包括以物易物、以服务易服务的交易等。一项交易通常要涉及几个方面：至少两件有价值的物品，双方同意的交易条件、时间和地点，有法律制度来维护和保证交易双方执行承诺。一些学者将建立在交易基础上的营销称为交易营销。为使企业获得较之交易营销得到的更多，就需要关系营销。关系营销是市场营销者与消费者、分销商、经销商、供应商等建立、保持并加强合作关系，通过互利交换及共同履行诺言，使各方实现各自目的的营销方式。与消费者建立长期合作关系是关系营销的核心内容，与各方保持良好的关系要靠长期承诺和提供优质产品、良好服务和公平价格，以及加强经济、技术和社会各方面联系来实现。关系营销可以节约交易的时间和成本，使市场营销的宗旨从追求每一笔交易利润最大化转向追求各方利益关系的最大化。

第二节　市场调研与预测

一、市场调研的定义

市场调研是指运用科学的方法系统地、客观地辨别、收集、分析和传递有关市场营销活动各方面的信息，为企业营销管理者制定有效的市场营销决策提供重要依据。它是对市场营销活动全过程的分析和研究，是企业了解市场和把握消费者的重要手段，是帮助企业决策的重要工具。其对企业营销管理的重要性体现在：有助于管理者了解产品市场状况，发现和利用市场机会；有助于管理者制定正确的营销战略，以主动调整营销策略来适应经济、社会和竞争环境的变化；有助于企业开发新产品，开拓新产品市场；有助于企业在竞争中占据有利地位。因此，市场调研对于一个企业来讲是开展营销活动的试金石和探路先锋。

二、市场调研的对象

市场调研的对象主要有市场信息、竞争对手、市场需求变化、产品和价格、促销和分销渠道及环境。企业要获得发展，营销决策能适应市场，市场信息是一个重要决策依据。掌握不到准确的市场信息，企业管理者就难以把握发展方向。因此，信息的获取是市场调研的首要任务。信息分为内部信息和外部信息，内部信息主要有订单、存货水平、费用、应付应收款、生产进度、现金流量等，外部信息就是通过市场调研获取的所有与企业有关的信息。在进行竞争对手调研时，重点要获取购买者的情报、参加贸易展销会、阅读竞争者发表的经营报告、参加其股东大会等，还可以向竞争者过去的员工、分销商、供应商和运输代理进行了解，搜集竞争者的广告和阅读行业协会主办的报刊等。产品和价格调研主要针对市场对产品和价格的需求和反应，价格调研主要关注产品市场需求、变化趋势的调研，国际产品市场走势调研，市场价格承受心理调研，主要竞争对手价格调研和国家税费政策对价格影响的调研等。促销和分销渠道主要调研有无更适合企业的促销方式和分销渠道，为企业降低成本寻找机会；营销环境主要包括政治法律、经济发展、国际产品市场、产品技术、替代品发展和竞争环境等。

三、市场调研的步骤、方法和工具

1. 市场调研的步骤

市场调研一般分为明确市场调研的目的与主题、制定市场调研方案、收集市场信息资料、整理与分析信息资料和撰写市场调研分析报告五个阶段。第一阶段是解决调研什么问题，如何准确寻找与确定这些市场营销基本问题，是市场调研面临的首要任务，也是整个市场调研活动开展的关键，在这个过程中探索性研究常常扮演着重要的角色，同时也需要市场调研人员有准确的洞察力和判断力。市场调研主题的确定是整个市场调研的出发点，也是市场调研的归宿点。因此，良好的主题确定是市场调研成功的一半。第二阶段是对市场调研要达到的目标进行全方位和全过程的有效计划和策划，其表现形式是市场调研方案，一项好的市场调研方案既能够准确反映市场调研主题的要求，又能够指导市场调研活动的有效进行，其主要包括摘要、调研目的、调研内容、调研对象、调研地点、调研方法、经费预算和调研时间等内容。第三阶段是收集信息资料，市场调研数据资料的收集过程应该严格按照市场调研方案进行，其工作量大、成本高、过程复杂，所涉及的市场调研方法与手段多，在整个市场调研过程中堪称之最。第四阶段是整理与分析信息资料，通过资料的收集，市场调研人员可以基本掌握有关市场调研目标的各种资料与信息。这些原始资料往往不能直接提供有关市场调研目标所需的信息，因此市场调研人员还必须对其进行必要的筛选、整理和分析，为后期市场调研报告的撰写，以及最后正确的市场决策做好必要的准备。第五阶段是撰写市场调研报告，市场调研报告是整个市场调研工作成果的最终体现，一份优秀的市场调研报告不仅要清楚、简要地阐明市场调研的结论，还要表明得出这些结论的市场调研数据，以及这些数据资料的收集方法和分析方法。市场调研报告的结构可包括标题、正文和附录三个部分，其中正文包括前言、主体和结尾三个部分。

2．市场调研的方法

常用的市场调研方法主要有文案调研法和实地调研法。文案调研法又称资料查阅寻找法、间接调查法、资料分析法或室内研究法。它是利用企业内部和外部现有的各种信息、情报，对调查内容进行理论分析研究的一种调查方法。其资料收集方式中，内部资料可以通过业务资料、统计资料、财务资料、企业积累的其他资料获取，外部资料可以通过统计部门及各类、各级政府主管部门公布的有关资料，各种经济信息中心、专业信息咨询机构、各行业协会和联合会提供的信息和有关行业情报，国内外有关的书籍、报纸、杂志所提供的文献资料，有关生产和经营机构提供的商品目录，广告说明书、专利资料及商品价格目录表等，各种国际组织、学会团体、外国使馆和商会提供的国际信息，以及国内外各种博览会、展销会、交易会、订货会等促销会议等方式获取。实地调研主要解决资料收集不到的信息，包括一些有代表性的问题、语言问题、通信问题、文化差异等问题引发的信息缺失。

3．市场调研的工具

市场调研工具包括入户访问、定点探访、深入访谈、焦点座谈、网上调查、问卷调查等，其中最基础、最有效的就是问卷调查。问卷调查是目前调查业中所广泛采用的调查方式，即由调查机构根据调查目的设计各类调查问卷，然后采取抽样的方式（随机抽样或整群抽样）确定调查样本，通过调查员对样本的访问，完成事先设计好的调查项目，最后由统计分析得出调查结果的一种方式。调查问卷又称调查表或询问表，是以问题的形式系统地记载调查内容的一种工具。问卷可以是表格式、卡片式或簿记式。其设计原则是主题明确、结构合理和逻辑性强、通俗易懂、控制问卷的长度和便于资料的校验、整理与统计。问卷的设计程序由把握问卷的目的和内容、搜集有关研究主题的资料、确定调查方法的类型、确定每个问答题的内容和决定问答题的结构五个部分组成。问卷的结构主要分为标题、开头部分、甄别部分、主体部分和背景部分。

四、市场预测的定义

市场预测就是运用科学的方法，对影响市场供求变化的诸多因素进行调查研究，分析和预见其发展趋势，掌握市场供求变化的规律，为经营决策提供可靠的依据。预测为决策服务，是为了提高管理的科学水平，减少决策的盲目性，企业需要通过预测来把握经济发展或者未来市场变化的有关动态，减少未来的不确定性，降低决策可能遇到的风险，使决策目标得以顺利实现。市场预测方法一般分为定性预测和定量预测，可以采用因果分析法、延伸预测法和定性预测法等方法。

五、互联网时代下的网群状况及调研途径

1．互联网群体的发展状况

互联网时代最大的特点是信息量大、数据反馈及时、信息处理速度快。目前互联网时

代又被称为大数据和大网络时代，市场在互联网的影响下已然发生了巨大变化，传统的营销模式也受到互联网的冲击和影响。据搜狐网报道，截至 2015 年 12 月，全球网民数量超过 31.17 亿人。据中商情报网 2016 年 8 月 7 日报道，中国互联网络信息中心（China Internet Network Information，CNNIC）在京发布的第 38 次《中国互联网络发展状况统计报告》显示，截至 2016 年 6 月，我国网民规模达 7.1 亿人，互联网普及率达到 51.7%，超过全球平均水平 3.1 个百分点，网民规模连续 9 年位居全球首位。2016 年上半年，我国新增网民 2132 万人，网民规模首超 7 亿人，互联网普及率比 2015 年年底提高 1.3 个百分点，超过亚洲平均水平 8.1 个百分点。据了解，随着移动通信网络环境的不断改善及智能手机的进一步普及，移动互联网应用向网民生活深入渗透，促进手机上网使用率增长，网民上网设备进一步向移动端集中：手机网民规模达 6.56 亿人，网民中使用手机上网人群占比由 2015 年年底的 90.1% 提升至 92.5%，仅通过手机上网的网民占比达 24.5%。同时，我国农村互联网普及率保持稳定增长，截至 6 月为 31.7%。但是，城镇地区互联网普及率超过农村地区 35.6 个百分点，城乡差距仍然较大。2016 年上半年，我国各类互联网公共服务类应用均实现用户规模增长，在线教育、网上约车、在线政务服务用户规模均突破 1 亿。此外，互联网金融类应用在 2016 年保持增长态势，网上支付、互联网理财用户规模增长率分别为 9.3% 和 12.3%。电子商务应用的快速发展、线上支付厂商不断拓展和丰富线下消费支付场景，促进用户转化；互联网理财用户规模的不断扩大、理财产品的日益增多、产品用户体验的持续提升，带动大众线上消费和理财的习惯逐步养成。

2．互联网时代下的调研途径

随着互联网的普及和电子商务的发展，互联网市场调研法日益兴起，借助虚拟网络的辐射，市场调研也得到了进一步的延展和升级，有效配合了市场变动频繁、经济快速发展的趋势，为企业及时调整自身发展提供了可能。尤其是大数据进一步延展为互联网市场调研提供了信息基础和保障。据中商情报网 2016 年 8 月 7 日报道，中国互联网络信息中心在京发布的第 38 次《中国互联网络发展状况统计报告》，对中国网站数量统计结果如下：截至 2016 年 6 月，中国网站数量为 454 万个，半年内增长 7.4%。如此海量的网络信息资源和数据可以为企业调研节省大量的人力和财力成本。

针对互联网市场调研法的途径可以从以下几个方面开展：选择合适的调研途径，针对不同的调研目的，采取不同的市场调研途径。对于普通市场信息，可以通过网上直接搜集，利用搜索引擎等网络信息检索工具，访问相关的专业网站获取第一手调研资料；对于更加细化、有针对性的调研对象应该专门设计调研的内容、流程和方式。首先，可以采取线上调查和线下研究结合的方式，把收集到的资料和数据进行筛选、整理，经过分析得出调研结论；其次，可以采取长期调查和系统研究相结合的方式，对调研的过程进行科学的安排、系统的研究。此外，还可以采取定量与定性分析研究方法相结合的方式。同时还可以借助网络，通过询问调研法和 E-mail 调研法进行调研。

尽管互联网市场调研具有一定优越性，但也应该注意到，网上调查并不是万能的，调查结果有时会出现较大误差，网上调查不可能满足所有市场调研的要求，应该根据调研目的和要求，采取网上调研和网下调研相结合、自行调研与专业市场调查咨询公司相结合的方针，以企业能接受的调研代价获得趋近真实、科学、可靠的市场调研结果。

第三节　STP 战略

STP 战略即市场细分（segmenting）、目标市场（targeting）和市场定位（positioning）。首先是根据购买者对产品或营销组合的不同需要，将市场分为若干不同的消费群体，并勾勒出细分市场的轮廓。其次是确定目标市场，选择要进入的一个或多个细分市场。最后是定位，在目标市场消费群体中形成一个印象，这个印象即为定位。STP 战略的优势主要体现在：有利于选择目标市场和制定市场营销策略；有利于发掘市场机会、开拓新市场，有利于集中人力、物力投入目标市场，有利于企业提高经济效益，前三个方面的作用能使企业提高经济效益。除此之外，企业通过市场细分后，可以面对自己的目标市场，生产出适销对路的产品，既能满足市场需要，又可增加企业的收入。产品适销对路可以加速商品流转，加大生产批量，降低企业的生产销售成本，提高生产工人的劳动熟练程度，提高产品质量，全面提高企业的经济效益。

一、市场细分

1．市场细分的概念

市场细分是指企业按照消费者的需求特性，把整个市场分割为不同的子市场，用来确定目标市场的过程。首先要调查分析不同的消费者在需求、资源、地理位置、购买习惯和行为等方面的差别，然后将上述要求基本相同的消费群分别归并为一类，形成整体市场中的若干"子市场"或"分市场"。例如，根据消费者的性别和因素可以将服装市场分为儿童、女士、男士、中老年服装市场，以及高、中、普通服装市场。市场细分的目的是从消费者及其需求的差别中寻找和发掘出某些共同及相关的因素，以此将某一错综复杂的具体市场划分成若干细分市场。细分的市场代表不同的消费群体，它们的需求是有差别的。不同的消费群体是按相应的细分因素被区别的，所以进行市场细分的关键在于确定适当的细分因素。细分市场是企业为了选取消费群体作为其营销对象，对于市场细分更重要的意义是选取目标市场。

市场细分是美国著名市场学家温德尔·斯密（Wendell Smith）于 1956 年提出的一个新概念，该概念是顺应市场发展趋势应运而生的，它为企业选择目标市场提供了基础，其产生主要经历了三个阶段。19 世纪末 20 世纪初，即资本主义工业革命阶段，整个社会经济发展的重点和特点是强调速度与规模，市场以卖方为主导。这个时期企业市场营销的基本方式是大量营销，即大批量生产品种、规格单一的产品，并且通过广泛、普遍的分销渠道销售产品。由于大众化营销方式具有较低的成本和销售价格，在当时的市场环境下，可以获得较高的利润，为企业所推崇。20 世纪 30 年代，发生了资本主义经济危机，西方企业面临产品严重过剩的情况，市场迫使企业转变经验观念，营销方式开始从大量营销向产品差异化营销转变，即向市场推出许多与竞争者产品不同的，具有不同质量、外观、性能的产品。产品差异化营销与大众营销相比是一种进步，这个时期企业仍然为市场的主导，还没有出现根据市场的需求生产和销售的产品。20世纪50年代以后，随着科学技术革命的推动，生产力水平大幅提高，产品生产日新月异，生产与消费的矛盾日益尖锐，以产品差异化为中心的营销方式早已不能解决企业所面临的市场问题。于是，市场迫使企业再次转变营销观念和经营方式，由产品差异化营销转向以市场为导向的目标营销，即企业在研究市场和细分市场的基础上，结合自身的资源与优势，选择其中最有吸引力和最能有效地为之提供产品与服务的细分市场作为目标市场，设计与目标市场需求特点相匹配的营销组合，市场细分理论应运而生。市场细分理论的产生，使传统营销观念发生了根本的变革，在理论和实践中都产生了极大影响，被西方经济理论学家称为"市场营销革命"。

2. 市场细分的标准

市场细分标准主要分为消费者市场的市场细分标准和生产者市场的市场细分标准。

消费者市场也称最终消费者市场，消费者购买的目的是满足个人或家庭的生活需要，没有营利性动机。在营销工作中，各行业、各企业可采取不同的变量，尝试多种细分标准，找出反映市场结构的有效方法，以发现最佳的营销机会。概括起来，细分消费者市场的变量主要有地理变量、人口变量、心理变量和行为变量。地理变量就是按照消费者所处的地理位置、自然环境来细分市场，如根据国家、地区、城市规模、气候、人口密度、地形地貌等方面的差异将整体市场分为不同的细分市场。地理变量易于识别，是细分市场应考虑的重要因素，但处于同一地理位置的消费者需求仍会有很大差异。人口变量即按人口统计变量，如年龄、性别、家庭人数、生命周期、收入、职业、文化程度、宗教信仰、民族、国籍和社会阶层等人口统计变量，划分为不同的消费群体，消费者需求、偏好与人口统计变量有着很密切的关系。心理变量主要考虑购买者生活方式、所处的社会阶层、个性特点和偏好等心理因素。行为变量根据消费者对产品的了解、态度、使用情况及其反应，将消费者分为不同的群体，主要包括消费者购买和使用产品的时机、购买某种产品所追求的利益、是否使用和使用程度、消费者的使用率、对某种品牌和产品的忠诚程度、对各种产品的待购阶段和对产品的态度等因素。

生产者市场是针对生产行业中的企业而言的，生产者市场中的企业在市场中也是某种生产原材料的购买者和消费者。因此，细分消费市场的标准同样可以用于生产者市场。但要注意的是，在进行细分市场时，生产者市场的心理影响因素要小一些。由于生产者与消费者在购买动机和行为上存在差异，所以，除了运用前述消费者市场细分标准外，还可以用以下标准来细分企业市场。首先，根据产品的最终用途来细分，由于不同企业对产品的要求不同，用途也会产生差异。例如，晶体管市场可分为军用、工业、商业三个子市场，军用买主注重质量，工业买主注重质量和服务，商业买主重视价格和交货期。因此三个子市场对价格的关注度是不一样的，企业可以根据需求的差异化制定相应的营销策略。其次，企业应考虑的是用户规模。用户规模决定了购买量的大小，这一因素往往被某些企业作为市场细分的根据。对于大客户，可以直接联系，直接供应，在价格、信用等方面给予更多优惠。而对于众多的小客户，则选择使产品进入商业渠道，由批发商或零售商去组织供应。最后是地理位置，除了国界、地区、气候、地形和交通运输外，生产力布局、自然环境、资源等也是重要的细分变量。按用户地理位置细分市场，有助于企业将目标市场选择在用户集中地区，有利于提高销售量，节省推销费用和运输成本。

3. 市场细分的模式

市场细分的方法有多种，除了可以采用常用的统计学或社会学等对市场进行细分外，还可以利用消费者偏好来细分市场。根据消费者询问某一产品的两种以上属性，就可以按照以下三种不同的偏好习惯形成相应的细分模式。同质型偏好模式是指市场上所有消费者对某一产品的两种属性的要求比较集中和一致，偏好大致相同。该市场表示无"自然分市场"，至少对这两种属性而言是如此，而且市场上现存的品牌属性相近，产品定位一般在偏好的中心。例如，市场上对智能手机的偏好主要表现在摄影效果和内存容量上，则手机生产企业就要同时重视手机内置摄像机和内存容量这两种属性。分散型偏好是与同质型偏好相对而言的，即消费者的偏好可能在空间平均分散，而无任何集中现象。面对这种模式，企业可以兼顾两种属性，也可以侧重某一属性的偏好。群组型偏好的购买者往往会形成一些集群，这种称为"自然分市场"。因此，进入市场的第一个企业有三种选择：定位于期望吸引所有群组的中心市场（无差异化战略）、定位于最大的细分市场（集中化战略）和同时发展几个品牌来满足不同的细分市场（差异化战略）。

二、目标市场

在对整个市场进行有效细分后，企业必须评价各种细分市场和确定为哪些细分市场服务。目标市场又称目标消费群体，是指企业营销活动所要满足的市场需求，是企业决定要进入的市场，即企业的服务对象。在市场营销活动中，为了取得较好的营销效果，任何企业都得选择目标市场。由于企业受到自身资源的限制，无法提供所有市场需求的产品和服务，为了提高企业的经营效率，企业的营销活动就必须局限在一定的范围内。企业确定的目标市场，应当是企业最熟悉、最有利于发挥自身资源优势的细分市场。

1. 评估目标市场

企业评估各种不同的细分市场，寻找高利润目标市场时，必须考虑三个方面的因素，即目标市场的吸引力、市场竞争结构、企业的战略目标和资源的能力。市场规模越大，提供给企业运作的空间越大，容易形成规模经济，降低生产和营销成本，企业获得利润的可能性也越大。成长性越好，提供给企业的未来发展和获利的空间也越大，市场竞争的结构与市场长期盈利能力有密切关系。所以，企业在选择目标市场时需要结合市场竞争结构来分析。市场中现有竞争者的数量多少，直接决定了市场竞争的激烈程度和盈利潜力，也决定了该市场吸引力的大小。以市场规模和成长性及市场竞争结构作为选择目标市场的标准时，还必须考虑企业自身的战略发展目标和资源的能力的限制。一个规模、成长性和竞争结构都适宜的市场，有可能并不适合某一具体企业。原因在于：一是企业的发展目标决定了企业的资源投入方向，如果该市场与企业发展目标相悖，进入该市场将分散企业的资源，进而会影响企业长远目标的实现；二是即使该市场与企业发展目标相符，如果企业不具备获得市场竞争优势所必需的资源能力，也不得不放弃该市场。

企业在目标市场上获得的竞争优势必须是可持续性的，能够使企业长期发展、提高并且是支撑企业在目标市场竞争的差别优势，竞争优势的持续性保证了企业战略目标的实现。沃尔玛早期的战略通过不提供给竞争者任何空间而维持其竞争优势，它巧妙地将早期商店定位在小城镇，这些小城镇的人口规模不足以支持第二家大型超市。因此要做出正确的目标市场选择，不仅需要考虑市场规模、成长性及竞争结构，还必须结合企业自身的战略发展目标和资源的能力。

2. 选择目标市场

通过分析与评估，企业已经对细分市场的潜力、竞争结构及本企业的资源能力有了系统的了解。在此基础上，可以着手目标市场的选择。企业可以采取的目标市场模式有以下五种形式，如图 11-2 所示。

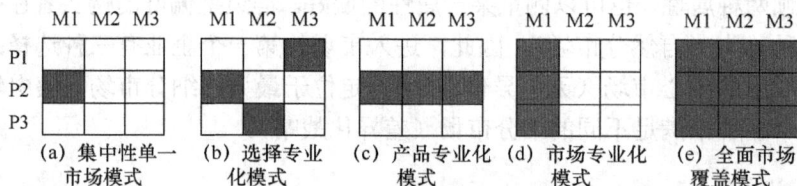

图 11-2 目标市场选择模式

P 代表产品；M 代表细分市场。

1）集中性单一市场模式是指企业的目标市场无论是从市场还是从产品角度，都集中于一个细分市场，只生产某一种产品，这种模式意味着企业只生产和经验一种标准化产品，只供应某一消费群体。采用此模式可能基于以下原因：资源有限只能覆盖一个细分市场；细分市场尚无竞争对手；该细分市场是未来扩展市场最合逻辑的突破口。但这种产品市场集中化模式，存在消费者偏好发生改变所导致的市场风险，为此企业需要在适当的时机进军其他市场。

2）选择专业化模式是指企业有选择地进入几个不同的细分市场，为不同消费群体提供不同性能的同类产品。选择专业化模式最大的优点在于能够分散市场风险，但选择的细分市场之间可能缺乏内在的逻辑联系，属于非相关的多元化发展，很难获得规模经济，而且对于单个市场的规模要求比较高，还要求企业具备很强的市场运作能力。

3）产品专业化模式是指企业专门生产一类产品供应不同的市场，例如，特色商业街只销售某个类型的商品，不销售其他任何与本商业街无关的商品。

4）市场专业化模式是指企业选择某一类市场作为目标市场，并为这一市场生产开发性能有所区别的同类产品。例如，一家电冰箱厂选择大中型旅游饭店作为目标市场，根据其需要生产 100 升、300 升、500 升等不同容量的冰箱，以满足此类饭店不同部门的需求。这种市场专业化模式可以帮助企业树立良好的专业化声誉，多产品经营在一定程度上分散了市场风险，但对企业的生产能力、经营能力和资金实力提出了更高要求。

5）全面市场覆盖模式是指企业决定全方位进入各个细分市场，分别为这些市场提供不同的产品。只有实力雄厚的大型企业才能采取这种市场覆盖模式。例如，百事可乐在饮料市场，宝洁集团在洗涤用品市场，通用汽车在全球汽车市场，都采用了全市场覆盖模式。

3．目标市场战略

企业在市场细分的基础上，根据主客观条件选择合适的目标市场为其服务。一般可采用三种不用的目标市场战略，即无差异化战略、差异化战略和集中化战略，如表 11-3 所示。

表 11-3　三种基本目标市场战略

目标市场战略	内涵	营销组合
无差异化战略	将整体市场作为目标市场，推出单一的标准化产品	只设计一种营销组合
差异化战略	选择几个细分市场作为目标市场，满足不同需求，推出差别化产品	为不同的细分市场设计不同的市场营销方案
集中化战略	将一个细分市场或一个细分市场再细分后作为目标市场，提供专业化的生产和销售	设计单一的营销组合或多样化的营销组合

（1）无差异化战略

无差异化战略也称无差异化市场营销战略，是指企业不进行市场细分，以整体市场为自己的目标市场，以单一的产品和单一营销战略满足整个市场的共同需求。采用此种战略时，企业忽略了需求的差异，认为所有消费者对某一产品都有共同的需要，因而希望凭借大众化的分销渠道、大量的广告媒体及相同的主题，在大多数消费者心目中建立产品形象。其优点在于可以降低生产、存货和运输成本，节约大量的调研、开发、广告等费用。缺点是对于大多数产品是不适用的。

（2）差异化战略

差异化战略是以市场细分为基础，选择其中几个细分市场为目标市场，针对不同目标市场的特点，分别为这些目标市场设计不同的产品和营销组合，以满足各个细分市场的差异化需求。差异化战略的优点是小批量、多品种、生产机动灵活、针对性强，能满足不同消费者的需求，特别是能繁荣市场。但这种战略的实施，要求企业将其资源按照不同的营销组合的需要进行配置，由于品种多，销售渠道和方式、广告宣传的多样，产品改进成本、生产制造成本、管理成本、存货成本和营销成本都会大大增加，等于将企业分散了，对于资本有限的中小企业来讲是不适合的。

（3）集中化战略

集中化战略又称密集型营销战略，是指企业在市场细分的基础上，选择一个或几个相似的细分市场作为目标市场，集中企业资源开展营销活动。采用这种市场战略的企业，力求能在一个或几个细分市场上占有较大的份额，而不是从一个大市场中只得到小的份额。集中企业的优势力量，对选定的细分市场采取攻势营销战略，以取得在该市场上的优势地位。集中化战略的优势在于能够在较小的市场满足一部分消费者的独特需求，形成经营特色和产品信誉，在市场上获得局部优势，因而能够在较小的市场上取得较大的成功。对于一些实力有限的中小企业，如果能正确选择细分市场，恰当地采用这种策略，既可以迅速地在较小的市场上形成优势，又可以在条件成熟的时候迅速扩大生产，提高市场占有率。该战略的不足在于所选的目标市场比较狭窄，一旦细分市场发生突然变化，消费者的偏好发生转移，或出现新的更具生命力的替代产品，或出现强有力的竞争对手，这时企业如果不能随机应变，就会陷入困境。

选择目标市场战略还应该全面考虑企业资源能力、产品特性、市场需求特点、产品生命周期和竞争者的市场战略等因素。

三、市场定位

1. 市场定位的概念与方式

定位是适应市场竞争的加剧而产生的营销观念。1972 年美国的两位广告经理艾尔·里斯（Al Ries）和杰克·屈特（Jack Trout）在《广告时代》上发表了题为"定位时代"的系列文章之后，"定位"一词开始广为流传。菲利普·科特勒（Philip Kotler）对市场定位的概念是，对公司的产品进行设计，从而使其能在目标消费者心目中占有一个独特的、有价值的位置的行动。市场定位的实质是使本企业与其他企业严格区分开来，并使消费者明显感觉和认知这种差别，从而确定产品在消费者心目中的适当位置并留下深刻印象，以便吸引更多的潜在消费者。市场定位的目的是影响消费者心理，增强企业产品及产品的竞争力，扩大产品销售，增加企业的经济效益。在理解市场定位的实质时应把握定位的目的、定位的前提和定位的手段。定位的目的在于"攻心"，即在消费者心中确定位置，而不是在某个空间上确定位置。定位的前提就是要周密地进行调查研究，以便做到知己知彼。定位的手段就是制造差异，主要是制造与竞争对手的差异，没有这种差异，消费者心目中的印象就会模糊不清，就不利于企业取得竞争优势。

市场定位的方式可根据竞争、产品属性和利益、产品的用途、产品价格和质量、产品的价值、情感心理定位，也可使用多重定位方式定位。根据竞争定位时可通过将自己同市场声望较高的某一同行企业进行比较，借助竞争者的知名度来实现自己的市场定位。产品属性和利益定位可根据产品本身的属性，以及由此而获得的利益能使消费者体会到它的定位。产品的用途定位是根据产品使用场合及用途定位。产品价格和质量定位可以采用"优质高价"和"优质低价"两种定位方式。产品的价值定位实际上是在满足人们表现身份和地位的要求，有时并不是产品本身给企业带来的什么利益，而是产品给人的一种心理感受，是一种品位和个性的体现。

2. 市场定位的步骤和策略

企业定位的全过程可以分三大步骤来完成，即识别企业的潜在竞争优势，选择恰当的竞争优势，规划及落实竞争优势。识别企业的潜在竞争优势主要考虑以下三个问题：一是竞争对手产品定位如何？二是目标市场对消费者欲望满足程度如何，以及确实还需要什么？三是针对竞争者的市场定位和潜在消费者的真正需要要求企业应该及能够做什么？回答这三个问题需要企业市场营销人员通过一切调研手段，系统地设计、搜索、分析并报告有关上述问题的资料和研究结果。选择恰当的竞争优势通常的方法是分析、比较企业与竞争者在经营管理、技术开发、采购、生产、市场营销、财务和产品七个方面的强项与弱项。规划及落实竞争优势是指目标市场和竞争优势选择，需要通过企业营销人员制定相应的营销战略，确保传达给市场的产品定位信息可以在目标消费群体的心目中创造预期的认知。

市场定位的实质是竞争定位，因此，可以采用三种基本定位策略来应对竞争，即直接对抗定位、避强定位、重新定位。直接对抗定位策略是企业根据自身的实力，为占据较佳的市场位置，不惜与市场上占支配地位的、实力最强或较强的竞争者发生正面竞争，从而使自己的产品进入与对手相同的市场位置。避强定位策略是企业力图避免与实力最强或较强的其他企业直接发生竞争，将自己的产品定位于另一市场区域内，使自己的产品在某些特征或属性方面与最强或较强的对手有显著的差别。避强定位策略又称为空档定位，即寻找为许多消费者所重视，但尚未被开发的市场空间。重新定位策略又称二次定位或再定位，是指企业变动产品特色以改变目标消费群对其原有的印象，使目标消费群对其产品新形象有一个重新的认识过程。企业在产品定位过程中应避免犯定位过低或过高、定位混乱和定位怀疑等错误，否则会影响企业在消费者心目中的形象。

四、互联网时代的目标市场定位

互联网时代市场调研对象主要是根据企业的自身定位，通过寻找痛点、痒点、活跃点、兴奋点、焦点和关注点来发现寻找目标市场。将目标市场按照市场细分原则进行细分，找出适合企业营销的目标群体。互联网时代的目标市场定位最大的特点是寻找的每个痛点或活跃点的需求可能比较单一，但是基于网络平台的营销却拥有其他传统市场不可比拟的优势，那就是数据流量巨大，网络人群活跃度高。这为企业实现单品服务提供了平台，所以每个企业可以根据需求提供单一产品，采取专业化产品和针对单一目标市场策略，这就是互联网时代提出的"爆款"营销。目前基于互联网的电子商务是按照这个定位来进行营销的，只要某一个"爆款"在网络上销售，影响力会像病毒一样迅速地传播，使企业在短时间内销售达到几何倍数的增长。

第四节　市场购买行为分析

根据消费者及其购买的目的可以将市场分为消费者市场和组织市场。

消费者市场又称消费品市场或终极市场，是指个人和家庭为了满足生活需要而购买或租用商品和服务而形成的市场。它是通向最终消费的市场，是实现企业利润的最终环节，是其他市场存在的基础，是最终起决定作用的市场，是一切社会生产的终极目标。因此，对消费者市场的研究是对整个市场研究的基础与核心。消费者市场的特点：购买人数多、供应范围广，交易数量少、交易次数多，消费差异大、消费变化快，需求弹性大、购买流动快。消费者市场的消费品根据商品的形态和耐用程度可以分为耐用消费品、易耗消费品和服务，根据消费者的购买习惯和购买特点可以分为便利品、选购品、特殊品和非渴求品。

组织市场又称非个人用户市场、非最终用户市场，即构成组织市场的用户不是个人消费者，而是组织团体，是指以某种组织为购买单位的购买者构成的市场，包括生产企业、中间商和政府机构等。这些组织购买商品的目的不是用于个人消费，而是用于生产加工、转卖或执行任务，因此，组织市场购买属于生产性消费或公务性消费。组织市场的类型可以分为生产者市场、中间商市场、机构市场和政府市场。其特点主要体现在组织市场的需求具有派生性、多人参加购买决策、购买者购买决策过程复杂、购买决策过程规范和提供商品的同时提供服务。

一、消费者行为分析

1. 消费者市场购买行为模式分析

消费者市场购买行为是指消费者为满足自己的生活需要，在一定购买动机的驱使下，由购买主体通过支出货币所进行的购买商品或服务的活动过程。任何一次购买行为都伴随着六个基本因素，即购买主体（who）、购买对象（what）、购买原因（why）、购买地点（where）、购买时间（when）和购买方式（how），也就是通常所说的"5W1H"。分析消费者的购买行为可以发现，在消费者千差万别的购买行为背后实际上也存在着某些相似的行为，事实上人的行为是受心理活动支配的，消费者的购买行为自然也受到消费者心理活动的影响和支配。为了把消费者行为进行归类，专家们建立了一个"刺激—反应"（S-R）模式，来说明外界营销环境刺激与消费者反应之间的关系，我们也可以称其为消费者购买行为模式，相关内容如表 11-4 所示。

表 11-4　消费者购买行为模式

外界刺激		消费者的意识		消费者的决策
营销因素	环境因素	消费者的 个人特征	消费者的 决策过程	产品选择 品牌选择 卖主选择 购买时间选择 购买数量选择
产品 价格 渠道 促销	政治的 经济的 文化的 技术的	文化 社会 个人心理	引起需求 收集资料 评估方案 做出决策 购买行为	

"刺激-反应"原理是由心理学创始人沃森（Watson）建立的，他指出人类的复杂行为可以被分解为两部分，即刺激和反应。按照这一原理分析，从营销者角度出发，各个企业的许多市场营销活动都可以被视为对消费者行为的刺激，如产品、价格、销售地点和场所、各种促销方式等，所有这些又称为"市场营销刺激"。同时消费者还时时受到其他方面的外部刺激，如经济的、技术的、政治的和文化的刺激等。所有这些刺激进入消费者的"暗箱"后，与消费者本身的特征相结合，这些特征包括社会特征、心理特征、个人特征及文化特征，然后经过一系列的心理活动，产生了人们看得到的消费者反应：

购买还是拒绝接受，或是表现出需要更多的信息。

2. 消费者市场购买行为类型分析

消费者市场购买行为按照消费者的购买心理和个性特点，可以分为习惯型购买、慎重型购买、经济型购买、冲动型购买、感情型购买、疑虑型购买和不定性购买。按照消费者购买时介入的程度和产品品牌差异程度，可以划分为习惯型购买、变化型购买、协调型购买和复杂型购买。按消费者购买目标的选定，可以划分为全确定型购买、半确定型购买和不确定型购买。按照消费者在购买现场的情感反应，可以划分为沉稳型购买、温顺型购买、健谈型购买、反抗型购买和激动型购买。

3. 消费者购买决策过程分析

消费者的购买决策在很多情况下并不是由一个人做出的，而是有其他成员的参与，是一种群体决策的过程。一般来讲，参与购买决策的成员大体可以归纳为五种主要角色，即购买行为的发起者、购买行为的影响者、购买行为的决策者、购买者和使用者。

消费者购买决策的程序分为五个阶段，即产生购买需求与动机、搜集产品信息、对比评估、决定购买、购后行为。分析购买决策过程，对企业营销决策是十分有利的：一是分析购买决策过程所处的不同阶段，企业可以采取相应的营销策略；二是贯彻购买决策过程各阶段的联系，运用促销手段，可以缩短购买过程。购买需求与动机是消费者购买完成的先决条件，没有需求与动机就没有购买。搜集产品信息是指消费者从购买动机出发，通过商品信息，对有关商品进行分析、综合、比较、概括和推理，然后做出购买的决定。商品的信息来源主要通过市场、社会和经验获取。对比评估主要是对了解到的商品信息进行综合比较，最终对购买时间、地点、价格提出不同方案。决定购买是指决定何时购买、在何处购买、如何购买和由谁去完成购买。购后行为是指对所购产品的使用和使用后的反馈，主要表现在消费者所购买的商品是否达到预期需要，使用后是否有意愿向其他人宣传和介绍。

4. 影响消费者购买行为的因素

影响消费者购买行为的因素可归纳为文化、社会、个人和心理四个方面。

1）文化因素。文化因素对个人的需求和购买行为影响深远，它由文化、亚文化和社会阶层三个方面构成。文化是决定人类欲望和行为的基本要素，是影响人们需求和行为的重要因素。文化的不同，人们对生活的追求、交往方式、观察问题的方法及对产品与服务的要求都会不同。亚文化主要考虑民族亚文化、种族文化群、地理区域亚文化群和宗教亚文化群对购买行为的影响。社会阶层是由相似的社会经济地位、利益、价值观倾向和兴趣的人组成的群体或集团，不同社会阶层的人，对产品及品牌有不同的需求和偏好。

2）社会因素。社会因素主要受相关群体、家庭、身份和地位的影响较大。相关群体是指对消费者的生活方式和偏好有影响的各种社会关系。家庭是社会因素中对消费行为影响最大的因素，人们的价值观、审美观、爱好和习惯，多半是在家庭的影响下形成的。身份是周围的人对一个人的要求，是指一个人在各种不同场合应起的作用，消费者往往会结合考虑自己的身份和社会地位做出购买决策，许多产品和品牌由此成为一种身份和地位的标志或象征。

3）个人因素。个人因素主要受年龄、职业、经济状况和生活方式、个性及自我概念等因素影响。不同年龄阶段的人有不同的需求，随着年龄的变化，需求也会发生相应变化。婴幼儿时期的需求体现为非主动性，主要是生长发育的需要、对外界新事物认知的需要和获取知识的需要。青少年时期随着个人主体意识的增强，开始逐步形成自己的独特需求，这一时期的需求更多以个人主体为主，但要借鉴其他成年人的建议和意见。进入个人独立支配经济权时期，个人的需求才全部由个人自己做出决定，这一时期将一直延续到人的生命终结。进入老年期后会有所变化，对健康、保健的需求会增加。除年龄外，消费者职业不同，所处的职业环境不同，对需求也不一样。经济状况和生活方式决定购买决策，经济状况好的消费者容易做出购买决策，而且对质优价高的产品或服务不敏感，反而可能去追捧这类产品或服务；反之，则不同。另外，有的消费者喜欢引领时尚，追求前沿产品，这类消费者受经济状况的好坏影响不太大。

4）心理因素。心理因素主要反应在购买动机、知觉、学习获得商品购买经验和购买的态度等方面。

二、组织型购买者行为分析

1. 生产者购买行为分析

组织市场除具备消费者市场特点外，还体现在购买人数少但数量大，买卖双方关系密切，生产者市场的需求缺乏弹性，购买行为为直接购买、互惠性购买、租赁代替购买；购买者的成分比较复杂，尤其是很多由受过良好专业训练的专业人员甚至专家组成购买决策团队；购买决策的类型和过程比较复杂。生产者购买分为直接重复购买、修改重复购买和新任务购买。影响其购买决策的因素有环境因素、组织因素和人的因素。购买决策过程包括提出需要、确定需要、需要描述、寻找购买对象、征求购买信息、选择供应商、选择交易方式和检查供货情况等环节。

2. 中间商及政府购买行为分析

中间商市场的特点：购买目的是转卖或贱买贵卖，在市场中发挥沟通渠道的媒介作用，在整体市场中的分布比较分散。购买决策的参与者主要决定批发和零售的规模，根据规模不同，所参与的决策者人数也不尽相同。购买决策分为购买的时间和数量、选择可以合作的供应商、决定经营商品或服务的范围或产品搭配组合方式、确定购买条件。购买类型有新产品购买、选择最适合的供应商和最佳的买卖条件。

政府市场的特点：不以谋利为购买目的，需求为最终需求，采购具有政府计划和指令性质，需求相对比较固定，购买方式主要是通过协议订购和公开招标。

三、互联网时代的购买者行为分析

要分析互联网时代的购买者行为，首先要分析以下几个问题：市场的构成，即购买者的群体由谁组成；这些基于网络形成的群体需求及满足需求的目标产品；需求的原因，即购买的目的；谁参与购买，是个体还是团队；以什么方式进行购买；购买的时间和购买的渠道等。

在互联网时代，任何会使用网络媒介的个人都可能成为消费者。虽然这个潜在消费者的体量巨大，但对于企业来讲，要从上亿的网民中寻找到目标市场也是新的难题。由于网民上网的时间和空间的不确定，给挖掘数据带来了难度。而且目标消费者太分散，企业很难找出最终消费群体。

互联网时代强大的信息量为目标消费群体选择产品或服务提供了海量选择，消费者可以通过互联网购买单一的产品或服务，也可以随意进行产品或服务组合，一次性买到自己所需的产品，甚至可以做到货比 N 家后再实施购买行为，这种可供选择的强大信息量也为消费者更理性消费提供了可能。当然由于产品的可选择太多，也给消费者选择造成一定的阻碍，有时会购买到一些并不是很急需的产品。而且网络平台产品只能以虚拟产品（图片展示）呈现给消费者，不如到线下实体店看到实物的感知度高。有时购买的产品与实际感知有差距，而且差距大的情况时有发生，这给消费者增加了购买风险和难度。互联网时代的购买程序非常简便，只要有注册身份，拥有电子支付账户就可以实现购买。购买的时机可以是随时随地，只要有移动网络、手机客户端就可以实现购买。

第五节　市场营销策略

一、4P 策略内涵

4P 是美国营销学学者麦卡锡教授在 20 世纪 60 年代提出的，包括产品（product）、价格（price）、渠道（place）和促销（promotion）。麦卡锡教授认为一次成功和完整的市场营销活动，意味着以适当的产品、适当的价格、适当的渠道和适当的传播促销推广手段，将适当的产品和服务投放到特定市场的行为。4P 实际上是企业的营销战术，是一种企业经营活动的策略，也是从企业角度出发思考如何做好产品的设计和生产、制定合适的价格、选择合适的销售渠道和准确的促销手段，是企业实务操作层面的行为。

进入 20 世纪 90 年代，有学者从消费者角度提出 4C 理论。认为 4C 是美国营销大师劳特朋（Lauterborn）所创 4C 理论的简称，它们分别是消费者（customer）、成本（cost）、方便（convenience）、沟通（communication）。持这种观点的专家指出，企业应该先把产品搁到一边，着手研究消费者的需要与欲望，不要再卖所能制造的产品，而要卖某人确定想购买的产品。忘掉定价策略，换成了解消费者要满足其需要与欲望所需付出的成本；忘掉渠道策略，转而思考购买的方便性；忘掉促销，正确表达如何沟通。

根据传统的 4P 理论或 4C 理论，最终还是为消费者提供满足需求的产品、制定消费者能接受的价格、选择方便快捷的买卖渠道和达到沟通更好的促销效果。虽然 4C 是从消费者出发的，但最终还是要回到 4P 理论的框架开展营销活动。

二、产品策略

现代市场营销理论认为，产品整体应该分为五个层次，即核心产品、形式产品、期望产品、附加产品和潜在产品。其概念示意如图 11-3 所示。

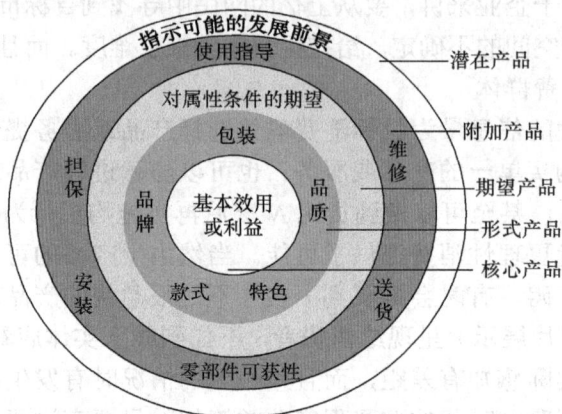

图 11-3　产品整体概念示意

核心产品是指产品提供给消费者的基本效用或利益，如消费者购买轿车是为了获取"出行方便"这一核心利益，但这并不是全部；形式产品是指产品在市场上出售时的具体形态，通常表现为产品的品质、特色、款式、品牌和包装，形式产品的直观感受为企业和消费者之间的沟通提供了有效工具；期望产品是指消费者购买产品时通常希望有与核心产品密切的一套属性和条件，如消费者购买轿车同时还希望轿车省油、美观、操控性好和乘坐舒适；附加产品是指生产者或销售者为了创造产品的差异化而给与消费者增加的服务和利益，如轿车企业为消费者提供 6 年或 10 万公里的免费质保、上门维护保养等服务；潜在产品是指产品最终可能会带给消费者的全部附加产品和将来会转换的部分，能够带给产品足够的差异化现象，给企业的产品带来竞争优势。

产品组合是指企业所经营的全部产品线和产品项目的组合，它由多条产品线组成，每条产品线由若干产品项目组成。产品组合策略是指企业根据市场需求特点和企业资源特征，对产品组合的宽度、深度和关联性实行不同的有机组合，现代企业可采取这样几种类型：一是扩展产品组合，即增加产品线和产品项目，以扩大经营范围和规模。当企业预测到现有产品的销售和利润出现下降，而且未来一段将能预见持续下降时，企业就可以考虑增加新的产品线，或加强其中有发展潜力的产品线。二是减少产品组合。这是与增加策略相反的，主要是针对市场不景气和疲软的时候，企业可根据市场调研与预测减少一些销售困难、获利小甚至亏损的产品项目，集中力量生产需求大、销量好和获利多的产品线，避免企业遭受不必要的损失。三是产品线延伸。这是针对产品的档次而言的，在产品原有基础上向上、向下或双向延伸，向下延伸是指企业在高档产品的产品线中增加低档产品项目，向上延伸是指企业在低档产品的产品线中增加高档产品项目，双向延伸是指企业同时扩大生产高档和低档的同类产品。

新产品的开发是指在原理、用途、性能、结构、材质等某一方面或几个方面具有创新或改进的产品。任何产品只要能给消费者带来某种新的利益，都可以看成是新产品。新产品可以分为全新产品、换代新产品、改进新产品和仿制新产品。新产品的开发设计程序分为新产品设想、筛选构思、产品概念形成、制订营销计划、商业分析、新产品研制、试销和正式面市八个环节。

产品的包装主要包括商标、形状、颜色、图案和材料等要素。包装策略可以分为类似包装策略、等级包装策略、分类包装策略、配套包装策略、再使用包装策略、附赠品包装策略和更新包装策略。

三、价格策略

1．企业定价目标及程序

由于价格受需求情况、政策法规、消费选择、竞争环境和社会导向的诸多因素影响，因此做好价格制定是企业能否实现盈利的重要保障。对于出口型企业，在制定价格时除了考虑关税变化、成本和汇率变动、各国的报价方式、政府态度外，还要充分考虑政治稳定性、季节变化性、投机和罢工、军事政变和自然灾难等因素带来的影响。企业定价是一个复杂的工作，一般情况下可以分为六个程序完成产品的定价：选择定价目标、测定需求、估算成本、分析竞争因素、选择定价方法和选定最终价格。

（1）选择定价目标

定价目标必须与企业的营销目标相一致，出发点都是为了获得更多的利润。不同企业根据自身企业的优势和营销依据可以进行如下几种选择：①维持生存。如果企业产能过剩，那么就要考虑如何及时销售出产品，以减缓企业的库存和资金压力。②获取当前最大利润。以追求利润最大化是每个企业的目标，在确定获取当前最大利润为定价目标的时候要从本企业的产品竞争优势出发，充分考虑市场对本企业产品的反馈。③提高市场占有率。以提高市场占有率为目标的定价，则以销量提升为出发点，盈利放在次要位置。因此，选择低价可以刺激需求的迅速增长，生产和分销的成本随着经验的丰富而下降，同时还能吓退现有的和潜在的竞争者。④预期投资收益率。企业都期望在预期内分批收回投资，在定价时一般会在成本费之外加上一定比例的预期盈利。以此为目标的企业，一般具有一些优越条件，如产品用于专利权或处于主导地位。⑤稳定价格。有些行业为了避免不必要的价格竞争，增加市场的稳定性，此种目标适用于在行业中能左右市价的企业。⑥应付与防止竞争。为了阻止新的对手出现，有的企业采取低价倾销的手段力争独占市场。⑦产品质量领先。此类定价目标则需要企业不断实现新产品的更新和技术的创新，以长时间保持产品领先地位，获取比对手更好的竞争优势和定价优势。

（2）测定需求

通常情况下，可以通过调查的结构变化，了解不同消费群体的可能购买量，分析需求的价格弹性，根据需求量变动对价格变化反应的灵敏度，选定一个适当的价格。需求弹性是用来衡量价格变动的比率所引起的需求量变化的比率，反映的是需求变动对价格变动反应的灵敏度。一般用需求弹性系数 E 表示需求弹性的大小。需求弹性系数 $E=$ 销售量变动的百分比/价格变动的百分比。$E=1$，表示标准需求弹性；$E>1$，表示需求量的变动幅度大于价格变动幅度，需求富有弹性；$E<1$，表示需求量的变动幅度小于价格的变动幅度，需求缺乏弹性；$E=0$，表示需求完全无弹性。缺乏弹性的情况有生活基础必需品、市场上没有替代品或竞争、消费者对高价格不在意、消费者改变购买习惯、消费者认为产品质量有所提高或有通货膨胀现象发生。

（3）估算成本

成本是指在产品生产过程中和流通中所消耗的物质资料及支付劳动报酬的总和，分为固定成本和流动成本。

（4）分析竞争因素

根据企业所处竞争环境及市场需求，在最高和最低价格幅度内，主要取决于竞争对手同类产品的价格水平。如果在垄断情况下，企业的产品和竞争对手的产品相似，则可以低于对手的价格。如果优于对手的产品，则可高于对手的价格。

（5）选择定价方法

企业产品定价的高低受产品成本、市场需求、竞争者产品价格三个因素的影响。价格太低不能获取好的利润，价格太高也可能影响收益，但合理的价格是不存在的。企业在定价时应考虑：产品成本是定价的下限、竞争者产品的价格是定价的定向点，市场对产品的需求是定价的上限。

（6）选定最终价格

企业在最终确定价格时，首先应考虑国家的法律因素，也就是价格要在法律规定范围内，不能超越法律的界限。其次要考虑消费者的心理，同时还要考虑企业内部员工、批发商、供应商对定价的意见和建议，考虑竞争对手对本企业定价的反应。

2．企业定价方法

目前，市场营销学理论归纳的企业定价方法大体有三类：成本导向定价法、需求导向定价法和竞争导向定价法。

（1）成本导向定价法

企业选择成本导向定价法的依据主要是考虑收回企业在营销活动过程中投入的全部成本基础上，再获得一定的利润。具体可分为以下几种方法。

1）成本加成定价法。成本加成定价法就是在产品单位成本的基础上加上一定的百分比的利润来确定企业的产品价格。其中，单位成本＝可变成本＋固定成本÷销售量，如果加上获利比例。其产品定价计算公式为

$$产品单价＝单位成本×（1＋目标利润率）$$

2）目标收益定价法。目标收益定价法根据企业的投资总额、预期销量和投资回收期等因素制定产品价格。其产品定价计算公式为

$$目标利润价格＝单位成本＋（投资收益率×投资成本）÷预计销售量$$

3）边际成本定价法。边际成本定价法是指以单位变动成本为定价依据，加上单位产品边际贡献制定产品价格，单位产品边际贡献＝单位产品价格－单位产品变动价格。其定价计算公式为

$$产品销售价格＝单位变动成本＋单位产品边际贡献$$

4）损益平衡定价法。损益平衡定价法是指企业在预测市场需求的基础上，以总成本为基础制定价格，产品销量达到预测需求量，可实现收支平衡，超过此数即为盈利，低于此数即为亏损。其产品定价计算公式为

$$产品保本价格＝固定成本÷损益平衡点销售量＋产品变动成本$$

$$损益平衡点销售量＝固定成本÷（单位产品价格－产品变动成本）$$

（2）需求导向定价法

需求导向定价法又称为市场中心定价法，是指根据消费者对商品价值的认识和需求程度来制定商品价格的定价方法，一般分为理解价值定价法、需求差异定价法和逆向定价法。理解价值定价法需要考虑消费者对商品价值的认识和理解程度，主要针对名牌商品、高档品牌、百年老店等，其关键是要准确计算产品所提供的全部市场认知价值，不要过高也不要过低估计认知价值；需求差异定价法就是根据消费者差别、产品形式差别、产品地点差别和销售时间差别进行定价；逆向定价法又称反向定价法，是根据估计的市场零售价反向推算企业产品出厂价格的一种定价法，主要用于产品的净售价。

（3）竞争导向定价法

竞争导向定价法主要包括随行就市定价法和密封投标定价法。随行就市定价法就是按照行业的平均现行水平来定价的一种方法，企业一般在难以估算成本、打算与同行和平共处，以及另行定价不能了解竞争者和消费者的反应的时候采取此定价法；密封投标定价法是指从参加投标的企业事先根据招标单位公告的招标内容，估计竞争者的价格来定价。

3．企业定价策略

1）新产品定价策略。主要采用撇脂定价、渗透定价和满意定价。撇脂定价又称高价策略，一般在新产品上市、独家提供产品和为降价促销做准备等情况下使用。渗透定价又称低价策略，目的在于以很低的价格迅速打开市场，进行渗透，提高企业的市场占有率。在进行渗透定价时，要具备以下条件：市场需求显得对价格极为敏感，企业的生产成本和经营费用随着经验的增加而下降，低价不会引起实际和潜在的竞争。满意定价又称温和定价，它是介于前两种定价之间的策略。

2）折扣与让价策略。通常采用现金折扣、数量折扣、交易折扣、季节折扣和折让等方式对产品进行定价，促销让价在零售企业运用较为普遍。

3）心理定价策略。需要了解消费者的价格心理：按质论价、物美价廉、习惯价格、附加价值、害怕上当和高价消费心理。可以采用尾数定价、整数定价、声望定价和习惯定价。

4）产品组合定价策略。包括产品线定价法、互补产品定价法和成组产品定价法。

5）地区定价策略。包括 FOB（free on board，离岸价格）原产地定价、买主所在地定价、分区定价、运费免收定价和成本加运费定价。

四、渠道策略

渠道即产品的流通渠道，是指产品从生产到消费者转移过程中，取得这种产品的所

有权或帮助转移其所有权的所有企业和个人。现代分销渠道主要分为商业中间商和代理中间商，还包括处于分销渠道的起点和终点的产品生产者与消费者。渠道的作用对于企业而言，是企业进入市场之路、重要资源和加快产品流通的重要措施。对消费者而言，则为选购产品节省了精力和时间。对于社会而言，是社会在生产过程中的一个重要环节，对社会增加就业起到积极作用。

进入 21 世纪，随着互联网的兴起，电子商务成为新型消费模式，渠道也随之发生变化。目前，日用消费品和电器产品均可通过互联网实现购买。按照 O2O（online to offline，线上到线下）模式，未来的市场将分为线上市场和线下市场相结合的方式，这将减少更多的中间商渠道环节，为消费者节省更多的时间和精力。可以预见，未来的实体店和零售店不仅仅是作为销售产品的场所，更多的是作为产品体验和试用的场所，消费者在实体店更多地满足体验感受，而购买则通过互联网实现。

对于传统企业和大宗商品的流通与销售，在相当长一段时间还将继续按照传统营销模式进行分销。常采用的有生产者—消费者模式，中间可以增加一级、二级和多级批发商和零售商。垂直渠道系统可以分为公司、管理和合同系统等渠道进行；水平渠道则适用于零售业推行的连锁经营，如粮油零售企业；多渠道则采用渠道广泛，目的是能更好地进入市场。

五、推销策略

推销是现代企业通过人员或其他方式，沟通企业与消费者之间的信息，引导消费者购买欲望和兴趣，使其产生购买行为的企业管理活动。其核心是企业及产品信息的沟通，目的是引发、刺激消费者产生购买，方式有人员推销和非人员推销。

1．人员推销

人员推销是直接向消费者推销产品的一种销售方式，主要表现为信息传递的双向性、推销目的的双重性、推销过程的灵活性和友谊协作的长期性。主要形式有上门推销、柜台推销和会议推销，主要对象为消费者、生产用户和中间商。

2．非人员推销

1）广告策略。广告根据广告的内容和目的可以分为产品广告、企业广告、公益广告；根据区域可以分为全国性广告、地区性广告；根据形式可以分为文字图片广告；根据媒体可分为报纸广告、杂志广告、广播广告、电视广告和互联网广告。

2）营业推广策略。它是指企业运用各种短期诱因鼓励消费者和中间商购买、经销或代理企业产品的促销活动。通过向消费者赠送样品、代金券、包装兑现、提供赠品、产品展销、竞赛与抽奖和联合营业推广等形式进行推销；通过向中间商进行购买折扣、资助、经销奖励、推广津贴、经销竞赛和代销形式进行推销；通过向推销人员采取红利提成和推销竞赛及特别推销金等策略激励推销人员的工作积极性。

3）公关策略。主要通过报纸、杂志和广播等媒体宣传来推广企业及企业产品的良好形象；通过咨询、调查问卷、民意测验、热线电话、交流会等形式加强与消费者的沟通和交流；通过各种实惠性服务，了解公众的服务需求信息，再把需求信息转化到企业的产品设计、生产中来；通过赞助文化、教育、体育、卫生等公益事业，提高企业的社会知名度和美誉度。

互联网时代，还可以通过网络平台、微信平台进行推销。

第六节　绿　色　营　销

一、绿色营销的定义和内涵

1. 定义

绿色营销理论的萌芽可追溯到 20 世纪 60 年代末和 70 年代初，但绿色营销作为一个完整的概念是在 20 世纪 80 年代才在欧洲提出来的。由于人们对绿色营销的认识是一个发展和完善的过程，其内涵也在不断发展和丰富，从最初的"生态要素"发展到今天的"可持续要素"，从"产品中心论"演进到今天的"发展中心论"（万后芬，2001）。

对于绿色营销的定义，有代表性的观点有以下四种。

1）产品中心论。学者认为"绿色营销是指以产品对环境的影响作为中心点的市场营销手段。表明要充分考虑产品本身的绿色化、产品包装的绿色化、产品加工过程的绿色化，以及倡导赞助环保的组织和事业。

2）环境中心论。学者认为"绿色营销是指企业在市场营销中要保护地球生态环境，反污染以保持生态，充分利用资源以造福后代""绿色营销是以环境问题作为推进点而展开的营销实践"。这条定义的着眼点是利用绿色问题来推销产品，而不是真正意义上帮助解决环境问题。如 1990 年"地球日"，给了与环境问题有关的公司发起绿色宣传运动的机会，但这些企业并没有真正开发出对改善环境有益的货真价实的产品。

3）利益中心论。学者认为"绿色营销是为了实现企业自身利益、消费者需求和环境利益的统一，而对产品和服务的观念、定价、促销和分销进行策划和实施的过程"。

4）发展中心论。学者认为"绿色营销是一种能辨识、预期及符合消费者与社会需求，并可带来利润及永续经营的管理过程"。

英国威尔斯大学肯·皮蒂（Ken Peattie）教授在其所著的《绿色营销——化危机为商机的经营趋势》中，对绿色营销做了综合定义。绿色营销是指以促进可持续发展为目标，为实现经济利益、消费者利益和环境利益的统一，市场主体根据科学性和规范性的原则，通过有目的、有计划的开发及同其他市场主体交换产品价值来满足市场需求的一种管理过程。

2. 内涵

绿色营销是一个经营管理过程，是企业实施绿色管理的核心部分。绿色营销的最终目标是促进可持续发展和实现循环经济；实现该目标的准则是注重经济利益、消费者需求和环境利益的统一。企业无论在战略管理的四个阶段即探测（市场调查预测）、细分（市场细分）、择优（选择目标市场）、定位（市场定位）过程中，还是在战术管理即产品开发、定价、分销渠道和促销过程中，都必须从促进经济可持续发展这个基本原则出发。绿色营销过程中要同时满足企业、社会、环境和消费者的利益。

绿色营销核心是创新符合绿色要求的新技术、开发和培育绿色市场、创造绿色经济，同时对人类的生态关注给予回应，使企业获得永续经营、持续发展。

二、绿色营销与传统营销的差异

1. 营销观念

绿色营销观是继 20 世纪 50 年代由产品导向转向消费者导向这一具有根本性变革基础上的又一次升华，与传统营销观的差异主要表现在：绿色营销观是以人类社会的可持续发展为导向的营销观，企业首先要注重经济与生态的协调发展，注重可再生资源的开发利用、减少资源浪费、防止环境污染，其次要强调消费者、企业、社会和生态环境利益的统一，在传统社会营销观念强调消费者、企业和社会利益的基础上，进一步强调生态环境利益。绿色营销观念更注重社会效益，要求企业以社会效益为中心，以全社会的长远利益为重点，变以消费者为中心为以社会为中心，企业既要做好市场研究，发现现实需求和潜在需求，也要注意和竞争对手的优劣势分析，发挥优势，提高营销效果。绿色营销观念更注重企业的社会责任和社会道德，主要体现在注重企业的经济责任，争取低能耗、低污染和低投入取得符合社会需要的高产出、高效益；注重企业的社会责任，通过绿色产品的销售和宣传，在满足消费需求的同时，促进全社会的绿色文明发展；注重企业的法律责任，企业必须自觉地以国际组织和目标市场所在地所制定的、包括环境保护在内的有关法律和法规为约束。另外，企业实施绿色营销，必须遵循社会的道德规范，杜绝以牺牲环境利益来取得企业的经济利益。

2. 经营目标

在传统营销方式下，无论是以产品为导向还是以消费者为导向，企业经营都以取得利润为终目标，只考虑企业利益，忽视全社会的整体利益和长远利益。绿色营销的目标是使经济发展目标同生态发展和社会发展的目标相协调，促进总体可持续发展战略目标的实现，不仅考虑企业自身利益，还应考虑全社会的利益。企业实施绿色营销，往往从产品的设计开始，到材料的选择、包装方式的采用、运输仓储方式的选用，直到产品消费和废弃物的处理等整个过程中，做到安全、卫生、无公害，以维护全社会的整体利益和长远利益。

3. 经营手段

传统营销通过产品、价格、渠道和促销的有机组合来实现自己的营销目标。绿色营销强调营销组合中的绿色因素，注重绿色消费需求的调查和引导，注重在生产、消费和废弃物回收过程中降低危害，开发和经营符合绿色标志的绿色产品，并在定价、渠道选择、促销、服务、企业形象树立等营销过程中考虑以保护生态环境为主要内容的绿色因素。从影响营销的环境因素来看，传统营销受到人口、经济、自然、技术、政治和文化环境的制约，而绿色营销除受到以上因素的制约外，还受到环境资源政策和环境资源保护法规的约束。

三、绿色营销的特点

1. 综合性

绿色营销综合了传统市场营销、生态营销、社会营销和大市场营销等营销观念的内容。传统市场营销的重点是满足消费的需求，把"生产合格产品、满足消费需求"作为企业一切工作的最高准则；生态营销要求企业把市场要求和自身资源条件有机结合，在取得企业发展的同时，要注重与自然、社会、经济等因素相协调；社会营销要求企业不仅要根据自身资源条件满足消费者需求，还要符合消费者及整个社会目前需要及长远发展需要，倡导符合社会长远利益；大市场营销是在传统营销四要素上加上权力与公共关系，使企业能成功地进入特定的市场，因此，在策略上必须使用经济、心理、政治和公共关系等手段，以取得外国或某些地方的合作和支持。

2. 统一性

绿色营销强调社会效益与企业经济效益的统一。企业在制定和实施营销策略的时候，既要考虑产品的经济效益，又必须考虑社会公众的长远利益与身心健康。同时人类要寻求可持续发展，就必须约束自己，尊重自然规律，从而实现经济、自然环境和生活质量三者之间的相互协调与促进。

3. 无差别性

无差别性又称一致性，是指绿色标准及标志呈现世界无差别性。尽管世界各国对绿色产品的标准不尽相同，但在产品质量、产品生产、使用消费及处置等方面必须符合环保要求，对生态环境和人体健康无损害等方面的要求全世界也是一致的。如 ISO 14021 质量体系对产品的要求在全球通用。

4. 双向性

双向性是指绿色营销不仅要求企业树立绿色观念、生产绿色产品、开发绿色产业，同时也要求广大消费者购买绿色产品，对有害产品进行自觉抵制，树色绿色消费观念。

四、绿色需求、市场营销战略及步骤

讨论：绿色企业战略与绿色营销战略（视频）

1. 绿色需求分析

（1）绿色消费群体类型
绿色消费群体可分为以下类型。

1）环境保护主义者。这类消费者无疑是对绿色消费最积极的群体，他们也被称为新传统主义者，他们追求企业的明确坦率、诚实无欺和可信赖性，要求所购买的商品能够满足感情上的需要，不仅考虑他们要买的商品的价格，也会考虑该商品有没有涉及环境或道德问题。

2）普通市民。作为一般消费者，在大多数情况下他们并不一定关心环境，他们更多地从自身的身体健康、免受伤害的角度来考虑所购商品的价值和自己的消费行为，同时基于同样的原因对不负责任的环境破坏行为感到愤慨。加拿大民调机构安格斯·雷德集团对本国消费者的调查发现，加拿大人的环保观点可分为七类：最具有绿色观点的消费者占总人口的 63%，其中的 19% 为乐观主义者，16% 为热心者，15% 为积极分子，而 13% 则忧虑重重。其余的人包括：宿命论者占 15%，持冷漠态度者占 13%，怀有敌意者占 9%。

3）关注环境与社会可持续发展的企业。这部分企业主要来自绿色消费者的需求压力和增加企业自身竞争力与环境可持续发展的需要，在生产和销售过程中，要协调好环境、资源、产品、健康之间的关系，促使企业使用环保、安全、健康的原材料。

（2）绿色市场消费

消费产生于需求之后，是需求在市场中的直接反映，绿色需求是如何产生的呢？

1）产生绿色消费意识。人类在近两个世纪以来，工业文明和精神文明都取得了飞速的发展，工业化生产消耗了大量的资源，随着地球生态环保问题的加剧，人类意识到如果不改变目前的生产、生活方式，将加速地球的灭亡，于是人们开始形成良好的需求习惯，从享受需求开始逐步转变为绿色需求。城乡居民收入的增加使得消费层次开始分类，消费主体也逐步向年轻化和老年化两极发展，也就是说，随着收入的增加，大家越来越关注小孩和老年人的生活品质和身体健康。

2）居民的消费观念、消费内容和消费方式也发生着重大变化。从追求数量到追求生活的质量，人类追求自身生存安全和发展的时候，首要需求是安全，其次是生活质量和生存质量。从调查结果看，居住在城市的居民比农村居民对绿色标志的产品对其产生的购买行为的影响大，可见城镇居民的绿色消费意识明显强于农村。从居民收入情况对绿色产品需求的影响调查结果来看，人均月收入达 1000 元以上处于小康的家庭中，商品有绿色标志对购买决策影响比率达到 41.7%，在进行价格反映的调查结果也显示高收入群体对绿色标志产品价格高一些也能接受的程度较低收入群体的比率高，达到了 33.3%。我国在 2020 年将跨入全面小康社会，届时对绿色消费的需求量将会增加。因此企业要适应未来市场，调整产品结构，迎接市场消费变化，获取市场份额是非常有必要的。

（3）绿色消费者行为

1）绿色消费者行为特征。绿色消费者行为特征体现在：改变需要和欲望，由于需要和欲望的绿色化可能从根本上改变消费行为，从而可能导致当前不消费、恢复原有产品的功能而避免或减少购买资源性产品和配合绿色消费的行动；考虑替代品，如购买二手货、借用或租赁产品、改换产品的技术；转变购买决策，如改换品牌、产品、品种及转向以产品寿命为基础的购买和成批购买；售后行为发生变化，如产品使用方式的变化、重复使用产品、产品处置方式的变化和维护或修理；对非绿色营销行为予以抵制，如抵制雀巢劣质婴儿奶粉在发展中国家销售的行为。

2）影响绿色消费者行为的因素。个人方面，受个人收入、教育水平、个性等因素对绿色消费的影响较大。心理方面，受消费动机、学习和消费态度等因素的影响较大。企业的绿色消费行为表现为：改变购买原料的数量和类型、改变原料和零部件供应商、参与供应商的绿色改造及创造附加产品市场。

2. 绿色市场营销战略的内容及步骤

绿色营销战略的内容包括分析绿色市场机会、选择绿色目标市场、绿色市场定位、制定绿色营销组合策略和制订绿色营销计划五个部分。战略步骤包括绿色市场细分、绿色市场选择和绿色市场定位。

1）绿色市场细分。依据市场细分理论，可将绿色消费者按照其所处地理位置、人口因素、心理因素和行为因素等变量进行细分，目的是将绿色需求差异区分出来。在进行绿色市场细分时，关键和核心问题是确定合适的细分依据及具体变量，这样才能把本来需求比较一致的市场细分出来。近几年，绿色农产品的绿色市场细分趋势就十分明显，也是导致近年来绿色农产品旺销的原因之一。

2）绿色市场选择。选择绿色目标市场，是指在细分后的诸多细分市场中选择、确定企业要进入的那些细分市场，即确定为哪部分消费者提供绿色产品。在选择的时候，要针对细分之后的小市场的长期盈利潜力进行评估，评估其销售额增长趋势及相应营销策略的有效性。依据科特勒先生及波特先生的战略思想，企业要依据其自身拥有的绿色营销组合能力，在"无差异绿色营销""有差异绿色营销""集中绿色营销"三者中选其一。无差异绿色营销是企业用一种绿色产品和营销计划，迎合消费者共同的绿色需求；有差异绿色营销是企业针对不同的细分市场进行不同的绿色营销组合；集中绿色营销是企业把其绿色优势集中在一个相对狭小的绿色细分市场上，以单一的绿色营销组合，为其提供单一的绿色产品和服务。

3）绿色市场定位。绿色市场定位一是具有鲜明的绿色消费者需求导向，它是将绿色产品形象在消费者心中确立一个有别于竞争者的位置；二是要以绿色竞争为导向；三是定位要有可塑性。

五、绿色营销 4P 策略

讨论：电影《美人鱼》绿色营销启示（视频）

1. 绿色产品策略

绿色产品的核心是指产品的使用价值或核心利益，它是消费者购买的真正目的之所在，绿色产品的重点是改进消费者消费的核心产品，使产品能提供的核心利益与消费者所追求的利益相一致。在开发绿色核心产品时应注意：同时满足消费者绿色消费行为的产品，即开发要着眼于鼓励消费者采取绿色消费行为；注重产品的绿色质量，具体表现为能源效率、资源效率、减少废弃物和污染、产品安全、产品生命长度、重复使用性能和可再生性；增加产品的绿色特性，就是使产品增添环境保护的可信度和安全感；排查不安全或不可接受的成分或者特性，加强绿色产品的品质和绿色设计等要素。在开发绿色形式产品时应注意绿色产品的外观式样、绿色名称与标志、绿色产品的品牌与包装。在开发绿色延伸产品时应注意向消费者提供绿色购买方式和向消费者提供绿色服务。

1）对具有多条绿色产品线的企业来讲，绿色产品组合策略可以根据企业的产品线选择以下四种：①产品线全面策略，是将企业所经营的各条产品线都在其目标市场上大力发展；②产品线专业性策略，就是企业重点发展某一条或几条所选定的产品线；③特殊产品专业性策略，就是企业重点发展某些特殊环保用途或特定绿色特征的产品；④地区性策略，就是企业在某些特定地区销售某一产品线的绿色产品，以符合地区生态或环保需求。

2）对于所经营的绿色产品线，可以采用产品线填完或产品线延伸策略，产品线填完策略是指企业任一条产品线中都包含若干产品项目，它是为满足市场不同的需求，或因竞争及产品发展的需要而在产品线中增加产品项目数。产品线延伸策略是指以某一条产品为轴，向其上游或下游或双向延伸，以扩大该产品的市场覆盖面。

3）产品线现代化策略。企业可以应用创新科技，当产品线的生产设备、技术、工艺已难以适应新的环境的要求时，考虑采用何种方式使产品线现代化。同时推动线上产品的改进也是产品线现代化策略的一种方式。

4）产品线差异化策略。它是指企业在众多竞争产品中突出本企业产品市场形象的重要策略，重点在于在产品线中的某一个或某几个产品项目上突出其绿色特征，以提高此产品的整体市场形象。

5）绿色包装材料的选择策略。在进行产品包装材料的种类选择时多采用塑料包装、纸类包装、玻璃包装、金属包装和竹包装。绿色包装应减少包装材料、重复使用包装、使用可再生材料或可再生材料包装、使用可降解包装、注重保护公众安全、实施包装设计图案绿色化。绿色产品商标强调绿色产品环境业绩，使用与社会相联系、与产品属性相联系、与生产相联系的关键词；绿色商标的使用策略有绿色商标有无策略、绿色产品商标统分策略、绿色产品商标扩展策略和商标重新定位策略。

2．绿色产品定价策略

影响绿色产品定价的因素包括绿色需求、绿色成本、绿色竞争、营销目标和其他营销组合变量。绿色产品定价策略如下。

（1）绿色产品组合定价策略

绿色产品组合定价策略是根据绿色产品的续期、绿色产品生产成本和绿色产品生产资源利用三个方面的内在关联性实施定价的一种策略。一般来讲，有强烈需求的绿色产品，如健康、安全、无毒、无害的产品，制定比较高的价格，而对为提高资源利用率的副产品，或为减少环境压力，在生产满足需求的产品过程中所产生废物回收利用形成的产品则实施低价，甚至低于成本的价格策略。绿色产品组合定价策略就是要发挥价格的调节作用，建立合理的消费结构，从而减少资源消耗、保护环境。

（2）绿色产品差别定价策略

绿色产品差别定价策略又称价格歧视策略，是指根据消费者需求强度和对某种绿色产品的了解程度采用不同价格，而这种产品的成本相同。尤其在进行国际市场营销时，可以采用次定价策略。在实施差别定价时需注意，过高的价格可能影响其竞争力，过低的价格可能引起低价竞销，要对目标市场的营销环境进行分析和评价。

（3）绿色产品竞争定价策略

绿色产品竞争定价策略是指根据市场上相同或相似的绿色产品价格水平来进行定价的策略。在应用时要体现出特殊意义：一是竞争者之间通过维持相同或相似的价格可以发展和壮大某些绿色产业，特别是投资比较大、利润比较低、见效比较慢、比较脆弱的绿色产业，如生态农业、生态果业等；二是对于整个社会福利有重大作用而经济效益差的某些产业，如环保产业，竞争者之间可采取战略联盟，并采取相同的价格策略，以避免价格战，损坏整个产业；三是对于某些生产资源比较稀缺的产业，竞争者之间应签订价格协议，以限制需求，控制供应，维持产业的长期发展。

（4）绿色产品的认知价值定价策略

绿色产品的认知价值定价策略是指把价格变量与其他营销组合变量协调起来，从而达到增加销售的目的。其关键是协调营销组合的价格要素和非价格要素，保持二者高度的一致性。首先要使消费者期望值与产品体验价值一致，其次产品定价与消费者认知价值一致，这样才会让消费者觉得物有所值。

绿色产品定价策略要和其他营销组合策略同时并用，具体步骤为确定目标市场、市场定位、确定营销组合、按初步价格试销、认知价值确认和对价格进行调整。

3. 绿色渠道策略

（1）绿色产品渠道的类型

分销渠道具有一般消费者市场分销渠道的基本层次，其中：零层渠道也称直接渠道，即绿色产品生产者直接将产品销售给消费者，包括绿色产品生产企业通过自设的门市部、直营店和专卖店来销售产品；一层渠道只包含销售中间机构，如零售商，主要包括连锁店、超级市场等；二层渠道包含批发商和零售商或代理商和零售商。对于绿色产品分销渠道，基于其生产、消费的基本特性，渠道层次相对较短。另外，绿色产品的分销渠道了除了向前的渠道外，还有向后的渠道，这种渠道的重要变化就是使绿色消费者改变角色成为一个生产者，如回收固体废弃物是一项主要的生态目标，这在技术上是可行的，但需要通过分销渠道使物流发生反向的流动，目前有一些中间商在反向渠道中扮演重要的角色，包括制造商的回收中心、专业废品回收企业等。

（2）绿色产品分销渠道的选择策略。

1）确定分销渠道类型，即确定渠道模式或渠道长度。根据目标消费者需求特点、制约因素、现有中间商情况及企业战略目标的要求，同时参考同类其他产品经营者的经验，决定采用什么样的分销渠道，是直接销售还是间接分销，是利用一层渠道还是两层渠道，是利用经销商还是委托经销商。作为绿色产品生产企业，既可以沿用本行业其他企业采用的传统渠道模式，也可以创新渠道或同时采用多种渠道模式。更可以根据当前最流行的线上与线下相结合的 O2O、B2B（business to business，企业到企业的电子商务模式）等渠道模式，还可以利用微信、微博和客户端等微营销渠道进行销售。

2）确定中间商数目。绿色生产企业必须决定每一渠道层次利用中间商的数目，即决定渠道宽度，一般可选择密集分销策略、选择分销策略和独家分销策略。

3）规定分销渠道成员的条件和责任。

（3）渠道的绿色化策略

为了真正实施绿色营销，一是在选择绿色交通工具时，装载设备应适合相应的绿色产品的环保要求，不能对绿色产品造成污染，同时应该选择绿色、排放量小或者将电力作为动力能源的交通工具实施绿色产品的运输；二是绿色产品仓库的建立必须符合绿色产品的储存要求，尤其是要注重仓库的湿度和温度的设计对绿色产品的影响，要注意运输和储存过程中的装卸绿色化；三是结合销售渠道的各环节，制定和实施各环节的绿色管理办法，认真做好绿色营销渠道各环节的工作。

4．绿色促销策略

绿色产品的促销组合策略，通常情况下可以采用媒体促销、传递绿色信息、指导绿色消费、启发引导消费者绿色需求等方式促成购买行为，主要根据产品类型确定相应的策略组合。

（1）绿色广告策略

企业可以通过广告对产品的绿色功能进行宣传和定位，将绿色产品的不同点和生产过程、环保效果等信息进行发布，引导消费者理解并接受广告中的绿色信息。在绿色产品的市场投入期和成长期，通过量大、面广的绿色广告，营造绿色氛围，激发消费者的购买欲望，实施绿色产品可能的广告目标。

（2）绿色宣传推广策略

1）企业可以通过绿色营销人员进行绿色推销和营业推广，从销售现场到推销实地，直接向消费者宣传、推广产品绿色信息，讲解、示范产品的绿色功能，回答消费者绿色咨询，宣讲绿色营销的各种环境现状和发展趋势，从而引导消费者产生购买行为。

2）可以通过绿色生产基地实地考察、亲身体验、产品免费试用和赠送等方面，组织消费者、媒体到生产基地现场看绿色产品是如何生产的，在生产现场看产品设计和生产过程中是否使用了对身体和环境有害的原料及辅料，开发绿色产品小容量试用装免费送给消费者进行试用和体验，还可以通过竞赛和优惠等活动，引导消费者形成消费习惯和兴趣。

3）可以通过绿色产品博览会形式进行推广。在绿色蔬菜博览会上，来自全国各地的绿色产品可以向全国、全世界的消费者进行展示；在各种汽车博览会上，汽车生产商一般会推出一款低能耗、环保的概念车。

4）可以通过公共媒体宣传和企业绿色行为宣传。

（3）绿色公关策略

企业可以派公关人员通过参与系列公关活动，通过发表文章、演讲、影视资料的播放增加企业绿色产品的知晓度和知名度。通过参加社交联谊、环保公益活动和赞助，与社会公众进行广泛接触，增强公众的绿色意识的同时，树立企业的绿色形象，为绿色营销建立广泛的社会基础，促进绿色营销业的发展。

问答题

1．企业市场营销的概念及内涵是什么？
2．企业市场营销战略步骤有哪些？
3．简述企业营销 4P 策略。
4．简述企业绿色营销战略及内容。

能力训练题

1．运用 4P 营销理论对某种绿色产品设计一个营销方案。
2．2016 年 8 月初，阿里研究院和阿里公益联合发布《2016 年度中国绿色消费者报告》，显示互联网正在成为绿色消费领域新的主战场。截至 2015 年年底，中国在线绿色消费者群体已经达到 6500 万人，2015 年全年阿里巴巴网络零售平台累计减少二氧化碳排放约 3000 万吨。分析电商的发展对绿色营销的机遇与挑战。

案例分析

从 10 万元到 800 万元的通信营销

课后阅读

一　苹果公司的营销策略
二　沃尔玛的绿色营销

拓展阅读

菲力普·科特勒，南希·李，2011．企业的社会责任．姜文波，等译．北京：机械工业出版社．
肯·皮蒂，2004．绿色营销：化危机为商机的经营趋势．北京：中国商业出版社．
万后芬，2010．绿色营销．北京：高等教育出版社．

第十二章

企业危机管理

知识目标

1. 掌握危机管理的概念与要素及原则与基本程序。
2. 了解企业危机预警与诊断。
3. 熟悉企业危机处理过程及策略。
4. 熟悉企业危机恢复内容及策略。
5. 了解危机管理评估程序及内容。

能力目标

1. 学会在危机处理中应对媒体。
2. 应用危机管理的 5S 原则分析企业危机公关事件的得失。

关 键 词

危机　危机管理　危机预警　危机处理　危机恢复　危机管理评估

导入案例

安德玛的危机公关

在 2016 年里约奥运会上，安德玛（Under Armour）公司因赞助菲尔普斯和美国女子体操队而获得了足够的关注。尤其是美国泳坛传奇菲尔普斯神奇的表现让其赞助商安德玛在里约奥运会上的曝光率名列前茅，尽管它并不是奥运会的官方赞助商。

2014 年 2 月，这家总部位于马里兰州巴尔的摩市 1996 年创立的运动品牌，已经在美国运动品牌市场占据了一席之地。从 2010 年以来安德玛的销量每年以两倍的速度增长，在 2013 年销售额就已经达到了 23 亿美元。2014 年索契冬奥会上，安德玛和洛克希德·马丁公司合作花费数百万美元为美国速滑队打造服装，以便运动员在赛场上发挥出最好的水平。这套被称作"Mach 39"的服装在当时被外界报道给予很高的评价，甚至当时的安德玛公司发言人黛安·佩尔基（Diane Pelki）表示穿上这套服装会让美国速滑队在与别人的竞争中获得"意想不到"的优势。然而，Mach 39 看上去没有给美国速滑队带来任何优势，相反他们一败涂地，一块奖牌都没拿到。2014 年 2 月 13 日的《华尔街日报》公开质疑，安德玛公司必须为美国速滑队 30 年来最糟糕的表现负责。一时间这一消息占据了各大报纸的头版头条，社交媒体上的指责也甚嚣尘上。

安德玛公司发言人佩尔基和她的团队立即与安德玛高层会面商量对策，这其中包括 CEO 凯文·普兰克（Kevin Plank）、产品和创新总裁凯文·海利（Kevin Haley）及当时的市场总监现在的北美总裁马特·米尔基（Matt Mirchin）。他们决定让海利出面对公众做出解释，同时米尔基会回答有关市场方面的问题，而不是坐以待毙直到质疑停止。"到处都是对我们的指责，"佩尔基说，"我们想让我们的发言停止人们对我们的质疑并且还原事情的真相。"

海利和佩尔基在接下来的 24 小时里接到了各路记者打来的电话，他们回答了关于安德玛生产的 Mach 39 服装技术和测试问题。他们告诉记者安德玛正在和美国速滑队一起应对索契冬奥会上"滑铁卢"的尴尬局面，并且希望通过人们的激情、科技及创新来使穿上安德玛的运动员发挥得更好。

安德玛的危机公关让这一事件对公司的影响降到最小。虽然当天股票市值下降了 2.4%，但很快就有了反弹。"这一事件仅仅持续了一天，马上就结束了，"投资公司 BB&T Capital 高级分析师科琳娜·弗里德曼（Corinna Freedman）说道，"安德玛公司危机公关的反应与处理速度是那么的迅速。"

但是这并不能掩盖美国速滑队惨败的事实，还有一部分人仍然认为赞助商安德玛有一定的责任。"许多人认为经历这一风波之后我们公司将会彻底与美国速滑队撇清关系。"佩尔基说。事实也是，那年正是安德玛与速滑队赞助合同的最后一年，按照逻辑公司应该不会再和速滑队续约。

然而，安德玛却与速滑队签订了一份更长的合同。在最初被指责应该为速滑队失利负责的一周后，安德玛与他们续约了 8 年。安德玛 CEO 普兰克在接受《今日美国》独家专访时宣布了这一决定，并且成功地借助媒体对外宣传。

"这个时候外界舆论开始发生改变，"佩尔基说，"其他很多公司遇到类似的情况很有可能会在一开始选择逃避。但我们的策略是，在舆论的风口上挺身而出。安德玛信奉的是，我们可能会被击倒但我们会马上卷土重来，并且比之前更强大更勇敢。"

现在对于任何事情，安德玛公司的发言人佩尔基和她的团队一直都会有一个 B 计划。他们会事先准备好危机公关以防止有运动员表现不佳或是产品出现问题。而且在新产品发行之前他们会做足功课，在向公众发布之前他们会与产品生产和创新团队紧密合作，并且了解产品的测试过程。除此之外他们还会和参与产品试用的运动员交流，了解他们对产品的评价。"你得时刻准备着"，佩尔基表示，"你永远不知道下一秒会发生什么。糟糕的公关会让对公司不利的言论在社交媒体上失去控制。安德玛之前因为计划不周吃过亏，如今我们必须得时刻准备着，及时对不利于公司的外界消息做出回应。"

（资料来源：http://www.prywt.com/1114.html.）

思考：安德玛的危机公关有哪些成功的经验？

第一节 企业危机管理概述

一、危机

1. 危机的概念

危机的概念是由美国心理学家凯普兰（Campline）最先提出来的。他认为，每个人都在不断努力保持一种内心的稳定状态，保持自身与环境的平衡与协调。当重大问题或变化的发生使个体感到难以解决、难以把握时，平衡就会被打破，内心的紧张将不断积蓄，继而出现无所适从甚至思维和行为的紊乱，即进入一种失衡状态，这也就是危机状态。简而言之，危机就是意味着稳态的破坏。

危机管理研究专家和实践者对危机进行了不同的阐述：

赫尔曼（Hermann，1972）认为危机是指一种情境状态，在这种形势中，其决策主体的根本目标受到威胁且做出决策的反应时间很有限，其发生也出乎决策主体的意料之外。

福斯特（Foster，1980）认为危机具有四个显著特征：急需快速做出决策、严重缺乏训练有素的员工、相关物资和资料紧缺、处理时间有限。

罗森塔尔（Rosenthal，1989）认为危机是对一个社会系统的基本价值和行为架构产生严重威胁，并且在时间性和不确定性很强的情况下必须对其做出关键性决策的事件。

巴顿（Barton，1993）认为危机是一个会引起潜在负面影响的具有不确定性的事件，这种事件及其后果可能对组织及其员工、产品、资产和声誉造成巨大的伤害。

班克思（Banks，1996）认为危机是对一个组织、公司及其产品或名声等产生潜在的负面影响的事故。

里宾杰（Lerbinger，1997）认为危机是对于企业未来的获利性、成长乃至生存发生潜在威胁的事件。他认为，一个事件发展为危机，必须具备以下三个特征：其一，该事件对企业造成威胁，管理者确信该威胁会阻碍企业目标的实现；其二，如果企业没有采取行动，局面会恶化且无法挽回；其三，该事件具有突发性。

不同学者对危机的定义各有侧重，综合现有的定义，我们可以把危机理解为一种对组织基本目标的实现构成威胁，要求组织必须在极短的时间内做出关键性决策和进行紧急回应的突发事件。这种突发事件在很短时间内波及很广的社会层面，对企业或品牌会产生恶劣的影响。而且这种突发的紧急事件由于其不确定的前景造成高度的紧张和压力，为使企业在危机中生存，并将危机所造成的损害降至最低限度，决策者必须在有限的时间内，做出关键性决策和具体的危机应对措施。

2. 危机的内涵

要进一步地认识危机，我们可以从以下几个方面来入手：危机与风险的比较、危机的类型、导致危机的原因。

（1）危机与风险的比较

风险是指发生对组织不利事件的可能性。对风险防范不善，造成的危害达到较大的程度时，危机就会发生。也就是说，风险的存在是导致危机发生的前提。对风险进行有效的评估和管理，可以防范危机的发生。企业如果对各种风险熟视无睹，或者对于已经认识到的各种风险不采取有效的措施，风险就会演变成危机。因此危机与风险的区别可以概述为两点：风险是危机的诱因；并非所有的风险都会引发危机，只有当风险所造成的危害达到一定的程度时，才会演变为危机。

（2）危机的类型

准确认识和判断危机的类型，以明确危机处理的权限和责任主体，是危机管理的前提。从不同角度划分，危机存在以下不同的类型：根据危机产生的原因，将危机划分为人为的危机和非人为的危机；根据危机给组织带来损失的表现形态，将危机划分为有形危机和无形危机；从危机同组织的关系程度及归咎的对象，将危机划分为内部危机和外部危机。

（3）导致危机的原因

1）外部原因。此类危机有政治制度、经济政策、法律法规等因素的变化，对组织既得利益的影响而造成的危机；不可抗力的灾难或重大事件、事故，如火灾、地震、台风、水灾等造成的自然灾难，或由人为原因造成的重大事件、事故，如恐怖活动、抢劫事件对组织造成影响；失实报道引起的危机，由于新闻媒体报道失实、不全面，甚至曲解事实、报道失误，从而导致公众对组织的误解，使组织形象受损。

外部环境对于组织来说大多是不可控的因素，是企业无法回避的。但通过建立并不断改良危机预警系统，增强对外部因素变化情况的监测，组织能及时发现危机预兆并采取应对措施。

2）内部原因。组织内部的管理体制或人为因素。

① 管理者缺乏危机意识。当组织利益与社会利益发生矛盾时，管理者的社会责任、公众利益意识淡薄，只顾维护组织自身的利益，而损害公众利益，这将会导致危机出现。

② 产品、服务质量有问题。产品质量是企业形象的基础，如食品、药品等行业发生的中毒事件使组织在一段时间里给公众留下极差的印象，组织要为此花费大量时间和资金来弥补。

③ 组织人员素质低下。一方面，领导者缺乏公关意识，对公众的正当权益置之不理，甚至粗暴地对待公众，以至引发组织形象危机；另一方面，很多时候公众是通过员工行为举止了解、认识组织形象的，员工的不当行为会给组织形象带来恶劣后果。

3. 危机的特点

认识危机的特点，是组织有效识别危机的前提。否则，对于危机的识别就有可能出现盲点，这会不利于组织及时地处理危机。通常而言，危机有如下特点。

（1）意外性

由于企业内部因素导致的危机，在其爆发前都会有一些征兆，但由于人为疏忽，对这些事件习以为常，视而不见，因此危机的爆发经常在人们的意料之外，危机爆发的具体时间、实际规模、具体态势和影响深度，是始料未及的。

因企业外部因素造成的危机，如2008年的汶川地震，2013年爆发的H7N9型禽流感，2016年我国南方地区发生的洪水等自然灾害，另外，如经济制裁或国家政策调整等社会性因素所带来的损失，是人们无法控制的，具有很大的突发性和不可控性。

（2）聚焦性

进入信息时代后，危机的信息传播比危机本身发展要快得多。信息传播渠道的多样化、时效的高速化、范围的全球化，使企业危机情形迅速被公开。同时作为危机的利益相关者，他们不仅仅关注危机本身的发展，而更关注企业对危机的处理态度和所采取的行动。社会公众有关危机的信息来源是各种形式的媒体，而媒体对危机报道的内容和对危机报道的态度影响着公众对危机的看法和态度。有些企业在危机爆发后，由于不善于与媒体沟通，导致危机不断升级。

（3）破坏性

不论什么性质和规模的危机，都必然不同程度地给企业造成破坏、混乱和恐慌，而且由于决策的时间以及信息有限，往往会导致决策失误，从而带来不可估量的损失。对于企业来说，危机不仅会破坏正常的经营秩序，还会破坏企业持续发展的基础，威胁企业的未来发展。

（4）紧迫性

对企业来说，危机一旦爆发，其破坏性会呈现快速蔓延之势，如果不能及时控制，危机会急剧恶化，使企业遭受更大的损失。而且由于危机的连锁反应及快速传播，如果给公众留下反应迟缓、漠视公众利益的形象，必然会失去公众的同情、理解和支持，损害品牌的美誉度和忠诚度。因此对于危机处理，可供做出正确决策的时间是极其有限的，而这也正是对决策者最严峻的考验。

二、危机管理

1．危机管理的概念

危机管理是一个专门的管理科学，它是为了应对突发的危机事件，抗拒突发的灾难事变，尽量使损失降至最低点而事先建立防范、处理体系和对应的措施。对一个企业而言，当企业面临与社会大众或消费群体有密切关系且后果严重的重大事故时，为了应付危机的出现，在企业内部预先建立防范和处理这些重大事故的体制和措施，这就称为企业的危机管理。它具体是指企业为避免或者减轻危机所带来的严重损害和威胁，从而有组织、有计划地学习、制定和实施一系列管理措施和回应策略，包括危机的预警、危机的处理、危机的恢复与危机恢复后的评估等一系列动态的过程。

由此，我们可以给出危机管理的定义。危机管理是指企业通过危机预警、危机处理、危机恢复和危机评估，达到避免、减少危机产生的危害，总结危机发生、发展的规律，对危机处理科学化、系统化的一种新型管理体系。

2．危机管理的要素

危机管理的要素有以下几个。

（1）危机预警

危机预警是指企业采用定性与定量相结合的方法选择危机指标，事先对危机的诱因及征兆进行监测和评估，并由此发出危机预警的管理活动。

（2）危机处理

危机处理是指当企业处在危机爆发和持续阶段时，对危机进行有效管理，使其转危为安，甚至转危为机，实现动态突破的过程，是危机管理的重要组成部分。

（3）危机恢复

危机恢复是指在危机事件得到有效控制之后，企业为了恢复其正常的状态和秩序，通过一系列的措施完善企业内部管理，恢复与利益相关者的关系，重塑企业形象，重获市场份额的过程。

（4）危机评估

危机评估是企业危机管理的最后一个重要环节，它对制定新一轮的危机预防措施有着重要的作用。危机评估应该包含三个部分：第一部分是在危机即将发生和已经发生时对危机可能造成的结果进行评估；第二部分是对整个企业危机管理工作的成功和失败之处进行评价；第三部分是在危机结束以后，就整个危机所造成的损失和产生的影响做系统的评估。

3．危机管理的原则

危机管理的 5S 原则是指危机发生后为解决危机所采用的五大原则，它由北京关键点公关公司游昌乔总裁首创，包括承担责任（shouldering the matter）原则、真诚（sincerity）沟通原则、速度（speed）第一原则、系统（system）运行原则、权威（standard）证实原则。

（1）承担责任原则

不论发生什么事，企业首先要掌握事件造成的影响。如果造成了损失，企业应努力安抚利益受损方，勇于承担责任，淡化矛盾，同时要站在受害者的立场，公开致歉，以赢得公众的信任。

（2）真诚沟通原则

无论是面对媒体还是消费者，都要真诚沟通，保持信息通畅，切忌逃避、沉默，否则会被反对的声音淹没。

（3）速度第一原则

危机发生后，要当机立断、快速反应，收集信息并给出可信赖的回应，控制事态发展是关键。拒接电话或用"无可奉告"等回应，都会让企业处于被动地位。

（4）系统运行原则

任何一个企业，特别是大企业，必须具备危机公关意识，制订危机管理计划，组建危机管理小组，在危机发生时能够实现专项负责、统一观点、稳住阵脚。危机发生后还要对比处理效果，为今后的危机处理总结经验。

（5）权威证实原则

企业必须在第一时间取得公众的信任，并澄清事实，拿出有说服力的证据让人信服，还可以请重量级的第三方说话，以重获信任。

4．危机管理的基本程序

根据危机的发展过程，可将危机管理分为以下三个阶段：危机防范阶段、危机处理阶段和危机总结阶段。每个阶段都有一定的运作程序。

（1）危机防范阶段

1）组建企业内部危机管理小组。

2）强化危机意识，观察发现危机前兆，分析预计危机情境。

3）企业要从危机征兆中透视企业存在的危机，并引起高度重视，预先制订科学而周密的危机应变计划。

4）进行危机管理的模拟训练。定期的模拟训练不仅可以提高危机管理小组的快速反应能力，强化危机管理意识，还可以检测已拟定的危机应变计划是否可行。

（2）危机处理阶段

1）危机发生后，当事人应当冷静下来，采取有效的措施，隔离危机。不让事态继续蔓延，并迅速找出危机发生的原因，进行化解处理。

2）以最快的速度启动危机应变计划。如果初期反应滞后，将会造成危机的蔓延和扩大。

3）要想取得长远利益，公司在控制危机时就应更多地关注消费者的利益而不仅仅是公司的短期利益。应把公众的利益放在首位，善待受害者，尽量为受到危机影响的公众弥补损失，这样才能有利于维护企业的形象。

4）随机应变。由于危机情况的产生具有突变性和紧迫性，因此，尽管事先制订出危机应变计划，由于不可预知危机的存在，任何防范措施也无法做到万无一失。在处理危机时，应针对具体问题，随时修正和充实危机处理对策。

（3）危机总结阶段

1）调查。对危机发生的原因和相关预防和处理的全部措施进行系统的调查。

2）评价。对危机管理工作进行全面的评价，包括对预警系统的组织和工作内容、危机应变计划、危机决策和处理等各方面的评价，要详尽地列出危机管理工作中存在的各种问题。

3）整改。对危机涉及的各种问题综合归类，分别提出整改措施，并责成有关部门逐项落实。

三、企业常见危机

市场竞争越来越激烈、变数越来越多，企业所面临的危机类型也越来越多。企业的危机大体可以分为以下几种：经营危机、制度危机、管理危机、安全危机和竞争危机。

1. 经营危机

企业经营环境包括两个层次：微观经济环境和宏观经济环境。微观经济环境包括产品定价、产品受益、生产成本、企业雇员等因素。这些微观因素影响着单个企业在市场上的经营活动。宏观经济环境不仅包括社会条件、社会总供求矛盾运动，还包括政府宏观财政、货币、产业、区域政策的制定和实施。在现代社会，政治、经济、文化、社会环境都发生了前所未有的变化，企业经营时刻面临着危机。企业经营必须适应微观经济环境与宏观经济环境的双重变化，才能在激烈的市场竞争中化解危机，立于不败之地。

2. 制度危机

企业制度是指企业的产权构成、组织方式和管理方式的体系及组合方式，是企业文化的主要内容之一。企业制度是实现企业目标的有力措施和手段。合理的企业制度能够保证企业活动的正常运转，协调领导、管理层和员工之间，以及本企业与其他企业之间的关系，调动各方的积极性和创造性，从而实现企业目标。相反，如果企业制度不合理，将会破坏企业的正常运转，甚至严重削弱企业的市场竞争能力，导致企业经营的失败。

3. 管理危机

现代经济中的企业管理活动，不再是单纯的微观企业行为，还涉及社会伦理道德及生态环境保护问题。在人道主义、民本主义、自由主义思潮日益盛行的社会经济体系中，企业管理面临着前所未有的压力与危机。

（1）企业管理的伦理危机

企业伦理准则是指企业经济活动过程中，应遵循的伦理标准、社会正义和行为规范的总和，包括公平与效率、社会期望、平等竞争、广告、公共关系、社会责任、消费者主权、企业行为方式等多方面规范。

（2）企业管理的绿色环境危机

人类面临的生态危机，包括人口危机、资源危机、环境危机、资金技术危机。企业管理者必须面对这些危机所带来的挑战，如人口压力增大、资源不足、环境受到破坏、资金不足、技术落后、物资短缺等。

4. 安全危机

企业安全主要涉及企业市场安全、技术安全、金融安全等多个方面。

（1）企业市场安全危机

市场安全是指企业能够在市场进行有效的经营活动，企业能方便地从市场获得所需的要素和信息，企业的产品和服务能方便地在市场上售出，获得丰富的市场利润。

（2）企业技术安全危机

企业技术安全危机表现在以下方面：第一，技术市场垄断引起的技术转让困难，使企业不能获得先进的技术，限制了其在市场上竞争能力的发挥；第二，对于企业的长远发展而言，企业用于技术开发的费用始终处于短缺不足的地位，使企业面临着技术"稀缺"难题，限制了企业发展，也使企业技术安全得不到保障；第三，技术资源储备不足与技术装备率不高是制约企业发展的又一技术安全隐患。

（3）企业金融安全危机

金融已经成为现代经济运行的核心，银行利率、股市、债券市场、外汇市场等金融活动的波动都会对企业经济活动产生影响，威胁企业的安全运行。

5. 竞争危机

竞争危机主要表现在知识技术的竞争、人才的竞争、信息占用与处理能力的竞争、企业预测与决策能力的竞争和应付危机能力的竞争。

第二节　企业危机预警与诊断

一、危机预警概述

1. 危机预警的含义

"预警"一词源于军事，它是指通过预警飞机、预警雷达、预警卫星等工具来提前发现、分析和判断敌人的进攻信号，并把这种进攻信号的威胁程度报告给指挥部门，以提前采取应对措施。

企业危机预警就是指企业采用定性与定量相结合的方法选择危机指标，事先对危机的诱因及征兆进行监测和评估，并由此发出危机预警的管理活动。危机预警的研究现状可以总结为以下两类：在定量研究方面，研究者选择预警指标，赋予每个指标权重，进行加权平均，以最终的数值反映危机程度。在定性研究方面，研究者阐述了危机发生前的某些征兆，然后给出一些预防建议。

企业危机预警已经成为企业管理者和管理学者关注的一个热点领域。虽然企业危机预警还有待进一步的研究，但对于企业危机预警可以帮助企业树立危机意识，在危机来临时采取及时有效的措施来减轻危机所带来的损失等作用，企业界和学术界已有共识。

2. 危机预警的原则

企业面对的外部危机和内部危机情况往往非常棘手，因此需要设立一个完整的危机预警系统，以确保企业的危机预警系统高效、顺利地运行。根据危机管理的要求，建立预警系统应坚持以下原则。

（1）综合性原则

企业面对的危机来自各个方面，就外部危机而言，政治冲突、经济衰退、环境破坏、自然灾害、人口增长等都有可能威胁到企业的生存与发展；就内部危机而言，企业在战略决策、组织结构、人力资源管理、财务控制、技术创新、营销公关等方面稍有不慎，就会破坏企业的正常运营，甚至搞垮企业。因此，企业对危机的日常预警必须综合涵盖内部与外部、宏观与微观的方方面面，对任何轻微的预兆都要谨慎对待。

（2）真实性原则

如今已经进入信息爆炸的时代，信息在一次次的传递过程中不可避免地会受到其他因素的干扰，这将导致企业获得的信息出现失真，信息中包含不断累积放大的错误。此外，市场中还存在着被故意歪曲事实的信息，这些信息一旦进入企业的决策系统，就会使得企业的策略和行动偏离正确的方向，让企业付出沉重的代价。因而，企业应该在危机预警工作中追求信息的真实性，辨识真实信息与虚假信息。

（3）全面性原则

在收集危机相关的信息时，企业需要看到的不仅仅是危机的表面，而是要"从内到外""从前到后"地审视危机。"从内到外"看的是潜在危机发生的根本原因，以及危机爆发后可能会对企业的哪些方面产生影响。"从前到后"看的是企业要面对的潜在危机是否有其他公司的前例，以及危机是否会受到舆论、股市、行业整体的影响而迅速扩大。企业必须将自身放在危机的最大影响范围中来全面考虑问题，警惕各种力量的相互震荡对危机的扩大。

（4）主次性原则

企业在同一个时期面对各种各样的潜在危机，全面性原则要求企业监测这些危机的各个方面，但是企业应该将最多的精力放在对自身威胁最大的危机或造成一系列危机的根本原因上，及时对其进行预警，采取相应的措施。

（5）及时性原则

企业在危机预警的过程中，必须及时发现问题，并在第一时间反应。无论是全面地收集信息、甄别信息的真实性、分清危机的主次等，都必须在情况有了最新动向后，及时更新企业的危机预警系统，防止企业失去最佳的反应时机。

3. 危机预警失灵的原因

在企业危机管理工作中，系统自身设计的缺陷或各种不当的操作可能会导致危机预警系统失灵。分析危机预警失灵的原因，对于改进危机预警系统的设计，提高危机预警的准确性和工作效率很有帮助。危机预警失灵主要有以下一些原因，需要引起企业高级管理层和危机管理小组的重视。

（1）危机预警系统设计上存在缺陷

第一，由于设计不合理，危机预警系统可能存在各种导致系统失灵的缺陷。第二，由于在对风险进行初步分析时的工作失误，一些重要的风险因素未能纳入监测范围，使得危机预警系统指标缺失；而另一些无足轻重的风险因素却纳入了监测范围，不但无端地增加了企业的成本支出，而且容易干扰分析者的思路，掩盖对重要风险因素的监测。第三，由于危机预警系统的设备选用不合理或匹配出现问题，各子系统之间或子系统内部不能有效地配合与衔接，加上不同部门之间存在的利益冲突，导致危机预警系统时常发生故障，系统出现局部瘫痪乃至全部瘫痪。系统的信息收集、整理工作缺乏效率，危机预评估经常失误，从感应到危机预警信号再到发出警报所花费的时间很长。

（2）信息传递过程中出现障碍

有些企业的组织层级过多，使得危机信息传递过程的节点过多，出现信息失真与信息延误。一些企业由于没有制度化的危机信息沟通渠道，缺乏清晰的信息传递路径指示，致使危机信息传递效率低下。有些企业由于通信系统不稳定或存在资源不足的现象，使得危机信息传递不及时、不准确。

（3）危机预报不及时

在大量的信息面前，企业无法确认信息的真实性和重要性。因此，在对潜在的危机做出判断的时候，不少企业表现得犹豫不决、瞻前顾后，要等到危机诱因非常明显的时候，才对潜在危机予以确认，并发出危机预报。而此时，危机却已经发展到了严重的程度，不利于企业开展危机的预控工作。

（4）对危机预警的赏罚不明

有些企业对负责进行危机预警的员工没有适当的奖励措施，而对推卸危机监测责任、干扰危机预评估、延误危机预报的员工也没有相应的惩罚规定。这种赏罚不明会使与危机预警相关的人员消极怠工，员工缺乏广泛收集相关信息的积极性，减少维护预警系统中相关设备的频率，影响危机预评估的质量。

（5）对危机信息重视不足

企业高管层或危机管理机构可能并不重视基层传递过来的危机信息，认为这些信息无关紧要，等到危机发生后才后悔莫及。这就是企业管理层对危机信息的重视程度不够引起的。

（6）企业违法行为

如果企业从事非法的勾当或存在违背道德的行为，那么即使企业在日常经营中将危机防范工作做得万无一失，危机还是会爆发的，因为进行非法或违背道德交易本身就是一个大危机。

二、危机预警的方式

1．指标体系的建立

预警指标体系是指把各项预警指标组织起来，形成一定的系统，共同反映企业的危机状态。预警指标体系的建立关键在于预警指标的选择。预警指标要具有灵敏性、概括性，才能使指标体系正确、迅速、全面地反映企业各个方面的危机隐患。从指标的变动情况可以推断企业是否处于危机状态。关于预警指标，我们认为企业危机预警指标应从企业生存能力、企业发展能力和企业变革能力三个方面来考虑。

我们将预警指标划分为三个层级，以便于理解和实施，具体如表 12-1 所示。在表 12-1 的预警指标中，包含定量和定性两种指标类型，并对其来源做了分析。

表 12-1　企业危机预警指标

一级指标	二级指标	三级指标（指标符号）	指标获得途径
企业生存能力	财务状况	投资收益率（a_1）	利润总额÷投资总额
		资产负债率（a_2）	总债务÷总资产
		贷款回收率（a_3）	本期已收贷款÷本期应收贷款
	市场状况	销售增长率（a_4）	（本期销售量÷上期销售量－1）×100%
		市场占有率（a_5）	产品销售量÷市场上同类产品销售量
	人力资源状况	人员流动率（a_6）	本期员工流动人数÷总员工人数
	生产状况	人均劳动生产率（a_7）	本期全部产品的产值÷本期职工人数
		生产事故发生次数（a_8）	记录企业本期发生生产事故的总次数
企业发展能力	融资能力	企业信誉等级（b_1）	金额部门对该企业的信用评估等级
		自有资产增值率（b_2）	（期末自有资产÷起初自有资产－1）×100%
		企业积累率（b_3）	（本期公积金＋未分配利润＋折旧率）÷总利润

续表

一级指标	二级指标	三级指标（指标符号）	指标获得途径
企业发展能力	创新能力	设备先进度（b_4）	达到国际（国内）先进水平设备数÷总设备数
		R&D 经费比率（b_5）	本期实际用于技术开发经费÷本期产品销售额
		高级技术职工比例（b_6）	高级职称工人数÷总体职工人数
	顾客评价	顾客满意度（b_7）	记录顾客投诉次数；顾客满意度调查
企业变革能力	外部应对能力	外部信息获得能力（c_1）	检查企业信息搜集渠道
		对战略伙伴的依赖性（c_2）	上下游合作伙伴的替代性、实力测评
	内部灵活性	内部畅通性（c_3）	检查职能结构的合理性
		高级管理人员素质（c_4）	根据管理人员专业、学历和具体表现综合评价

统计分析将指标按照周期划分，可分为以下三种。

（1）月度指标

月度指标是指每月统计一次，进行分析控制。这类指标包括销售增长率、人均劳动生产率、生产事故发生率、外部信息获得能力。

（2）季度指标

季度指标是指一个季度统计分析一次。这类指标包括市场占有率、人员流动率、企业积累率、顾客满意度、对战略伙伴的依赖性、内部畅通性。

（3）年度指标

年度指标是指一个年度统计分析一次。这类指标包括投资收益率、资产负债率、贷款回收率、自有资产增值率、设备先进度、高级技术员工比例、高级管理人员素质等。

2．运行方法

建立好预警指标体系以后，接下来要具体运行预警指标体系。预警指标体系的定性部分由企业高层领导依据各自企业的具体情况进行定性的分析。

对于定量指标，总体的运行方法是：首先，给每项具体的危机预警指标即三级指标选择一个参照值，以参照值为控制标准，确定预警指标上下浮动的安全区域。其次，检查预警指标的统计值是否在安全区域内。如果不在，查找原因，进而找出解决方案，达到预防危机的目的。

三、危机预警系统

通常而言，危机预警系统主要包括危机监测、危机评估、危机预报三个子系统。危机预警系统的基本框架如图 12-1 所示。

在定量分析方面，企业需要在对各类风险因素开展初步分析的基础上，依据自身的特定背景，把容易产生危机的因素和潜在负面影响较为严重的因素确认为监测的对象，并创建对应的预警指标系统，不同的指标对应不同的预警标准。收集到各大渠道的信息和消息后，应对潜在危机的危害性高低做出预评估，如果危害性超越了设定的预警指标

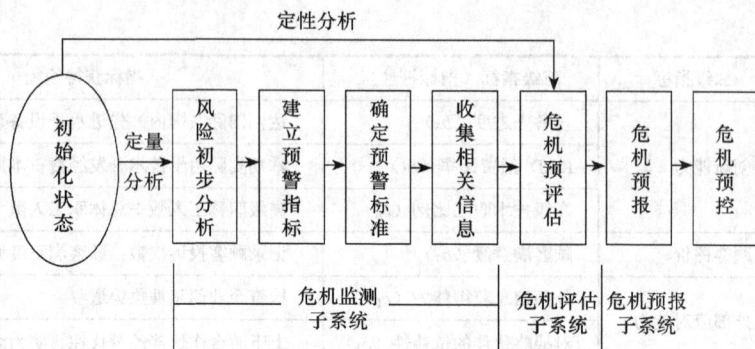

图 12-1　危机预警系统的基本框架

标准线，就必须给予危机预报，并且即刻着手危机预控工作，以降低或消除危害性。风险初步分析、建立预警指标、确定预警标准、收集相关信息等工作由危机监测子系统完成；危机预评估子系统和危机预报子系统完成相应的危机预评估和危机预报工作。

四、危机预警的策略

要做好危机预警，就需要企业采取一系列适当的策略，才能做好预警工作，使危机对企业的不利影响降到最低。危机预警的策略有以下几点。

1．完善系统

要解决危机预警系统失灵的问题，必须完善危机预警系统的设计和维护，查看危机类型的设定是否与企业本身的行业特征和企业管理水平相符，对危机与危机预警系统之间的关系评估是否合理和科学，是否配备了得力的相关人员等。对设计过程中出现的缺陷进行纠正与改进，这些过程需要企业主要决策人员的参与，方能确保系统重新设计工作的顺利展开。企业对系统的人和物的维护要做到定期、定量，定期更新系统的机器设备，定量奖励负责系统预警的相关工作人员。

2．构建文化

当今竞争日益白热化的市场环境，使得企业越来越重视自身的可持续发展，也就必然要提高对企业危机预警管理的认识，危机预警系统的建立就是这种认识的较好体现，但不容忽视的是，大部分企业对危机的认识还不够深入，企业容易以自我为中心，忽略危机的存在。企业危机预警文化的构建，需要企业从理念、机制和制度三个层面进行，由企业最高领导者带头，树立积极的企业危机观念，机制上设立合理科学的奖惩办法，进而形成企业一整套危机管理制度。

3．根除官僚

官僚文化引致的官僚作风实际上增加了企业运作的交易成本，包括对企业危机预警系统的影响，必须予以根除。企业在构建危机预警文化的同时，要营造一种自由、创新的企业氛围，这种氛围要求企业管理者能够接受不同意见。用包容和理解的心态对待犯错误的员工，避免奖轻罚重，抑制积极性，导致系统人员知情不报或者推迟预警。作为企业的高管人员，应当以企业的利益为重，自上而下推行信息无阻化，才能得到自下而上的良性回应。

4．加强管理

著名危机管理专家迈克尔·里杰斯特（Michael Regester）认为："任何公司都需要有危机管理的措施，唯一不同的是根据企业的性质和大小，其实施情况有所变化。无论怎样，我们都要抓住问题的关键，那就是组建危机管理小组来制定或审核危机处理方案及其方针和工作程序。"企业应当通过建立危机管理机构、建立危机管理计划等措施建立起企业危机管理系统，这是企业响应危机预警系统的危机信息后能够迅速应急的合理措施。

五、危机诊断程序

危机诊断是根据危机研究、评价和判断企业危机根源的过程。在市场经济环境下，评价一个企业管理素质的高低主要不是衡量其生产车间是否现代化、工作流程是否顺畅、员工的行为是否规矩等直观现象，而主要是衡量企业创造效益或价值的能力。为此，危机诊断通常应以直接影响企业效益的相关管理要素为切入点。

投资决策、战略规划、营销策略、管理体制、人才环境是影响企业效益的主要管理要素，围绕这五大要素进行分析，可得出企业危机诊断的程序。

1．投资决策诊断

企业经营的第一步，也是最重要的一步就是投资决策。诊断投资决策的正确与否，需要通过投资调研进行投资项目分析，重点分析的内容侧重于投资项目的需求空间、投资要求、竞争状态、国家经济政策、发展趋势及企业的资源条件等。具体分析思路包括市场有无足够的消费群体；市场有无足额的利润空间；项目有无违反国家政策；企业有无独特的竞争优势；经营模式是否符合市场环境；企业投资条件是否成熟等。

2．战略规划诊断

战略明确发展方向，确立远景目标，制定经营方针，是企业的行动指南。针对战略的重要地位，危机中的企业需要通过战略环境的深入研究来分析战略规划的科学性，分析的重点内容侧重于行业竞争状况、消费者购买特点、企业资源配置、国家产业政策、战略定位、战略方向、战略目标、战略形态等课题。具体分析思路包括战略指导思想是否立足客观环境；战略定位是否准确；战略方向是否明确；战略目标有无支持保障；战略形态同战略目标是否相符等。

3．营销策略诊断

现代经济以市场为导向，所以企业的经营管理需要围绕销售活动来开展。诊断营销策略主要是结合竞争对手，分析企业的产品策略、价格策略、促销策略等对销售能否起到有效的促进作用，分析的重点内容侧重于产品特色、价格标准、分销网络布局、分销政策、促销手段、销售额、销售费用及竞争状况等。具体分析思路包括目标市场选择是否恰当；产品特点是否突出；产品质量有无保证；价格有无竞争优势；销售政策有无激励效果；分销渠道划分是否合理；品牌有无足够的影响力等。

4. 管理体制诊断

再好的投资项目，再周密的战略规划，再精明的营销策略，没有健全的管理体制支撑，职责分工不明确，员工行为不统一，内部信息不通畅，经营计划不能有效执行，预计的目标也就无法实现。诊断管理体制主要是分析管理体制的健全程度，分析的重点内容侧重于组织结构设置、部门职能划分、岗位责权界定、规章制度标准等课题。具体分析思路包括组织结构的类型是否具有能动性；职能部门的功能是否完整；岗位责权界定是否明确；规章制度条例是否规范；管理体制是否符合系统设计标准等。

5. 人才环境诊断

"人"是社会的开拓者和创造者，为推动社会进步发挥着积极的作用。诊断人才环境主要是分析人才素质对企业竞争力的影响，分析的重点侧重于领导人的经营观念、素质修养、人才结构、激励机制、管理层的素质层次、计划执行力、员工行为标准、人才稳定性、人力成本、员工对企业评价等。具体分析思路包括领导人的经营观是否先进；领导人的素质修养是否良好；人才结构是否平衡；激励机制是否迎合员工需要；管理层素质层次是否专业；计划执行力是否深入；作业流程是否规范；人力培训是否系统；人力成本是否贴近行业标准；员工是否具有工作热情等。

第三节　企业危机处理

一、危机处理概述

1. 危机处理的意义

企业在危机处理中的表现对企业危机管理的成败具有决定性的作用，由于不同企业采取的方法不同，因此危机对企业的影响也有很大的差异。企业面对危机时如果处理不当不仅会破坏消费者对企业的信任，降低消费者购买意愿，损害企业声誉与形象，同时还会对利益相关者造成连带影响，甚至引发行业危机。反之，如果企业采取的应对措施得当，妥善处理与利益相关者的关系，有效控制和消除危机因素，不仅可以化解危机，避免或减少企业财产损失，甚至可以转"危"为"机"，变不利为有利。

2. 危机处理的方法

在危机事件爆发后，企业需要采用一些技术性的措施，包括资源调配、选定适合的发言人、善后处理等。下面简要介绍经典的危机处理方法和技术。

（1）事故控制体系

事故控制体系（incident command system，ICS）是对危机进行现场直接管理的方法。ICS 起源于美国加州森林火灾的处理，是一整套指挥、控制和协调应变的工具，现已用于处理各种类型的紧急事故。典型的 ICS 模式如图 12-2 所示。

ICS 模式包含从指挥到现场操作，通过具体执行部门负责协调危机事件的紧急处理。指挥部门主要负责危机事件管理；操作部门主要负责危机事件的现场处理；计划与情报部门负责收集、整理分析和记录关于危机处理及可利用资源的信息；后勤部门负责提供通信、医疗救援、设施等多种物质资源及服务；财务与行政部门负责危机处理过程中的财务和成本分析，并提供其他三个部门没有的其他职能。

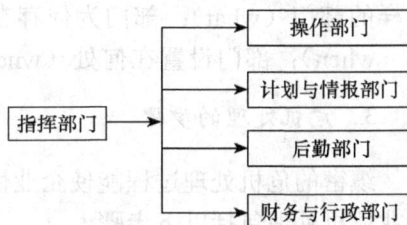

图 12-2　典型的 ICS 模式

（资料来源：罗伯特·希斯著. 2004. 危机管理. 王成，宋炳辉，金瑛，译. 北京：中信出版社.）

（2）危机管理框架结构法

危机管理框架结构（crisis management shell structure，CMSS）经过专门设计可以满足危机情境下的策略与政策需求，同时保持与运营指挥反应过程对接联系的清晰结构。CMSS 包含四个部分，如图 12-3 所示。其中，信息系统包括信息整理部（information collation office，INCO）、公众与媒体部（public and media office，PUMO）和咨询形象管理部（advisory image management，IMMO）。咨询系统由 IMMO 和主要资讯团体（principal advisory group，PAG）组成。决策系统是危机管理者与核心高管的对接口。运营系统有一个合作和指挥系统（coordination and command office，CACO）及专业的战术反应部（tactical response units，TRU）。当专业操作需要管理两个及以上团队时，TRU 可根据 ICS 模式建立。危机管理者（crisis manager，CM）和管理联络部（managerial link office，MLO）可扩展四个组成部分的任务范围。

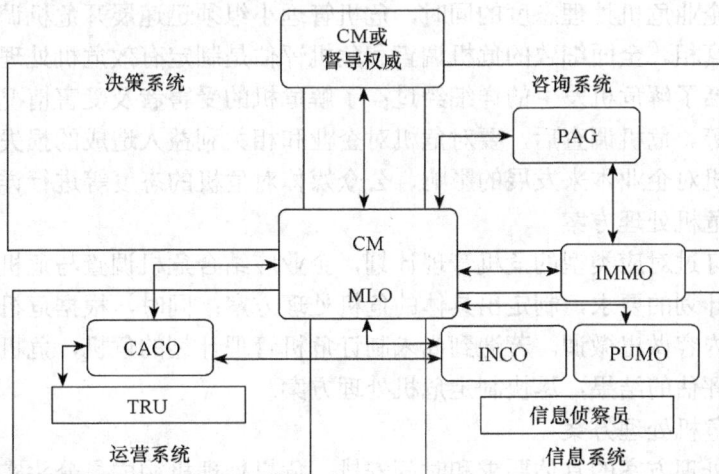

图 12-3　CMSS 框架

（资料来源：周永生. 2007. 现代危机管理. 上海：复旦大学出版社.）

CMSS 结构可以应用于各种规模的组织结构，无论危机的种类、规模与特征如何，CMSS 都可以清楚地限定每个部门或团队的作业及目标。这些标准包括这个部门是什么样的部门（what）；部门为何存在（why）；谁负责此部门（who）；部门什么时候启动（when）；部门设置在何处（where）；部门如何进行组织活动（how）。

3．危机处理的步骤

缜密的危机处理过程能使企业快速地应对危机，使企业损失达到最小。一般而言，企业危机处理包括以下步骤。

（1）建立危机处理机构

危机爆发后，应按照危机种类对应的危机管理计划要求，迅速组建包括企业高管、相关职能部门负责人乃至外部专家顾问在内的危机处理小组；并明确危机处理小组成员的个人职责、权限和联络渠道等。

如果企业没有制订过危机管理计划，则应参考同一行业其他企业的以往经验或比照类似危机的情况，组成危机处理小组；在选配处理小组成员时，应特别关注人员的知识背景和素质技能的合理匹配，以保证危机处理小组具备较高的专业性和综合素质。

成立危机处理小组之后，应当首先确定团队负责人，即首席危机官，以及危机处理期内的对外发言人。首席危机官和新闻发言人可以由一人担任，也可以由不同的人担任。

（2）表明危机处理的诚恳态度

危机处理小组应尽快对公众表明企业对危机处理的认真积极态度，以减少相关利益人的恐惧和忧虑。企业应当表明，即便危机发生的原因、危害性高低和影响范围等都不明晰，但本企业一定会本着负责、诚恳的态度着手危机调查和采取措施，尽快给公众满意的答复，并对受害人表示同情和慰问。为了避免企业日后的危机处理工作陷入被动，在事态的走向还不明朗时，企业对外的表态应注重表明诚恳的态度，尽量避免拘泥于细节。

（3）着手危机调查与评估

公开表达企业危机处理态度的同时，危机管理小组须迅速展开危机调查工作，以了解危机的事实真相。全面细致的危机调查和危机评估是制定有效危机处理方案的基础。调查的重点包括了解危机发生的详细经过；了解危机的受害者及受害情况；查明导致危机爆发的原因等。危机调查后，要对危机对企业和相关利益人造成的损失大小、危机蔓延的概率、危机对企业本来发展的影响、公众媒体对危机的态度等进行详细评估。

（4）制定危机处理方案

若已经制订过对应类型的危机管理计划，企业应结合危机调查与危机评估的成果，按照危机管理计划的要求，制定出具体的危机处理方案；同时，根据危机的特殊情况，企业可对计划内容做出微调。若遇到尚未制订危机管理计划的危机，危机处理小组应根据危机调查与评估的结果，尽快制定危机处理方案。

（5）实施危机处理方案

根据危机处理方案的具体要求和时间安排，危机处理机构成员分头实施危机处理方案。如果危机没有被媒体公开，危机处理的重心应当是控制事件的负面影响。如果危机已为公众所知并引发较大范围的影响，危机处理的重心应当放在转变公众态度上。

（6）对危机处理结果进行评估与总结

危机基本得到缓解后，企业须展开危机处理结果的评估，通过评估，企业能总结危机处理的经验，并发现危机处理过程中的缺陷和不足。依据危机处理评估结果，危机管理小组应出具书面的危机处理总结报告，并呈交给董事会。在必要的情况下，应通过媒体向外部公众公布危机处理结果。

（7）做好危机处理的善后工作

为使企业尽快摆脱危机的阴影，早日恢复日常经营工作，企业还需做好危机处理的善后工作。

1）尽快消除危机的消极影响。一方面，企业要开展有较大影响力的公关活动，创建良性的公关气氛，用实际举措展现企业重整旗鼓的决心，表达对公众支持与帮助的期望，从而逐步恢复企业外部形象，减少不利于企业发展的舆论声音。另一方面，企业需要努力消除危机可能对员工、股东等内部公众所造成的心理影响，以鼓舞员工的士气，获得股东的大力支持。

2）进一步提高危机管理技能。企业必须从危机中吸取教训和经验，可以将危机过程制作成生动形象的案例，用以辅助危机管理教育，来增强员工的危机意识和提升员工的危机管理技能。

3）改进管理制度，减少管理漏洞。对于危机处理进程中凸显的内部管理问题，企业必须大力改进和调整相关制度，以避免类似的危机再次上演。

值得注意的是，以上各步骤的安排并非固定不变，不同步骤间可能存有一定重合，甚至互相交换顺序的情况。所以应该合理地根据实际情况来进行危机处理的每一项工作。

二、危机处理过程

这里将危机处理划分为以下五个阶段：危机预警及危机处理准备阶段、识别危机阶段、隔离危机阶段、处理危机阶段和危机后处理阶段。其中，每一个具体阶段都要求危机处理者采取相应的危机处理策略和措施，准确地估计危机形势，尽可能把危机事态控制在某一个特定的阶段，以免进一步恶化。

1．危机预警及危机处理准备阶段

危机预警及危机处理准备是整个危机处理过程的第一个阶段，目的是有效地预防和避免危机事件的发生。在某种程度上，危机状态的预防比单纯的某一特定危机事件的解决显得更加重要，因为，如果能够在危机未能发生之前就及时把产生危机的根源消除，则平衡的社会秩序得以保障，可以节约大量的人力、物力和财力。

2．识别危机阶段

识别危机是危机处理过程的第二个阶段，其关键工作是通过各种预测系统或信息监测处理系统认识和辨别出危机潜伏期的各种症状。在这个阶段，危机已经进入前兆阶段，但如果组织能够及时处理，整个危机局势仍可以转危为安。

3. 隔离危机阶段

从危机前兆阶段发展到危机事件的全面爆发，中间有一定的过程，这个过程称为危机隔离阶段。在这个阶段，危机处理人员面临的任务更为艰巨，时间更为紧迫，危机处理的压力更大。在隔离危机阶段，主要任务是根据第一、二阶段收集整理的危机信息，迅速判断出危机的主要利益方，对危机中需要处理的各项事宜进行评估，以区分轻重缓急，从而确定工作的优先次序，为下一步的危机处理工作奠定基础。

4. 处理危机阶段

由于危机发展的急剧变化性和潜在的巨大破坏性，危机状态下很多事情是不确定的，需要在特别短的时间内确定。因此在这个阶段，强调快速决策、争取时间尽快控制危机事态、解决危机是最重要的。

5. 危机后处理阶段

在危机后处理阶段，组织应当立足于现实的危机问题，明确大规模的危机事件发生之后组织工作的目标取向和政策导向。通过运用网络信息挖掘技术，搜索出危机发生原因、危机处理过程，进而对其进行细致的分析，总结经验教训，提出组织在技术、管理、组织机构及运作程序上的改进意见，进而进行必要的组织变革。

三、危机处理系统

危机处理系统是指在危机爆发后，为减少危害和冲击，按照危机处理计划和应对策略对危机采取直接的处理措施所建立的系统。企业危机处理系统一般包括以下组织部门。

1. 危机处理总部

总部作为危机处理指挥中心，负责危机应急期间各大中心的运作，统筹安排整个应急行动。其作用的发挥主要体现在决策、指挥和协调方面。

（1）高瞻远瞩，统揽全局，处变不惊

造成危机的原因往往错综复杂，危机处理总部要能够高瞻远瞩，促使危机向好的方面转化。有些危机处理措施往往不一定能在短时间内奏效，面对这种局面，企业危机处理总部是否沉着镇定，能否努力不懈显得尤为重要。

（2）协调各方作战

危机的综合性，要求处置手段必须突出一个"合"字。危机发生后，只有在危机处理总部的统一领导下，各相关部门协同配合，才能及时形成和贯彻科学的决策，迅速解决问题。为此，危机的处置必须由危机处理总部统一指挥，有关部门密切配合，要站在维护企业稳定的高度，从全局出发，克服狭隘的部门主义和小集团利益主义，优化整合企业所有的资源，发挥整体功效，以最大可能地减少损失。

2. 危机决策中心

企业要想在危机发生后错综复杂的危机环境下做出及时果断而正确的决策，一方面取决于组织能否从外部准确而及时地获取信息，另一方面则取决于危机时刻的决策。应对危机的决策，是一种群体决策条件下的强制性决策，是在通过群体决策实现综合集成时，贯彻一种"民主基础上的集中、集中指导下的民主"这一有危机决策特色的决策体制。

3．危机信息管理中心

危机信息管理中心是企业处理危机是否有成效的关键。因为有些危机的发生确实事出有因，而有些危机的出现则是由于误解或谣言。不论是哪一种情况，企业应尽可能地利用各种传媒对社会公众进行及时正确的引导。危机一旦发生，不管是应付危机的委员会，还是临时组建起来的危机处理小组，都应当迅速各司其职，尽快收集一切与危机有关的信息，由沟通交流组挑选一个可靠、有经验的企业发言人，将有关情况告知公众，并坦诚地向社会公众和新闻界说明原因。

4．危机处理后勤保障中心

在危机处理中，企业采取措施消除危机所造成的消极后果也是一项重要工作。

1）物质后果。包括危机直接损坏的资源、财富、设备等损失，还包括危机间接造成的连锁损失和处理危机所耗费的人力、物力和财力。企业要结合自身实际做好善后处理工作。

2）人身后果。一旦危机中发生企业员工伤亡，应立即通知其家属或亲属，组织好医疗工作和对死者家属的抚恤工作，并充分满足家属、亲属的探视或吊唁要求。

3）心理后果。心理后果有时可能不太明显，但它的潜在危害却远远大于前者，消除难度也更大。要在一个较长的时期内，围绕危机本身对社会公众进行正面的引导和教育，通过各种方式努力消除心理方面的不良后果。

四、危机处理的策略

1．危机中止策略

一旦危机事件爆发，政府及媒体都会在短时间内介入，因而，企业此时的任何举动都会受到公众的关注。而如果企业不作为或者推卸责任，将会导致危机事件的影响力和破坏性进一步增强。所以，危机发生后的第一时间，企业就应做出反应，采取措施以控制事态的发展，防止事件扩大。如果危机事件的根源在于企业的产品质量问题或者生产过程造成的污染等问题，企业就应立即实施中止策略，即停止销售并立刻回收产品、关闭有关工厂或分支机构等，主动承担相应的损失，防止危机进一步扩散。

2．危机隔离策略

由于危机的发生往往具有"涟漪效应"，如果不加以控制，危机影响的范围将不断扩大。隔离策略旨在将危机的负面影响隔离在最小的范围内，避免造成更大的人员伤亡和财产损失，殃及企业其他的生产经营部门或相关公众。

企业在隔离危机时，要了解危机不能有效隔离的各种原因，然后有针对性地采取相应的措施。危机不能有效隔离的原因主要包括危机处理不当和客观的无法控制的因素。

3. 危机消除策略

消除策略旨在消除危机所造成的各种负面影响，这种负面影响既可能包括物质财富上的损失，如企业生产场地遭受破坏、产品大量积压等，也可能包括精神上的损失和打击，如员工士气低落、股东信心不足、企业形象受损等。

五、危机处理中的媒体应对

危机管理中如何应对媒体，如何引导与控制危机信息的流量与流向，如何主动把握话语权，这一切都必须站在危机管理的研究视角下，通过对媒体进行准确的角色定位，制定出应对媒体的基本策略。

1. 主动控制

媒体特有的社会功能和形成机制，意味着媒体是无时不在、无处不在的挑战者。对危机事件的高度敏感、大规模报道和深层次挖掘，这一切都是由媒体的本质属性所决定的。如果组织在第一时间内迟迟没有做出迅速的反应，对事件没有及时地披露，或拒绝接受记者采访，那么危机事件的突发性和新闻报道的快捷性，很容易出现草率、片面甚至虚假的报道。因此，与其被动地接受媒体的信息传递，不如主动与新闻媒体联系，尽快与公众沟通，以把握话语的主控权。召开新闻发布会，或在媒体上及时发布真实信息，说明事实真相，促使双方互相理解，消除疑虑与不安，以免虚假信息误导公众，造成对组织的不良影响。

2. 坦诚沟通

媒体对社会现实的监测机制，表现在它能迅速捕捉社会发生的异常情况，并探究其根源和危害，而后通过特有的放大功能将其置于社会公众的视线中心，形成充满激流和漩涡的危机传播环境。因此，组织必须建立一种全新的与媒体相处的策略，即坦诚沟通、合作共赢。

3. 信息传播的有效控制

组织在危机信息传播中的主动性，并不意味着无所选择、托盘而出。事实上，强调社会组织要以我为主去进行有关危机信息的传播，就是要加强信息的有效控制。

1）不盲目扩大传播范围，选择恰当的时间和恰当的地点，针对一定范围内的媒体，由特定的新闻发言人传播有效的信息。

2）在明确危机信息主题的基础上，以能否解决相应的危机问题为前提，审慎地考虑每一条信息可能达成的传播效果，进行明确有效的回应与解答。

3）发布的信息内容应侧重于对具体事实过程的描述和解释，切忌高谈阔论或推诿责任。要慎重发表意见性信息，尤其是要避免对组织内部成员、相关责任单位、竞争对手的指责与批评。

4．寻找机会，借机反弹

大众媒体在社会发展中担当着环境监测、社会协调等功能，它也可以通过自身的舆论力量督促甚至强迫人们的不同意见回归到共识的轨道上来。借助于媒体，组织可以将自身解决危机的一系列积极举措，传递到公众中，以表明组织为公众负责的积极态度，以消除误解，恢复声誉，重新换取公众的支持，重塑组织形象。

总之，面对危机事件，组织应站在危机管理的研究视角下，通过对媒体社会角色的准确定位和把握，制定出应对媒体的基本策略，并实施有效的协调举措，只有这样，才能为处理危机创造良好的舆论环境，以挽救和维护组织的声誉。

第四节　企业危机恢复

一、危机恢复概述

企业危机恢复是指在危机事件得到有效控制之后，企业为了恢复其正常的状态和秩序，通过一系列的措施完善企业内部管理，恢复与利益相关者的关系，重塑企业形象，重获市场份额的过程。危机恢复实现了企业危机管理重心的转移，从遏制危机事件本身转移到危机问题根本解决上来，从源头上解决危机问题。

一般而言，危机恢复有两个目的：一方面，维持企业的生存和发展，对危机造成的损失进行修复；另一方面，抓住危机给企业带来的机会，为企业崛起做准备。

二、危机恢复的内容

危机的恢复工作做得好，不但可以消除危机产生的根源，还可以增强公众对企业的信心，重建良好形象。对企业来说，发生危机可能会给企业造成两个方面的损害：有形的损害和无形的损害。有形的损害，即危机所造成的企业在物质上、人力上、财力上的损失，相对于无形损害来说，这种损害持续的时间较短，恢复较容易。无形损害则会伴随着企业长期存在。在危机的重建恢复工作中，主要针对有形危机及无形危机进行恢复。

1．有形危机的恢复

有形危机的恢复一般能通过相对有效的措施来有条不紊地进行，考验的是企业的资金储备状况及资源保障。因为，很多企业可能在危机中丧失了房屋、设备及器材等生产资料，由此造成的直接损失使得产品生产和销售的能力相对不足，而且会逐渐使企业失去生产和销售产品的能力。如果不能很快得到保险金或政府援助，恢复将耗费大部分资金储备。

2．无形危机的恢复

相对于有形危机来说，无形危机显得更为复杂和难以琢磨，如涉及企业的形象、企业的资金流或企业的股票市场遭到损伤等。针对这些无形危机情况，正确的反应是增加企业形象管理的力度，并且力挽狂澜，遏制事态进一步恶化及损失。这就要求企业所提供的服务和产品必须是高质量和及时的，并且有一套有效的、能与公众和客户保持良好关系的服务系统。企业如果不能达到这些要求，不仅会引起市场占有率的下降，并且有损企业形象。

三、危机恢复的步骤

危机恢复作为危机管理关键的步骤之一，它的处置合理与否决定着危机管理的成败，它包括以下基本步骤。

1．建立危机恢复小组

危机恢复小组有别于危机反应小组。第一，危机恢复小组的目的是使组织从危机的影响中恢复过来，而反应小组的目的只是控制危机，减少损失。第二，危机恢复小组的主要职能是恢复管理的决策、监控和协调，而危机反应小组不但要决策还要快速行动。第三，危机反应小组一般由专业的危机反应人员组成，很少使用非专业人员，而危机恢复小组成员则大多来自组织内部。第四，在危机快速反应时由于情况紧急，其决策由快速反应小组的成员来执行，而危机恢复小组的决策则大都由组织的全体成员共同执行。

2．获取信息

危机恢复小组要进行危机恢复决策，必须获得有关危机的信息，了解危机的破坏性质和严重程度。信息可以来自危机的受影响者，如危机的受害者、危机反应人员、帮助组织进行危机反应的其他组织成员和受到危机影响的利益相关者。他们可以为危机恢复小组提供一些详细的、容易评估的信息，而那些难以做出评估的信息，则需要企业专门的人员对危机造成的影响进行评估。如机器设备、受伤者的伤势、企业无形资产受损的程度等都不是可以直接认识到的，只有像技术人员、医生、资产评估人员这些专业人员才能对损失情况做出较为客观的评估，为危机恢复小组提供专业的决策依据。

3．确定危机恢复对象和危机恢复对象的重要性排序

（1）确定需要恢复的所有潜在对象

危机造成的损害不仅仅是那些显而易见的损害，危机恢复小组需要对危机进行全面的评估，以了解需要进行恢复的所有潜在对象。确定所有的潜在对象需要全面地了解信息和进行集体讨论。

（2）决定危机恢复对象的重要性排序

潜在的危机恢复对象是非常广泛的，确定危机恢复的潜在对象可以使危机恢复工作考虑得更为全面。但实际能够进行恢复的对象是有限的，因为用于危机恢复的资源和时间是有限的；同时，危机恢复的目的也限定了组织需要进行恢复的对象，有时候由于各种原因对于一些损害组织会不予恢复。专家小组根据组织拥有的和可以获得的资源、危机恢复的目的，决定潜在危机恢复对象中哪些可以列为实际需要恢复的对象，并决定危机恢复对象的重要性排序。

4．制订危机恢复计划

危机恢复计划的常规项目是所有计划书中都有的内容，危机恢复小组只要根据一定的格式制作和填写就可以了。常规项目包括封面、联系方式、危机恢复目标、计划书阅读者和政策部分。危机恢复计划的具体内容主要是指导危机恢复具体工作的开展，规定如何对各个危机恢复对象采取行动。

5．危机恢复计划的执行

在危机恢复计划指导下，组织开始全面的危机恢复行动，然而危机恢复计划在执行中要充分考量其他各个因素的变化从而适当调整计划。除此之外，在危机恢复的执行中，组织要做到修补和建设两手抓，一方面弥合危机带来的损害和伤痕，另一方面利用危机带来的转型和机会，对组织的运作机制、形象系统和价值系统进行优化与改善。

四、危机恢复的策略

1．加强人员培训，提高管理人员的危机管理意识

在危机恢复阶段，要及时以惨痛的教训为题材对管理人员加强教育。更重要的是要向管理者介绍一些危机管理方面的知识，以培养管理者的危机管理意识，具体的做法是邀请危机管理专家为管理者讲解有关危机管理的知识，并且以所发生的危机事件为案例，让其就此事件展开讨论，明确危机管理的要领，为未来的危机管理提供相关资料。

2．加强对大众、消费者的宣传，实现心理恢复

传播过程中引发的危机对企业和消费者来说都是深刻的教训，危机过后，他们会因各种不确定性而身心不安，他们的心中因危机而留下了严重的心理阴影。这时候，一定要做好企业形象、产品、服务的宣传工作，使消费者深刻地认识企业的信誉、产品质量等，通过宣传和启发，也可以让他们认识到企业的真诚。

3．合理利用危机，实现由"危"到"机"的转化

危机与机会具有本质上的不同，但二者也具有一定的关联性。如美国前总统肯尼迪（Kennedy）就认为"危机"有两层含义："危"意味着"危险"，"机"意味着"机遇"，把危险与机会联系在一起具有一定的合理性。这首先体现了认识的辩证性，一分为二地看待问题，这是唯物辩证法的精髓。其次，它体现了管理思想的乐观性。最后，在危机中发现机会也是减轻危机创伤的良药。

4．加强危机恢复管理工作的考核，评估危机管理绩效

考核是危机恢复工作最为重要的一个阶段，它可以帮助企业危机管理者辨别清楚发生了怎样的危机，寻找可以防范危机再次发生的措施和考虑完善危机管理的措施。同时，也只有企业的危机恢复计划和安排得到定期的检查与考核，它们才能发挥应有的效用。

第五节　危机管理评估

一、危机管理评估概述

1．危机管理评估的目的

危机管理评估的目的如下。

1）确认危机调查结果的可信度，进而确认危机的实际损失程度。

2）基于已经取得的危机信息，判断危机进一步恶化或扩散的概率有多大。

3）确认危机可能给企业中长期发展带来的隐患。

4）确定利益相关者未来可能对企业做出何种反应，其变数如何。

5）对企业的危机管理工作进行系统的评判和总结，以提升将来的危机应对能力。

6）评估危机对人们的心理、行业竞争格局、产业发展方向可能产生的影响，以提供给企业决策层进行参考，从而在必要的时候调整企业发展战略。

2．危机管理评估的意义

通过危机管理评估工作，可以体现出决策者及管理者的管理水平和危机判断能力，必要时建议邀请危机管理专家等外力参与进来。只有在危机管理评估的基础上，企业才能够出台相对实际和必要的危机调查报告，从而对危机管理状况做出明确的基本判断。

企业如果只是为了进行危机管理评估而评估是没有意义的，只会浪费资源和时间。只有将危机管理评估的结果应用于危机处理的实践中，才能获得实际收益，才具有意义。一般来说，危机管理评估结果的作用有以下几个方面。

1）评估结果可以确认危机的实际损失程度和危机处理措施的合理性，帮助企业合理地制订出相应危机反应和恢复计划，使计划更具实际指导意义；帮助企业改进危机沟通和媒体管理工作，改善危机管理的机构设置；有助于企业完善资源的后勤保障工作，使危机处理得到更好的资源供应；危机管理评估有利于企业对预警系统进行更新和调整，提高危机预警能力。

2）企业可以利用评估结果判断危机未来演进的趋势，采取对人员和财产的保护措施，减少危机发生时可能造成的人员伤亡和财产损失。

3）根据评估结果可以对企业的组织结构、组织文化、运营模式、人员配置及管理方式进行改革，使其具有更强的预防和处理危机的能力。

4）评估结果可以用来教育企业全体员工及管理者，帮助他们提高应对突发事件的意识，增强危机管理者的信息收集能力，并且有针对性地对他们进行培训，增加其预防和处理危机的技能及知识。

3．危机管理评估的障碍

危机管理评估工作开展的过程中，企业往往会碰到以下障碍。

1）由于部门之间的结构冲突和职责不明产生推诿及互相指责的现象。

2）存在沟通系统的障碍。例如，由于渠道不畅或者掌握方法不当，从而产生与公众沟通的障碍、与上下级员工沟通的障碍、与受害者和媒体沟通的障碍。

3）信任危机产生的障碍。例如，因危机爆发而引发公众和受害者不信任而为危机评估工作带来的困难等。

对于危机管理评估中的障碍和阻力，企业在危机管理评估一开始就要给予足够的重视，并着手给出相应的应对措施。

二、危机管理评估的程序

在危机管理评估的第一阶段，一般有一个原则，即预估要朝着中高度危机方向考虑，绝不能轻视和忽略危机发生的可能，即要做最坏的打算和考虑，从方方面面预估可能对企业造成的潜在影响。例如，产品销售是否会受到较大影响；消费者会产生什么样的情绪；危机对环境是否构成威胁；媒体会充当什么样的角色等。只有这样企业才能够给予足够的重视，而在资源的供给、人员的配备上获得重视，为危机管理工作小组提供相对自由的权利和足够的资源。依据这些资源的配给，危机管理工作小组可以准备几套预案以备不时之需。

在危机管理评估的第二阶段，要分成内外两个部分进行分析：第一，对内要分析出直接和间接的损失。直接损失是指危机发生给企业带来的产品销售收入的同比下降情况、客户的退货情况、为应对危机所耗费的直接资金投入情况。间接损失主要包括市场占有率的下降、客户信心的丧失、市场占有率的损失、品牌形象的损失、市场美誉度的损失等。第二，对外主要是危机已经和将要对行业及产业发展可能造成的短期与长期的影响，会对竞争对手带来什么样的影响，危机恢复阶段会对企业和行业产生什么样的影响。

三、危机管理评估的内容

危机管理评估应涉及危机管理的全部内容，需要对危机管理的整个过程重新审视，认真分析，以便发现问题，改正问题。具体而言，危机管理评估的主要内容包括危机管理的架构、计划、预警工作、沟通工作、媒体管理及应对措施。

1．对危机管理架构的评估

对危机管理架构的评估主要检查危机管理架构体系能否达到结构设置的目的，能否尽早察觉危机并给予反应，架构体系设置是否需要调整及如何加以调整。企业的组织文化是否适应危机管理的需要，如果不适应则需要进行怎样的改进。危机管理者得到的资源是否充足，部门之间的配合情况如何，是否应该给予危机管理者更多的可控资源或者赋予管理者更大的权力。危机管理小组是否充分发挥了应有的作用，人员的组成是否合理，以及应如何改进危机管理小组的组建和运作。危机处理知识和技能的培训是否能够提高危机处理的有效性，需要对培训进行哪些改进。

2．对危机管理计划的评估

对危机管理计划的评估主要检查企业是否为可能发生的危机制订危机管理计划，如果没有，则需考虑是否忽视了这种危机的重要性，并分析忽视这种危机重要性的原因，还需要确定是否有必要对所有危机风险的重要性重新进行评估。如果企业已经制订了危机管理计划，那么就应分析该计划是否为危机管理工作提供了有用的指导。如果该计划的作用不大，则应找出原因，并且根据危机管理的实际经验和教训对危机管理计划进行改进和调整。

3．对危机管理中预警工作的评估

对危机管理中预警工作的评估主要考察危机是否能尽快被识别出来，应采取何种措施来加强对危机的识别。企业危机预警系统能否及时对危机给出警报，危机预警制度是否有改善之处。企业是否足够重视预警警报，应当怎样提高员工对警报的重视程度。企业是否采取了适当合理的危机预控措施，是否准确估计了危机发生概率，是否应对不同类型的危机实施新的预控措施。

4．对危机管理中沟通工作的评估

对危机管理中沟通工作的评估主要从内部和外部两个方面对危机沟通工作进行评估。首先，企业的内部沟通是否顺畅，存在哪些问题，这些问题对危机产生了怎样的影响，可以采取哪些措施予以纠正。其次，企业的外部沟通中哪些是有效的，哪些是欠缺的，分析其中的原因并提出相应的改进措施。

5．对危机管理中媒体管理的评估

对危机管理中媒体管理的评估主要评估向媒体传递的信息是否合理，能否满足媒体的需要，双方之间是否存在冲突，应如何改进与媒体的沟通。具体来说，企业需要考虑在危机中对媒体记者的管理是否有效，媒体记者是否妨碍了危机处理，企业应如何做好对媒体记者的管理。另外，企业还应调查媒体管理部门是否有效地履行了其传播职能，新闻发言人是否合格，是否应该更换新闻发言人，或者应该为新闻发言人提供哪些培训以提高其技能。

6．对危机管理中应对措施的评估

对危机管理中应对措施的评估需要评估危机爆发后企业的反应是否迅速，能否进一步提高反应速度。如果行动迟缓则需要分析其中的原因，并提出相应的改进措施，以避免不应有的连锁反应。企业还应评估危机中哪些损失是可以避免或减少的，应采取何种举措来避免或减少这些损失。

问答题

1．危机管理的概念与内涵、原则与基本程序分别是什么？

2．如何进行企业危机预警与诊断？

3．简述企业危机处理过程及策略。

4．简述企业危机恢复内容及策略。

5．简述危机管理评估程序及内容。

能力训练题

1．运用危机管理的 5S 原则分析近期发生的企业危机公关事件的得失。

2．运用所学的预警管理知识结合实例分析新媒体时代企业如何控制危机。

案例分析

BP 与尼克森公司漏油事件的危机管理

课后阅读

2014 年十大企业危机公关

拓展阅读

程惠霞，2016．危机管理：从应急迈向前置．北京：清华大学出版社．

克里斯托弗·勒翰，马克·法比亚尼，比尔·古登泰格，2015．斯坦福大学危机管理课：危机控制的十条忠告．张尧然，杨颖玥，译．北京：中国青年出版社．

刘刚，2012．危机管理．北京：中国人民大学出版社．

姚广宜，2016．新媒体环境下突发事件的危机管理与应对．北京：北京大学出版社．

清华大学应急管理研究基地微信公众号：thuccmr.

危机管理网（http://www.crisis119.org/）．

中华人民共和国中央人民政府（http://www.gov.cn/yjgl/）．

实践篇

第十三章

企业绿色管理在企业中的
应用：绿色饭店

知识目标

1. 熟悉绿色饭店的概念和特征。
2. 了解建设和管理绿色饭店的意义。
3. 了解国内外绿色饭店的发展历程和现状。
4. 熟悉绿色饭店的标准及建设途径。
5. 了解建设绿色饭店的一般原则。
6. 掌握绿色饭店管理方法。

能力目标

1. 识别绿色饭店并运用绿色饭店标准评价其建设的成效。
2. 运用绿色饭店管理方法分析绿色饭店管理效果。

关 键 词

绿色管理　绿色饭店　标准　生态效益型饭店　能源管理

导入案例

《2016 住宿业绿色发展白皮书》推动饭店业绿色转型

当前，我国进入大众旅游时代，饭店业的服务水平不断提高。在 2016 中国国际饭店业大会上，中国饭店协会发布的《2016 住宿业绿色发展白皮书》指出，我国应适应品质消费、个性消费、体验消费、绿色消费和智能消费新趋势，不断提升全国饭店业服务品质。

据了解，住宿市场竞争日益激烈，行业营业收入增长缓慢，尤其是高档饭店（五星级、四星级）的平均营收增速持续下降。以五星级饭店为例，2015 年，我国 556 家五星级饭店共有 26.9 万间客房，平均房价 655.7 元，出租率仅为 56.4%。海南省酒店餐饮行业协会会长陈恒认为，饭店运营结构需要改善，饭店业应向多元化、绿色化转型。

近年来，我国住宿业进入多元化发展阶段，绿色饭店提升空间大。"我国饭店业生态圈，已经从最初典型的'哑铃'型结构，逐步向均衡方向发展，在发展过程中应加入绿色消费理念。"国际饭店与餐馆协会主席加桑·艾迪（Ghassan Addie）指出，绿色是国际饭店业未来发展趋势，中国饭店业在未来发展中应强调绿色环保意识、可持续发展意识，以获取更多客户。

当前众多国际、国内饭店业集团加快布局中档品牌，开启特许经营模式，精品酒店、客栈民宿、酒店公寓、养生酒店等新兴业态也在资本介入下风生水起，中国饭店业步入多元化发展格局。调研显示，中国住宿用户对绿色饭店的认知度为 37.2%，其中，完全了解并且居住过的用户仅有 7.9%，绿色发展已成为大健康时代下饭店业供给侧结构性改革、可持续发展的必然趋势。

《2016 住宿业绿色发展白皮书》提出了推动绿色饭店全球化的建议：一是结合住房和城乡建设部 2016 年出台的《绿色饭店建筑评价》国家标准，对饭店行业进行全新评估，凡是通过该评价体系的酒店，将享受国家财政 50 万～300 万元不等的补贴，同时地方政府设立相应的税收减免扶持和补贴政策。2017 年评价工作将全面启动。二是积极推动"绿色饭店"进入国际标准序列，获得全球认可。中国饭店协会、国际饭店与餐馆协会，将推动中国饭店走向世界，共同推进国际标准的申请和认定。

据了解，为推进行业绿色发展，由洲际、雅高、万达、东呈、华住、尚美、澳门中旅、上海世茂、保利、白金汉爵等品牌酒店、美团住宿等 OTA 平台，以及产业链供应商，共同参与启动"中国绿色饭店全球营销行动"，创建绿色饭店专属标签，打通线上线下，打造饭店业绿色发展时代。

据悉，全国饭店行业将建立中国绿色饭店预订促销专区，提供优先推荐排名、绿色消费打折赠送等促销活动，同时整合四季沐歌、别样红、辰森、罗来雅等产业链资源，中国饭店协会会长韩明表示："补贴支持线下 1 万家企业创建绿色饭店，帮助企业提高综合运营效率，降本增效，引导激励绿色消费。2017 年 1 月 1 日将上线 1000 家店，到 2017 年年底将完成 1 万家店的绿色标识上线工作。"

（资料来源：http://www.ce.cn/xwzx/gnsz/gdxw/201612/06/t20161206_18406288.shtml.）

第一节　绿色饭店概述

一、绿色饭店的定义

1. 国内对绿色饭店的定义

国内对绿色饭店的定义，主要是从地方和国家的行业标准及国家标准来界定的。目前国内对绿色饭店的定义主要有以下几种。

1）依据浙江省质量技术监督局发布的地方标准《绿色饭店》（DB33/T 326—2001）的规定，绿色饭店是指以可持续发展为理念，坚持清洁生产，倡导绿色消费，保护生态环境和合理使用资源的饭店。

2）根据中华人民共和国国家经济贸易委员会发布的商业行业标准《绿色饭店等级评定规定》（SB/T 10356—2002），绿色饭店是指体现中华人民共和国国家标准 GB/T 24001—1996《环境管理体系要求及使用指南》的要求，运用环保、健康、安全理念，倡导绿色消费，保护生态和合理使用资源的饭店。其核心是为顾客提供舒适、安全、有利于人体健康要求的绿色客房和绿色餐饮，并且在生产经营过程中加强对环境的保护和资源的合理利用。

按照这个规定，绿色饭店分为五个等级，根据企业在提供绿色服务、保护环境等方面做出不同程度的努力，分为 A 级、AA 级、AAA 级、AAAA 级、AAAAA 级共五个等级。AAAAA 为最高级。

3）依据中华人民共和国国家标准《绿色饭店》（GB/T 21084—2007）的规定，绿色饭店是指"在规划、建设和经营过程中，坚持以节约资源、保护环境、安全健康为理念，以科学的设计和有效的管理、技术措施为手段，以资源效率最大化、环境影响最小化为目标，为消费者提供安全、健康服务的饭店"。

依据这个标准，根据饭店在节约资源、保护环境，以及提供安全、健康的产品和服务等方面取得不同程度的效果，绿色饭店分为五个等级。用银杏叶标识，从一叶到五叶，五叶级为最高级。

4）根据中华人民共和国旅游行业标准《绿色旅游饭店》（LB/T 007—2015）的规定，以可持续发展为理念，坚持清洁生产、维护饭店品质、倡导绿色消费、合理使用资源、保护生态环境、承担社区与环境责任的饭店。

依据这个标准，绿色旅游饭店分为金叶级和银叶级两个等级。

2．国外对绿色饭店的定义

在国外，绿色饭店（green hotel）也称生态效益型饭店（eco-efficient hotel）或环境友好型饭店（environment-friendly hotel）。对绿色饭店，主要有以下几种解释。

1）绿色饭店，根据维基百科的解释，它是指饭店在它的结构上做了重要的环境提升，以便最大化地减少对环境的影响，这种饭店才叫绿色饭店。

2）依据加拿大 Top Canadian Hotels（加拿大顶级饭店）的观点，绿色饭店是指环境友好型饭店，即主动实施了很多重要的项目来减少能源、水、废物等的排放，绿色饭店参与到循环计划、布草改进计划、安装节能照明等方面，将饭店的信息传递给客人，告诉客人，饭店是在如何努力来保护这个地球的。

3）依据 Green Hotels Association（绿色饭店协会）的观点，绿色饭店是指环境友好型饭店，该类饭店的经理乐意采取各项措施以节水、节能并减少固体垃圾，在节约金钱的同时保护我们唯一的地球。

二、绿色饭店的特征

相对于一般饭店而言，绿色饭店更加关注于为饭店客人提供舒适、安全和健康的产品，并在整个经营过程中，秉持可持续发展理念，坚持合理利用资源，保护生态环境。其区别于一般饭店的特征如下。

1. 绿色设计

将节约资源、保护环境的因素纳入饭店设计、设施设备采购和安装及服务环节的流程设计等方面，帮助确定设计的决策方向，减少资源消耗和对环境的影响。例如，通过设计冷热电联供，实现能源的梯级利用。设计绿色客房，即设计室内环境满足人体健康要求，设施品质高，智能化程度高，能源、资源利用率高的客房。设计生产绿色餐饮，即提供安全、健康、高品质的食品和用餐环境，无食物浪费，并对厨余垃圾安全处置的餐饮服务。

根据这个要求，绿色饭店从建设之初，就要经过科学的论证、合理的规划设计，充分利用自然资源，减少人为的影响和破坏，将饭店对环境的破坏减少到最小。

2. 绿色消费

绿色消费是指饭店客人在消费过程中，主动选择有益于资源节约、环境保护的产品和服务，减少或消除对环境的污染，降低资源和能源的消耗。绿色消费一方面是客人的要求，另一方面也需要饭店方面的引导。例如，在餐厅有提示客人减少浪费的"光盘行动"卡片，在房间里有提醒客人节约用水的绿色卡片。绿色饭店通过客人主动绿色消费、酒店引导绿色消费来减少浪费，减少固体废弃物，提高物资的使用效率。

3. 清洁生产

清洁生产是指饭店不断采取改进设计、使用清洁的能源和原料、采用进行的工艺技术与设备、改善管理、综合利用等措施，从源头消减污染，提高资源利用效率，减少或者避免生产、服务和产品使用过程中污染物的产生与排放，以减轻或消除对人类健康和环境的危害。绿色饭店应该努力开发各种环保型产品、绿色产品满足人们需要，如开设绿色客房、无烟餐厅，提供绿色食品，开展保健服务项目等。

4. 绿色行动

绿色行动是指饭店按照制订的计划，为向广大社会公众传播绿色饭店相关知识，以及调整自身经营方式，加强能源节约、环境保护而采取的一系列活动。这一点体现了酒店的环境责任。绿色饭店参与环境保护的行动包括严格执行国家颁布的各项环保法规，积极配合政府进行各项环境整理工作，主动为社区环境保护做贡献。例如，一些酒店参加了"地球一小时"行动，以此来表明它们对应对气候变化行动的支持。

第二节　建设和管理绿色饭店

一、绿色饭店的发展历程

1. 国外发展历程

20 世纪 80 年代末期，在全球"绿色浪潮"的推动下，欧洲的一些饭店意识到饭店应该对环境保护起到积极作用，逐渐开始改变经营策略，加强环境保护意识，实施环境管理，极力营造饭店的"绿色"氛围，并且将绿色饭店作为企业新形象，来提高经济效益和社会效益，取得了良好效果。

1990 年，国际旅游界在加拿大召开了 GLOBE'90 国际大会，对旅游业可持续发展制定了五个目标。

为了饭店业的可持续发展，1991 年"威尔士王子商业领导论坛（Prince Welsh Business Leadership Forum，PWBLF）"创建了"国际饭店环境倡议（International Hotel Environment Initiative，IHEI）"机构，该机构是由世界 11 个著名的饭店管理集团组成的一个委员会，由英国查尔斯王子担任主席。

1993 年，威尔士王子倡议召开饭店环境保护国际会议，通过了由 11 个国际饭店集团签署的倡议，这次会议的召开标志着饭店业的环境管理发展到了一个新的阶段。环境管理不再是一家饭店、一个集团的行为，而变成了全球饭店行业的行为。随后，国际饭店环境管理协会成立，它是由多个国际饭店连锁集团共同提议成立的，其宗旨是帮助所有饭店加强对环境的重视和管理，保持饭店行业在国际环境保护方面的重要地位。

1995 年 4 月，世界旅游业可持续发展会议通过了《可持续发展宪章》和《可持续旅游发展行动计划》。

1998 年 5 月，世界旅游组织发表了《关于旅游业社会影响的马尼拉宣言》。

1998 年 12 月，国际饭店与餐馆协会开设"环境奖"，标志着以环境保护和节约资源为核心的"绿色管理"已经成为全球饭店业不可忽视的管理模式。

虽然，国外在绿色饭店方面还没有一个统一的国际标准，但绿色饭店在实际运行中，已经形成了比较有效的两种标准，即企业标准和行业标准。企业标准是指大型饭店管理集团所制定的集团成员饭店必须遵守的系列环保原则，如万豪国际酒店集团、雅高酒店集团、洲际酒店集团等。行业标准由饭店协会发布。国际上有名的行业标准有三个，分别是 1994 年丹麦饭店餐馆协会推行的"Green Key"，加拿大饭店协会提出的 Green Key Eco-Rating Program，美国的 Audubon Green Lodging Program。

截至目前，全世界有 50 个国家，超过 2350 个饭店加入了丹麦饭店餐馆协会推行的"Green Key"。该项目是一个以欧洲国家为主并积极向亚洲、非洲和北美洲推广的国际性项目，项目兼顾了国际化和本土化的平衡，认证评级项目包括全球普适性项目和本土化的平衡，以反映不同国家的法规、基础设施及文化因素。而加拿大饭店协会的 Green key Eco-Rating Program，分别在北欧和北美地区产生了广泛的影响，目前有 2375 个饭店加入了该项目，推动了当地饭店行业的绿色化进程。根据该项目的标准，绿色饭店分为五个等级，每年按标准评估一次，分别用绿叶表示等级，通过 1～5 片绿叶来奖励对环境改善所做出的成绩。1 片绿叶表示饭店对该项目环境方针的最基本承诺和责任，2～5 片绿叶分别是指饭店执行了更高程度的绿色饭店标准。

美国的 Audubon Green Lodging Program，即阿托邦绿叶生态评级项目，这个项目的目的是帮助饭店实施环境教育、降低饭店的运营费用并提升其环境管理的能力。该项目将绿色饭店分为五个等级，根据饭店的总体得分将其确定为 1～5 叶等级的生态认证。

2．国内发展历程

中国饭店业的绿色实践起步较晚，落后于西方。20 世纪 90 年代中期，国外绿色饭店理念传入中国，绿色饭店的实践和理论研究迅速展开。

1994 年 4 月，浙江省饭店业发出了《建绿色饭店，倡导绿色消费倡议书》，标志着我国绿色饭店实践的开始。

1999 年以来，浙江、广西、大连、深圳等省市先后出台了"绿色饭店"标准，开展了创建绿色饭店评比活动。

2001 年，浙江省出台地方标准《绿色饭店》（DB33/T 326—2001）。

2002 年 4 月，中国饭店协会在北京举办了"首届中国绿色饭店发展论坛"，邀请有关专家学者围绕绿色饭店的定义、绿色饭店与 ISO 14000 的关系、创建绿色饭店遇到的问题等进行广泛的探讨，正式出台了绿色饭店标准。6 月 16 日，中国绿色饭店审核员首期培训班在杭州金马饭店召开，标志着中国绿色饭店工程已正式实施。

2006 年，国家旅游局参照浙江地方标准《绿色饭店》（DB33/T 326—2001），出台旅游行业标准《绿色旅游饭店》（LB/T 007—2006）。

2007 年，商务部、国家发展和改革委员会、国务院国有资产监督管理委员会、环保部、国家标准化管理委员会、国家旅游局六部委联合制定和颁布国家标准《绿色饭店》（GB/T 21084—2007）。

2015 年 12 月，国家旅游局发布旅游行业标准《绿色旅游饭店》（LB/T 007—2015），代替了《绿色旅游饭店》（LB/T 007—2006），删除了部分术语，如绿色设计、绿色食品等，修改了环境保护、绿色设计等条款的内容，增加了绿色旅游饭店社会责任和其他条款。

二、建设和管理绿色饭店的意义

1．可持续发展的需要和要求

饭店业作为旅游业的最大分支，不像银行、会计等服务行业对环境的影响比较小，饭店业是旅游业中对环境影响最高的行业。

根据估计，平均一个饭店每平方米的房间地板每年释放 160~200 千克的二氧化碳，平均每个五星级饭店每晚的客人要消耗水 170~440 升，而饭店的每个客人每晚要产生大约 1 千克的垃圾。

饭店业作为旅游业的一个支柱产业，对实现旅游可持续发展负有重要责任。而创建绿色饭店是实现旅游业可持续发展的一个重要途径。从丹麦饭店餐馆协会提出的绿色钥匙认证项目到我国在 2007 年颁布的《绿色饭店》国家标准，从 2001 年浙江省颁布的《绿色饭店》地方标准到国家旅游局分别于 2006 年和 2015 年颁布的《绿色旅游饭店》行业标准，都对建设绿色饭店起到了引导作用。另外，国家出台了一系列环保政策和法规，饭店如果不重视环境保护将可能受到重罚。建设和管理绿色饭店，既是响应国家和行业的号召，也是对环保法律的尊重，更是对可持续发展要求的回应。

2．可以吸引更多客源，增加饭店的市场份额

在全球可持续发展理念不断深入人心的形势下，只有建设绿色饭店，才能够吸引更多有环境责任感的消费者入住。

全球消费者日益增强的环保意识，为饭店带来了一定的压力，这些新兴的绿色旅游群体会优先选择那些环境友好型的饭店，会倾向于为有绿色认证标志的饭店买单，以此体现他们绿色环保的身份和态度。如果饭店没有达到客人的期望，就会在这场"绿色竞争"中损失这些潜在的客人。

饭店做好绿色饭店建设，有利于提升饭店周围的环境质量，而饭店的环境质量本身也是吸引客人的重要因素，是饭店的核心产品之一。建设和管理好绿色饭店，提升环境质量，就能吸引更多的客源。

3．可以树立饭店有责任的企业形象，提升它的核心竞争力

企业对社会的责任和态度，会影响消费者对其产品的购买和消费。越发达的国家和地区，其消费者越关注企业的社会责任，企业的社会责任意识就越强烈，他们并不是基于法律要求，而是出于对环境保护的责任感，积极主动地选择生态环保作为经营方向，这样，企业可以树立自己的企业形象，并提升自己的核心竞争力。饭店企业也是如此，世界上各个饭店管理集团，纷纷采取各种行动，来推动饭店可持续发展，建设绿色饭店。

Accor Hotels（法国雅高酒店集团）在 2012 年，提出了基于可持续发展的复兴饭店业 21 个计划；该酒店集团通过此项活动来设定自己的节能减排目标。

4．有利于节约能源，产生效益

绿色饭店是国际住宿业的新型经营方式，是饭店业发展的必然趋势，更是我国饭店业的发展方向。

饭店消耗的资源包括水、电、燃料等。根据相关统计，一个使用面积为 8 万～10 万平方米的大型饭店，全年能源消耗量相当于 1.3 万～1.8 万吨标准煤。截至 2012 年年底，全国纳入星级饭店统计管理系统的星级饭店共计 12 807 家，另外还有大量的没有参与星级评定的饭店。其中，饭店的能源成本约占总成本的 13.4%，就目前而言，企业在使用水、电、燃气及消耗品等方面有较大的节约空间，如果采取切实有效的节能措施，可以降低能源费用的 20%～30%，能源费用可以降低约占饭店总成本的 8%。

中国饭店协会会长韩明指出："由以往的实践证明，创建绿色饭店可以帮助企业平均节电 15%、节水 10%。仅以国内现有的一万多家星级饭店为例，如果都创建绿色饭店每年可节约水相当于近 20 个杭州西湖的水量，可供 180 个中小城市一年的用水。在节电方面，将节约用电 30 亿度，相当于目前三峡电站近一个月的发电量，近 170 个中小城市一年的用电量，相当于 167 万个城镇家庭 1 年的用电量。"

三、建设绿色饭店

1. 建设绿色饭店的途径

我国的饭店建设绿色饭店的途径有以下几个方面。

（1）依据我国国家标准《绿色饭店》（GB/T 21084—2007）创建绿色饭店

申请创建绿色饭店的饭店首先需要向我国的全国绿色饭店工作委员会提出申请，提交评定材料，然后根据标准进行自我检查，并且进行相应的改进，达到相应等级后，向评定机构申请评审。创建绿色饭店，具体来说，需要从以下几个方面着手。

1）要明确绿色饭店的基本要求。创建绿色饭店的基本要求有十二项，可以归纳为以下七个方面：①遵守建设和运营中涉及的节能、环保、卫生、防疫、安全、规划等法律、法规和标准的要求；②制定环境方针，明确绿色行动目标和可量化指标，并有完善的经营管理制度保障执行；③有相应组织机构，有绿色行动的考核及奖励制度，有高层管理者具体负责创建活动；④每年有为员工提供绿色饭店相关知识的教育和培训，包括节能节水、环境保护技术及管理，消防教育，职业安全教育和食品安全教育；⑤提供绿色行动的预算资金及人力资源的支持；⑥有倡导节约资源、保护环境和绿色消费的宣传行动以营造绿色消费环境的氛围，对消费者的节约、环保消费行为能够提供多项鼓励措施；⑦近三年内无安全事故和环境污染超标事故。

2）除了满足以上十二条基本要求外，创建绿色饭店还要做到以下六个方面：①绿色设计，包括环境设计、建筑设计和流程设计三个方面，体现绿色管理的理念；②安全管理，包括有安全生产例会制度和生产安全隐患排查制度并有效执行，有覆盖全区域的中英文应急广播八个方面；③节能管理，包括能源计量、计划控制、设备设施节能和可再生能源利用四个方面；④环境保护，包括污水排放、锅炉排放、噪声排放、固体废弃物管理、采用环保技术、选择与使用环境保护标志产品十三项；⑤健康管理，包括室内通风良好、新风系统、绿色客房、绿色餐饮四个方面；⑥绿色宣传，包括饭店每年开展一到两次与绿色饭店主题相关的社会公益活动，并有相关记录、积极参与社区、地区和国际性的环境保护活动、建立有效运行的管理体系八个方面。

绿色饭店评定机构参照评分标准从以上六个方面对参评酒店进行评分，根据参评饭店的得分情况，得分在 270 分以上（含 270 分）的饭店评为五叶级绿色饭店；得分在 240～270 分（含 240 分）的饭店评为四叶级绿色饭店；得分在 210～240 分（含 210 分）的饭店评为三叶级绿色饭店；得分在 180～210 分（含 180 分）的饭店评为二叶级绿色饭店；得分在 160～180 分（含 160 分）的饭店评为一叶级绿色饭店。

（2）依据国家旅游局的行业标准《绿色旅游饭店》（LB/T 007—2015）创建绿色旅游饭店

申请创建绿色旅游饭店的饭店需要正式开业一年以上，饭店向所在城市或行政区域旅游星级饭店评定机构提交评定申请报告及数据表单。饭店所在城市或行政区域旅游星级饭店评定机构向省级旅游星级饭店评定机构推荐申报饭店，或根据授权对申报饭店进行评定，并将有关评定检查情况上报省级旅游星级饭店评定机构备案。

具体来说，创建绿色饭店，需要做到以下方面。

1）明确要求。根据标准在清洁生产、绿色设计、绿色消费、绿色客房、有机食品等方面满足绿色饭店的要求，并执行减量化、再使用、再循环和替代的原则，达到绿色旅游饭店管理的基本要求。

2）创建绿色饭店还应该具备相应的条件，具体条件如下：①绿色设计，包括在环境设计、建筑设计、新能源、再生能源利用的设计和节水设计四个方面；②能源管理，包括能源基础管理、能源使用管理、节能改造和节水措施四个方面；③资源管理，包括水资源使用管理、纸张及办公用品消耗管理、客房物品消耗管理、食品原材料消耗管理、工程材料消耗管理、各类清洁剂使用管理和资源回收利用七个方面；④污染预防与控制，包括大气污染物排放控制、水污染物排放控制、垃圾房的设置和管理、有毒有害废弃物管理、厨余废弃物管理、植物养护剂和虫害防治药物控制六个方面；⑤产品与服务提供，包括食品采购和提供、绿色客房、绿色餐厅、服务提供四个方面；⑥安全与员工健康管理，包括设备设施安全管理、应急预案、员工健康管理三个方面；⑦社会责任，包括绿色理念宣传、供应商管理、社区服务、环境绩效改善四个方面。

星级饭店评定机构参照绿色旅游饭店评分细则从以上七个方面对参评饭店进行评分，总分为300分。根据得分情况，得分在240分以上（含240分）的饭店评为绿色旅游饭店（金叶级）；得分在180～240分（含180分）的饭店评为绿色旅游饭店（银叶级）。

（3）参照企业标准建设绿色饭店

我国的国际品牌饭店，除了根据我国的行业标准或国家标准创建绿色饭店外，还需要根据其集团总部的环境政策和饭店环保规定，建设绿色饭店。例如，洲际酒店集团旗下品牌的中国饭店，如果要建设绿色饭店，既需要根据我国的行业标准或国家标准创建绿色饭店，也需要执行洲际酒店集团的环保政策和规定。

（4）参照国际上著名饭店协会发布的行业标准创建绿色饭店

我国的一些饭店，如果是以欧美客人为主，为了引导客人消费需求，满足国际客源绿色饭店消费需要，可以自愿申请一些国际性的饭店协会所开展绿色饭店项目认证，参照其标准建设绿色饭店，成为其绿色饭店项目的会员，吸引国际客人。

例如，以欧美客人为主要客源的饭店，可以自愿通过加入丹麦饭店餐馆协会的"Green Key"项目，全世界有55个国家，2600个饭店加入了该项目。目前，雅高、凯悦、卡尔森、米高梅国际度假集团等著名集团也纷纷加入该项目。

2. 建设绿色饭店的基本原则

（1）减量化原则

减量化（reduce）原则的目的是减少浪费，减少废弃物的产生，降低成本增加效益，并保护环境。

饭店应该在不影响产品和服务质量的前提下，尽量减少原材料和能源的投入，通过减少产品体积、质量，简化包装，达到降低成本、减少垃圾的目的，从而实现环境效益。例如，饭店提供的生活用品和卫生用品包装应简化，因为这些包装一旦客人打开后就变成废弃物。饭店为客人提供一天一换床单服务，为此饭店每天要洗涤大量的床单，用水用电量大大增加，在不影响卫生标准的情况下，减少床单的更换次数可以减少水电的用量，减少洗涤工作量，减少人力的浪费。

（2）再使用原则

再使用（reuse）原则是指在确保不降低饭店的设施和服务标准的前提下，物品要尽可能变一次性使用为多次使用或调剂使用，不要轻易丢弃，减少一次性用品的使用范围和用量。例如，不提供一次性筷子，倡导客人少使用一次性用品。

（3）再循环原则

再循环（recycle）原则该原则强调物品在使用后回收处理，成为可利用的再生资源。地球上的大多数资源都是有限的，通过循环使用的方法可以提高它们的利用效率。酒店要通过回收利用来减少能源和物资的浪费，如中水的回用、冷凝水的回用等。

（4）替代原则

替代（replace）原则是指为节约资源、减少污染，饭店使用无污染的物品或再生物品，作为某些物品的替代。例如，洗衣房的水经过处理变成二次用水，可以用来洗车等。

3．建设绿色饭店的要求

绿色饭店建设应该尽量做到：整个饭店的建设对环境的破坏最小，运行过程中资源、能耗尽可能低，向客人提供满足人体健康需求的产品并积极参与社会的环境保护活动。具体内容如下。

（1）饭店的建设对环境的破坏最小

饭店的建设需要使用土地、绿地、森林和水体等资源，同时饭店的建筑风格也会影响自然景观、城市景观的质量，饭店的建设和经营所产生的废弃物排放将影响饭店周围的生态环境质量。因此，饭店必须科学论证规划设计，将饭店对环境的破坏减少到最小。

（2）饭店设备的运行对环境的影响降到最小

饭店设备运行对环境的破坏主要表现为两个方面：一是设备消耗的能源，二是生产过程中产生的"三废"（废水、废气和废渣）污染。饭店所需的燃油、煤炭在地球上的存储量是有限的，它们在燃烧过程中会对大气产生污染。同时饭店的大量设备是以电力为动力的，电的生产也会对环境造成一定的破坏或污染。所以饭店应该选择技能设备，减少对能源的使用和由此带来的污染，将饭店设备的运行对环境影响降到最小。

（3）饭店的物资消耗降低到最低点

饭店的生产经营活动离不开消耗各种物资，在客人的消费过程和对客服务过程中会消耗大量物资。物资生产本身又会使用各种资源，生产的过程会产生废弃物的排放，污染环境。因此，饭店应该提高物资的使用效率，减少浪费，减少排放。

（4）饭店提供满足人体健康要求的产品

饭店是提供人们生活、休憩和娱乐的场所，其内部空间资料是饭店产品质量的重要组成部分，直接关系到人们的健康。因此，饭店应该首先确保室内外环境安全符合安全卫生标准，并开发各种环保型产品，如绿色餐饮和绿色客房等。

（5）饭店积极参与社会的环境保护活动

环保工作是全社会的工作，每个企业都有环境保护的社会责任。饭店应积极为环境保护做出相应的行动，如积极遵守各项环保政策和法规，配合环保部门开展相关活动。

4. 建设绿色饭店的一般原则

（1）加强对水的管理

1）加强节约用水宣传和培训。饭店应充分利用饭店宣传栏、饭店内部会议等渠道广泛宣传水资源的现状和节约用水的意义，介绍各种节约用水的方法。并通过定期和不定期的培训，让饭店员工掌握各项节约用水的措施和方法。

2）制定节约用水措施和制度。饭店应该针对其实际情况，制定节约用水的各种措施，对员工进行培训，并制定相应的制度，对各个部门下达用水指标，提出要求，完善各个设备的操作规程，保证各项节水措施的落实，并对每月核算节水实效进行奖惩考核。

提升饭店用水质量，严格控制水的使用，包括加强对冷水和热水系统的管理，使用节水龙头和淋浴龙头、防止厨房用水的浪费，引导客人节约用水。具体而言，有以下措施可以节约水资源。

饭店可以采用中水回用、雨水收集系统及凝结水回收等技术，将部分废水回收，经过沉淀过滤处理用来浇灌绿地、洗车和保温等。

蒸汽变成凝结水，水温仍可以高达70～80℃。每吨凝结水约含6千克轻质原油燃烧的热量。一家中型饭店一年可以回收凝结水近5000吨。

饭店的冷却塔会形成大量的水雾。如果改变气流的角度，安装收水器，可以大大降低水雾飘洒的损耗。

采用喷灌、滴灌和管渗等灌溉技术，可以大幅度节约绿化用水。

洗衣房如能将脏棉织品浸泡20分钟后再洗，既容易洗净又节水省电。

提倡纺织品一客一换，改变过去的一日一换，减少用水，降低污染。

（2）加强对能源的管理

1）对饭店能源进行审计和现状评估。通过收集饭店的历史能耗数据、成本、设备运行状况、住房率、餐厅上座率、对标饭店的数据、设备技术数据、气候和环境状况，找到饭店能耗是在哪里被消耗的，找出所有高能耗、大功率设备，从而发现主要的能耗点。将能耗数据对比行业数据，进行现状评估，找出差距，发现问题所在。

2）监测并制定能耗目标。通过定期监测，可以发现在操作中的失误，泄露和控制失误，以及其他产生浪费的原因，并根据与行业中做得较好的饭店企业能耗对比，制定本饭店的能耗目标。

3）采取节能措施。严格控制电、气、煤等能源消耗，加强对能源的二次利用，尽量使用太阳能、地热等清洁能源。具体而言，有以下节能措施可以帮助节约能源。

采用新型节能光源。节能灯的发光效率比传统白炽灯高4～5倍，使用寿命长8～10倍。如果饭店全部采用节能灯照明，至少可以节约电70%以上。饭店内的各类标志指示灯、夜灯应采用LED灯。

在不影响客人舒适度的情况下，走廊过道、消防楼梯适合采用感应节能灯，防止出现长明灯。

采用智能节电调压开关系统。根据日照条件及需要营造的氛围调节电压和照射度，使饭店的公共区域节电20%左右。这些公共区域主要是指大堂、会议室、多功能厅、宴会厅等。

对饭店耗电的大件设备，如制冷机组、水泵、电梯、锅炉和风机等，要采用变频系统，根据温度和负荷的变化调节电机的转速频率。一般可以节电30%~50%，动力电是饭店耗电的主体，必须高度重视。

采用冰蓄冷技术。利用峰谷电差价，夜间制冰白天释放，减少电费支出。

充分利用周边资源。如利用上游企业的余热集中供热，利用水体温差制成生态循环的水空调，利用自然主导风通风降温等。

燃油锅炉可采用节油添加剂，以便于燃料的充分燃烧，净回报率为4%左右，而且设备的寿命和环境都受益。

采用计算机监控技术对饭店的锅炉、空调机组和泵房等主要耗能设备，进行自动跟踪，并根据季节和室内外温度变化智能调节设定值。

夏天室内的辐射热量主要通过窗户进入，因此，利用反射窗帘可以反射50%的热量，从而减少空调用电。

要充分利用新能源，如太阳能、地热等。可以因地制宜利用屋顶、墙面安装太阳能电池板，为饭店提供补充电源。饭店户外可以采用太阳能路灯、草坪灯、泛光灯、灯光指示牌灯。在地理条件合适的情况下，充分利用浅层地能也可以减少饭店能耗。例如，利用地表2米深度温度恒定在18℃的原理，采用地源热泵系统用低温热能制冷、供热和提供热水。如热泵空调可比中央空调节能40%~60%。

采用冷热电联供、集中供热等能源梯级利用技术。

采用锅炉排烟废气余热利用技术。

（3）加强对室内外环境的管理

加强对化学危害、空气质量、噪声、光源、非电离辐射等方面的控制，严格管理香氛系统，做好通风系统管理，控制饭店的噪声源管理，并严格管理饭店光源，防止光污染，加强对电器设备的管理，减少非电离辐射。加强室内外绿色，改善室内外环境。具体而言，主要从以下三个方面开展管理。

1）加强室内空气质量的控制。饭店的室内空气是指饭店建筑物内部的空气，其质量可以用正常的空气成分组成和污染物的聚集程度等因素来衡量。人们对室内空气质量的关注是中央空调的广泛使用引发的，空气质量非常重要，极大地影响客人、员工的身体健康。饭店的锅炉、厨房炉灶和其他燃烧源燃烧所产生的有害气体和颗粒污染物，建筑和装饰材料污染及设备运行问题等都会造成空气质量问题。提高室内空气质量，主要从两个方面展开：首先，审查室内空气质量，找出问题。其次，制订并实施改善室内空气质量计划。有三种方法可以提高室内空气质量，分别是去除或减少污染源，过滤或净化空气，通风或稀释空气。

2）加强室内噪声控制。首先，对噪声进行统计。辨识饭店中所有可能的噪声源，如来自交通、工地建设、娱乐活动、设备系统等方面的噪声。其次，采取避免噪声的措施。例如确定房内电话、电视机等的最大音响水平，设置一个合理的水平。最后，投资建设一些噪声控制设施，如安装减震板、吸音材料和封闭材料。

3）加强室内外绿化。将树木、鲜花、草地和流水引入室内，可以为居住者创造良好的生活空间，协调人与环境的关系。绿化在饭店室内环境中起到了美化、分隔、连接、柔化和净化作用。可以对饭店门厅、大堂、会议室、商务中心、客房和餐厅等区域进行绿化，从而提升室内外环境质量。

（4）加强对废弃物、垃圾的处理

加强对废弃物、垃圾的处理，确保符合环保要求的采购，防止环境污染，并开展循环利用。加强对固体垃圾、液体垃圾的分类管理机制，处理好饭店的生活垃圾、餐厨垃圾等垃圾。饭店采购必须符合环保要求，做到健康绿色无污染，对垃圾处理要采取循环利用的方式。

四、绿色饭店的管理

讨论：绿色饭店重创建轻管理的原因（视频）

目前，全国各地的饭店都在积极创建绿色饭店，但目前已经创建成功的部分绿色饭店在管理方面依然存在一些问题，很多饭店非常重视创建工作，但创建成功后却疏于管理，缺乏系统的全面的绿色管理。不少饭店重视绿色饭店的硬件建设，轻视员工的环保培训工作。如果饭店的员工没有环保意识，不具备环境保护意识和能力，即使饭店的硬件设施完全符合绿色饭店的标准，也难称其为绿色饭店。目前国内的绿色饭店标准往往重视创建绿色饭店，但在绿色饭店建设起来后的后续管理方面缺乏指导和持续支持。

因此，结合企业绿色管理中职能管理方面的观点，绿色饭店的管理应该在以下方面开展工作。

1）在饭店人力资源规划、招聘、培训、薪酬制度和考评方面等环节加大绿色饭店的绿色人力资源管理，提高饭店员工的环保意识和技能。在人力资源管理中，严格把关招聘、培训和薪酬激励环节，应招收具有环保意识的员工，注重员工的环保意识和技能降耗技巧的培训，严格落实国家旅游局颁发的行业标准《饭店节能减排100条》，使员工在日常的经营活动中，在不降低服务质量的前提下能够做到注重环保，减少浪费，提高节能环保效果。

2）引入绿色会计体系，加强饭店的环境会计核算。为增强饭店在环境方面的责任感，促进饭店成为有责任的企业公民，饭店应加强环境会计核算。饭店绿色会计核算监督工作如表13-1所示。

表13-1　饭店绿色会计核算监督工作

饭店绿色会计核算监督工作	具体工作
环境资产核算	在"物资采购"账户中开设明细账户
	在"固定资产"账户中开设环境资产明细账户
	在"累计折旧"账户中开设有关明细账户
环境费用核算	在"营业费用"账户、"管理费用"账户中开设明细账户核算环境费用
绿色会计监督	应加强绿色会计报告，提供环境资产、环境费用、汇总的环境成本和监督绿色经营的情况等资料

3）倡导绿色消费，开展绿色营销，提供绿色产品，让更多的客人选择入住绿色饭店。

绿色饭店应该积极引导客人绿色消费。例如，在饭店里开展"光盘行动"的餐饮消费活动，在餐厅的所有餐桌摆放一个指示牌，引导客人在点餐的时候也能做到"光盘"，就是能吃多少点多少；在客人点餐的时候，服务员也要重复菜单，合理地引导客人消费，菜品不够可以加，不要一次性点太多的菜品。饭店开发绿色客房，提供绿色餐饮产品，设置无烟楼层，让客人有更多的绿色产品可以选择。

　　4）实施绿色供应链管理，做到节能与减排，减少饭店对环境的破坏。绿色饭店应实施绿色采购，即实施供应商环境影响评价，优先购买环境影响小的产品，促进企业环境行为改善的采购行为。饭店应把关绿色采购，选择绿色供应商，整合资源，实施绿色运输，并减少废弃物的排放。

问答题

　　1. 绿色饭店的内涵是什么？绿色饭店与一般饭店有什么区别？
　　2. 国内外绿色饭店的发展历程是什么？
　　3. 简述绿色饭店建设和管理的意义。
　　4. 简述绿色饭店建设的基本原则、要求和一般原则。
　　5. 简述绿色饭店管理的方法。

能力训练题

　　1. 依据国家标准《绿色饭店》（GB/T 21084—2007）和行业标准《绿色旅游饭店》（LB/T 007—2015）的规定，评定你所在区域的一家饭店，评价其是否达到绿色饭店的标准和要求。如果没有达到要求，则该饭店需要在哪些方面改进？
　　2. 结合企业绿色管理理念，针对现有的一家绿色饭店，分别从人力资源管理、会计、供应链管理和营销管理等角度谈如何改进其管理。

案例分析

万豪酒店集团的绿色管理

课后阅读

绿色冶金实施的意义（视频）

石油企业环保的社会责任（视频）

绿色工程项目管理案例（视频）

拓展阅读

丹麦绿色钥匙认证项目（http://www.greenkey.global/）.

加拿大绿色钥匙生态评级项目（http://greenkeyglobal.com/programs/eco-rating-program/）.

美国阿托邦绿叶生态评级项目（http://www.findmeahotel.com/green_hotels/Audubon_green_leaf.htm）.

徐峰，2014．低碳酒店研究与实践．杭州：浙江工商大学出版社．

张颖，2004．饭店业如何建立和实施质量、环境与绿色饭店管理体系．北京：中国标准出版社．

中国饭店协会网（http://www.chinahotel.org.cn/forward/enter Home.do）.

参 考 文 献

艾学蛟，2011. 企业危机管理全攻略. 齐若兰，译. 杭州：浙江工商大学出版社.

保罗·A. 萨缪尔森，威廉·诺德斯豪，2012. 经济学. 16版. 北京：华夏出版社.

彼得·德鲁克，2009. 管理的实践. 齐若兰，译. 北京：机械工业出版社.

陈福军，2003. 生产运作管理学科发展的力作：读《生产运作管理的理论与实践》. 中国出版，(9)：59.

陈瑜，2007. 组织结构理论及发展趋势研究. 长春：吉林大学.

戴巧珠，臧庆华，1992. 发展"绿色"战略 增强竞争优势. 外国经济与管理，(11)：27-30.

丹尼尔·A. 雷思，阿瑟·G. 贝德安，2014. 管理思想史. 6版. 孙健敏，黄小勇，李源，译. 北京：中国人民大学出版社.

邓新明，李剑峰，侯俊东，2014. 企业战略管理. 北京：清华大学出版社.

樊文静，2012. 移动互联网时代的消费者行为分析. 商品与质量，(8)：12.

范红召，2016. 移动互联网时代消费者购买行为分析及营销模式研究. 现代经济信息，(9)：320-321.

房芳，2015. 基于SWOT分析的我国企业绿色营销策略探析. 现代营销（下旬刊），(4)：63-64.

弗雷德·R. 戴维，2013. 战略管理：概念部分. 13版. 赵丹，译. 北京：清华大学出版社.

顾桥，马麟，2014. 企业战略管理. 北京：北京大学出版社.

顾旸，2004. 我国绿色营销理论与实践十年回顾. 经济纵横，(7)：61-63.

哈罗德·孔茨，2014. 管理学：国际化与领导力的视角（英文版·精要版）. 9版. 马春光，译. 北京：中国人民大学出版社.

郝代丽，2008. 企业培训与人力资源开发. 辽宁经济管理干部学院学报，(1)：45-46.

何越，2015. 绿色饭店创建动机国外研究综述. 开封教育学院学报，35(5)：277-279.

何志毅，于泳，2004. 绿色营销发展现状及国内绿色营销的发展途径. 北京大学学报：哲学社会科学版，41(6)：85-93.

胡大立，陈明，2009. 战略管理. 上海：上海财经大学出版社.

黄顺春，郑延智，2015. 现代企业管理教程：理论·方法·技能. 4版. 上海：上海财经大学出版社.

贾建林，刘冬冬，2015. 浅谈我国中小企业绿色营销瓶颈和出路. 商，(23)：117.

贾隽，行金玲，2011. 组织理论与设计. 西安：西安交通大学出版社.

贾旭东，2014. 现代企业管理. 北京：中国人民大学出版社.

金国利，2007. 企业经营战略管理. 北京：北京出版社.

九仔，2012. "尿布"传奇演绎供应链管理四字箴言. http://www.9956.cn/college/44630.html.

科特勒，2014. 市场营销原理（亚洲版）. 何志毅，译. 北京：清华大学出版社.

克莱夫·庞廷，2015. 绿色世界史：环境与伟大文明的衰落. 王毅，译. 北京：中国政法大学出版社.

黎恒，王重鸣，2005. 结构化面试研究新进展. 人类工效学，9(4)：30-34.

李林，岳传扬，2015. 企业绿色产品营销策略研究：以周黑鸭食品股份有限公司为例. 湖北理工学院学报（人文社会科学版），(3)：40-45.

李明，周丽娟，2008. 利用互联网进行调研的方法及其比较. 山西财经大学学报，(S1)：36.

李维刚，2010. 企业战略管理. 北京：科学出版社.

李岩松，2011. 低碳经济发展模式下我国绿色饭店的建设. 企业经济，(6)：64-67.

李怿昕，2015. 移动互联网时代下的代理商渠道管理模式变革分析. 中国市场，(10)：91-92.

理查德·达夫特，2002. 组织理论与设计. 王凤彬，译. 北京：清华大学出版社.

刘飞，曹华军，何乃军，2000. 绿色制造的研究现状与发展趋势. 中国机械工程，11(2)：105-111.

刘桂宏，2015. 绿色营销环境下的环保包装. 青春岁月，(7)：48-99.

刘莉，2013. 制造企业绿色供应链管理对物流能力的影响研究. 价值工程，32(7)：14-17.

刘连煜，2001. 公司治理与公司社会责任. 北京：中国政法大学出版社.

刘敏，牟俊山，2012. 绿色消费与绿色营销. 北京：清华大学出版社.

刘平，2015. 企业战略管理：规划理论、流程、方法与实践. 2版. 北京：清华大学出版社.

刘茜，王高，2006. 国外企业危机管理理论研究综述. 科学学研究，24(S1)：255-260.

刘蓉，2015. 绿色营销研究文献综述. 现代商贸工业，36(12)：57-58.

刘绍芹，2007. 危机管理中的信息控制与媒体应对. 山东省青年管理干部学院学报，130(6)：148-149.

刘伟，2009. 物流与供应链管理案例. 成都：四川人民出版社.

刘晓冰，王枫，2002. ERP的发展、现状及展望. 工业工程，5(9)：19-22.

刘宇伟，1995. 绿色营销：中国跨世纪营销新阶段. 中国高校市场学会年会汇编文案.

楼园，2006. 企业组织结构进化研究. 北京：北京工业大学.

鲁·拜厄斯，2013. 管理学：技能与应用. 13 版. 刘松柏，译. 北京：北京大学出版社.

陆诤岚，2001. 绿色饭店. 沈阳：辽宁科技出版社.

吕朝晖，2008. 市场营销原理. 北京：化学工业出版社.

罗东霞，李春颖，2013. 国内外绿色饭店标准及认证评级比较研究. 旅游学刊，28（8）：79-85.

罗珉，2003. 管理理论的新发展. 成都：西南财经大学出版社.

罗清亮，戴剑，2015. 战略规划：企业持续成功的基因. 上海：上海财经大学出版社.

罗特尔梅尔，2015. 战略管理. 范黎波，吴易明，译. 北京：中国人民大学出版社.

骆温平，2007. 第三方物流与供应链管理互动研究. 北京：中国发展出版社.

马丁·克里斯托弗，2006. 物流与供应链管理. 3 版. 何明珂，崔连广，译. 北京：电子工业出版社.

马瑞婧，1995. 绿色营销：企业可持续发展战略研究. 武汉：中南财经政法大学.

马士华，林勇，陈志祥，2000. 供应链管理. 北京：机械工业出版社.

马新建，2003. 人力资源管理与开发. 北京：石油工业出版社.

马永斌，吴志勇，2005. 中国培训行业发展现状分析. 继续教育，（2）：26-29.

梅绍祖，2004. 从"尿布"传奇看 SCM 与 BPR 的融合. 电子商务，（3）：38-39.

梅子惠，陈敏，曹承锋，2016. 企业管理案例分析教程. 2 版. 北京：高等教育出版社.

彭述林，2011. 低碳经济带来的挑战与机遇. 商业经济评论，（3）：58-59.

秦勇，李东进，2016. 企业管理学. 北京：中国发展出版社.

秦志华，2011. 企业管理. 大连：东北财经大学出版社.

任浩，2005. 现代企业组织设计. 北京：清华大学出版社.

赏万春，2015. 沃尔玛绿色营销策略分析及启示. 沈阳：辽宁大学.

沈根荣，2009. 绿色营销管理. 上海：复旦大学出版社.

沈厚才，陶青，陈煜波，2000. 供应链管理理论与方法. 中国管理科学，8（1）：1-9.

斯蒂芬·P. 罗宾斯，戴维·A. 德森佐，玛丽·库尔特，2010. 管理学原理与实践. 7 版. 毛蕴涛，译. 北京：机械工业出版社.

斯蒂芬·P. 罗宾斯，玛丽·库尔特，2012. 管理学. 11 版. 李原，孙健敏，译. 北京：中国人民大学出版社.

孙欢，李晓慧，2015. 互联网时代家纺电商渠道模式解析. 中国市场，（9）：67-68.

孙婧，边楚雯，2014. 可持续发展战略下企业实施绿色营销的对策分析. 统计与管理，（8）：53-55.

孙婧一，2015. 山西省绿色农产品营销战略研究. 现代营销（下旬刊），（12）：170-171.

孙连才，2012. 战略实践：企业战略系统制定. 大连：东北财经大学出版社.

孙宗虎，2007. 物流管理流程设计与工作标准. 北京：人民邮电出版社.

谭白英，熊莎莎，2014. 企业战略管理. 武汉：武汉大学出版社.

唐东方，2015. 战略选择：框架、方法、案例. 2 版. 北京：中国经济出版社.

滕玮峰，2013. 绿色饭店的物流管理. 中国商贸，（4）：32-33.

万后芬，1994. 企业必须重视绿色营销. 营销与公关，（1）：19-22.

汪长江，2013. 战略管理. 北京：清华大学出版社.

汪泓，2015. 战略管理. 北京：清华大学出版社.

王爱虎，2009. 物流与供应链管理的国内外发展现状评述. 华南理工大学学报（社会科学版），11（2）：36-42.

王关义，2012. 现代企业管理. 3 版. 北京：清华大学出版社.

王怀栋，2012. 战略管理. 广州：暨南大学出版社.

王娟，2016. 大数据应用对供应链管理价值提升的分析与研究. 物流科技，39（2）：131-132.

王军强，等，2005. MRPII、JIT、TOC 生产计划与控制比较研究. 制造业自动化，27（2）：9-13.

王克平，车尧，葛敬民，2014. 论企业危机预警竞争情报的收集. 情报科学，32（12）：26-31.

王丽杰，郑艳丽，2014. 绿色供应链管理中对供应商激励机制的构建研究. 管理世界，（8）：184-185.

王若飞，王银磊，卢长合，2014. 绿色营销产生的背景及因素分析：可持续发展的哲理探讨. 产业与科技论坛，（20）：100-101.

王铁男，2010. 企业战略管理. 2 版. 北京：科学出版社；哈尔滨：哈尔滨工业大学出版社.

王惜梦，2015. 北京市民流行吸加拿大新鲜空气 一瓶呼吸 150 次. http://www.cankaoxiaoxi.com/china/20151223/ 1034463. shtml.

王相平，牟绍波，2014. 企业战略管理案例：面向不同行业的比较. 成都：西南财经大学出版社.

王艳，程艳霞，2012. 现代营销理论与实务. 北京：人民邮电出版社.

王振华，2007. 绿色饭店. 合肥：安徽科技出版社.

魏修建，2008. 现代物流与供应链管理. 西安：西安交通大学出版社.

吴健，2011. 现代物流与供应链管理. 北京：清华大学出版社.

吴群，2015. 物流与供应链管理. 北京：北京大学出版社.

向飞丹晴，赵大伟，2011. 基于平衡计分卡的绿色饭店评价指标体系研究. 经济问题探索，（10）：95-99.

谢佩洪，2014．战略管理．上海：复旦大学出版社．

解祥华，2008．现代企业培训的特征与发展趋势分析．企业经济，（3）：79-81．

熊银解，王晓梅，朱永华，2013．现代企业管理．2 版．武汉：武汉理工大学出版社．

徐大勇，2015．企业战略管理．北京：清华大学出版社．

徐大佑，韩德昌，2007．绿色营销理论研究述评．中国流通经济，21（4）：49-52．

许晓云，李智，高博宁，2016．以互联网思维为导向的产品设计与调研方法研究．工业设计，（7）：134-189．

薛云建，2013．市场营销学．北京：人民邮电出版社．

约翰·皮尔斯二世，理查德·鲁滨逊，2015．战略管理：制定、实施和控制．12 版．钱峰，译．北京：中国人民大学出版社．

曾楚宏，王斌，2011．信息技术与组织结构：观点比较与研究展望．财经科学，（3）：83-91．

张瀚月，2016．互联网市场调研法发展前景探析．商，（11）：215-216．

张鸿，2009．市场营销学．北京：科学出版社．

张蕾，闫奕荣，2015．企业管理：理论与案例．北京：中国人民大学出版社．

张庆生，2010．企业建立绿色管理组织结构模式初探．商业经济，（11）：41-42．

赵定涛，李蓓，2005．企业危机动态管理模式．中国传媒科技，18（3）：8-15．

赵泉午，卜祥智，2010．现代物流与供应链管理．上海：上海交通大学出版社．

赵永乐，2006．招聘与面试．上海：上海交通大学出版社．

浙江省质量技术监督局，2001．浙江省地方标准：DB33/T 326—2001《绿色饭店》．https://wenku.baidu.com/view/1dec1e
　　220b4c2e3f5627630d.html.

郑小娟，2009．新时期我们继续教育发展趋势研究．中国成人教育，（19）：97-98．

中华人民共和国国家质量监督检验检疫总局，中国国家标准化管理委员会．中华人民共和国国家标准：GB/T 21084—2007
　　《绿色饭店》．北京：中国标准出版社．

中华人民共和国国家经济贸易委员会．中华人民共和国商业行业标准：SB/T 10356—2002《绿色饭店等级评定规定》．北京：
　　中国标准出版社．

中华人民共和国国家旅游局．中华人民共和国旅游行业标准：LB/T 007—2015《绿色旅游饭店》．北京：中国旅游出版社．

周凤杰，2015．基于 4P 营销理论的消费者有机农产品购买行为研究．商业经济研究，（29）：47-49．

周梅妮，黄黎平，2013．现代企业管理．北京：北京理工大学出版社．

周三多，2010．管理学．3 版．北京：高等教育出版社．

周文成，2010．国内外组织结构理论研究综述．江苏商论，（2）：126-128．

朱道立，龚国华，罗齐，2001．物流和供应链管理．上海：复旦大学出版社．

朱国云，1997．组织理论：历史与流派．南京：南京大学出版社．

朱江，1992．巴纳德和社会系统理论．管理现代化，（4）：98-49．

朱小勇，2009．绿色营销理论研究．西安：长安大学．

朱延智，2003．企业危机管理．北京：中国纺织出版社．

庄晨，2015．绿色营销发展现状及对策探讨．商场现代化，（27）：75-76．

Brown J R, Bushuev M A, Kretinin A A, 2016. Green Supply Chain Management for Sustainable Business Practice. Pennsylvania:
　　IGI Global.

Choi T Y, Hartley J L, 1996. An exploration of supplier selection practices across the supply chain. Journal of operations
　　management, 14 (4): 333-343.

Christmann, P, Taylor. G, 2002. Globalization and the environment: Strategies for international voluntary environmental initiatives.
　　Academy of Management Executive, 16 (3): 121-135.

Dickson G W, 1966. An analysis of vendor selection systems and decisions. Journal of Purchasing, (2): 5-17.

Hart, S.L.1995.A natural resource based view of the firm. Academy of Management Review, 20 (4): 986-1014.

Mak T, Nebebe F, 2016. Factor analysis and methods of supplier selection.International Journal of Supply Chain Management, 5 (1):
　　1-9.

Patrick C, Julia M, 1991. Green is Gold: Business Talking To Business About The Environmental Revolution. New York: Harper
　　Business.

Waldemar H, 1992. The green management revolution: Lessons in environmental excellence. New York: Prentice Hall.